넥스트 머니

이 책은 방일영문화재단의 지원을 받아 저술 · 출판되었습니다.

NEXTMONEY

고란 · 이용재 지음

넥스트 머니

부의 미래를 바꾸는 화폐 권력의 대이동

다산북스

차례

PART 3 멋진 신세계, 이더리움의 탄생
스스로 플랫폼이 된 화폐

PART 4 암호화폐는 진화 중

블록체인 혁명이 우리 삶에 미치는 영향

대한민국을 발칵 뒤집은 암호화폐 소동

2017년 7월 18일. 서울 여의도 국회도서관 소회의실. 발표를 맡은 한 패널의 목소리가 커졌다.

대표적인 가상통화 비트코인 가격은 5월 말 개당 490만 원까지 올랐다가 지난 16일에는 220만 원대로 폭락했습니다. 가상통화는 건전한 투자 대상이 아닌 투기 자산으로 악용되고 있습니다. '바다이야기'와 같은 사행성 도박이 미래의 먹을거리라는 데 동의할 수 없습니다.

공청회 주제 발표를 맡은 한 검사에게 비트코인은 기술적 용어로 포장한 바다이야기일 뿐이었다. 이 검사는 다단계, 유사수신 사기를 당한 피해자들 사이에선 신과 같은 존재다. 다른 검사가 진행한 수사에서 무혐의로 풀려났던 사기꾼 일당도 그가 맡으면 어김없이 구속된다.

2017년 비트코인BTC을 가장한 사기가 출몰했다. 사기꾼들은 중장년층과 노년층을 노렸다. 이들은 2009년 비트코인이 탄생했고, 2010년 지금 시세로 치면 몇억 원에 달하는 비트코인을 내고 피자 한 판을 사 먹었다는 일화를 들려준다. 이어 급등한 가격 그래프가 등장한다. '1년 전에만 샀어도…'라며 사람들은 후회와 한숨을 쏟아낸다. 사기꾼들은 그 틈을 노린다. OO코인을 슬며시 꺼낸다.

어차피 비트코인은 늦었다. 그럼 우리에게 기회가 없느냐. 아니다. 아직 OO코인이 남았다. 비트코인보다 더 훌륭하다. 100만 원만 투자해도 1000만 개를 받을 수 있다. 언제까지 후회만 하며 살 건가. OO코인을 사라. 제2의 비트코인이 될 거다.

비트코인 가격이 오를수록 사기꾼들은 더 활개를 쳤다. 조직화되고 규모가 커졌다. 사기꾼들만 상대하는 검사 입장에선 비트코인이 바다이야기이고, 바카라다. 폰지(다단계) 사기에 불과하다. 내가 산 코인을 누군가 더 비싼 가격에 사줘야만 가격이 오른다. 중국이 비트코인에 대한 규제를 강화하면서 중국 세력들이 한국으로 대거 넘어왔다는 건 물증만 못 잡았지, 사실이다. 이들이 물량 폭탄을 던지면 피해는 고스란히 비싸게 산 우리 국민들 몫이다.

그날 공청회에서 업계 관계자는 기술의 가능성을 역설했다. "검사님이 오해하고 계신 것 같은데…"라며 방어 논리를 폈지만, 수긍할 리 만무하다. 비트코인에 대한 오해는 검사 생활로 사기꾼을 상대하면서 켜켜이 쌓은 세월의 무게다. 두 입장은 평행선을 달렸다. 한 치의 물러섬도 없었다.

공청회를 주최한 여당 의원은 이후 거래소 인가제를 포함한 가상통화 규제 관련 입법안을 제출했다. 더 이상 진전은 없었다. 박근혜 전 대통령의 재판이 진행 중이었다. 이재용 삼성전자 부회장에 대한 사회적 공방이 이어졌다. 최순실 국정농단 세력이 부정하게 쌓은 재산은 아직 찾지 못했다. 비트코인은 휘발성이 약한 이슈였다. 당시만 해도 비트코인 가격은 300만 원에 못 미쳤고, 투자자는 100만 명이 안 됐다. 2016년 말부터 범정부 차원에서 꾸려진 가상통화 태스크 포스TF는 개점휴업 상태였다. 새 정부 출범을 맞아 해야 할 일이 산더미다. 정의조차 할 수 없는 비트코인을 들여다볼 여유는 없다. 그저 '이 또한 지나가리라…' 생각할 뿐이었다.

공무원들의 바람이 무색하게 시장은 점점 커졌다. 비트코인의 원리가 담긴 백서 「비트코인: 개인 간 거래 전자 현금 시스템Bitcoin: A Peer-to-Peer Electronic Cash System」을 보면 비트코인은 금융의 영역이다. 일단 금융정책을 총괄하는 금융위원회(이하 금융위)가 총대를 멨다. 하지만 법에 열거된 것만 규제할 수 있는 우리 법제 특성상, 비트코인과 같은 새로운 그 무엇이 금융위 관할이라는 점이 금융위도 불만이었다. 비트코인은 금융상품이 아니라는 게 금융위의 기본 입장이었다. 비트코인을 관리할 이유가 없다. 비트코인 거래소가 통신판매업자로 등록돼 있으니, 영업을 제대로 하고 있는지는 공정거래위원회가 들여다봐야 하는 것 아닌가. 해킹 등 사이버 보안 문제는 방송통신위원회 몫이다. 그렇게 서로 떠넘기기를 하는 사이 비트코인을 사칭하는 다단계, 유사수신 사기가 극성을 부렸다.

마침 중국이 2017년 9월 초 비트코인 등을 통한 자금 모집, 이른바 ICO^Initial Coin Offering를 전면 금지했다. 거래소 폐쇄 방침도 밝혔다. 하고는 싶었지만 진짜 할 수 있나 싶었던 걸 중국 정부가 했다. 우리도 못할 게 없다. 명백한 사기가 우려되는 ICO를 전면 금지했다. 최소한 국내 업체들이 시골에서 노인들 대상으로 설명회를 열어, 노후자금을 사기로 날리게 하는 일은 막자는 취지였다. 마음 같아선 거래소 문도 닫게 하고 싶었지만, 재산권 침해 등이 우려됐다. 일단 도박에 가까운 마진거래와 공매도만 금지했다.

2017년 초와 비교하면 비트코인 가격은 10월까지 다섯 배 올랐다. 얼마나 더 오르랴 했다. 버블이라고, 곧 꺼질 거라고 봤다. 하지만, 가격은 계속 치솟았다. 그해 11월 말 비트코인 가격은 투자자들에게는 꿈의 숫자, 투자하지 않은 이들에겐 허황된 숫자인 1000만 원을 별다른 저항 없이 돌파했다. 옆 부서의 누군가가 몇십억 원을 벌어 사표를 던지고 회사를 나갔다는 전설이 곳곳에서 회자됐다. 1000만 원 돌파에 "대세는 코인"이라고 판단한 이들은 앞뒤를 가리지 않았다. 대학생들은 아르바이트비를 모아 뛰어들었고, 젊은 직장인들은 비트코인이 마지막 계층 사다리라며 시장에 동참했다. 일명 코린이(코인 어린이: 비트코인 입문자를 일컬음)들이 판을 주도했다. 수요가 갑자기 몰리면서 국내 가격이 해외보다 50% 가까이 비싸게 거래되는 상황(김치 프리미엄)까지 벌어졌다. 그해 10월에 본격적으로 서비스를 시작한 암호화폐 거래소 업비트도 투자 수요에 불을 붙였다. 기존 거래소와는 판이 달랐다. 국민 메신저 카카오톡으로 몇 번만 클릭하면 투자를 시작할 수 있었다. 거래 가능한 암호화폐는 수십 종에 달했다. 이른바 '잡코인' 투자 길이 열렸다.

시장 과열에 정부가 놀랐다. 이낙연 국무총리는 2017년 11월 28일 국무회의에서 비트코인은 사회병리 현상이라고 진단했다. 24시간 거래되는 터라 중독성이 강했고, 하루 만에 한 달 월급이 생기는 시장구조는 근로 의욕을 떨어트렸다. 그간 개점휴업 상태였던 범정부 가상통화 태스크포스에 시선이 집중됐다. 이 총리의 발언을 계기로 주무 부처가 금융위에서 법무부로 넘어갔다. 산업 육성보다 규제에 초점을 맞추겠다는 정부의 첫 번째 신호였다.

2017년 12월 8일 오전 9시, 비트코인 가격은 2500만 원 고지를 눈앞에 뒀다. 오전 10시 30분, 서울 광화문 정부청사에서 정책조정회의가 열렸다. 차관급 인사들이 모여 규제안을 논의했다. 주무 부처인 법무부가 거래소 폐쇄안이 담긴 보도자료를 들고 왔다. 금융위 관계자는 화들짝 놀랐다. 규제는 필요하지만 초법적 규제안에 찬성할 수는 없었다. 법무부 입장에선 바다이야기(비트코인)가 활개 치고 다니는 걸 더 이상 눈 뜨고 지켜볼 수 없었다. 갑론을박이 오갔다. 결론이 안 났다. 다시 모여 논의한 후 결정하기로 했다. 다음 회의는 일주일 뒤인 15일 오전 11시로 예정됐다.

이날 오후 5시 36분, 다음 일자 1면 《한국경제》 단독 기사가 인터넷에 올라왔다. 「정부, 가상화폐 국내 거래 금지 검토」. 기사는 법무부 관계자의 말을 인용했다. 가상통화에 대한 사행성 투기 거래가 과열되고, 가상통화를 이용한 범죄도 지속적으로 늘고 있다며 선량한 국민들의 피해가 커질 가능성이 있어 거래소 거래 전면 중지를 포함한 규제책을 검토하고 있다고 보도했다.

법무부가 준비했던 대책을 취재해 보도한 기사였다. 시장은 패닉에 휩싸였다. 이날 오전 9시 고점을 찍은 후 2200만 원 선을 유지하던 비트코인 가격은, 기사가 공개된 지 3시간 만에 1700만 원대로 떨어졌다. 10일 오후 1시경엔 1300만 원대까지 내려갔다. 가격이 이 정도까지 떨어지자 시장에서는 거래소 폐쇄의 현실성에 대해 묻기 시작했다. 일요일에 출근한 다른 언론 매체들이 법무부와는 입장이 다른 금융위 등의 입장을 전하며, 거래소 폐쇄가 가능하지 않다는 분석 기사를 쏟아냈다. 그러자 비트코인 가격은 다시 1900만 원대를 회복했다.

정부가 바빠졌다. 파장이 이 정도일 줄 몰랐다. 정부는 12월 13일 오전 10시부터 11시 30분까지 홍남기 국무조정실장 주재로 가상통화 규제를 논의하는 관계 부처 차관회의를 열었다. 금융위의 제한적 허용과 법무부의 원천 금지 주장이 맞섰다. 대책은 회의가 끝난 뒤인 오후 2시 30분에 발표한다고 했다. 그런데, 1900만 원을 웃돌던 비트코인 가격이 회의 시작과 함께 1800만 원대로 떨어졌다. 이후 낙폭을 키우더니 10시 40분엔 1737만 9000원(업비트 기준)까지 내려갔다. 그게 바닥이었다. 이후 가격은 상승 쪽으로 방향을 틀었다. 10시 55분엔 1920만 8000원까지 뛰었다. 15분 만에 10% 넘게 올랐다.

이날 오전 11시 57분, 한 인터넷 커뮤니티에는 '긴급회의 결과라고 합니다(믿거나 말거나)'라는 제목으로 대책회의 보도자료 사진 2장이 올라왔다. 낮 12시 25분, 다른 작성자가 올린 '오늘 정부 긴급회의 보도자료랍니다'라는 글에는 첫 장을 포함해 보도자료를 찍은 사진 4장이 올라왔다. 외국인과 미성년자 거래 금지를 빼곤 별 내용이 없었다. 투자자들은 거래소 폐쇄나 출금 금지 같은 대책이 없어 다행이라고 반응했다.

이날 정부의 공식 보도자료는 오후 2시 36분 기자들에게 배포됐다. 일부 투자자들이 올린 자료의 내용은 공식 배포된 보도자료와 거의 일치했다. 비트코인 가격이 오르기 시작한 10시 40분쯤 이미 자료가 유출됐을 수 있다는 의미다. 2017년 12월 28일에는 거래 실명제 대책을 내놨다. 2100만 원이던 가격이 대책 발표 후 한 시간도 안 돼 1800만 원까지 떨어졌다. 글로벌 가격은 여전히 비슷했다. 40%에 육박했던 김치 프리미엄이 20% 정도 빠지면서 벌어진 가격 급락이다. 그렇지만 역시, 거래 실명제와 개인 투자자는 아무 관련이 없다는 사실에 비트코인은 또 상승 쪽으로 방향을 틀었다. 해가 바뀐 2018년 1월 6일에는 2900만 원 선을 코앞에 뒀다. 하지만 정부가 언제 규제 이슈를 꺼내 들지 모른다는 불안감이 팽배했다. 그리고 비트코인은 이날을 정점으로 미끄러져, 2200만 원 선을 유지했다.

그리고 터졌다. 1월 11일, 박상기 법무부 장관이 신년 기자간담회에서 가상화폐는 돌덩어리이며, 가상화폐도 아니고 가상증표에 불과하다는 발언을 쏟아냈다. 이른바 '상기의 난'. 그리고 비트코인은 가격은 순식간에 1400만 원대로 곤두박질쳤다. 시장에선 곡소리가 울렸다. 가격 급락의 화살은 청와대를 향했다. 청와대는 부랴부랴 출입 기자들에게 문자를 보내 정부 입장이 아니라고 해명했다. 법무부는 정부가 아니냐는 투자자들의 냉소가 이어졌다. 청와대 국민청원 게시판에 올라온 청년들의 꿈을 뺏지 말라는 글에는 20만 명이 넘는 이들이 분노의 동의를 표했다. 꺼지는가 싶었던 투자자들의 분노와 시장 불안이 다시 불붙은 건, 상기의 난 닷새 뒤인 16일이다. 김동연 경제부총리는 한 라디오 방송에 나와 거래소 폐쇄는 살아 있는 옵션이라고 말했다. 비트코인 가격은 1900만 원 선에서 1100만 원 선까지 급락했다. 50%에 달했던 김치 프리미엄은 한 자릿수로 떨어졌다. 국내 비트코인 가격은 최고점 대비 60% 넘게 떨어졌다.

결국, 주도권은 다시 금융위로 넘어왔다. 금융위 안에 가상통화 대응팀이 별도로 꾸려졌다. 금융위는 금융정보분석원^{FIU}을 동원했다. 은행을 통해 비트코인 투기를 규제하는 방법을 택했다. 1월 23일, 비트코인 거래 실명 전환과 함께 자금세탁 방지 가이드라인을 제시했다. 비트코인 거래소에 실명 입출금 계좌를 제공하는 것은 은행 자율에 맡기지만, 만약 거래소에서 문제가 발견될 경우 모든 책임은 은행이 져야 한다고 압박했다. 그러자 정부가 이렇게 하는 건 하지 말라는 얘기라며 은행들 스스로 발을 뺐다. 이미 발급된 가상계좌의 실명 전환은 해주겠지만, 신규 발급은 어렵다는 쪽으로 입장을 정리했다. 이는 곧, 거래 실명제가 실시되더라도 시장에 신규 자금은 들어오지 못한다는 의미다. 시장이 얼어붙었다.

2018년 1월 18일, 유시민 작가는 JTBC 토론에 나와 "비트코인은 사기"라고 몰아붙였다. 투자자들은 코인충, 도박꾼이라는 오명을 썼다. 바보가 더 큰 바보를 기다린다는 식의 비아냥에 손절하고 시장을 떠났다. 한국 정부의 헛발 규제책에 이은 중국 정부의 채굴장 및 장외시장 단속 강화, 페이스북 등의 비트코인 및 ICO 광고 전면 금지, 달러 보유량을 초과하는 테더^{USDT}(달러 가격에 연동된 암호화폐) 발행 의혹 등 악재가 터져 나왔다. 김치 프리미엄은 고사하고 해외보다 더 싸게 거래되는 역 프리미엄이 발생했다. 어제의 저점이 오늘의 고점이 되는 날이 이어졌다. 그리고 2018년 2월 2일, 비트코인 1000만 원이 무너졌다. 한겨울 밤의 꿈 같은 비트코인 소동은 그렇게 일단락됐다.

이제 다시, 투자를 말할 때다. 짧게 잡아 2017년 11월부터 2018년 1월까지 3개월간 한국 사회를 뒤흔들었던 비트코인은 변변한 이름조차 갖지 못했다. 정부는 화폐라는 오해를 불러올 수 있어 가상통화라고 부른다고 한다. 심지어 가상증표라는 신박한 작명까지 들고 나왔다.

다시 투자를 말할 땐, 이름부터 제대로 불러주는 게 순서다. 비트코인 등과 같은 그 무엇은, 가상이 아니다. 엄연히 암호화^{Cryptology} 기술을 적용한 화폐다. 그런 의미에서 암호화폐^{Cryptocurrency}를 암호화폐라 부르면서 글을 시작하겠다.

PART 1

영원한 화폐는 없다

달러 패권을 무너뜨려라

Next Money

"실체도 없는 법정화폐가 지배하는 시스템에서
현금만 들고 있는 행위는.
방탄모도 착용하지 않은 채 빗발치는 총알을 뚫고
적진으로 돌진하는 것과 같다."

CHAPTER 01

화폐의 불편한 진실

인플레이션이 내 지갑을 털어간다

매년 10월, 전 세계가 주목하는 이벤트가 열린다. 노벨상 수상자 발표. 그 발표 1~2주 전 또 하나의 노벨상이 발표된다. 이그노벨상 **Ig Nobel Prize**이다. 황당하고 웃기지만 누구도 생각하지 못했거나 작은 것을 집요하게 파고든 연구에 수여한다. 말하자면 잉여력 넘치는 연구에 주는 상이다. 이그노벨은 '있을 것 같지 않은 진짜**Improbable Genuine**'와 '노벨'을 합치거나, '품위 없는'이라는 뜻을 지닌 'ignoble'과 '노벨'을 합친 말이라고도 한다. 수상자의 면면은 화려하다. 2009

년 의학상은 미국 캘리포니아의 의사 도널드 엉거가 받았다. 그는 60년간 하루도 빠짐없이 왼손 손가락 관절을 꺾어, 손가락 꺾기가 관절염과 상관없다는 걸 입증했다. 이그노벨상이 추구하는 잉여력 넘치는 장인 정신이 돋보인다. 2016년 화학상은 배기가스 배출량 조작 스캔들의 주인공인 폭스바겐이 수상했다. 위원회는 상금으로 10조 짐바브웨달러를 주겠다며 막대한 소송비용에 보태라고 했다.

잠깐만, 10조 달러라고? 우리 돈으로 1경 1000조 원? 진짜 노벨상 상금이 900만 크로나(약 11억 5000만 원)다. 짝퉁 노벨상 상금이 그 천 배 가까이 될 리는 없다. 자세히 보시라. 10조 '짐바브웨'달러다. 2016년 수상 당시 환율로 약 40센트(약 450원)에 불과했다(2017년 기준으로는 1센트에도 못 미친다). 폭스바겐을 비꼰 거다. 사실, 환율이 무의미할 정도로 짐바브웨달러는 화폐로서 이미 유명을 달리했다.

◇ 짐바브웨, 화폐를 수입하는 나라

아프리카 짐바브웨는 2018년 7월, 38년 만에 대선과 총선을 치른다. 로버트 무가베가 1987년 대통령 자리에 오른 뒤 2017년 11월 군부 쿠데타로 물러나기 전까지 37년간 독재했다. 그동안 짐바브웨는 세계 최빈국으로 전락했다. 무가베 정권 초기만 해도 그렇지 않았다. 아프리카 사하라 이남에서 최고의 농업 기반 경쟁력을 가진 나라였다. 식량 순수출국이었다. 그런데 1990년대 최악의 가뭄으로 경제 상황이 악화하자, 무가베 정권은 위기 타개를 위해 토지개혁 명목으로 모든 토지를 국유화했다. 그러자 농지의 70% 이상을 소유하고 있던 백인들은 짐바브웨를 떠났다. 이 농지는 이후 흑인들에게 분배됐지만, 흑인들은 농장 운영 경험이 없었던 탓에 생산성이 급격히 추락했다. 식량 생산이 줄어들자 식량 순수입국이 됐다. 식량 수출로 벌고 있던 돈이 없어지면서, 나라 곳간이 바닥났다. 무가베 정권이 내놓은 해결책은 개혁이나 혁신이 아니라, 인쇄기를 돌려 돈을 찍어내는 것이었다.

국가에 돈이 넘쳐났다. 그만큼 돈의 가치는 빠르게 하락했다. 짐바브웨 정부는 2008년 1월부터 7월까지 인플레이션율이 300000000%라고 발표했다. 당시 《포브스》 아시아판에서는 6억 5000만 구골%(구골=10의 100제곱, 1 뒤에 0이 100개 붙는 숫자)라고 발표했다(진위 여부에 대해선 논란이 있다). 당시 1000억 짐바브웨달러로 살 수 있는 것은 계란 세 개뿐이었다고 한다. 2008년 8월엔 새로운 짐바브웨달러 유통을 시작했다. 인플레이션Inflaation은 더 심해졌다. 이때 나온 최고액권 화폐가 100조 짐바브웨달러다. 2009년 2월에도 새로운 짐바브웨달러가 등장했지만, 바로 버림받았다. 결국 그해 4월, 짐바브웨 정부는 자국 화폐를 공식적으로 포기하고, 미국달러화를 공식 결제 수단으로 채택했다. 짐바브웨 중앙은행은 그 공(?)을 인정받아 2009년 이그노벨상 수학 부문을 수상했다.

자국 화폐를 포기하는 건 경제 주권을 포기하는 것과 마찬가지다. 금융 시스템을 유지하기 위해선 달러를 수입해야만 한다. 최대 수입 품목이 지폐가 되는 기이한 현상이 벌어졌다. 무가베 정권은 2016

년 새 화폐인 본드노트를 발행했다. 채권(본드)이라는 이름을 붙였지만 사실상 지폐였다. 본드노트 1달러는 미화 1달러로 교환할 수 있었지만, 어느 누구도 1달러를 1본드노트와 교환하려 하지 않았다. 본드노트는 발행하자마자 가치가 떨어졌다. 무가베 정권은 급기야, 달러 인출을 제한했다. 2017년 10월 로이터통신 보도에 따르면, 짐바브웨 은행들은 1인당 인출액을 일주일에 50달러로 제한했다. 은행에 달러가 동이 날까봐 아예 은행 밖에서 잠을 자는 사람들도 있었다. 무가베 정권을 몰락으로 몰고 간 원인은 상품의 부족이 아니라 그것을 살 돈(실물화폐)의 부족이었다.

🔷 독일, 하이퍼인플레이션의 대명사

하이퍼인플레이션을 대표하는 또 하나의 화폐는 독일 바이마르공화국1919~1933 시절의 마르크다. 독일은 제1차 세계대전 패전 후 1320억 마르크에 달하는 전후 배상금을 물어야 했다. 당시 독일 국민 전체가 몇 년간 생산한 것을 하나도 쓰지 않고 모아야 마련할 수 있는 수준의 금액이다. 독일 정부의 해결책은 돈이 없으니 돈을 찍어내는 것이었다. 화폐청의 윤전기는 24시간이 모자랄 정도로 돌아갔다. 돈이 마구잡이로 풀리니 돈의 가치가 추락하는 것은 당연하다. 물가와 환율이 폭등했다. 독일 일간지 《슈피겔》에 따르면, 1914년 1달러당 4.2마르크였던 환율은 1923년 11월엔 1달러당 4조 2000억 마르크로 치솟았다. 사나흘이면 물가가 두 배로 뛰었고, 월간 인플레이션율이 30000%에 육박했다. 빵 한 조각이 800억 마르크에 거래됐다. 맥주 한 잔은 2000억 마르크였다. 이마저도 가격이 하루에도 수차례 올랐다. 술집 주인들은 맥주값을 후불로 받았고, 노동자들은 일당을 오전과 오후로 나눠 받았다. 사람들은 물건을 사러갈 때 돈다발을 담은 수레를 끌고 다녔다. 아이들은 마르크화 뭉치를 블록으로 쌓으며 놀았다. 땔감 대신 마르크화를 태워 요리했다. 무분별한 화폐 발행은 역사의 비극, 즉 전쟁을 낳았다. 살인적인 인플레이션에 시달리던 독일에서 나치당이 태동했다. 독일 국민은 이들이 고통을 끝내줄 거라 믿었다. 이들이 이끄는 대로 전쟁에 가담했다. 발권력의 남용이 빚은 참사다.

독일의 명성에 가려져 있지만, 이웃 나라 헝가리의 하이퍼인플레이션은 더 심각했다. 역시 무분별한 화폐 발행이 이유였다. 특히 제2차 세계대전 뒤인 1945~1946년엔 시간 단위로 물가가 뛰었다. 이때 1해(10의 20승, 1 뒤에 0이 스무 개) 펭귀 지폐가 나왔다.

◇ 조선, 당백전으로 몰락하다

무분별한 화폐 발행으로 정권이 몰락한 사례는 한반도에도 있다. 조선 26대 왕인 고종의 즉위로 섭정을 하게 된 흥선대원군은 왕실의 권위를 회복하기 위해 경복궁 재건 사업에 나섰다. 또 외세의 침략에 대비하기 위해 군대를 강화했다. 모두 막대한 재정이 투여되는 사업이다. 화폐 발행은 발권력을 가진 권력자들에겐 악마의 유혹과 같다.

악마가 건네는 열매를 삼키는 순간은 달콤하겠지만 결국 죽음에 이른다. 흥선대원군 역시 부족한 재정 문제를 돈을 찍어내 해결하려 했다. 당백전^{當百錢}의 발행이다.

당백전은 말 그대로 하나가 엽전 100개, 즉 상평통보 한 푼의 100개에 해당하는 돈을 의미한다. 그런데, 당시 당백전의 실질가치는 상평통보의 5~6배 정도밖에 안 됐다(과거에는 동전 자체가 함유하고 있는 금속의 질량을 따진 실질가치가 교환가치와 같았다). 원래는 당오전, 또는 당육전으로 통용됐어야 하는 돈이다. 당백전의 명목가치는 실질가치보다 20배 넘게 책정됐다. 조선 정부는 당백전을 대량으로 찍어내 일시적으로 거액의 주조 차익을 벌어들였다. 그렇지만 시장에 무차별적으로 풀려나간 돈은 물가 상승을 유발했고, 국가재정은 파탄 났다. 흥선대원군은 결국, 당백전을 발행한 지 2년 만에 당백전의 주조와 사용을 금지했다.

참고로, 당백전의 가치가 어느 정도로 떨어졌는지를 알려주는 말은 지금도 쓰인다. '땡전 한 푼도 없다'는 말의 땡전이다. 당백전으로 물가가 올라 고초를 겪은 민초들은 돈의 가치를 크게 떨어트린 당백전을 땅돈이라고 낮잡아 불렀다. 이 말이 후에 땡전으로 바뀌었다.

◇ 법정화폐의 종말, 비트코인에는 프리미엄

하늘 아래 영원한 화폐는 없다는 건 역사가 입증하는 명제다. 화폐는 국가와 함께 명운을 달리한다. 운 좋게 살아남았을지라도 국가의 흥

망성쇠에 가치가 급락하기도 한다. 1990년대 말 외환위기를 떠올려 보자. 1달러에 800원 하던 것이 몇 달 새 2000원으로 훌쩍 뛰었다. 수입품 가격은 치솟았고, 유학을 떠났던 이들은 돌아와야만 했다. 아무 짓도 안 했는데, 순식간에 자산가치가 3분의 1토막 났다(다행히 한국은 외환위기를 극복했다. 현재 환율은 1달러당 1100원 안팎에서 유지되고 있다). 만약 그때 위기를 넘지 못했다면, 원화^{KRW}는 역사의 뒤안길로 사라졌을지 모른다.

이런 명제를 가장 먼저 체화한 이들은 짐바브웨 국민이다. 현재 법정화폐^{Fiat Currency}의 종말을 두 눈으로 보고 있다. 짐바브웨에서는 영원하지 않은 법정화폐보다 실체가 없다고 하는 암호화폐 비트코인을 더 선호한다. 무가베 정권이 쿠데타로 전복된 2017년 11월, 짐바브웨의 암호화폐 거래소 고릭스에서는 비트코인이 글로벌 시세(약 6400달러)의 두 배(약 1만 3000달러)로 거래됐다. 짐바브웨 국민은 휴지 조각이 돼버릴 수 있는 법정화폐보다, 프리미엄을 100% 넘게 주고 살 만큼 암호화폐 비트코인이 더 가치 있다고 봤다.

차고 넘치는 법정화폐의 허상에 대한 역사적 실례에도 불구하고, 아직까지 많은 이들이 미국달러만은 예외라고 생각한다. 짐바브웨에서도 법정화폐인 짐바브웨달러가 몰락한 자리를 미국달러가 꿰찼다. 미국달러만은 언제나, 그리고 누구나 인정하는 화폐일 것만 같다.

과연 그럴까. 달러의 위기, 달러 시대의 폐막은 이미 시작됐다.

법정화폐는 실체가 있을까

'실체가 없는 건 사기다'

'실체가 없는 데이터 쪼가리일 뿐이다'

'실체가 없는 비트코인을 사느니 삼성전자 주식을 사라'

'튤립 광풍 때는 튤립 뿌리라도 남았지, 비트코인은 실체가 없다'

암호화폐 관련 기사에 빠짐없이 달리는 댓글이다. 온통 실체에 관한 얘기다. 기사에 이유가 이미 나와 있다. 국내 암호화폐 관련 기사의 대부분은 암호화폐를 가상화폐로 쓴다. 가상이라는 말 자체가 실체를 온몸으로 부정한다(2018년 들어서는 암호화폐로 표기하는 곳이 꽤 늘기는 했다). 당연한 반응이다. 암호화폐를 처음 접하는 이들이 가장 먼저 맞닥뜨리는 고민이기도 하다. 암호화폐에 대한 얘기를 꺼내면 돌아오는 첫 반응 역시 실체가 뭐냐는 질문이다. 이에 대해 소크라테스식 문답법으로 접근해보겠다. 되묻겠다.

과연, 실체란 무엇인가.

실체가 있는 화폐는 무엇일까. 우리가 지금 사용하는 원화는 실체가 있을까. 달러는 실체가 있을까. 아니, 그에 앞서 정말 실체란 무엇인가.

◈ 실체란 무엇인가

1) 실제의 물체, 또는 외형에 대한 실상實相.

2) 〈수학〉 [같은 말] 실수체(실수로 이뤄진 체).

3) 〈철학〉 늘 변하지 아니하고 일정하게 지속하면서 사물의 근원을 이루는 것.

("실체", http://stdweb2.korean.go.kr, (2018. 6. 11.))

　실체의 사전적 정의다. 화폐의 관점에서 보자면, 첫 번째 정의를 적용할 수 있겠다. 그래서 '화폐의 실체는 무엇인가'에 대한 답을 찾기 위해 '화폐가 가지고 있는 실제의 물체는 무엇인가'로 질문을 살짝 바꿔보겠다.

　화폐는 크게 두 가지로 분류할 수 있다. 실물화폐Commodity Money(혹은 상품화폐)와 명목화폐Nominal Money다. 실물화폐는 화폐경제 초기, 아주 옛날에 쓰던 돈이다. 문명의 시작과 함께 탄생했다. 간단한 물물교환을 위해 사용됐다. 주로 재화(물건)로서의 사용가치에 초점을 맞춰 거래됐다. 예를 들어 쌀을 주고 고기를 사오는 경우, 쌀은 실물화폐가 된다. 쌀이라는 재화의 사용가치와 가축이라는 재화의 사용가치가 교환됐다. 재화의 사용가치에 대한 합의가 서로 이뤄져야 화폐로서의 기능을 할 수 있었다. 이 경우 쌀이라는 실물화폐의 실체는 쌀이다. 그런데 쌀을 화폐로 쓰기엔 여러 가지 문제가 있다. 일단 너무 무겁다. 오래 두면 상한다. 또, 매년 작황에 따라 품질이 변한다.

이런 결점 탓에 귀금속이 실물화폐를 대체하게 된다. 이를 금속화폐Metallic Money라고 부른다(그러나 금속화폐 역시 큰 틀에서는 실물화폐의 한 종류다). 쌀을 대체한 금과 은 같은 귀금속이 한동안 화폐로 널리 유통됐다. 이 경우 금속화폐의 실체는 귀금속이다. 금속화폐는 화폐가 함유한 귀금속의 가치와 화폐의 가치가 동일하다. 그러나 시간이 지날수록 필요(?)에 의해 화폐가 동일한 가치만큼의 귀금속을 포함하지 않는 단계에 이른다(이 필요 때문에 화폐 시스템이 불안에 노출된다).

지폐의 탄생이다. 만 원짜리 지폐를 찍을 때 필요한 건 종이 쪼가리(굳이 더하자면 잉크 몇 방울?)다. 대한민국 정부는 법으로 종이 쪼가리에 '만 원'이라는 가치를 부여했다. 이걸 명목화폐라고 부른다. 지금 당신의 지갑에 들어 있는 돈이다. 그렇다면 명목화폐의 실체는 무엇일까. 종이 쪼가리일까, 아니면 정부가 정한 법일까. 만 원짜리 지폐의 실체가 종이 쪼가리는 아닌 것 같은데, 그렇다고 정부가 강제한 법을 실체로 보자니 애매하다. 사전적 정의에 따르면 오히려 실체에 가까운 건 종이 쪼가리다. 명목화폐에 실체라는 잣대를 실물화폐와 똑같이 적용하는 것은 무리다. 실체가 없기 때문이다. 명목화폐는 화폐 자체가 가진 가치(소재의 가치)는 거의 없고, 명목상 부여된 가치만 존재한다. 따라서 명목화폐, 곧 지금 우리가 쓰는 화폐의 실체를 따질 때에는 명목상 부여된 가치에 실체가 있는지 없는지를 살펴보는 게 맞다. 이 경우 실체는 실존하는 물체가 아니라 하나의 약속이다. 21세기 대한민국에서 화폐의 실체를 말하려면, 실체의 정의부터 다시 해야 한다.

◇ 화폐의 실체란 무엇인가

'화폐 자체의 내재적인 가치는 없으며 단지 정부의 규제 및 법에 의해 화폐로서의 지위를 갖는 화폐.'

법정화폐의 사전적 정의다. 우리가 쓰는 원화는 명목화폐이자 법정화폐다. 법정화폐가 가치 있는 유일한 이유는 국가가 정한 법과 규제 때문이다. 그렇다면 법정화폐의 실체는 법과 규제일까? 여기서 실체의 정의를 앞서 말한 대로 바꿔보자. 실체를 실제로 존재하는 물체라고 정의하기보다, 명목상 부여된 가치를 보증하는 존재의 유무로 정의할 수 있다. 이 경우 법정화폐의 실체, 즉 가치를 보장(혹은 보증)해주는 존재는 국가다. 곧, 만 원짜리 지폐의 실체는 그 가치를 보증해주는 대한민국 정부다.

질문 하나 더. 대한민국 정부는 지갑 속에 있는 만 원짜리 지폐에 대한 가치를 보증해줄까. 가치를 보증한다는 건 담보가 있다는 얘기다. 곧, 대한민국 정부가 법정화폐인 만 원짜리 지폐의 가치를 온전히 보증해주려면 담보가 있어야 한다. 담보가 없다면 도대체 무엇으로 종이 쪼가리의 가치를 보증하겠나. 그런데, 놀랍게도 담보가 없다. 만 원짜리 지폐라는 종이 쪼가리는 대한민국 법에 의해 담보도 없이 만 원의 가치에 해당하는 물건으로 바꿀 수 있는 마법의 종이가 된다. 실체가 있다고 생각했던 대한민국 법정화폐인 원화도 비트코인과 마찬가지로 실체가 없다.

금본위제(통화의 가치를 금의 가치에 연계하는 화폐 제도)가 폐지되기 전까지는 우리가 사용하는 법정화폐에도 실체가 있었다. 금^{Gold}이라는 담보가 있었기 때문이다. 20세기 중반까지만 해도 전 세계 법정화폐의 역할을 하는 달러는 금에 연동해 발행량이 정해졌다. 미국은 보유하고 있는 금의 양에 비례해 달러를 발행할 수 있었다. 발행하는 달러에 연동된 금이 일종의 담보 역할을 했다.

제2차 세계대전 후 글로벌 정치, 경제 패권이 미국으로 넘어 갔다. 1944년 미국 뉴햄프셔주의 브레튼우즈에 마흔네 개 연합국 대표들이 모여 협정을 체결했다. 그 결과, 달러는 글로벌 기축통화가 됐다. 전 세계로 달러가 스며들었다. 달러 시대의 개막이다. 미국은 그러나, 1960년대 말 베트남 전쟁으로 경제력이 약화됐다. 달러 가치에 불안을 느낀 세계 각국은 보유한 달러를 금으로 바꾸기 시작했다. 달러를 금으로 바꿔 달라는(금 태환) 요구가 빗발치자 미국의 금 보유량이 바닥을 보였다. 리처드 닉슨 미 대통령은 드디어 배 째라는 태도를 보였다. 1971년 8월, 달러와 금의 교환 정지를 선언했다. 금본위제를 폐지하고 변동환율제를 도입했다. 1971년은 금본위제가 폐지된 해이자, 법정화폐의 담보가 사라진 해이기도 하다.

금이라는 담보, 즉 실체에 묶여 있던 달러의 고삐가 풀리면서 미국은 마법의 종이, 달러를 무한정 발행할 수 있게 됐다. 이 마법의 종이는 미국에 만병통치약이다. 통화의 가치를 떨어뜨려 제품을 싼값에 수출할 수 있다. 달러의 마법으로 무역수지는 손쉽게 개선된다. 뿐만 아니라, 금융 시스템에 문제가 생길 때마다 더 많은 달러를 찍어 부실기업을 구제할 수 있다. 금융 시스템에 이상이 생겼을 때 미 재무부Treasury와 연방준비제도Fed, Federal Reserve System(이하 연준)가 할 일은 딱 하나다. 달러를 더 찍어내는 것, 그것이 전부다. 그리고, 전 세계는 2008년 글로벌 금융위기를 맞는다.

우리 대부분은 실체가 무엇인지에 대한 명확한 개념이 없다. 그럼에도 지나치게 실체에 집착한다. 법정화폐의 실체도 존재하지 않는다. 실체도 없는 법정화폐가 지배하는 시스템에서 현금만 들고 있는 행위는, 방탄모도 착용하지 않은 채 빗발치는 총알을 뚫고 적진으로 돌진하는 것과 같다. 금융 기득권이 장악한 화폐 경제 시스템에서 살아남기 위해서는, 노동의 대가로 얻게 된 법정화폐를 가능한 한 자산으로 바꿔야 한다. 투자를 해야 한다는 얘기다. 무엇에 투자할지는 자유다. 금이나 부동산 등 전통 자산만이 대안은 아니다. 비트코인이나 이더리움Ethereum 등 암호화폐에 투자할 수도 있다. 실체에 집착하다간 눈앞에서 기회를 놓칠지 모른다.

달러, 전 세계 노동자의 돈을 약탈하다

역사상 영원한 화폐는 없다. 대한민국 정부가 지급보증하는 원화의 가치가 영원하지 않다는 건 1997년 외환위기의 기억이 입증한다. 그럼에도 달러는 특별히 영원할 것 같다. 금이라는 담보는 없지만, 세계 최강대국 미국이 지급보증을 해준다면 문제될까 싶다. 무턱대고 믿기 전에, 달러 발행 과정부터 알아보자. 금융권에 종사하는 사람조차도 달러 발행 과정은 낯설다. 화폐 경제 시스템을 좌우하는 세력들이 의도적으로 전문적이면서 낯선 용어를 사용해 이해를 어렵게 만들어놨기 때문이다. 이해가 안 가면 관심도 안 간다. 사람들이 달러 발행 과정을 속속들이 알게 되면, 수십 년간 자신들이 자행해온 사기 행각이 만천하에 드러날 수 있다. 그러니 최대한 이해하기 어렵게 만들어야 한다. 사기라는 표현이 과한 것 아니냐고? 일단 알아보고 다시 얘기하자.

🔹 달러의 발행, 거대한 사기극?

미국 정부는 달러가 필요한 경우 재무부를 통해서 채권을 발행한다. 이를 미국 국채라고 부른다. 채권이란 빚을 공식적으로 기록한 일종의 증서다. 채권을 발행한 주체는 약속된 기간 동안 정해진 이자를 채무자에게 지급해야 한다. 그리고 만기에, 즉 약속된 기간이 끝나는 날, 채무자에게 원금을 상환해야 한다. 미국 정부는 재무부를 통한 채권 발행으로 국가 채무를 지게 된다. 즉, 갚아야 할 빚이 생긴다.

재무부는 입찰로 채권을 인수할 은행을 선정한다. 선정된 은행은 재무부 채권을 인수하고 재무부에 채권 대금을 지급한다. 은행은 재무부로부터 인수한 채권을 미국의 중앙은행 역할을 하는 연준에 넘기면서 수익을 얻는다. 국가 채무(국채), 즉 우리 혹은 후손들이 갚아야 할 빚에 대한 증서를 단순히 연준에 전달함으로써 중간에서 수익을 창출한다. 연준은 은행으로부터 채권을 매수하고, 대가로 은행 잔고에 채권 대금을 기입한다. 이제 은행에 새로운 달러가 생겼다. 문제는 이 과정에서 연준이 지불한 채권 대금, 즉 새로운 달러가 난데없이 생겨났다는 점이다. 즉, 연준은 땡전 한 푼 안 내고 미국 채권의 주인으로 둔갑한다. 일련의 과정이 법의 테두리 안에 있을 뿐이지, 합법적으로 저지르는 강도 행위와 다를 바 없다.

앞서 우리는, 법정화폐의 실체를 담보라고 정의했다. 그렇다면 이렇게 마법처럼 생겨난 달러의 담보는 무엇일까. 은행들이 중간에 중개한 미국 국채일까. 즉, 미국 정부의 국가 부채가 달러의 담보가 될 수 있을까. 불가능하다. 연준이 지불한 미 국채의 매수 대금 출처가 없다. 연준은 해당 채권을 공짜로 가져가고 대금 지불 완료 영수증을 발행한다. 이 영수증은 은행의 잔고로 들어가 달러로 둔갑한다. 이렇게 만들어진 달러의 담보, 즉 실체를 찾으려는 시도는 무의미하다. 없기 때문이다.

달러 발행 과정은 매일 수없이 반복된다. 그런 가운데 노동자의 부는 쪼그라든다. 달러에는 담보가 없기 때문에 화폐로서 교환가치를 가지려면 기존에 발행된 달러의 구매력을 나눠가져야 한다. 가령, 시장에 100달러가 존재하고 이 달러로 구매할 수 있는 아파트가 100채라고 해보자. 달러와 아파트의 교환 비율은 1:1이다. 연준이 100달러를 추가로 찍어냈다면, 시장에는 총 200달러가 존재한다. 아파트는 여전히 100채다. 이제 달러와 아파트의 교환 비율은 2:1이 된다. 아파트를 한 채 구매하려면 2달러가 필요하다. 기존의 100달러가 갖고 있던 구매력을 200달러가 나눠 가졌다. 곧, 기존에 달러(현금)를 갖고 있던 사람들이 아파트를 구매하기 위해선 더 많은 달러가 필요하다는 뜻이다.

1971년 이전, 즉 금본위제 시대의 달러는 금이라는 울타리 안에 있었다. 연준은 금고에 보유한 금의 양에 비례해 달러를 발행했다. 누구나 달러를 들고 가면 그 가치에 연동된 금으로 바꿀 수 있었다. 달러는 금에 대한 일종의 차용증이었다. 달러의 실체는 이 차용증이었고, 그 담보는 연준이 보유한 금이었다. 금은 신규 발행된 달러에 구매력을 부여했다. 반면, 금본위제가 사라진 지금은, 기존 보유자들의 구매력을 빼앗아 신규 발행된 달러에 구매력을 부여한다. 연준이 마법의 종이(달러)를 뿌려댈수록 기존 달러의 가치는 쪼그라든다.

더 놀라운 사실은, 연준이 국가기관이 아니라는 점이다. 주식회사다. 주주가 민간은행들이다. 돈을 만들어낼 수 있는 이윤을 추구하는 사기업, 이것이 연준의 실체다(미국의 중앙은행 역할을 하는 연준은 정확히 말해, 반관반민半官半民의 구조로 이뤄져 있다).

◇ 파산 위기의 미국, JP모건이 구하다

1775년 미국은 영국과의 전쟁(미국독립전쟁)을 준비하기 위해 막대한 돈이 필요했다. 미국 정부는 보유하고 있는 금괴를 담보로 지폐를 발행했다. 해당 지폐는 미국 대륙의 다양한 식민지에서 보유한 금괴만큼의 담보를 제공하기로 약속돼 있었다. 그래서 그 지폐는 대륙화폐 Continental Currency, 또는 대륙지폐Continental Bill라고 불렸다. 문제는 전쟁이 길어지면서 대륙화폐 발행 초기에 약속했던 금 담보 조치가 어느새 사라졌다는 점이다. 급하게 돈이 필요해, 일단 찍고 보자는 식으로 대륙화폐를 남발했다. 무분별하게 발행된 대륙화폐는 시간이 지날수록 가치가 하락했다. 1778년 대륙화폐는 액면가의 5분의 1에서 7분의 1수준으로 유통됐다. 1780년엔 액면가의 40분의 1까지 가치가 하락했다. 대륙화폐의 가치 급락으로 미국 내 물가는 살인적으로 뛰었다. 정부가 사용을 장려한 대륙화폐는 몇 년 만에 휴지 조각이 돼버렸다. 피해는 고스란히 국민 몫이었다. 담보 없이 무분별하게 발행된 화폐가 민초들의 삶을 망가트렸다.

대륙화폐가 초래한 하이퍼인플레이션을 경험한 미국 국민과 의회는, 화폐 발행권을 정부가 갖는 걸 원치 않았다. 미 의회는 독립 이후 만든 연방헌법을 통해 연방정부의 화폐 발행을 금지했다. 화폐에 관한 정책은 전적으로 의회에서 논의하고, 은행을 통해 발행한 은행권만을 화폐로 허용했다. 1781년 북미은행Bank of North America이 설립됐고, 20년간 중앙은행 역할을 하면서 미 정부에 단기 융자 서비스를 제공했다. 하지만 중앙은행의 필요성에 대한 논쟁은 끊이질 않았다. 초대 재무장관인 알렉산더 해밀턴은 강력한 연방정부와 함께 중앙은행의 필요성을 주장했다. 반대로, 초대 국무장관인 토머스 제퍼슨Thomas Jefferson은 정부기관이 아닌 특정 민간은행에 화폐 발행권을 전적으로 위임하는 것은 위험하다는 논리를 들어 중앙은행이 필요하지 않다고 맞섰다. 결국, 미국 3대 대통령이 된 제퍼슨은 당시 중앙은행 역할을 하던 북미은행의 영업권 연장 승인을 거부한다. 이로써 중앙은행은 20년 만에 문을 닫게 됐다.

중앙은행이 문을 닫았지만 중앙은행의 존재 유무는 여전히 정치권의 격렬한 논쟁을 불렀다. 중앙은행에 대한 여론도 경제 상황에 따라 급변했다. 두 번째 중앙은행이 탄생했지만, 미국의 7대 대통령인 앤드류 잭슨이 문을 닫았다. 그는 중앙은행이 아닌 민간은행에서 자유롭게 화폐를 발행할 수 있도록 허가했다. 그러자 여러 은행에서 마구잡이식으로 발행한 수천 개의 화폐가 범람했다. 화폐 종류가 너무 많다 보니 위조지폐가 기승을 부렸다. 돈이 풀리니, 부동산과 주식 등 자산 가격은 부풀어 올랐다. 버블은 터지기 마련이다. 1893년 철도 관련 회사들의 주가가 급락했다. 이듬해인 1894년 철도 회사의 4분의 1이 파산했다. 이후 약 6개월간 8000여 개의 회사와 400여 개의 은행이 문을 닫았다. 주식시장은 폭락했고, 놀란 해외 투자자들은 돈을 빠르게 금으로 바꿔 본국으로 돌아갔다. 미국의 금 보유고는 순식간에 반으로 줄었다. 미국 정부는 모라토리엄(국가 파산) 직전의 위기에 처했다. 이때 구원자가 등장한다. 존 모건John Morgan이다.

◈ 반관반민의 미국 중앙은행 연준의 탄생

모건은 당시 굵직한 금융 가문을 소집했다. 각자의 금을 모아 일종의 금융 가문 신디케이트(공동판매 카르텔)를 만들었다. 이 신디케이트를 통해 6500만 달러어치의 금을 재무부에 공급했다. 이 금으로 금본위제의 붕괴를 막았다. 중앙은행이 없던 시절, 모건의 JP모건은행이 실질적인 중앙은행 역할을 하며 국가 부도 위기를 해결한 셈이다. 모건은 미국 국민의 절대적인 지지를 받는 영웅으로 추대됐다. 그리고 이때, 금융제국 건설의 초석을 다졌다(이 신디케이트에는 오늘날 음모론의 대명사로 꼽히는 로스차일드 가문Rothschild Family도 포함돼 있다).

인간은 망각의 동물인가. 모건 덕에 파산 위기에 벗어난 미국 은행들은 또다시 무분별한 대출을 시작했다. 사실, 당시 시대상이 금본위제와는 맞지 않았다. 다양한 산업이 동시다발적으로 꽃피면서, 미국이라는 거대 국가를 형성하던 시기다. 금본위제하에서는 화폐가 금에 묶여 있기 때문에 화폐의 공급량이 산업 발전 속도를 따라갈 수 없다. 화폐 공급량을 늘리려면 금을 더 캐야 하는데 그건 불가능하니, 은행들은 과도한 레버리지를 활용해 대출에 대출을 반복하여 자금을 댔다. 당시 보유한 예금의 수십 배를 대출해주는 은행도 많았다. 과도한 레버리지와 무분별한 대출을 행하는 금융회사의 속출. 전형적인 금융위기의 전조 증상이다. 결국 1907년 미국은 다시 한 번 위기를 맞는다.

이번에도 구원투수로 모건이 나섰다. 그는 자신의 호텔에 주요 금융인들을 불러 모았다. 긴급 구제 회의를 열고, 주요 금융회사의 동의를 얻어 대책을 마련했다. 파산 직전의 은행과 투자회사에 자금을 투입했다. 신용경색으로 자금이 돌지 않던 주식시장을 살리기 위해 저금리의 대출 자금을 제공했다. 또 한 번, 미국은 모건의 힘으로 파산 위기를 면했다. 모건은 이제 미국에서 누구도 건드릴 수 없는 거물이 됐다. 두 번의 금융위기를 겪고 난 뒤, 중앙은행에 대한 미국 정부의 생각이 바뀌었다. 수백 개의 은행에서 화폐를 발행하는 것이 아니라, 강력한 중앙은행이 화폐 발행권을 갖고 통화량을 조절해 안정적인 경제 시스템을 유지하는 게 낫다고 판단했다.

모건은 1910년, 자신의 별장에서 비밀회의를 열었다. 웬만한 금융 재벌들은 다 모였다. 이들은 열흘간 이곳에 머물면서 「연방준비법」이라는 연방준비은행법Federal Reserve Act 초안을 작성했다. 전국적 지급준비제도도 만들었다. 금융재벌들이 출자해 보스턴, 뉴욕, 필라델피아, 클리블랜드, 리치먼드, 애틀랜타, 시카고, 세인트루이스, 미니애폴리스, 캔자스시티, 댈러스, 샌프란시스코 등 열두 개 연방준비은행FRB, Federal Reserve Bank을 세웠다. 100% 민간은행 지분이다. 각 연방준비은행의 주주구성은 여전히 베일에 싸여 있다. 그렇지만 영국 런던과 독일 베를린의 로스차일드, 프랑스 파리의 라자르브라더스, 이탈리아의 이스라엘모세이프, 네덜란드, 암스테르담과 독일 함부르크의 와버그, 미국의 골드만삭스, 체이스맨해튼(후에 JP모건과 합병해 JP모건체이스), 그리고 2008년 금융위기에 파산한 리먼 브러더스 등 주로 유대계 자본으로 알려져 있다. 1913년 연방준비은행법이 의회를 통과했고, 이들 열두 개 연방준비은행이 참여하는 연방준비제도이사회FRB, Federal Reserve Board이 탄생했다. 은행에 대한 불신 탓에 은행이란 단어를 쓰지 않았으며, 뉴욕 월가에 대한 반감을 감안해 본부도 워싱턴DC에 뒀다. 이로써 이들이 발행하는 연방준비권Federal Reserve Notes은 미국의 법정화폐가 됐다. 실제 달러의 앞면 맨 위에는 연방준비권, 하단에는 달러라고 표시돼 있다. 대통령 초상화 왼쪽에 알파벳

A~L 중 하나가 무작위로 기록돼있는데, 그게 바로 그 지폐를 발행한 지역 연방준비은행이다.

한 나라의 화폐 및 금융 시스템에 관한 법을 만드는데 입법부(국민이 선출한 조직)가 아닌 민간은행들이 전면에 나섰다. 공공성을 감안해 주주들의 의결권 일부를 제한하기는 했다. 기준금리를 결정하는 열두 명의 연방공개시장위원회FOMC 위원 중 연준 의장을 포함한 일곱 명은 대통령이 임명하고 상원의 인준을 받는다. 다섯 명만 지역 연방준비은행 총재 몫이다. 그래도 민간은행에 철저한 공정을 기대하긴 무리다. 자신들의 이익을 최대한 챙길 수 있는 구조를 법체계 안에 넣었다. 연방준비은행은 주주인 열두 개 민간은행에 연 6% 정도를 매년 배당한다. 그런 화폐 시스템이 100년 넘게 이어졌다. 컴퓨터가 등장하고 인터넷이 일상화됐는데도 견고한 금융제국의 벽은 꿈쩍하지 않았다. 그런데 최근, 균열이 생기기 시작했다. 블록체인Blockchain과 암호화폐 때문에.

CHAPTER 02

버블로 먹고사는 달러의 정체

시중에 풀린 달러는 모두 가짜다

한국은행 본점 지하의 금고가 활짝 열렸다. 2017년 6월부터 약 3년 동안 한국은행 별관과 본관의 재건축이 진행된다. 한국은행은 개보수 공사를 위해 서울 남대문로 본관을 떠나 3년간 태평로 삼성 본관 건물을 사용할 예정이다. 이 기간 중 직원 1100여 명이 삼성 본관으로 사무실을 옮겨 생활한다. 한국은행이 현재 남대문로를 떠나는 것은 한국전쟁 이후 처음이다. 전쟁 기간 에 본점을 부산본부로 옮긴 적이 있다.

현금 이송 날짜와 구체적인 수송 방법 등은 모두 기밀이다. 한국은행 지하 금고에는 신권과 미발행 화폐까지 더하면 10조 원이 넘는 규모의 지폐가 보관돼 있다. 2017년 어느 날, 남대문로 지하 금고에 있는 10조 원 규모의 현금을 10km 가량 거리에 있는 한국은행 강남본부로 옮기는 영화 같은 수송 작전이 벌어졌다(정확히 언제였는지는 관계자 외에는 모른다). 통상 사과 상자에 5만 원 신권이 12억 원 가량 담긴다는 점을 고려하면 사과 상자 1만 개 이상의 부피를 옮긴 셈이다. 현금수송 차량 수백 대가 동원됐다. 참고로, 현재 한국은행의 금 보유량(2016년 12월 기준)은 104.4t이다. 그런데, 이번 수송 작전에 금괴가 포함되지 않았다. 한국은행 지하 금고에는 금괴가 없기 때문이다. 과거엔 한국은행 대구지점에 금괴를 쌓아뒀지만 지정학적 리스크 등으로 2004년 이후엔 모든 금괴를 영국 런던 영란은행^{Bank of England}으로 옮겼다.

　그런데, 뭔가 셈이 맞질 않는다. 한국은행이 보관 중인 현금이 10조 원밖에 안 된다고? 한국은행에 따르면, 2017년 8월 말 예금은행 기준으로 총예금 잔액은 1270조 원 정도다. 그렇다면, 10조 원만 남기고 대출해준 걸까. 같은 기준으로, 총 대출액은 1470조 원이다. 예금보다 더 많은 대출이 나갔다. 그런데도 10조 원은 은행에 있다. 어떻게 이런 일이 벌어진 걸까.

⬡ 문제는 법정화폐 시스템

세계 유일의 반관반민^{半官半民} 중앙은행인 연준의 탄생 이후에도 연준에 대한 의혹의 눈초리는 이어졌다. 전직 미국 하원의원이자 『연준을 없애라^{End the Fed}』의 저자인 론 폴^{Ron Paul}은 2016년 11월 28일 '버닝 플랫폼'이라는 인터넷 매체에 기고문을 게재했다. 그는 문제는 연준의 통화정책이 아니라, 바로 비밀에 둘러싸인 중앙은행에 의해 관리되는 법정화폐 시스템이라고 주장했다. 연준이 세계경제의 파수꾼 역할을 했다는 건 부정할 수 없는 사실이다. 심지어 12대 의장이었던 폴 볼커^{Paul Volcker}를 제외하면, 보여준 정책이라는 게 금리 인하와 유동성 공급이 전부였다고 해도 말이다. 폴의 말처럼 진짜 문제는 연준이 갖고 있는 달러에 대한 독점적 지배권과 이를 악용하는 과정에서 파생된 화폐 경제 시스템이다. 그는 이어 이렇게 말했다.

> 연준이 주도해서 화폐 공급량을 늘리면, 경제적 불평등이 초래된다. 연준이 통화량을 증가시킬 때, 부유한 투자자들이나 자본가들이 가장 먼저 새로 생겨난 돈을 수령하게 되기 때문이다. 경제 엘리트들은 연준의 인플레이션 유발 정책이 광범위한 자산 가격 상승을 초래하기 전에 그들의 증가한 구매력을 즐길 수 있다. 그러나 증가한 화폐량이 중산층이나 노동 계층으로 전파될 때 즈음이면 경제는 이미 인플레이션에 허덕이게 된다. 따라서 대부분의 미국인들은 연준의 위험한 화폐 공급량 증가로 인해 자신들의 생활수준이 낮아지는 것을 목격하게 된다.

1998년 롱텀캐피탈 매니지먼트^{LTCM} 파산 금융위기, 2008년 글로벌 금융위기 등을 극복하는 과정에서 연준의 긴급 구제금융으로 막대한 이득을 본 건, 아이러니하게도 이런 위기를 초래한 거대 금융재벌이었다. 비트코인을 깎아내리는 대열의 맨 앞에 서 있는 JP모건체이스의 회장 제이미 다이먼^{Jamie Dimon}은 2008년 금융위기 당시 미국에서 다섯 번째로 큰 투자은행인 베어스턴스를 주당 2달러에 인수했다. 불과 일주일 전까지 주당 170달러는 줘야 했던 은행이다. 여기에 뉴욕 맨해튼 중심부에 솟아 있는 본사 빌딩은 덤이었다. 당시 베어스턴스 본사 빌딩의 가치는 12억 달러를 웃돌았다. 다이먼은 이 빌딩을 포함해 베이스턴스를 단돈 2억 3000만 달러에 사들였다. 게다가 베어스턴스의 대규모 부실 자산은 연준에 넘겼다. 월가에서는 다이먼이 2008년 크리스마스 선물로 베어스턴스를 받았다는 뒷말이 나왔다. 다이먼이 이끄는 JP모건이야말로 전 세계 금융시장을 망가뜨린 주역이다. 그런데도 연준은 책임을 지우기는커녕 선량한 납세자들의 주머니를 털어 천문학적인 액수의 크리스마스 선물까지 안겨 줬다. 이런 부조리를 참지 못하고 2011년 미국인들이 들고 일어난 게 '월스트리트를 점령하라^{Occupy Wall Street}' 운동이다. 물론, 실패로 끝나긴 했지만.

◇ 자본의 무한 팽창 욕망

법정화폐의 한계는 무엇일까. 화폐 발행권을 이용한 무분별한 신용

창출이다. 넘쳐나는 돈은 부실을 덮고 버블을 키운다. 임계점에 다다라 버블이 터지면 서민의 부를 빼앗아 위기를 극복한다. 돈이 이렇게 넘쳐나는 건 자본의 태생적 속성 때문이다. 자본은 무한 팽창을 욕망한다. 은행은 자신들이 보유한 예금만큼만 대출해줘서는 돈을 충분히 벌 수 없다는 사실을 알게 됐다. 동시에, 자신들이 보유한 예금을 고객들이 모두 한꺼번에 찾아와 인출하지 않을 거라는 사실도 알게 됐다. 이런 두 가지 사실을 더하면 자산운용 비결이 도출된다. 예금액을 훨씬 웃도는 돈을 대출해 이자수익을 극대화하면 된다. 이 비법은 내 돈이나 회사 돈을 가지고 굴릴 때는 불법이다. 오직 금융(은행)에서만 통한다. 그럴듯한 말로 포장하자면 부분지급준비금제도 **Fractional Reserve Banking System**다(암호화폐 거래소의 경우에도 마찬가지다. 이런 장부거래는 엄연한 불법이다).

연준은 이런 제도에 법적 정당성을 부여했다. 지급준비율**Reserve Ratio**만큼을 제외한 나머지 예금을 은행들 마음대로 대출해줄 수 있게 했다. 예를 들어, 지급준비율이 10%라 하자. 은행은 보유 예금의 90%를 대출할 수 있다. 란이가 A은행에 100만 원을 예금하면, A은행은 100만 원 중 90만 원을 용재에게 대출할 수 있다. 그리고 이자수익을 받아낸다. 물론 거둬들인 대출이자로 란이에게도 쥐꼬리만 한 (예금) 이자를 주기는 한다. 그런데 이렇게 돈을 빌려주는 행위를 란이는 결코 허락한 적 없다(예금 이자를 받는 걸로 퉁치는 건지는 모르겠다). 이런 구조에서는 통화량이 급격히 늘어날 수밖에 없다. 연준이 처음 달러를 발행해 시중은행들의 예금 잔고를 늘려주면, 시중은행

단위: $

은행	예금액	대출금액	지급준비금	대출이자
A	10.0(Real Money)	9.0	1.0	0.9
B	9.0	8.1	0.9	0.8
C	8.1	7.3	0.8	0.7
D	7.3	6.6	0.7	0.7
E	6.6	5.9	0.7	0.6
F	5.9	5.3	0.6	0.5
G	5.3	4.8	0.5	0.5
H	4.8	4.3	0.5	0.5
I	4.3	3.9	0.4	0.4
J	3.9	3.5	0.4	0.3
K	3.5	3.1	0.3	0.3
L	3.1	2.8	0.3	0.3
M	2.8	2.5	0.3	0.3
N	2.5	2.3	0.3	0.2
O	2.3	2.1	0.2	0.2
P	2.1	1.9	0.2	0.2
Q	1.9	1.7	0.2	0.2
R	1.7	1.5	0.2	0.2
S	1.5	1.4	0.2	0.1
T	1.4	1.2	0.1	0.1
U	1.2	1.1	0.1	0.1
V	1.1	1.0	0.1	0.1
합계	90.2	81.1	9.0	8.1

들은 늘어난 예금 잔고로 대출을 해주는 방식으로 더 많은 신용화폐 Credit Money를 창출한다.

부분지급준비금제도를 통해 돈이 얼마나 불어날까. 지급준비율이

10%라면, 대출로 풀린 90%는 소비되거나 다른 은행의 예금으로 들어간다. 편의상 대출금의 전부가 다른 은행의 예금으로 들어가고, 대출이자는 단리 10%라고 가정해보자.

앞의 표는 부분지급준비금제도를 통해 진짜 돈$^{Real Money}$ 10달러가 어떻게 시중에 풀리는지를 보여준다. A은행에 처음 입금된 진짜 돈 10달러는 부분지급준비금제도를 통해 90.2달러의 예금액으로 불어났다. 은행들은 81.1달러라는 새로운 신용화폐를 만들어냈다. 모든 법정화폐는 실체가 없지만, 새로이 생겨난 81.1달러는 실체가 없는 법정화폐를 담보로 새로 탄생한 가상의 돈이다. 즉, 실체가 없는 존재를 기반으로 또다시 실체가 없는 돈이 생겨났다. 2000~2017년 동안 연준은 미국 국채를 매수하는 과정에서 약 3조 달러[1] 이상의 신규 달러를 창조해냈다. 이 돈이 부분지급준비금제도를 통해 불어났다면, 약 24조 달러가 시장에 풀린 셈이다. 이렇게 풀린 돈은 주식과 부동산 등 자산에 대한 투기 광풍을 일으켰다.

◇ 몸통을 흔드는 꼬리

더 무서운 건 파생상품이다. 그간 미국을 비롯한 선진국 금융시장의 참여자들은 무분별하게 남발된 신용화폐를 담보로 다양한 파생상품을 시장에 공급했다. 2017년 상반기 파생상품 거래량은 약 540조 달러[2]가 넘는다. 파생상품도 원칙적으로 담보를 기반으로 만들어진 금융상품이다. 문제는 해당 담보를 깊게 파 들어가보면 시중에 무분별하게 풀린 법정화폐에 기반한 것들이거나, 넘치는 통화량으로 생성된 버블에 기초한 것들이 대부분이다. 금융 산업은 신용에 의한 거래가 대부분이다. 신용이란 것은 자산 가격이 상승하는 구간에는 더할 나위 없이 좋다. 투자 금액을 웃도는 수익을 가능하게 해준다. 하지만, 자산 가격이 하락할 때는 아비규환을 보여준다. 급격히 팽창했던 신용이 다시 수축해가는 과정에서 수많은 기업이 도산하고, 나라가 망했다. 월가의 은행들은 신용이 낮은 대출자들의 모기지 채권을 담보로 한 파생상품을 팔아치우면서 사상 최대의 실적 잔치를 벌였다. 그러나 2008년 신용경색이 오자 줄줄이 도산 위기에 처했다.

아직 끝이 아니다. 다시 표를 보자. 맨 마지막 열에 대출이자 항목이 보이는지. 은행들은 대출을 해주고 매번 대출금의 10%를 이자로 청구했다. 대출금이 부분지급준비제도를 통해 눈덩이처럼 불어날 때, 은행들이 청구하는 이자도 같이 불어났다. 새롭게 생겨난 신용화폐 81.1달러에 대한 10%인 8.1달러가 은행들이 청구하는 이자다. 그렇다면, 도대체 8.1달러에 해당하는 이자 금액은 어디서 온 것일까. 연준은 처음에 10달러에 해당하는 돈을 시장에 풀었을 뿐이다. 8.1달러에 해당하는 이자는 10달러가 신용팽창을 하면서 만들어낸 새로운 가상의 돈이다. 팽창한 신용을 차례차례 되돌려 대출을 청산할 경우, 8.1달러에 해당하는 이자를 어디에서 충당해올 것이냐의 문제가 남는다. 돈 낼 사람이 없다. 그럼, 은행이 전부 망할까? 아니다. 또 다른 신용화폐를 창출해 갚으면 된다. 이자를 꼭 현금으로 내야 할 필요는 없으니. 현재의 화폐 경제 시스템에서는 신용을 무한히 팽창해야 모든 참가자들이 영속할 수 있다. 그런데, 2008년 글로벌 금융위기를 통해 경험하지 않았나. 무한히 팽창하는 신용이 얼마나 무서운지를.

◇ 가이사의 것은 가이사에게, 화폐 소유권은 주인에게

토머스 제퍼슨은 20년 만에 첫 번째 미국 중앙은행의 문을 닫았다. 그는 중앙은행을 폐지한 이유를 이렇게 설명했다.

> 우리의 자유를 수호하는 데 금융기관들은 군대보다 더 위험한 존재라고 생각한다. 만약, 미국 국민이 한 번이라도 민간은행으로 하여금 화폐 발행을 좌지우지할 수 있도록 한다면, 이들은 먼저 통화 가치를 상승시키고, 이어서 통화 가치를 하락시킴으로써 우리의 자손들이 거지가 될 때까지 국민의 부를 강탈해갈 것이다. 화폐 발행권은 반드시 은행에서 되찾아와야 하며, 화폐의 주인인 국민에게 속해야 한다.

제퍼슨의 말은 여전히 유효하다. 지금의 법정화폐 시스템에서 불거지는 모든 부조리한 현상은 화폐의 소유권에 대해 우리가 무관심했기 때문이다. 법정화폐의 역사에서 우리는 단 한 번도 화폐의 소유권을 온전히 주장할 수 없었다. 우리가 소유한 화폐는 그저 은행 계좌에 찍혀 있는 숫자였고, 은행의 돈벌이에 사용되는 도구였을 뿐이다.

암호화폐의 소유권은 완벽하게 소유자에게 있다. 암호화폐 경제 시스템에서는 금융재벌들이 우리의 돈을 가지고 착취할 수 없다. 화폐의 주인이 온전히 소유권을 행사할 수 있는 세상에서 기존의 금융 권력은 힘을 잃는다. 다이먼 회장이 비트코인은 사기라며 신경질적인 반응을 보이는 건 금융 권력이 처한 위기감의 반작용이 아닐까. 은행과 화폐가 생겨난 이후 전통 화폐 경제 시스템은 단 한 번도 바뀌지 않았다. 바뀔 필요가 없어서다. 그런데 이제는 상황이 달라졌다. 암호화폐 시대가 왔다.

너무 커서 망할 수 없다

「투 빅 투 페일Too Big To Fail」은 2011년 미드(미국 드라마)의 명가로 불리는 방송사 HBO가 동명의 책을 드라마로 만든 작품이다. 2008년 글로벌 금융위기를 불러왔던 리먼 브러더스의 파산과, 이를 수습하는 미국 재무부의 활약을 그렸다(금융위기를 일으킨 가해자의 시선에서 사건을 바라봤다는 비판도 있다). 실제 등장인물과 비슷하게 생긴 배우를 캐스팅한 덕에 마치 역사의 한 페이지로 걸어 들어가는 느낌이다. 특히 미 연준의 벤 버냉키Ben Bernanke 의장 역을 맡은 폴 지아마티는 버냉키의 집무실에 앉아 업무를 봐도 아무도 못 알아챌 정도다. 드라마에는 낯익은 한국인도 등장한다. 미스터 민이다. 배우 얼굴만 봐도 누군지 짐작할 수 있다. 2008년 당시 산업은행 수장이었던 민유성

전 총재다. 한때 세계 4위 투자은행의 생명줄을 쥐었던 곳이 산업은행이다. 2008년 8월 20일, 영국 《파이낸셜타임스》는 뉴욕의 소식통을 인용해 산업은행이 리먼 지분 50%를 인수해 경영권을 확보하려는 협상이 가격 조건이 맞지 않아 결렬됐다고 보도했다. 산업은행이 리먼 브러더스 인수를 시도했다는 사실이 처음 공개된 날이다. 이튿날 로이터통신은 리먼 브러더스 인수 등 모든 가능성을 열어두고 있다는 산업은행의 입장을 전했다. 산업은행이 리먼을 인수하느냐 마느냐는 소식에 미국 증시 전체가 들썩였다. 그리고 한 달 뒤, 리먼 브러더스는 파산을 신청했다. 전 세계 금융시장은 위기에 빠졌다. 만약 그때 가격 조건이 맞았다면 어떤 일이 벌어졌을까. 제2의 외환위기를 맞지 않았을까(당시 일부 언론이나 몇몇 여론 주도층은 리먼 브러더스 인수가 기회라고 주장했다).

버블의 버블의 버블!

2008년 글로벌 금융위기를 촉발시킨 건 서브프라임 모기지다. 금융자본의 속성은 팽창이다. 이들은 팽창을 위해 새로운 상품을 끊임없이 개발한다. 그리고 이런 상품을 (그들 입장에서 보자면) 무지한 투자자들에게 팔아 이익을 챙긴다. 이들이 개발한 신종 혹은 선진 금융기법을 활용한 대표적 상품이 부채담보부증권CDO, Collateralized Debt Obligation이다. 여러 개의 대출채권을 모아서 하나로 섞고, 이걸 잘게 쪼개서 투자자들에게 파는 식이다. 예를 들어, 1억 원씩 열 명에게 대출해줬다고 하자. 이걸 섞어서 10억 원짜리로 만든 다음에 100만 원씩 쪼개서 1000명에게 판다. 이 경우 대출 하나에 문제가 생기더라도 투자자 입장에선 투자금 100만 원이 아니라 10만 원만 신경 쓰면 될 일이다. 쪼개면 쪼갤수록 리스크는 줄어든다.

처음에는 괜찮았다. 신용 등급이 높은(돈을 잘 갚을 수 있는) 사람들의 모기지 대출채권Prime Mortgage을 담보로 부채담보부증권 상품을 만들어 팔았다. 부동산시장이 호황을 맞으면서 이 상품은 대성공을 거뒀다. 은행들은 더 많은 이윤을 탐했다. 신용 등급이 나쁜 사람들의 모기지 대출채권Sub-prime Mortgage까지 이런 식으로 만들어 팔기 시작했다. 프라임 모기지에 서브프라임 모기지를 슬쩍 끼워 넣었다. 나중에는 프라임 모기지는 10%밖에 안 되고 90%가 서브프라임 모기지인 상품까지 내놨다. 그런데도 수십 수백 개의 모기지에 투자하기 때문에 리스크는 줄어든다고 투자자들을 현혹했다. 뒤늦게 돈 냄새를 맡은 AIG와 같은 보험사들은 투자은행들이 발행한 부채담보부증권에 대한 채무불이행(돈을 안 갚을) 리스크를 떠안는 조건으로 매월 수수료를 받을 수 있는 신용부도스와프CDS, Credit Default Swap를 발행했다. 스탠더드앤드푸어스S&P와 같은 글로벌 신용평가사들은 모기지 부채담보부증권 CDO 상품에 최고 우량등급의 신용(AAA)을 부여해, 투자은행과 보험사들의 마지막 남은 양심의 가책까지 덜어줬다.

부동산시장이 호황일 때에는 모두 행복하다. 2000년대 중반 미국 부동산시장은 호황의 절정이었다. 중개인들은 집을 살 능력이 안 되는 사람에게도 집을 팔았다. 계약금도 받지 않고 부동산 계약을 하기

일쑤였다. 돈이 모자란다고 걱정할 필요가 없었다. 필요한 돈은 은행들이 경쟁적으로 나서서 빌려줄 것이기 때문이다. 대출자가 설령 갚지 못한다고 해도 은행들은 담보로 잡은 부동산을 압류해 시장에서 팔면 문제될 게 없었다. 문제는 부동산 가격이 영원히 오르지는 않는다는 사실이다. 사실 부동산 가격이 오른 주요 원인 중 하나는 연준이 오랫동안 저금리 기조를 유지하면서, 시중에 막대하게 풀린 달러가 부동산시장으로 흘러들어 갔기 때문이다. 앞서 살폈듯 전통 화폐경제 시스템이 작동하기 위해서는 신용팽창, 곧 돈이 시장이 풀려야한다. 여기서 신용은 우리 몸의 혈액과 같다. 혈액이 순환되지 않으면 사람이 죽게 되듯이, 기존 법정화폐 시스템에서는 신용경색이 오면 시스템이 붕괴한다.

사실 특정 금융상품이 아무리 잘못된다고 하더라도 그 파장이 얼마나 되겠나. 그 상품에 투자한 사람들과 그 상품을 판매한 금융회사들만 손해 보면 끝이다. 그런데 왜 유독 모기지 대출채권을 담보로 한 파생상품의 채무불이행 리스크 여파는 세계경제를 마비시킬정도로 거대했던 것일까? 바로, 버블의 버블의 버블이 있었기 때문이다. 법정화폐의 무분별한 신용 버블(연준의 저금리 기조에 따른 넘쳐나는 달러)이 거대한 부동산 버블을 만들었고, 그 실체도 모호한 부동산버블을 기초 자산으로 또 다시 막대한 파생상품 버블을 만들어 냈다. 세계 금융 권력들이 합심해 만든 돈 잔치는 영원히 계속될 것만 같았다. 하지만 안타깝게도 비극적인 결말을 맺었다.

◇ 대마불사, 누구를 위한 구제금융인가

2008년 글로벌 금융위기의 비극은 거대 은행들과 그들의 든든한 후원자인 연준이 만들어낸 시스템의 붕괴에서 왔다. 신용팽창으로 지탱되는 금융 시스템하에서는, 아무리 방만하게 운영해 막대한 손실을 내더라도 신용팽창의 기여도가 크다면 살려낼 수밖에 없다. 대마불사大馬不死다. 이러한 논리로 베어스턴스가 JP모건체이스에 인수됐고, AIG에는 1500억 달러 상당의 구제금융 자금이 제공됐다. 이런 논리는 심지어 헤지펀드에도 적용됐다. 1998년 연준은 최고의 채권 트레이더 및 노벨경제학상을 받은 교수들로 이뤄진 헤지펀드 롱텀캐피탈 매니지먼트가 파산 위기에 처하자, 40억 달러의 구제금융을 제공했다. 이례적으로, 예고 없이 금리 인하도 발표했다. 당시 월가에서 롱텀캐피탈 매니저먼트에 투자하지 않은 금융기관이 없었던 만큼, 롱텀캐피탈 매니저먼트가 무너지면 은행들 또한 줄줄이 문 닫을 판이기 때문이었다. 결국 롱텀캐피탈 매니저먼트는 파산했지만 몸집이 크면 은행이건, 보험사건, 헤지펀드건 일단 살려내고 본다는 연준의 기본 원칙이 여실히 드러나는 사건이었다.

영원히 오지 않을 것 같았던 신용경색이 오자, 연준과 은행들은 당황했다. 당시 미국 금융 산업은 빗발치는 투자자금 회수를 감당할 수 없는 지경이었다. 사방팔방으로 무수하게 팽창된 신용이 일시에 수축될 경우, 그 결과는 대재앙이다. 신용을 더욱 팽창시켜 급한 불을 끄는 방법밖에는 선택지가 없다. 미 재무부는 위기 타개를 위한 해결책으로 부실자산구제프로그램^{TARP, Troubled Asset Relief Program}을 발표했다. 이번에도 연준이 나타나 은행들에 구원의 손길을 내밀었다. 걷잡을 수 없는 신용팽창으로 경제가 붕괴 위기에 처한 상황에서 재무부와 연준은 사태의 주범들에게 막대한 돈을 쥐여 주며 더 신용을 팽창시키라고 주문한 셈이다. 게다가 그들이 경영에 간섭받을 것을 우려해 혹여나 정부 돈을 받지 않을까 봐 사용처에 아무런 제한도 두지 않았다. 돈을 풀어서 신용경색 문제를 해결하는 데 써야 한다는 취지를 지키기 위한 최소한의 협의도 없었다. 구제금융 자금을 받은 거대 은행들은 당연히, 그 돈을 대출하는 데(신용을 팽창시키는 데) 전부 사용하지 않았다. 오히려 대출은 전보다 더 줄었다. 최악의 시나리오가 펼쳐졌다. 은행들은 구제금융 자금으로 손실을 회복하겠다며 부실자산을 그대로 끌어안는 데 돈을 썼다. 금융위기 여파가 잦아들면서 은행들이 보유한 자산가치는 급증했고, 그 수혜는 고스란히 은행 몫이 되었다. 실제로 2010년 월가의 보너스 지급액은 1350억 달러에 달했다. 다양한 인수합병으로 주요 열 개 은행이 미국 은행 전체 자산의 70% 이상을 보유하게 된다.

◇ 법정화폐는 대체될 수 있는가

현재 화폐 경제 시스템이 그대로 유지될 경우, 우리는 조만간 새로운 금융위기를 맞이할 가능성이 크다. 그것도 2008년과는 비교할 수 없을 정도의 치명적인 위기일 것이다. 신용이 팽창하면 할수록 수축 과정의 충격파는 기하급수적으로 커진다. 파생상품 명목가치의 합이 전 세계 국내총생산GDP의 열 배가 넘은 지 오래다. 2008년과는 비교 안 될 정도로 풀려난 달러는 사회 곳곳에 버블을 조장하고 있다. 버블은 곧 터지기 마련이고, 이 과정에서 급격한 신용수축이 일어난다면 우리의 자산은 휴지 조각이 된다.

은행 예금도 마찬가지다. 예금은 엄밀히 말하면, 내 돈이 아니다. 내가 소유권을 100% 주장할 수 없다. 은행들은 여러 가지 근거를 대며 우리의 예금을 마음대로 할 수 있다. 역사적으로 은행이 일방적으로 문을 닫은 사례는 너무 많다. 2013년 키프로스 구제금융 사태가 발생했을 때 키프로스 중앙은행은 뱅크런(대규모 예금 인출 사태)을 막기 위해 은행 폐쇄 명령을 내렸다. 즉, 우리의 예금이 다가올 금융위기의 심각성에 따라 얼마든지 동결되거나 사라질 수 있다는 얘기다. 다시 위기가 온다면 과연 예금자들의 예금을 온전히 지켜줄 만한 은행이 몇 군데나 될까.

키프로스중앙은행 폐쇄 사태 직후, 비트코인 가격이 두 배 이상 폭등한 것은 우연이 아니다. 자국 은행 시스템에 불안감을 느낀 이들이 대거 비트코인을 매수했다. 금융위기가 터지고, 은행이 문을 닫고, 투자회사가 무너지고, 주식이 휴지 조각이 되고, 부동산 가격이 폭락한다 하더라도, 비트코인은 그대로이기 때문이다. 가치의 변동은 있을 수 있을지언정, 눈 뜨고 코 베이는 상황에 처할 일은 없다. 앞서 말한 사태가 발생하면 비트코인의 가치도 내려가기보다는 올라갈 가능성이 크지 않을까.

비트코인을 비롯한 암호화폐가 만능은 아니다. 그 자체로 문제점이 많다. 우리가 의미 있게 봐야 할 부분은, 암호화폐가 수백 년 동안 변하지 않았던 전통 화폐 경제 시스템에 대한 변화를 촉구하고 있다는 사실이다. 경제학자들을 비롯한 수많은 사람들이 전통 화폐 경제 시스템에 대한 문제점을 지적해왔다. 그러나 모두가 현 상황에 대한 정의만을 내릴 뿐, 대안을 내놓지는 못했다. 법정화폐를 대체할 존재가 없었기 때문이다. 지금은 상황이 다르다. 비트코인, 이더리움 등 암호화폐가 등장했다. 기존의 규칙과 정의에는 전혀 맞지 않는, 완전히 새로운 이 화폐들은 존재 자체로 기존 시스템의 부조리함을 증명한다. 상용화가 되면 될수록, 가치가 올라가면 올라갈수록, 그리고 무엇보다 지지하는 커뮤니티가 커지면 커질수록, 이들이 세상에 촉구하는 변화는 정당성을 부여받게 될 것이다.

CHAPTER 03
화폐 혁명의 태동

암호학을 훔친 프로메테우스

리들리 스콧 감독의 영화 「프로메테우스」는 「에어리언」의 무대인 서기 2122년보다 30여 년 앞선 2089년이 배경이다. 영화 속에서 인류의 기원을 찾아 떠나는 우주선의 이름이 프로메테우스다.

그리스 신화 속 프로메테우스는 먼저 생각하는 자, 선지자다. 신들의 싸움이 끝난 후 프로메테우스는 제우스의 명을 받고 신을 공경할 인간과 동물을 창조했다. 동생 에피메테우스는 피조물들에게 살아가는 데 필요한 선물을 나눠주기로 했다. 에피메테우스는 나중에 생각하는 자다. 아무 생각 없이 새에게는 날개, 사자에게는 날카로운 이빨과 발톱, 거북이에게는 딱딱한 등판 등 능력을 줘버렸다. 그렇게 퍼주고 나니 마지막 남은 인간에게 줄 능력은 아무것도 남지 않았다. 에피메테우스는 형 프로메테우스에게 도와달라고 했다. 프로메테우스는 고심 끝에 금지된 불을 훔쳐서 인간에게 주기로 했다. 그는 자신이 창조한 어떤 피조물보다 인간을 사랑했다. 아테네 여신의 이륜차에 있던 불을 자신의 횃대에 옮겨와 인간에게 건넸다. 제우스는 누구보다 뒤끝이 강한 신이다. 신들의 전유물이던 불을 인간에게 주었다는 괘씸죄로 프로메테우스에게 끝나지 않는 형벌을 내렸다. 코카서스의 바위에 사슬로 그를 묶고, 독수리가 날아와 간을 쪼아 먹게 했다. 다시 간이 자라나면, 독수리가 다시 날아와 또 쪼아 먹었다. 결국, 형벌은 구원자 헤라클레스가 나타나서야 끝났다. 그는 화살로 프로메테우스를 공격하고 있는 독수리를 죽였다.

사이퍼펑크Cypherpunk는 암호를 의미하는 사이퍼Cipher와 1980년대 이후 유행한 사이버 시대의 저항 문화를 지칭하는 사이버펑크Cyberpunk의 합성어다. 이들은 현대판 프로메테우스다. 프로메테우스의 희생으로 인류가 오늘날과 같은 번영을 누린 것처럼, 사이퍼펑크들이 없었다면 오늘날 우리는 블록체인과 암호화폐를 마주할 수 없었을 것이다. 그들의 암호화 기술Encryption에 대한 열정, 기술을 구현하기 위한 노력, 부당한 규제에 대한 저항 등이 없었다면 말이다. 사이퍼펑크가 프로메테우스이며, 암호화 기술은 프로메테우스가 훔친 불이고, 정부기관은 제우스를 포함한 신들이다. 암호화폐에 대해 체계적으로 알아보고 싶은 이들이라면 사이퍼펑크가 어떤 집단(혹은 인물)인지 알아둘 필요가 있다.

◇ 프라이버시가 너희를 자유롭게 하리라

사이퍼펑크는 진정한 의미의 자유는 개인정보의 무분별한 유출을 막는 것에서부터 기인한다고 믿는 집단이었다. 그들의 신념을 효과적으로 표현하는 도구가 바로, 컴퓨터 안에서 구동되는 암호화 소프트웨어다. 초창기 사이퍼펑크 모임을 조직했던 사람 중 한 명인 티모시 메이^{Timothy May}(「암호화 무정부주의자 성명서」를 쓴 인물)는 사이퍼펑크 현상을 다룬 일본 NHK 방송의 다큐멘터리 「암호전쟁^{Crypto Wars}」에 나와 사이퍼펑크를 다음과 같이 정의했다.

> 사이퍼펑크는 기술적 발전을 통해 프라이버시와 자유가 보호될 수 있다고 믿는 사람들을 말합니다. 정부의 정책을 통해서나, 개인정보 관련 법 조항 변경을 위한 각종 로비 활동을 통하지 않고 말이죠. 앞서 말한 기술은 특별한 게 아닙니다. 마치 우리들이 현관문에 자물쇠를 설치하거나, 창문에 커튼을 다는 것과 다를 바 없으니까요. 단지, 수학적인 방법에 근거한 코드로 구현될 뿐이죠.

제2차 세계대전과 냉전체제를 지나오면서 암호학^{cryptography}은 국가정보기관의 전유물이 돼버렸다. 국내에선 잘생김을 연기한다고 알려진 셜록, 베네딕트 컴버배치가 주연한 영화 「이미테이션 게임」을 떠올려보자. 컴퓨터의 아버지, 세계 최초의 해커 등으로 불리는 천재 수학자 앨런 튜링**Alan Turing**의 실화를 바탕으로 한 영화다. 영화 속에서 영국 등 연합군은 정보 전쟁에서 판판이 깨졌다. 독일군은 연합군의 동태를 기술과 사람을 동원해 파악해냈지만, 연합군은 독일군의 정보를 전혀 알 수가 없었다. 독일군은 해독이 불가능하다는 암호체계이자 통신기계인 에니그마**Enigma**를 사용했다. 암호는 여러 개의 케이스를 수집해 이를 풀 수 있는 규칙을 알아내야 하는데, 연합군이 규칙을 알아냈을 땐 그 규칙이 쓸모없어졌다. 24시간마다 규칙이 바뀌는 암호였기 때문이다.

튜링은 지금의 컴퓨터라 할 수 있는 튜링 머신을 개발해 에니그마 암호를 풀어냈고, 전쟁을 승리로 이끌었다. 국가정보기관들은 해외에서 수집한 일급 기밀을 암호화해 주고받았고, 상대편 국가의 정보기관들은 암호화된 정보를 탈취·해독해 국가 보안 정책을 수립하는 데 사용했다. 실제로 1970년대 이전의 암호학자들은 대부분 국가정보기관에서 일했다.

암호학과 암호화 기술이 민간에 전파되기 시작한 건 1970년대 중반 이후다. 1975년 휫필드 디피**Whitfield Diffie**(암호학자 및 전 선마이크로시스템즈의 보안전문가)와 마틴 헬먼**Martin Hellman**(전 스탠포드대 교수)이 공개키**Public Key**를 활용한 암호화 시스템을 개발해 민간에 공개했다. 일명, 디피-헬먼 공개키 암호화 기술이다. 이를 계기로 암호학과 암호화 기술에 대중의 관심이 타오르기 시작했다. 오늘날 비트코인의 소유권을 구분하는 공개키와 개인키**Private Key** 시스템이 탄생한 순간이다.

🔷 암호화 기술의 혁명, 공개키 암호화 기술

공개키 암호화 기술은 2년 뒤인 1977년 본격 상용화됐다. 론 리베스트**Ron Rivest**, 아디 셰미르**Adi Shamir**, 레너드 아델만**Leonard Adleman** 등 세 명의 미국 매사추세츠 공과대학교**MIT** 컴퓨터 공학자들 덕이다. 이들은 자신들의 이름의 앞 글자를 따서 회사를 설립했다. 그 회사가 바로 RSA 데이터 시큐리티**RSA Data Security**다(현재도 보안 알고리즘을 제공하고 있다). 알고리즘의 우수성을 인정받은 RSA 데이터 시큐리티는 관련 특허를 획득하고 여러 기업과 보안 솔루션 라이선스 계약을 맺게 된다.

그간 미국 정부는 대칭키**Symmetric Key** 암호화 방식을 권장했다. 암호화와 복호화(암호를 푸는 행위)에 동일한 키(열쇠)를 사용하는 방식이다. 곧, 특정 메시지를 암호화하고 이 암호를 풀려면 암호를 풀 수 있는 열쇠를 비밀리에 상대방에게 전달해야 한다. 이게 항상 골칫거리였다. 게다가 불특정 다수를 상대로 하는 다양한 산업에 응용되기에는 한계가 있었다. 반면, 공개키 암호화 방식은 이런 대칭키 암호화 방식의 불편함을 개선했다. 공개키를 통해서 암호화하고, 반대로 암호를 풀 때는 개인키를 사용한다. 곧, 암호화하는 열쇠와 복호화하는 열쇠가 서로 다르다.

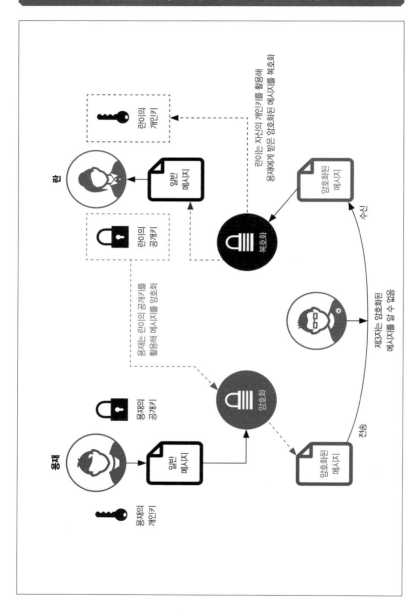

공개키 암호화 방식을 통한 암호화 메시지 교환 과정

공개키 암호화 기술의 원리는 이렇다. 용재가 란이에게 암호화된 메시지를 전달하려고 한다. 용재는 부산에, 란이는 서울에 살고 있다. 직접 만나서 암호를 풀 수 있는 열쇠를 전달하는 것은 상당히 번거롭다. 따라서 공개키 암호화 기술을 사용해 커뮤니케이션을 하려고 한다. 우선, 용재와 란이가 한 쌍의 공개키와 개인키를 각각 만든다. 공개키는 자물쇠, 개인키는 열쇠라고 보면 된다. 공개키와 개인키는 모두 암호화된 메시지로 구성돼 있다. 이제 공개키 암호화 기술을 활용해 커뮤니케이션을 할 준비가 끝났다.

다음으로, 용재와 란이는 각자 가지고 있는 공개키를 교환한다. 공개키는 암호화돼 있을 뿐더러, 설사 공개된다 하더라도 공개키를 통해 개인키가 무엇인지를 유추할 수 없다. 암호학적으로 거의 불가능하다. 자물쇠를 잃어버려도 열쇠가 없으면 (메시지) 상자를 열 수 없다. 용재는 메시지를 란이의 공개키를 활용해 암호화한다. 란이가 그 메시지를 해독해야 하니, 당연히 란이의 공개키를 이용해서 암호화해야 한다. 옆집 현관문을 우리 집 열쇠로 열 수는 없지 않은가. 반드시 한 쌍으로 이뤄진 공개키와 개인키만이 암호화를 하고, 암호를 풀 수 있다. 용재는 암호화된 메시지를 란이에게 보낸다. 란이는 용재가 보낸 암호화 메시지를 자신의 개인키를 활용해 풀어 확인할 수 있다.

공개키 방식의 암호화 기술을 바탕으로 RSA 데이터 시큐리티는 1980년대 미국의 산업용 보안 솔루션을 거의 독점했다. 컴퓨터가 발달하면서 다양한 산업에서 네트워크 보안 기술이 필요했고, 불특정 다수를 대상으로 한 비즈니스에는 RSA 데이터 시큐리티의 암호화 기술이 널리 사용됐다. 하지만, 독점은 시장을 퇴보시킨다. 1980~1990년대 초 RSA 데이터 시큐리티의 보안시장 독점에 대해 많은 이들이 우려하기 시작했다. 그들 가운데 몇몇은 젊었고, 컴퓨터를 잘 다뤘으며, 개인의 자유와 인권에 대한 관심이 많았다. 이들은 전 세계 각지에서 미국 샌프란시스코 베이 에어리어**Bay Area**로 모여들었다. 개인용 컴퓨터가 탄생한 그곳에 매주 모여, 새로운 아이디어를 주고받았다. 그들은 스스로 사이퍼펑크라 불렀다.

그 모든 것의 시작, 사이퍼펑크

굿 애프터눈, 굿 이브닝, 굿 나잇.

이 말을 끝으로 트루먼(짐 캐리 분)은 방송 세트장 밖으로 걸어 나간다. 영화 「트루먼 쇼」의 마지막 장면이다. 영화 속 「트루먼 쇼」는 트루먼 버뱅크라는 남자의 삶을 생중계하는 TV 프로그램이다. 태어날 때부터 걸음마, 초등학교 입학, 대학 진학, 결혼 등 주인공의 삶을 한시도 빠짐없이 죄다 촬영한다. 생방송으로 하루 24시간, 365일 내내 그의 일거수일투족을, 잠자는 것까지 모두 찍어서 내보낸다. 하지만 정작 트루먼 본인은 자신의 삶이 누군가에 의해 짜인 각본의 결과이며, 삶 전체가 생중계되는 TV 쇼라는 사실을 모른다. 트루먼의 가족과 지인, 마을 주민 모두 고용된 연기자다. 그런데 갑자기 조명이 머리 위로 떨어지고, 우연히 마주친 노숙자가 어린 시절 돌아가신 아버지였으며, 자신에게만 비가 내리는 등의 일들이 이어진다. 뭔가 이상하다. 트루먼은 이 모든 게 가짜라는 걸 눈치채고, 탈출을 감행한다. 그리고 받아들일 수 없는 진실, 곧 세상의 끝이 세트장 벽면이라는 걸 알게 된다. 제작자(트루먼 쇼에서는 전지전능한 하느님과 다름없다)는 세트장 안의 안락함을 미끼로 자유(프라이버시)의 포기를 회유한다. 트루먼은 이를 거부하고 거친, 그러나 자유로운 세상으로 나아간다.

영화 속 트루먼은 빅 브라더와 같은 존재에 의해 프라이버시를 극단적으로 침해당한다. 프라이버시라는 게 있을까 싶을 정도다. 이게 단지 영화 속 얘기일까. 당신의 프라이버시는 안녕한가. 그런 생각조차 안 해봤다는 건, 프라이버시 침해의 심각성을 방증하는 게 아닐까.

◇ 암호학이 군사 용품?

사이퍼펑크 중 한 명인 필립 짐머맨Phillip Zimmerman은 1991년 디피-헬먼의 공개키 암호화 기술을 PC에서 활용할 수 있는 소프트웨어인 PGPPretty Good Privacy를 개발하고 무료로 배포한다. PGP는 개인 간 이메일을 주고받을 때, 디피-헬먼 공개키 암호화 기술을 쉽게 활용할 수 있는 프로그램이다. 이 프로그램은 인터넷에 올라온 지 얼마 지나지 않아, 무서운 속도로 퍼져나갔다. 암호화 커뮤니케이션의 새로운 장이 열리는 순간이었다. 그러나 기쁨도 잠시, 짐머맨은 메일을 한

통 받는다.

> 저는 미국 국무부로부터 '무기 상인 등록을 하라'는 내용의 메일을 받
> 았습니다. 제가 무기를 해외에 배포했기 때문에 그들은 아마 저를 무기
> 상인으로 분류했을 겁니다. 전 관련 서류를 작성하고 250달러를 미국
> 국무부에 보냈습니다. 굉장히 황당한 경험이었습니다. 왜냐하면, 전 무
> 기 상인이 아니라 암호학 프로그래머니까요.
>
> (필립 짐머맨, NHK 다큐멘터리 「암호전쟁」, 1997)

짐머맨이 PGP 프로그램을 무료로 배포했던 당시만 해도 암호학
이라는 개념이 민간에서는 굉장히 생소했다. 또, (지금 보면 황당 그 자
체지만) 미국 정부는 암호학 기술을 군수품으로 분류하고 해당 기술
이 해외로 넘어가는 것을 강력하게 규제했다. 미국 정부의 규제를 충
족하는 암호화 키의 길이는 고작 40B였다. 다시 말해, 40B를 초과하
는 키를 활용한 암호화 기술은 해외에 배포해서는 안 된다는 의미다.
암호화 기술에 대한 미국 정부의 규제는 냉전 시대에 만들어졌다. 미
국 정부는 암호화 기술 자체를 군사기술로 여겼으며, 국가 안보와 직
결된다고 간주했다. 때문에 미국 정부, 특히 정보기관에서는 암호를
풀 수 없는 암호화 기술이 해외에 배포되는 것을 엄격히 금지했다.

그런데, 미국 정부가 허용한 40B의 키를 활용해 암호화할 경우 얼
마나 안전할까. 1995년 넷스케이프Netscape(당시만 해도 가장 인기 있는
월드 와이드 웹www 브라우저를 제공하는 회사였다)는 상금 1000달러를 걸

고 '40B의 키로 암호화된 메시지를 얼마나 빨리 해독하느냐' 대회를 열었다. 40B의 키로 암호화된 메시지는 무용지물에 가깝다는 것을 보여주려는 게 넷스케이프의 대회 개최 의도였다. 결과는 싱거웠다. 넷스케이프가 암호화 메시지를 공개한 지 3시간 만에 우승자가 나타났다. 우승자 역시 사이퍼펑크 중 한 명이었다. 캐나다 출신으로 1995년 당시 캘리포니아대학교 버클리캠퍼스 교환학생이었던 이안 골드버그Ian Goldberg는 자신이 있는 대학교 연구실의 여러 컴퓨터를 연결해 단순 연산을 하도록 프로그래밍했다. 그리고 3시간 만에 암호화된 메시지를 풀 수 있는 키를 알아냈다. 복호화한 메시지는 이랬다. '이것이 바로 당신이 더 긴(40B보다 더 긴) 키를 사용해야만 하는 이유다This is why you should use a longer key.' 골드버그는 1997년 제작된 일본 NHK 방송 다큐멘터리 「암호전쟁」에서 이때를 회상하며 다음과 같이 말했다.

40B 길이의 키로 암호화된 메시지를 푸는 것은 애들 장난에 불과할 만큼 쉽습니다. 평소에 단순한 메시지를 주고받을 때는 그 정도면 충분하겠지만, 인터넷을 통해 뱅킹 시스템을 사용한다거나 사업을 진행할 경우에는 충분하지 않죠. 아무도 사용하지 않을 겁니다.

◇ 프라이버시는 비밀과 다르다

암호화 기술을 둘러싼 사이퍼펑크들과 미국 정부와의 갈등에 가장 많이 언급되는 기관은 국가안보국**NSA, National Security Agency**이다. 제2차 세계대전 직후에 생겨난 국가안보국은 미국 국가 안보를 관장하는 베일에 싸인 정보기관이다. 예전에는 미국 정부도 공식적으로 국가안보국의 존재를 인정한 적이 없었고, 그들의 공식적인 업무나 관련 문건 및 심지어 예산과 관련된 내용도 전부 공개된 적이 없었다. 국가안보국의 미션은 두 가지라고 한다. 하나는 미국의 적들이 주고받는 비밀 메시지를 가로채 해독하는 것이다. 둘째는 미국의 적들로부터 국가 안보와 관련된 기밀을 지켜내는 것이다. 암호화 기술은 국가 안보국의 존재 이유라고 할 만큼 중요하다. 그들은 자신들이 해독할 수 없는 암호화 기술이 세상에 나오는 것을 국가 안보에 대한 심각한 위협으로 본다. 이런 맥락에서 국가안보국을 비롯한 미국 정부는 국가 안보라는 공공의 이익을 위해 암호화 기술을 규제한다는 명분을 내세웠다.

사이퍼펑크들은 이에 대해 프라이버시에 대한 잘못된 이해가 빚어낸 무분별한 정부 규제라고 주장했다. 국가가 생각하는 프라이버시는 비밀에 가까운 개념이다. 비밀이란 대부분 누군가에게는 이익을, 누군가에게는 불이익을 주는 행위와 연관돼 있다. 그래서 숨겨야 하는 것, 은밀한 것, 혹은 제3자가 알면 안 되는 것 등을 의미한다. 예를 들어, 한 방산 기업의 고위 임원이 모 국회의원 쪽에 돈을 건넸다고 하자. 이 사실을 누구도 알아서는 안 된다. 그들 사이에는 그들만의 비밀이 생긴 셈이다. 이 경우 비밀은 국가 안보에 위협을 끼치는 행위다. 그러나 사이퍼펑크들이 원한 건 비밀을 암호화하는 것이 아니었다. 그들은 개인의 신상, 곧 프라이버시가 암호화돼 지켜지길 원했다.

프라이버시와 비밀에 관한 내용은 사이퍼펑크 모임을 처음 조직했던 세 명 중 한 명인 에릭 휴즈Eric Hughes가 1993년 작성한 「사이퍼펑크 선언문Cypherpunk Manifesto」에 잘 나와 있다. "프라이버시는 디지털 시대의 개방된 사회에서 필수적이다. 프라이버시는 비밀과는 다르다. 프라이버시는 당사자가 본인을 제외한 그 누구에게도 알리고 싶지 않은 개인의 사생활을 의미한다. 그러나 비밀 행위는 모두가 몰랐으면 하는 특정 행위를 말한다. 프라이버시는 자기 자신을 세상에 선택적으로 드러낼 수 있는 힘이다." 개인의 사생활을 보호한다는 건 뭔가를 숨기는 행위와는 다르다. 현관문에 도어락을 설치하고, 창문에 커튼과 블라인드를 설치하는 건, 지극히 개인적인 사생활을 드러내고 싶지 않아서다. 집 안에서 은밀한 비밀 행위, 게다가 범죄와 관련된 일을 벌이기 위해서가 아니다. 프라이버시는 자신과 관련된 다양한 정보를 선택적으로 공개하는 것이고, 비밀은 말 그대로 아무도 모르게 숨기는 것이다.

1993년 티모시 메이, 에릭 휴즈, 존 길모어 등에 의해 규합된 사이퍼펑크들은 정부 규제의 빈틈을 교묘하게 이용해가며 저항했다. 이들은 암호화 기술이 군수품으로 분류돼 미국 밖 수출이 금지되자 암호화 소프트웨어를 무료로 배포하면서 무료 배포와 수출은 다르다고 주장했다. 암호화 소프트웨어에 대한 수출 규제는 있지만 수입 규제는 없다는 틈도 이용했다. 사이퍼펑크들은 미국 이외의 국가에 법인을 설립하고 그곳에서 소프트웨어를 개발해 미국으로 수입하는 식으로 저항했다. 이들은 고생하며 개발한 암호화 솔루션을 무료로 뿌리는 데 거리낌이 없었다. 대부분을 오픈소스로 공유하고 서로 도왔다. 짐머맨이 PGP 코퍼레이션을 설립했을 땐, 많은 사이퍼펑크들이 그들이 다니던, 이름만 대면 알만한 훌륭한 직장을 그만두고 합류했다. 이들은 많은 사람이 암호화 기술을 사용하면 할수록, 정부의 무분별한 규제가 어려워질 것이라고 생각했다. 휴즈의 「사이퍼펑크 선언문」에는 다음과 같은 구절이 나온다.

> 사이퍼펑크들은 코드^{Code}를 작성한다. 우리는 누군가가 우리의 프라이버시를 보호해줄 소프트웨어를 개발하고 있다는 것을 안다. 그렇게 하지 않으면 우리의 프라이버시를 지킬 수 없기 때문이다. 따라서 우리는 계속 코드를 작성할 것이다. 우리는 코드를 공개하고, 사이퍼펑크 동료들은 우리가 작성한 코드를 이용해 연습해보거나 실행해볼 수 있다. 우리의 코드는 전 세계 누구에게나 무료로 공개된다. 우리는 다른 사람들이 우리의 소프트웨어를 승인하는 것에 크게 개의치 않는다. 소프트웨어는 파괴되지 않는다는 걸 알고 있고, 널리 사용되고 전파된 시스템은 쉽게 없어지지 않는다는 걸 알기 때문이다.

이러한 사이퍼펑크들의 노력으로 1996년 11월, 빌 클린턴 정부는 기존의 암호화 기술 관련 정책을 바꾼다. 암호화 기술은 군수품 리스트에서 삭제되고, 대신 미국 상무부에서 관리하는 리스트에 올라

갔다. 그렇다고 암호화 기술에 대한 규제가 완전히 사라진 것은 아니다. 암호화 기술을 수출하기 위해서는 상무부의 관리 감독을 받아야한다. 무엇보다 키 복원 시스템Key Recovery System, 곧 암호화 키를 분실했을 때를 대비해 암호를 풀 수 있는 키의 복사본이 있어야만 미국 이외의 지역으로 배포가 가능했다. 복사본 키를 미 상무부, 혹은 믿을 만한 제3의 기관에 보관해야만 암호화 기술을 배포할 수 있다는 의미다. 사이퍼펑크들은 키 복원 시스템에 격렬히 저항했다. 암호를 풀 수 있는 키를 정부에 맡긴다는 것 자체가 암호화 기술의 근간을 흔드는 문제다. 정부의 무분별한 프라이버시 침해에 대항하는 도구가 암호화 기술인데, 암호를 풀 수 있는 키를 정부 혹은 제3자에게 맡긴다? 그야말로 어불성설이었다. 클린턴 정부 역시 국가 안보를 명분으로 내세웠다. 정보기관들은 국내외 첩보 활동을 수월하게 하기 위해 암호화 기술을 규제하고 싶어했다.

클린턴의 뒤를 이어 2000년에 미국 대통령이 된 조지 부시는 9·11 테러를 빌미로 국가안보국의 프리즘PRISM 시스템 발동을 승인했다. 프리즘이란 자원통합, 동기화, 관리용 기획도구Planning tool for Resource Integration, Synchronization and Management의 약자로, 국가안보국의 정보 수집 도구다. 구글, 페이스북, 야후, 스카이프, 유튜브, 애플, 마이크로소프트 등 미국의 주요 IT 기업들이 서비스 운용을 위해 사용하는 서버 컴퓨터에 접속해 사용자 정보를 수집하고 분석하는 시스템이다. 프리즘을 통해 국가안보국은 개인 이메일과 영상, 사진, 음성 데이터 및 파일 전송 내역, 통화 기록, 접속 정보 등 온라인 활동에 관한 모든 정보를 수집할 수 있다. 명분은 외국인 테러리스트로 의심되는 인물들의 사전 감시지만, 악용될 소지가 다분했다. 디지털 세상에서 프리즘 기술이 있는 국가안보국은 현대판 제우스처럼 무소불위의 힘을 가진 기관이다. 누가 그런 힘을 미국 정부, 혹은 국가안보국에 부여할 수 있단 말인가. 그리고, 그 기관에 대한 관리 감독은 누가 할 것인가. 국가안보국의 프라이버시 통제 시도는 민주주의 국가의 건국이념과 헌법에 어긋나는 행위다. 자유가 천부인권이라면, 프라이버시를 지킬 수 있는 암호화 기술은 천부인권의 수호자다.

미국의 국가안보국, 중앙정보국CIA, Central Intelligence Agency 등에서 정보 분석가로 일한 에드워드 스노든Edward Snowden은 2013년 미국 정부를 향해 폭탄을 투하했다. 영국《가디언》을 통해 미국 내 통화 감찰 기록, 프리즘 감시 프로그램 등 다양한 국가안보국의 기밀문서를 공개했다. 스노든이 폭로한 자료에 따르면 국가안보국은 테러리스트로 추정되는 외국인들뿐만 아니라, 정·재계 주요 인사들과 각국의 지도자들, 그리고 필요에 따라서 민간인들까지도 전부 감시하고 있었다. 미국 정부가 왜 그토록 암호화 기술을 규제하려고 했는지, 그 민낯이 만천하에 드러났다. 사이퍼펑크들이 외쳤던 프라이버시의 정당한 보호가 정말 필요하다는 걸 전 세계가 공감하는 순간이었다.

인간은 수십억 개의 카메라 속에서, 다양한 인터넷 기기들에 둘러싸여 살아가고 있다. 이런 시대에 프라이버시가 암호화돼 지켜지지 않는다면, 우리 모두는 트루먼이 될 수밖에 없다. 정부와 국가정보기관이 항상 강조하는 국가 안보는 마치 트루먼 쇼의 제작자가 외치는 세트장의 안락함에 불과하다. 그 안락함에 취해 트루먼처럼 모든 것이 감시되고 거짓인 세상에서 살아야 할까, 아니면 각성한 트루먼처럼 진정한 자유를 위해 가보지 않은, 어쩌면 가시밭일지도 모르는 길을 가야 할까. 사이퍼펑크는 우리보다 먼저, 가지 않은 가시밭길을 선택한 사람들이다.

거인의 어깨 위에 서 있다

내가 멀리 볼 수 있었던 것은 거인들의 어깨 위에 올라서 있었기 때문이다.

근대 물리학의 기초를 닦은 아이작 뉴턴의 말이다. 46세인 1687년, 그는 과학사에서 손꼽히는 저작 『프린키피아』를 썼다. 이 책에는 (물리 포기자라도 한 번은 들어봤음 직한) 그 유명한 관성의 법칙, 가속도의 법칙, 작용과 반작용의 법칙 등 운동의 3법칙이 공식화돼 담겨 있다. 어떻게 이런 발견과 저술을 할 수 있었느냐고 물었더니, 뉴턴이 겸손하게 내놓은 답이 '거인들의 어깨' 덕분이다('거인의 어깨'라는 표현은 뉴턴이 원조는 아니다. 당시 흔히 쓰던 표현을 뉴턴이 쓴 것뿐이라고 한다). 뉴턴이 말한 거인들은 이탈리아의 갈릴레오 갈릴레이, 독일의 요하네스 케플러, 그리고 프랑스의 르네 데카르트다. 뉴턴은 데카르트에게서 해석기하학을, 케플러에게서 행성의 운동에 관한 세 가지 기본 법칙(타원궤도의 법칙, 면적 속도 일정의 법칙, 조화의 법칙)을, 갈릴레이에게서 관성의 법칙을 배웠다.

비트코인도 사토시 나카모토^{Satoshi Nakamoto}라는 익명 개발자의 천재적인 머리와 갑작스런 통찰의 결과로 태어난 게 아니다. 비트코인의 탄생에는 거인들의 어깨가 있었다. 비트코인의 원리를 담은 백서에 나온 거인들은 사이퍼펑크들이다. 그들은 진정한 자유가 완벽한 개인의 프라이버시에서 온다고 믿었다. 개인 사생활의 무분별한 침해에서 야기된 각종 부조리함에 저항하는 수단으로 암호화 기술을 활용했다. 이들은 개인 간의 커뮤니케이션을 암호화해 커뮤니케이션 당사자 외에는 그 내용을 확인할 수 없게 만드는 기술을 끊임없이 연구하고, 그들이 설립한 회사를 통해 이러한 서비스를 제공했다. 이들은 개인 간 커뮤니케이션 암호화에 그치지 않고, 한발 더 나아갔다. 개인 간의 가치의 이동에도 암호화 기술을 접목시켜 익명성이 보장되는 거래를 만들고자 했다. 그리고 이러한 노력은 자연스레 암호화 디지털 화폐의 개발로 이어졌다. 이들의 연구 결과물이 오픈소스로 공유되지 않았다면 비트코인은 결코 세상에 나올 수 없었을 것이다.

◈ 해시캐시: 작업증명 방식을 도입하다

비트코인 백서 4장, 작업증명^{Pow, Proof of Work}의 첫 번째 문단에는 "아담 백의 해시캐시와 유사한 작업증명 시스템을 사용할 필요가 있다

we will need to use a proof of work system similar to Adam Back's Hashcash"고 언급
돼 있다. 백은 현재 비트코인 및 블록체인 관련 솔루션 제공 업체인
블록스트림Blockstream의 최고경영자다. 블록스트림은 비트코인 네트
워크의 보안과 확장성에 관한 연구를 전문으로 하고 있다. 특히 사이
드체인Side-chain 활용 기술 부문에서 가장 앞서 있다. 사이드체인이란
말 그대로 기존의 블록체인 옆에 붙어 있는 또 하나의 체인을 의미
한다. 사이드체인을 활용하면 기존 블록체인의 과도한 작업량을 줄
이고, 동시에 속도를 개선할 수 있다.

백의 해시캐시는 일종의 작업증명 알고리즘을 사용한 스팸메일 방
지 프로토콜이다. 많은 이들이 매일 스팸메일을 지우느라 고생하거
나, 일부는 지울 엄두가 나지 않아 자포자기 심정으로 메일 계정을
방치한다. 쏟아지는 스팸메일을 기술적인 표현으로 바꾸면 서비스
거부 공격DoS Attack, Denial of Service Attack(이하 도스 공격)에 해당한다. 시
스템을 악의적으로 공격해 해당 시스템의 자원을 부족하게 만들어
원래 의도된 용도로 사용하지 못하게 하는 공격이다(우리가 흔히 접하
는 디도스 공격은 도스 방식의 공격을 쓰는데 수천 수백만 대의 분산된 좀비 컴퓨
터를 활용한다는 특징이 있다). 예를 들어, 수만 통의 스팸메일을 특정 메
일 계정으로 집중적으로 보낸다고 해보자. 메일 계정은 용량이 한정
돼 있다. 스팸메일이 메일함을 가득 채우면 다른 정상적인 메일은 받
아볼 수 없게 된다. 스팸메일로 해당 메일 계정을 무력화시키는 방법
이다. 이런 스팸메일 공격이 해당 메일 서비스 서버 전체를 향한다면
서버 자체가 다운될 수도 있다.

백은 스팸메일을 막기 위해 작업증명 알고리즘을 이용했다. 작업 증명이란 A라는 서비스를 사용하기 위해서는 반드시 사전에 B라는 작업을 수행해야 함을 의미한다. 곧, B라는 작업을 했다는 것을 증명 해야만 A라는 서비스를 사용할 수 있다. 도스 공격은 A라는 서비스 를 과도하게 사용해 다른 사람들이 해당 서비스를 이용하지 못하게 만드는 것이다. 그런데 만약 악의적인 공격자가 A라는 서비스를 사 용하려할 때 반드시 B라는 작업이 필요하다면 어떻게 될까. 그리고, B라는 작업을 하기 위해 뭔가 대가를 지불해야 한다면. 직장 생활에 빗대 설명해보면 이렇다. 용재는 란이의 직장 상사다. 평소 란이가 못마땅했던 용재는 란이에게 품이 많이 드는 사업 기획안을 써오라 고 시킨다. 란이가 밤을 새워 써가면 용재는 기획안을 거들떠보지도 않고 다시 쓰라고 지시한다.

　이렇게 몇 번만 반복해도 란이는 지쳐서 제대로 된 기획안을 쓸 수 없게 된다. 만약 용재가 란이에게 기획안을 다시 쓰라고 지시할 때 일정한 요건을 두면 어떤 일이 벌어질까. 기획안의 어떤 부분에 수정 이 필요한지 검토 보고서를 만들어 다섯 명의 상사에게 보고해야 한 다고 가정해보자. 란이의 기획안이 정말 잘못되지 않은 이상 용재는 자기 기분 내키는 대로 수정 지시를 할 수 없다. 수정 지시를 하면 용 재 자신부터 피곤해지기 때문이다.

　백의 해시캐시는 이메일 커뮤니케이션 프로세스에 이런 작업증명 알고리즘을 도입했다. 작업증명 알고리즘을 통해 메일을 보내려는 사람은 메일을 보내기 전에 자신의 컴퓨터 연산 능력을 활용해 정당한 해시스탬프^{Hash Stamp}를 획득해야 한다. 해시스탬프는 일종의 사용 가능한 우표다. 여기서 사용 가능하다라는 표현은 정당한 과정을 통해 얻었다는 의미다. 우체국이나 공식 판매처에서 돈을 주고 우표를 사듯 말이다. 해시스탬프는 단어 그대로 해싱^{Hashing} 작업을 해야 정당하게 얻을 수 있다. 간단히 설명하자면, 특정 메시지를 해시함수^{Hash Function}를 활용해 해싱하게 되면 원래 입력값과의 관계를 찾기 어려운 문자열이 생성된다. 이를 암호화^{Encryption}라고 표현한다.

백의 해시캐시는 이메일을 보내기 위해 해시함수에 다양한 값을 대입해 정당한 해시스탬프를 생성해야 한다. 해시스탬프가 생성된 메일만 발송할 수 있다. 이러한 과정은 메일 한 통을 보낼 때는 번거로운 일이 아니다. 1990년대 후반 보급된 가정용 PC로 위와 같은 해시스탬프를 생성하기는 어렵지 않다. 그러나 악의를 품은 이들이 대규모 메일 폭탄을 보내 시스템을 공격하기 위해서는 메일의 개수에 비례한 중앙처리장치^{CPU}의 연산 능력이 필요하다. 시스템을 공격하기 전에 공격자의 PC가 먼저 먹통이 돼버릴 수 있다. 즉, 백은 정당한 해시스탬프를 찾는 행위 B가 증명돼야만 사용자들이 메일을 보내는 행위 A를 가능하게 함으로써 스팸메일을 방지했다. 이와 같은 해시캐시의 작업증명 알고리즘은 비트코인 블록체인 위에서의 거래를 검증하는 프로세스에 이용된다. 또한 악의적인 공격자들로부터 비트코인 블록체인을 보호하는 메커니즘으로도 활용된다.

◈ 비머니: 비트코인 백서 참고문헌 맨 윗줄에 등장

비트코인 백서의 참고문헌 리스트 가장 위에 놓여 있는 것이 웨이다이[Wei Dai]의 「비머니[B-money]」다. 사토시는 비트코인 백서를 발표하기 두 달 전쯤 다이에게 이메일을 보내 비트코인 백서 초안을 먼저 공개했다.

> 당신의 비머니에 대한 논문을 대단히 흥미롭게 읽었습니다. 저는 당신의 아이디어를 좀 더 확장해 완벽하게 작동하는 시스템을 고안했으며 이에 관한 보고서를 출간하려고 합니다. 아담 백[Adam Back]은 당신과 제 아이디어 간의 유사성에 대해서 알려줬으며, 이를 확인할 수 있는 당신의 사이트도 알려줬습니다. 제 보고서에 당신의 비머니 논문을 인용하기 위해 정확한 출간 연도를 알고 싶습니다. 제가 준비하고 있는 보고서 초안은 다음의 링크를 통해 다운로드할 수 있으며, 이에 대해 관심을 가질 만한 사람이면 누구나 자유롭게 공유해도 됩니다.
>
> (사토시 나카모토, 다이/ 나카모토 이메일[gwern.net] 중)

사토시는 2008년 11월 비트코인 백서를 사이퍼펑크 메일링 리스트 수신자들과 공유하고, 이듬해인 2009년 1월 9일엔 비트코인의 탄생을 알리는 메일을 보낸다. 바로 그 다음 날, 사토시는 다시 다이에게 메일을 보낸다.

몇 달 전 보낸 백서 내용을 구현할 프로그램을 방금 런칭했다는 것을 알려드리고 싶습니다. 바로 비트코인 버전 1.0입니다. 자세한 사항은 www.bitcoin.org를 확인해주세요. 비트코인은 당신이 비머니 보고서를 통해 이루려던 모든 목적을 실현해줄 수 있을 거라 생각합니다. 비트코인은 어떠한 서버나 믿을 만한 제3자가 필요 없는, 전적으로 탈중앙화된 시스템입니다."

(사토시 나카모토, 다이/ 나카모토 이메일 중)

사토시가 이메일을 통해 직접 비머니 아이디어를 발전시켰다고 언급했을 정도로 비트코인에는 비머니의 아이디어가 많이 녹아 있다. 중앙화된 금융기관 없이 개인 간의 거래 시스템P2P을 통해서 거래가 이루어진다는 점, 백의 해시캐시 작업증명 알고리즘을 통해서 신규 화폐가 발행된다는 점, 거래 장부를 모두가 공유하는 분산원장 기술을 사용했다는 점, 암호화된 키를 사용해서 소유권을 증명한다는 점 등이 대표적이다. 비트코인의 핵심 원리가 대부분 담겨 있다고 해도 과언이 아니다.

비머니와 비트코인의 결정적인 차이점은 거래에 대한 검증을 일차적으로 누구에게 맡길 것인지에 있다. 비머니는 일차적 검증을 참여자들의 선의에 맡겼다. 이차적으로 선의의 행동을 하지 않는 참여자들에 대비하여 모든 거래에 제3의 중재자가 존재하며, 거래 당사자와 해당 거래 중재자의 비머니를 일종의 에스크로Escrow 계좌에 예치한다. 거래가 성공적으로 완료되고, 모든 참여자들이 해당 거래의 결과를 반영한 장부를 공유하게 되면 에스크로 계좌는 사라진다. 반대의 경우, 즉 거래에 갈등이 생길 경우 나머지 참여자들은 에스크로 계좌에서 벌금과 보상금을 인출할 수 있다.

그러나 벌금과 같은 조치를 강제할 집단도, 그럴 권한도 없다는 것이 비머니의 결정적 문제였다. 모두가 평등한 참여자들 사이에서 자율적으로 규제를 한다는 건 불가능했다. 사토시는 이러한 문제를 규제가 아닌 보상으로 해결했다. 비트코인 네트워크에서 규제나 처벌은 없다. 단지 보상만 있을 뿐이다. 참여자들은 비트코인 네트워크에서 선의의 행동을 할 때마다 나오는 보상을 얻기 위해 악의적인 행동을 하지 않는다.

시대를 너무 앞서간 디지캐시

한국계 2세 조셉 박은 인터넷서점 (당시엔 책, CD 등만 취급했다) 아마존닷컴에서 책을 사다가 인생의 전환점을 맞았다. 인터넷으로 책을 사는 것은 아주 편리한데, 주문한 뒤 한참을 기다려야 한다는 건 너무 불편했다. 이거다 싶었다. 무엇이든 한 시간 안에 배달해준다는 아이디어가 전부였다. 스물여섯 살에 연봉 10만 달러를 주는, 누구나 알아주는 직장을 때려 쳤다. 1998년 3월, 10여 명의 직원으로 택배회사 코즈모닷컴을 설립했다. 오렌지색 가방을 둘러멘 코즈모닷컴의 서비스 요원들은 자전거를 타고 미국 전역을 돌아다녔다. 어떤 상황이든 한 시간 내 배달이라는 회사의 목적을 구석구석 알렸다. 전략은 성공적이었다.

정보기술^{IT} 관련 기업에 대한 투자금이 쏟아지던 닷컴 버블의 시대였다. IT에 오프라인을 접목한 사업 아이디어에 투자자들이 열광했다. 창업 이듬해인 1999년 아마존 등으로부터 2억 8000만 달러를 유치했다. 창업 2년여 만에 4000여 명의 직원을 거느린 기업으로 덩치를 불렸다. 그러나 2000년, 버블 붕괴가 시작됐다. 주식시장이 폭락하면서 투자자들은 수익이 나지 않는 회사에 등을 돌렸다. 1억 5000만 달러의 나스닥 상장 계획은 문턱에서 무산됐다. 몇 차례에 걸친 구조조정 끝에 코즈모닷컴은 2001년 파산했다. 요즘에는 당연하게 여기는 당일 배송 아이디어가 소셜커머스 업체(지금은 이커머스 업체로 바뀌었다) 쿠팡의 로켓배송에서 시작된 게 아니다. 1998년 코즈모닷컴이 원조다. 그렇다면 후발주자 쿠팡은 잘 나가는데 선발주자 코즈모닷컴이 파산한 이유는 뭘까. 단지 닷컴 버블 붕괴라는 불운 때문일까. 파산의 진짜 원인은 코즈모닷컴이 시대를 너무 앞서 갔다는 점이다. 1990년대 후반만 해도 인터넷 쇼핑도 잘 하지 않던 시절이다. 오프라인으로 물건을 사는 게 당연하던 때인데 한 시간 내 배송이 무슨 의미가 있겠나.

비트코인도 그렇다. 비트코인 이전에도 개념적으로 유사한 디지털 화폐가 있었다. 암호학의 아버지 데이비드 차움$^{David Chaum}$의 회사 디지캐시^{Digicash}가 만든 이캐시$^{E-Cash}$가 대표적이다. 이캐시는 앞서 말한 아담 백의 해시캐시, 웨이 다이의 비머니와 달리 당시 금융 헤게

모니를 쥐고 있던 대형 은행들과의 계약을 통해 상용화 단계까지 갔던 유일한 디지털 화폐였다.

◇ 사이퍼펑크의 정신적 지주, 차움

차움은 컴퓨터 공학자이면서 당시 가장 유명한 암호학자였다. 미국 캘리포니아대학교 버클리캠퍼스에서 컴퓨터 공학과 경영학 박사학위를 마쳤다. 1981년 국제암호연구협회IACR, International Association for Cryptologic Research를 설립했다. 뉴욕대학교와 캘리포니아주립대학교에서 교수로 재직했다. 그는 개인의 프라이버시를 보호할 수 있는 기술을 집중적으로 연구했다. 1981년 발표한 「추적이 불가한 전자 메일, 수신 주소, 그리고 디지털 가명Untraceable Electronic Mail, Return Address, and Digital Pseudonyms」이라는 보고서는 이후 다양한 프라이버시 보호 기술의 기반이 됐다. 프라이버시는 인간성과 직접적으로 연결돼 있으며 현대사회에서 민주주의 사상의 핵심 원리를 지키고 유지하는 데 매우 핵심적인 개념이라는 게 그의 지론이다.

　프라이버시에 대한 차움의 사상은 사이퍼펑크에 지대한 영향을 미쳤다. 사이퍼펑크의 정신적 지주라고까지 불린다. 사이퍼펑크는 암호학의 진보와 프라이버시 보호의 대중화가 사회적·정치적으로 긍정적인 변화를 일으킨다고 믿는 사람들로 구성된 자유주의 운동이다. 일체의 간섭과 권력을 부정하다 보니 무정부주의적이라는 평가도 받는다.

2018년 4월 '분산경제포럼' 참석차 방한한 차움은 필자에게 사이퍼펑크의 정신적 지주라는 표현은 매우 영광이지만, 사이퍼펑크의 생각과 철학에 모두 동의하지 않는다고 말했다. 그는 자신이 세상을 바꾸는 방식이 사이퍼펑크와는 조금 다르다며 그들은 반정부적이고 극단의 자유주의를 추구하지만 자신은 아니라고 설명했다.

차움은 1982년 디지털 서명을 활용해 암호화된 메시지를 주고받을 수 있는 은닉 서명^{Blind Signature} 기술을 고안했다. 연구 결과를 바탕으로 1990년 디지캐시라는 회사를 설립했다. 그리고 디지털화된 달러에 고유 해시값을 붙여 만든 최초의 암호화폐 이캐시를 출시했다. 비슷한 시기에 생겨나기 시작한 신용카드 결제 시스템은 아직 확고하게 자리 잡지 못한 상황이었다. 결제 과정에서 개인정보가 너무 많이 노출됐고, 수수료가 비싸 소액 거래에는 맞지 않았다. 카드 분실에 대한 위험도 고민거리였다. 차움은 온라인 전자 결제 비즈니스가 향후 현금 결제 비즈니스를 완전히 대체할 것으로 내다봤다. 그리고, 자신이 만든 이캐시가 온라인 전자 결제 시대의 주역이 될 것으로 확신했다. 이캐시는 암호화 기술을 활용해 사용자의 익명성을 보장하기 때문이다. 은행이 모든 거래 내역을 확인할 수 있는 신용카드보다 월등히 우월하다. 이캐시에 관심을 보이는 상당수 기업들이 우려하던 복제 문제도 암호화 기술을 통해 해결했다. 이캐시는 암호화된 시리얼 넘버를 사용해 이캐시의 진위 여부를 판별할 수 있도록 했다. 쉽게 말해 이캐시를 발행하는 기관이 인증한 고유의 시리얼 넘버 자체가 화폐가 되고, 소유자나 상인들은 발행기관을 통해 소유한 이캐시가 정당하고 사용 가능한 것인지 언제든지 확인할 수 있다는 의미다.

한 가지 문제점이 있다. 바로 중앙화된 발행 기관들에 의해 익명성이 보장되지 않는다는 점이다. 그러면 신용카드와의 차별점이 사라진다. 차움은 이런 익명성 문제를 자신이 개발한 은닉 서명 기술을 활용해 해결한다. 이캐시 발행 은행 혹은 중앙기관들은 암호화된 시리얼 넘버 발행을 통해 이캐시를 발행할 수 있지만, 발행된 이캐시를 정확히 누가 소유하고 있는지는 알 수 없다. 말 그대로, 발행 기관은 은닉 서명을 하는 셈이다. 본인들이 서명을 통해 인증은 하지만, 이로 인해 생겨난 이캐시의 소유주는 누구인지 모른다. 단지, 본인들이 서명을 통해 정당함을 인증한 이캐시의 전체 발행량만 알 수 있을 뿐이다. 이캐시가 발행되는 시스템과 똑같이, 이캐시를 활용한 거래에도 익명성이 보장된다. 이캐시를 사용하는 사람의 익명성은 완벽히 보장되고, 수취인은 명확하게 드러나며, 분산된 원장에 기록된다.

그러나 이캐시는 여전히 중앙화된 발행기관이 존재한다는 점에서 비트코인을 비롯한 다른 암호화폐와는 본질적으로 다르다. 따라서 업계에서는 이캐시를 중앙화된 익명성 화폐라고 부른다.

◇ 너무 앞서가는 것은 틀린 것과 다름없다

중앙화된 발행기관이 있다는 것에 차움을 따랐던 많은 사이퍼펑크 운동가들은 실망감을 내비쳤다. 차움은 개의치 않고 이캐시 라이선스 비즈니스를 진행했다. 이캐시가 세상에 나왔을 때 금융회사나 인터넷, IT 기업들뿐만 아니라, 다양한 국가의 정부 및 중앙은행들도 많은 관심을 보였다. 차움은 타고난 비즈니스맨이기도 했다. 자신의 기술 우수성과 그로 인해 펼쳐질 변화를 설득력 있고 자신감 있게 전달했다. 금융회사에는 비용 절감과 다양한 비즈니스 기회를, 정부 기관에는 부정부패 척결을, 사용자들에게는 프라이버시의 안정성을 줄 수 있다며 이캐시의 유용성을 설파했다. 여러 회사가 디지캐시와 이캐시 라이선스에 관한 계약 및 투자를 진행했다.

그런데 디지캐시는 이캐시를 출시하고 약 5년 만인 1998년 파산 신청을 한다. 아이디어는 뛰어났고, 개발자는 완벽했으며, 투자자들도 줄을 섰다. 이 거대한 화폐 혁명 프로젝트는 도대체 왜 5년 만에 막을 내린 걸까.

디지캐시가 파산 신청을 한 이듬해인 1999년에 출간된 네덜란드 잡지 《넥스트!》는 「어떻게 디지캐시는 모든 것을 날려버렸을까How DigiCash Blew Everything」라는 기사를 통해 디지캐시가 망한 근본적인 이유로 창업자 차움을 들었다. 기사는 차움을 극도로 의심이 많은 사람으로 묘사했다. 차움의 의심 많고 자기중심적인 행동들이 디지캐시를 파산으로 이끌었다는 분석이다. ING베어링스와 골드만삭스와의 계약 당일, 차움은 해당 회사의 최고경영자도 배석한 자리에서 돌연 계약을 거부했다. 마이크로소프트와의 1억 달러 규모의 이캐시 소프트웨어 판매 계약도 그가 지나치게 고집을 부리는 바람에 무산됐다. ABN암로은행과 계약을 앞두고선 언론을 통해 당시 ABN암로가 투자했던 스마트카드Smart Card를 신랄하게 비판해 계약을 날려버렸다. 그는 언제나 자신의 기술에 대해 자신했다. 이해할 수 없는 행동으로 수많은 계약을 날려버려 놓고도 더 큰 계약이 진행되고 있다며 직원들을 안심시키려고 했다. 그렇지만 차움의 생각과는 달리 직원들은 불안해했다. 그가 뛰어난 학자일지는 모르겠지만, 회사를 이끄는 최고경영자로서는 부족했다. 차움의 오만함과 부족한 리더십이 디지캐시를 파멸의 길로 몰았다. 결국, 차움은 1997년 디지캐시에서 쫓겨났다. 비자Visa 출신의 마이클 내시가 뒤를 이어 디지캐시의 최고경영자로 임명됐지만, 디지캐시는 차움이 회사를 떠난 1년 뒤 파산 신청을 한다.

그러나 디지캐시 몰락의 이유가 전적으로 창업자 탓은 아니다. 시대가 차움의 아이디어를 받아들일 준비가 돼 있었는지도 관건이다. 이캐시 사업이 한창일 때, 신용카드도 결제시장의 점유율을 높여가고 있었다. 차움의 이캐시는 도이치뱅크, 크레딧스위스 등 유럽 대형 은행들과 라이선스 계약을 맺었다. 하지만 은행들이 계약을 대하는 태도는 차움과 달랐다. 차움은 화폐 혁명을 꿈꿨지만, 은행은 단순히 트렌드에 뒤처지지 않기 위해 계약을 체결한 것뿐이다. 이캐시가 그리는 화폐 혁명에 장기로 투자하는 은행은 없었다. 게다가 전자 결제 시장의 상당 부분은 신용카드에 영토를 내주고 있었다. 은행들이 신용카드 사업을 통해 얻는 수수료가 상당했다. 소비자들은 프라이버시 침해에 대한 우려는 망각한 채 신용카드사가 제공하는 혜택과 편리함에 길들어갔다.

차움은 시대를 너무 앞서갔다. 그가 끔찍하게 여겼던 프라이버시 유출에 대한 문제는 1990년대 후반의 대중이 공감하기에는 저기 안드로메다쯤에 있는 주제였다. 벤처캐피털과 스타트업 분야 종사자들 사이에서 회자되는 말이 있다.

너무 앞서가는 것은 틀린 것과 다름없다.

시장이 받아들일 준비가 돼 있지 않다면 아무리 좋은 기술이라도 무용지물이다. 하지만, 코즈모닷컴의 한 시간 이내 배송이 지금 이커머스 업체의 당일 배송의 토대가 됐다. 시대를 너무 앞서 망한 아이디어라도 아이디어 자체만 훌륭하다면 때가 됐을 때 다시 등장하기 마련이다. 차움의 디지캐시는 시대를 앞서 사라졌다. 하지만, 그가 그렸던 세상은 10년 뒤 사토시 나카모토의 비트코인으로 구체화되고 있다.

PART 2

제2차 화폐 전쟁의 시작

비트코인의 탄생과 확장성 전쟁

Next Money

"결국 확장성이 우수한 플랫폼이
경쟁이 치열한 미래의 화폐 플랫폼 전쟁에서
승리할 것이다."

CHAPTER 04

비트코인, 세상에 첫발을 내딛다

메일 한 통이 예고한 패러다임 변화

천재 과학자 아이작 뉴턴은 스물세 살 때인 1665년, 자신의 집 정원에서 사과가 땅에 떨어지는 것을 보고 만유인력의 법칙을 떠올렸다고 한다. 그러나, 미국의 과학사학자인 리처드 웨스트폴은 뉴턴 전기 『아이작 뉴턴』에서 하나의 영리한 생각은 과학적 전통을 형성해내지 못한다며 사과나무 일화는 천재 신화를 위해 지어진 소설이라고 주장한다. 실제로 뉴턴이 저서 『프린키피아』로 만유인력의 법칙을 세상에 알린 때는 1687년이다. 그가 사과나무 이야기를 여기저기 한 것은 맞지만, 만유인력의 법칙을 이론으로 다듬는 데는 20여 년이 걸렸다. 만유인력은 한 번의 도끼질로 뉴턴에게 넘어오지 않았다.

비트코인은 2009년 기존 화폐 및 금융 시스템에 대한 대안으로 탄생했다. 2017년 이후부터는 사람들의 관심을 블랙홀처럼 빨아들이고 있다. 시작은 소박했다. 초라했다고 표현하는 편이 나을지 모르겠다. 사토시 나카모토라고 자신을 밝힌 이가 세상을 향해 보낸 한 통의 메일이 비트코인의 시작이다. 메일 제목은 '비트코인 개인 간 거래 전자 현금 백서Bitcoin P2P e-cash paper3)'. 2008년 10월 31일 미국 동부시간으로 오후 2시 16분 33초(세계협정시UTC로는 11월 1일 오후 7시 16분 33초)에 도착했다. 하지만 앞서 살펴봤듯 비트코인 탄생 이전에도 대안 화폐를 모색하는 움직임은 있었다. 뉴턴의 사과가 만유인력에 대한 20여 년의 연구를 함축한다면, 사토시의 메일은 대안 화폐에 대한 사이퍼펑크들의 시도를 응집한 상징물이다.

이메일 내용은 간결했다. "나는 제3의 신용기관이 필요없고, 완전히 개인 간의 거래로 이뤄진 새로운 전자화폐 시스템을 개발해오고 있습니다." 그게 끝이다. 비트코인에 대한 장황한 설명도, 잘 읽어달라는 호소도 없었다. 개인적으로 작성한 한 줄의 메시지 외에는 본인이 작성한 9페이지짜리 보고서를 볼 수 있는 인터넷 링크 주소와 보고서의 앞부분을 복사해 붙여넣은 것이 전부였다. 사람이 보낸 것이 아니라고 착각할 만큼 짧았다. 사토시는 이후 종적을 감춰버렸다. 그에 대해 정확히 알려진 바는 없다. 추측만 할 뿐이다. 그럴듯한 추론 중 하나는 사토시가 사람이 아니라 컴퓨터 시스템이라는 것이다. 전 세계 언론이 추적을 시도했지만 신원이 전혀 밝혀지지 않았다는 점, 메일에서 엿보이는 서늘한 차가움이 그 추론의 근거다.

사토시는 메일을 암호학과 관련된 사람들에게 보냈다. 초기 메일링 리스트에는 저명한 암호학자에서부터, 암호학에 관심이 많은 아마추어 연구자까지 있었다. 이들 중 일부는 사이퍼펑크들이었다. 사이퍼펑크들은 당시 기성세대와는 달리 컴퓨터의 발전과 함께 유년기를 보냈다. 어렸을 때부터 컴퓨터를 능숙하게 다뤘고, 자연스레 컴퓨터를 활용해 새로운 가치를 창조하고 싶다는 열망에 눈떴다. 무엇보다 이들은 이러한 열망을 비슷한 사람들끼리 공유하는 데 주저함이 없었다. 이들은 미국 샌프란시스코를 중심으로 한 베이 에어리어에 모여들었다. 매주 모임을 열어 그들만의 커뮤니티를 발전시켰다. 초기 그들이 관심을 보였던 분야는 암호학이다. 그들은 암호학을 활용한 개인의 사생활 보호를 집중적으로 연구했다. 진정한 자유는 개인의 사생활 보호에서 나온다는 믿음으로, 기존 산업의 문제점을 개선하기 위해 노력했다. 이들은 비트코인이 탄생하기 전에도 전통 화폐 시스템의 부조리함을 극복하고자 다양한 전자화폐를 연구했다.

초기 비트코인에 대한 반응은 전혀 뜨겁지 않았다. 오히려 차가웠다. 사토시의 아이디어에 대부분 반응하지 않았다. 메일을 받은 수많은 사람들 중 극히 일부만 궁금한 것을 질문하는 정도였다. 실생활에서 사용 가능한 전자화폐를 만드는 것은 사이퍼펑크들의 오랜 염원이었다. 1990년대 초부터 전자화폐에 대한 수많은 논의와 시도가 있었지만 전부 실패했다. 몇몇은 상용화 직전까지 갔지만, 결국 실패했다. 이런 상황에서 소위 듣보잡 사토시 나카모토라는 자가 단체로 뿌린 비트코인 백서에 사이퍼펑크들이 냉소적으로 반응하는 것은 당연하다. 그렇게 세상을 향한 사토시의 첫 외침은 공허한 메아리로 돌아오는가 싶었다.

비트코인 커뮤니티의 탄생

2008년 10월 31일, 비트코인 백서를 세상에 공개한 사토시 나카모토는 그 후 약 3개월 동안 이메일을 통해 관심을 보인 소수의 암호학자들과 소통했다. 그들이 비트코인에 대해 질문하면 사토시가 답하는 형식이었다. 그런데 말이 질문이지, 그 내용을 보면 그들은 답정너(답은 정해져 있고 넌 대답만 하면 돼)식 태도로 일관했다. 비트코인은 실패할 것이라는 확신에 차 어떻게든 취약점을 찾아내겠다고 날을 세웠다. 이메일은 사토시 나카모토 인스티튜트Satoshi Nakamoto Institute 에서 확인할 수 있다. 예를 들면 이런 식이다.

> 진짜 정말 그런 시스템이 필요하죠. 하지만 제가 이해하기론 (그런 시스템을 만드는 데) 당신의 제안이 그리 충분한 것 같지는 않네요.
>
> (익명, 2008년 11월 2일)

당신이 암호해독과 관련한 정치적 문제에 대한 해결책을 찾을 수 있을 것 같지 않네요.

(익명, 2008년 11월 7일)

음… 왠지 와닿지 않네요. 협조하지 않는 노드^{Node}를 구분해 배제하지 않는다고요? 아마 그것 때문에 도스 공격 같은 문제가 생길 것 같네요.

(레이 딜린저, 2008년 11월 17일)

당연한 반응이다. 사이퍼펑크들은 디지털 화폐를 오랫동안 연구해 왔다. 다들 내로라하는 개발자들이지만, 상용화에 성공하지 못했다. 사토시 나카모토라는 듣보잡이 난데없이 나타나 해결책이라고 내놓은 비트코인이 곱게 보일 리 없다.

◇ 이중지불 문제를 해결하다

특히, 이중지불^{Double Spending}과 관련한 냉소가 짙었다. 사이퍼펑크들이 디지털 화폐를 상용화하는 데 가장 큰 장애물이 바로 이중지불이었다. 이중지불을 막을 만한 효과적인 해결책을 내놓지 못한 게 실패의 가장 큰 이유다. 이중지불은 말 그대로 같은 돈이 두 번 사용되는 것을 말한다. 개인 간의 현금 거래에서는 이중지불이 문제될 이유가 없다(그래서 이중지불이라는 개념 자체가 낯선지도 모르겠다). 예를 들어, 용재가 란이에게 현금 1만 원을 주고 영화표를 사려 한다. 용재가 란이에게 1만 원을 주면, 란이는 용재에게 영화표를 건넨다. 이게 거래의 끝이다. 이 과정에서 이중지불 문제는 생기지 않는다. 용재의 1만 원짜리 지폐는 란이에게 전달됐다. 그 지폐는 유일무이하다. 이제는 란이의 소유가 됐다. 용재가 1만 원짜리 지폐를 란이에게 건넨 이후, 용재는 그 지폐를 다시 사용할 수 없다.

이중지불이 문제 되는 경우는 실물이 없는 전자상거래를 할 때다. 요즘엔 전자상거래가 더 빈번하다. 편의점에서 물 한 병을 사도 카드를 쓴다. 이번엔 용재가 영화 예매 애플리케이션(앱)을 이용해 영화표를 사려 한다고 해보자. 상영작, 극장, 시간 등 정보를 입력하고 영화표에 해당하는 금액을 신용카드로 결제한다. 이후 신용카드 회사와 용재의 결제 계좌 은행이 이 거래를 승인하면 결제 과정이 끝난다. 이때 실물 현금은 오가지 않는다. 숫자의 이동만 있을 뿐이다. 이 거래로 이동한 숫자가 유효한지에 대한 승인이 믿을 만한 제3의 기관(신용카드 회사, 은행 등)을 통해서 이뤄진다. 이들 기관은 거래 당사자를 대신해 믿을 만한 장부를 작성하고 이중지불의 가능성을 없앤다. 물론, 그 대가로 수수료를 챙겨간다.

사이퍼펑크들이 고안한 디지털 화폐에는 거래 당사자를 대신해 믿을 만한 장부를 작성해줄 제3자를 대체할 뾰족한 대안이 없었다. 그들의 연구는 중앙화된 기구 없이 자율적으로 이중지불 문제를 해결해야 한다는 큰 벽에 부딪혀 이렇다 할 진전을 이루지 못했다.

사토시는 3개월간 다양한 질문에 답하는 동시에 비트코인 생성 프로그램을 개발했다. 스스로 첫 번째 노드가 되어 비트코인 최초의 블록Genesis Block을 만들었다. 자신이 작성한 코드를 활용해 비트코인 지갑을 생성하고, 여기에 처음 만든 비트코인을 보관했다. 그러고 나서 처음 백서를 보냈던 메일링 리스트로 다시 메일을 보낸다.

> 첫 번째 비트코인이 생성됐음을 알려드립니다. 비트코인은 새로운 전자화폐 시스템이며 이중지불 문제를 방지하기 위해 개인 간 거래 네트워크를 활용합니다. 비트코인은 서버도, 중앙 당국도 없으며 완벽하게 탈중앙화돼 있습니다.
>
> (사토시 나카모토, 2009년 1월 9일, 사토시 나카모토 인스티튜트)

사토시는 메일에 위 문구와 함께 비트코인 프로그램 설치와 사용에 관한 자세한 설명을 적었다. 두 번째 메일 역시 그리 큰 반향을 불러 일으키진 못했다. 다만, 사토시의 열정을 알아봐 주는 사람이 등장했다. 역사상 처음으로 비트코인을 받은 사람인 할 피니Hal Finney다. 그는 사이퍼펑크의 일원이었고, 필립 짐머맨이 세운 PGP 코퍼레이션의 컴퓨터 엔지니어였다. 피니 역시 디지털 화폐에 대한 연구를 꾸준히 해오고 있었다. 그는 사토시의 메일을 눈여겨봤다. 자신이 풀지 못한 문제를 그와 함께라면 해결할 수 있을 것 같았다. 피니는 사토시와 꾸준히 메일을 주고받으며 비트코인 프로토콜의 버그를 발견하고 수정하는 작업을 같이 진행했다.

> 사토시가 비트코인 소프트웨어를 처음 출시했다고 알렸을 때, 그 기회를 바로 잡았어요. 사토시 본인을 제외하고 비트코인 소프트웨어를 실

행시킨 사람은 아마 제가 처음일 겁니다. 저는 70여 개의 비트코인 블록을 채굴했어요. 사토시는 테스트의 일환으로 저에게 열 개의 비트코인을 전송했죠. 그래서 저는 비트코인을 처음 받은 사람이 됐습니다. 이후 며칠 동안 사토시와 이메일로 작업했어요. 저는 대부분의 버그를 보고했고, 사토시가 그것들을 수정했죠.

(할 피니, 비트코인과 나, '비트코인 포럼', 2013년 3월 19일)

피니는 사토시에 이어 두 번째 비트코인 노드가 됐다. 그가 사토시와 작업하고 비트코인을 실제 채굴했던 기간은 며칠 안 된다. 하지만 두 번째 노드의 존재는 중요한 의미가 있다. 바로, 비트코인 커뮤니티의 탄생이다. 이로써 비트코인에 가치가 생겨났다.

커뮤니티의 탄생, 비트코인에 가치를 부여하다

4차 산업혁명을 얘기할 때, 반드시 등장하는 두 개의 기업이 있다. 아마존과 우버다. 기업의 가장 큰 존재 이유는 주주 이익의 극대화다 (영미식 주주자본주의 시각에서 보자면 그렇다). 돈을 잘 벌어서 회사의 주인인 주주들에게 높은 수익률을 안겨줘야 한다. 그렇다면 아마존과 우버는 돈을 잘 벌고 있을까. 아마존은 1990년대 말 닷컴 버블 시기에 태어난 이래 만년 적자에 허덕이다 최근에야 적자를 면했다. 차량 공유업체인 우버는 매년 수십억 달러의 적자를 기록하고 있다. 전세계 수십 개 정부가 우버를 상대로 소송을 제기한 상태다. 그런데도 왜, 아마존은 주당 1000달러가 넘는 가격에 거래될까. 왜 우버는 70억 달러에 육박하는 가치로 평가받을까.

이 물음에 답하려면 가치는 어떻게 생길까라는 질문에 먼저 답해야 한다. 자연스럽게 타고나는 것일까, 권위 있는 누군가가 부여하는 것일까, 아니면 법적으로 부여하는 것일까. 주관적인 것일까, 아니면 객관적인 것일까…. 각자의 생각이 다르다. 정답은 없다. 어려운 질문이다. 하지만, 이것만은 분명하다. 혼자서는 가치를 만들어낼 수 없다는 점이다. 그 가치에 동의하는 누군가가 있어야 비로소 가치가 정해지고 만들어진다. 아마존은 세상의 모든 것을 팔겠다는 꿈을 꾼다. 우버는 택시업을 넘어 운송업 자체의 패러다임을 바꾸려 한다. 이런 꿈과 야심을 공유하는 커뮤니티에서 아마존과 우버의 가치가 생겨난다. 이들 커뮤니티가 존재하는 한, 두 기업의 가치가 신기루처럼 사라지는 일은 없을 것이다.

사토시가 혼자 비트코인을 만들었을 때, 비트코인의 가치는 제로였다. 사토시만이 비트코인 커뮤니티의 일원이었기 때문이다. 이 커뮤니티에 피니가 들어왔다. 그리고, 미지근한 태도를 보였던 암호학자와 사이퍼펑크가 자발적으로 비트코인 프로그램을 다운로드 받아 노드를 실행시켰다. 현재 국내에서만 수백만 명의 사람들이 비트코인 커뮤니티에 참여하고 있다. 커뮤니티가 커질수록 비트코인의 가치도 오른다. 비트코인 가격은 2017년 말 1만 9000달러까지 급등했다. 기존 화폐 시스템에 대한 문제의식과 블록체인 기술Blockchain Technology이 불러올 세상에 대한 기대감을 공유하는 커뮤니티가 유지되는 한, 비트코인의 가치는 사라지지 않을 것이다. 세상을 향한 사토시의 외침에 피니가 처음 응답했다. 비트코인은 그렇게 세상에 첫 걸음을 내디뎠다.

글로벌 금융위기가 만든 완벽한 데뷔 무대

비트코인 등 암호화폐에 대한 연구는 사이퍼펑크의 전유물은 아니었다. 전통 화폐 경제 시스템을 상징하는 금융회사 역시 암호화폐에 관심을 보였다. 비트코인이 세상에 나오기 10년 전, 시티그룹에서 초기 전자화폐에 대한 연구가 이뤄졌다. 앞서 언급한 초기 디지털 화폐인 웨이 다이의 비머니, 아담 백의 해시캐시, 데이비드 차움의 디지캐시 등이 연구됐던 시기와 비슷하다.

샬롬 로젠Sholom Rosen은 시티그룹에서 암호화 기술을 담당했다. 그는 미국뿐만 아니라 전 세계에서 통용될 수 있고 즉시 누구와도 디지털 달러로 교환할 수 있는 전자화폐, 이캐시에 대한 아이디어를 냈다. 당시만 해도 허황돼 보이는 프로젝트를 승인해준 인물은 당시 시티그룹의 최고경영자인 존 리드John Reed다. 그는 미국 매사추세츠 공과대학교 출신답게, 로젠의 아이디어에 매료됐다. 1990년대 시티그룹은 다른 금융회사가 꿈조차 꾸지 못할 거대한 프로젝트를 진행했다. 이캐시는 영구적으로 보관되는 원장 시스템이 있고, 개인 간의 거래에 초점을 맞췄다는 점에서 비트코인과 비슷했다. 다른 점이라면 은행의 운명이다. 비트코인은 개인 간의 금융거래에서 은행 없는 은행을 꿈꿨다. 반면, 이캐시에는 은행의 존재가 필수다. 이캐시는 항상 은행 시스템과 연결돼 있어야 사용할 수 있도록 고안됐다. 은행 시스템을 유지하는 범위 안에서 변혁을 추구했다. 은행 내부에서 진행한 프로젝트니 어쩌면 당연하겠다.

여기 1달러는 일종의 종잇조각이라고 할 수 있습니다. 여기 있는 1달러 지폐와 다른 종잇조각의 차이점은 도대체 뭘까요? 그것은 바로 이 달러 지폐가 가진 기능에 있습니다. 그 기능은 이 1달러 지폐를 소유한 누구나 그에 상응하는 가치를 부여받을 수 있다는 것입니다. 이것은 보증과는 다릅니다. 물론 달러의 가치가 금에 의해 보증된 시기도 있었지요. 그런 시기는 사라졌습니다. 그럼 누가 달러 지폐에 가치를 부여할까요? 바로 은행 시스템입니다. 여기 있는 달러 지폐는 은행 시스템에 의해 생겨난 부채에 불과하죠.

(샬롬 로젠, 시티은행 부회장)

이캐시가 상용화되면 전자상거래를 할 때 중간에서 수수료를 떼먹는 다양한 군상들이 사라진다. 시티그룹 입장에서도 막대한 비용 절감을 기대했다. 로젠과 이캐시 프로젝트를 진행하는 팀원들은 약 10년간 이캐시 개발에만 열중했다. 극비 프로젝트인 만큼 보안도 철저했다. 로젠의 팀은 시티그룹 뉴욕 본사에서 가장 보안이 철통같은 공간에서 연구를 진행했으며, 퇴근할 때 해당 연구 자료가 들어 있는 하드디스크를 금고에 보관하도록 지시받았다고 한다.

당장 돈 안 되는 일을, 초 단위로 주판알을 튕기는 은행에서 10년이나 할 수 있었던 건 전적으로 리드 덕이다. 회장이 봐주는 프로젝트니, 돈을 못 벌어도 시빗거리가 되지 못했다. 그렇지만 프로젝트의 든든한 백인 리드가 사라지자 10년의 세월도 무용지물이었다. 이캐시 프로젝트는 2001년 하반기에 돌연 폐지됐다. 리드를 몰아내고 최고경영자 자리를 꿰찬 샌디 웨일이 보기에 이캐시는 전임자의 거추장스런 집착일 뿐이었다.

역사에 가정은 없지만, 이캐시 프로젝트가 중단되지 않고 상용화됐다면 어떤 일이 벌어졌을까. 실제로 이캐시는 미 재무부와 약 2년간 상용화 테스트를 진행했다. 글로벌 최대 금융그룹이 발행 및 상용화를 책임지고, 개인 간 거래가 가능하고, 언제든지 디지털 달러로 교환 가능한 전자화폐를 상상해보자. 은행의 울타리 안에서 작동하는 건 사이퍼펑크들이 추구하던 전자화폐의 방향과는 많이 다르다. 하지만 시티그룹이라는 거대 은행의 자본, 전 세계를 아우르는 전산망과 수천 개의 지점을 통한 네트워크 효과, 거대한 고객 커뮤니티 등을 고려할 때 비트코인의 출현에 긍정적이든 부정적이든 적지 않은 영향을 미쳤을 것이다.

2008년 글로벌 금융위기는 아메리칸 드림을 꿈꾸며 빚내 집을 샀던 많은 이들을 노숙자 신세로 내몰았다. 동시에 새로운 세대는 기존 금융 및 화폐 시스템의 부조리함을 체감하게 됐다. 사이퍼펑크들이 당시 기성세대인 베이비붐 세대와 처절하고도 외로운 싸움을 벌인 가장 큰 이유는 세대 간의 공감대가 없었기 때문이다. 베이비붐 세대는 제2차 세계대전 이후 찾아온 경제적 성장과 풍요 속에서 자랐다. 고도 성장기에 개인의 인권은 공공의 이익에 당연히 자리를 내줘야 하는 것으로 여겨졌다. 그들은 국가를 올바르고 정당한 존재로 인식했다. 개인의 자유와 프라이버시 확보를 위해 국가 권력과 싸우자는 사이퍼펑크들의 외침은 그들에겐 소음에 불과했다. 하지만, 밀레니얼 세대는 달랐다. 이들은 1998년 아시아 금융위기, 2000년 인터넷 버블 붕괴, 2008년 글로벌 금융위기 등을 겪으며 기존 경제 시스템에 문제가 있다는 걸 체감했다. 게다가 인터넷과 컴퓨터 사용에도 익숙하다. 기존 경제 및 화폐 시스템을 개혁하는 데 강력하게 지지를 보낼 세대다.

사토시 나카모토가 이를 고려해 글로벌 금융위기 발발 직후인 2008년 11월 비트코인 백서를 배포한 것일까. 역사의 우연인지, 2008년 글로벌 금융위기는 비트코인 데뷔를 위한 완벽한 무대를 만들어줬다. 2008년 글로벌 금융위기가 없었다면, 사람들은 비트코인에 큰 관심을 보이지 않았을지 모른다. 암호화폐 지캐시^{Zcash}를 만든 주코 윌콕스는 사토시의 업적을 이렇게 평가했다.

감성적, 정치적, 그리고 도덕적으로 고양된 비트코이너들^{Bitcoiners}이 단순히 비트코인에 투자하는 것에 그치지 않고, 비트코인이 그들의 삶에서 중요한 존재라는 것을 깨닫게 해준 사토시 나카모토의 기술적 업적이야말로 내가 생각하는 사이퍼펑크 혁명의 재탄생이다.

세상에 비트코인을 전파하고 사이퍼펑크 운동에 새로운 숨결을 불어넣은 사토시는 2010년 12월 12일, 비트코인 포럼에 마지막 메시지를 남기고 사라졌다. 현재까지 사토시의 정체는 밝혀지지 않았다. 사토시는 사라지기 전, 비트코인 프로그램 개발을 주도해줄 후임자로 개빈 안드레센Gavin Andressen을 지목했다. 안드레센을 비롯해 수많은 개발자들이 지금의 비트코인을 만들어가고 있다.

CHAPTER 05

비트코인이 만드는 대안적 삶과 경제

분산원장이 거래를 자유롭게 하리라

프랑스 왕정 문화를 꽃피운 태양왕 루이 14세는 작은 수첩을 몸에 품고 다녔다고 한다. 가로 6.4cm(2.5인치), 세로 15.2cm(6인치). 붉은색 모로코가죽 겉표지에 제목은 금박으로 쓰고, 두 개의 황금 걸쇠로 고정했다. 그 수첩의 정체는 다름 아닌 회계장부였다. 1661년부터 수입과 지출, 자산을 기록한 회계장부를 1년에 두 번씩 받아 확인했다. 그러나 막대한 비용이 드는 전쟁을 하고 호화로운 베르사유궁전을 지으면서 재정적자에 시달리던 루이 14세는 회계장부 기록을 중단했다. 회계장부가 행정 능력을 과시하는 치적이 아니라, 무능함을 드러내는 증거가 돼버렸기 때문이다.

재정 상황은 루이 16세에 와서 더 악화됐다. 미국독립전쟁에까지 뛰어들면서 나라의 곳간은 바닥이 났다. 이즈음 새로 임명된 네케르 재무 총감은 부채를 줄이고 인플레이션을 조절하며, 금리를 낮출 유일한 방법은 프랑스 귀족계급인 대주주에게 세금을 부과하는 것이라 판단했다. 귀족들은 강력히 저항했다. 그리고 반격했다. 개인적 축재를 위해 국가의 돈을 빼돌린다고 네케르를 공격했다. 네케르는 자신의 결백을 입증하기 위해 판도라의 상자를 열었다. 1781년, 왕실 장부를 공개했다. 장부에는 적자를 흑자로 둔갑시킨 특별 지출 항목, 루이 14세의 과도한 식비 등이 고스란히 적혀 있었다. 백성들의 고혈을 빨아 국가 재정을 채운 내용이 기록된 회계장부의 공개는 프랑스대혁명^{1789~1794년}의 불씨를 댕겼다. 결국 왕정은 몰락했고, 루이 16세는 단두대의 이슬로 사라졌다.

블록체인과 암호화폐 세계에 발을 들여놓는 순간, 귀가 따갑도록 듣게 되는 말이 분산원장^{Distributed Ledger}이다. 원장을 분산한다는 얘기다. 분산된 원장은 생성된 시기별로 블록에 담기고, 이 블록들은 서로 연결돼 보관된다. 이러한 구조가 마치 블록들이 사슬로 연결돼 있는 모습이라서 블록체인이라고 부른다(엄밀히 말하면 블록체인의 특징 중 하나가 분산원장이다). 원장은 재산 혹은 자본의 증감에 영향을 주는 거래를 기록해놓은 장부다. 어린아이의 용돈 기입장에서부터 기업의 회계장부까지, 모두 원장의 한 종류라고 보면 된다.

자본주의사회에서 인간은 보유 재산에 따라 사회적 지위를 부여받는다. 현대사회의 새로운 계급이다. 따라서 재산 내역이 담긴 원장을 공개한다는 것은 자본주의사회가 부여한 계급을 공개하는 것과 같다. 돈이 많지 않다는 사실을 공개하고 싶은 사람은 없다. 돈이 많다는 사실도 공개하고 싶지 않을 것이다. 돈이 많지 않다면 자존심이 상하고, 돈이 많다면 그 돈을 노리고 접근하는 이들 때문에 여러 불편한 상황이 벌어질 수 있어서다. 원장 공개를 꺼리는 건 봉건시대 전제군주나 지금의 우리나 마찬가지다. 프랑스대혁명의 원인 중 하나가 원장(회계장부) 공개 아니었나. 그런데 블록체인에서는 이렇게 민감한 원장을 왜 공개하고 분산하는 걸까.

◇ 은행을 100% 믿을 수 있을까

용재가 란이에게 A은행의 송금 서비스를 활용해 10만 원을 보낸다고 해보자. 용재와 란이 모두 A은행에 계좌가 있다. A은행은 용재의 계좌에서 10만 원을 차감하고, 란이의 계좌에 10만 원을 기입한다. 이 거래는 원장에 기록돼 A은행 서버에 저장된다. A은행은 이 거래에서 믿을 만한 제3자다. A은행은 자유롭게 용재와 란이의 계좌에 접근해 거래를 수행한다. 용재와 란이는 A은행의 중개 하에 돈을 주고받고, A은행은 그 대가로 수수료를 청구한다.

그런데 A은행은 믿을 만한 제3자가 확실한가. 그렇게 판단하는 근거는 무엇인가. 용재와 란이가 A은행 고객이라서? 주거래 은행이라

는 사실만으로 믿을 만한 제3자라고 판단할 수 있을까. 용재와 란이
가 A은행에 부여한 신뢰는 도대체 어디에서 온 걸까. 선뜻 답하기 어
렵다. 이런 생각을 해보지 않아서다. 예전부터 그랬기 때문에, 너무
나 당연하게 은행을 믿을 만한 제3자로 여긴다. 곰곰이 생각해보면,
은행은 거래의 편의성을 제공해주는 중개기관에 불과하다. 그런데
어느 순간 믿을 만한 제3자로 지위가 격상됐다. 거래 편의성과 신뢰
는 엄연히 다른 문제다. 구매한 물건을 집까지 배송해주는 택배 기사
분이 고맙긴 하지만, 현관문 비밀번호를 알려주진 않는다(그런데 아마
존은 택배를 안방까지 배달해주는 '아마존 키' 서비스를 2017년 시범 시작했다).
대부분의 은행은 업무를 신의성실의 원칙에 따라 처리한다. 우리가
무의식적으로 부여한 무한한 신뢰는 결국 우리가 치러야할 비용이
된다. 굳이 부여하지 않아도 될 무한한 신뢰를 부여하면서 그 대가로
수수료까지 안겨주는 건 좀 억울하다.

  앞서 용재와 란이의 거래에 대한 원장은 A은행의 서버에 저장된
다. 즉, 원장은 전혀 분산되지 않았고, A은행만이 소유하고 있다. 지
금까지의 모든 거래가 이 같은 구조로 이뤄졌다. 이를 중앙화된 원장
거래Centralized Ledger Transaction라고 표현한다. 이런 거래를 투명하다
고 말할 수 있을까. A은행이 성실히 업무를 수행한다면 용재와 란이
의 거래는 투명하다. 용재의 계좌에서 문제없이 10만 원이 빠져나갔
고, 란이의 계좌에는 10만 원이 들어왔다. 그런데 이 거래에는 한 가
지 치명적인 약점이 있다. 거래의 기록인 원장을 A은행만 보관한다
는 점이다. 만약 A은행이 업무를 성실하게 수행하지 않는다면? A은

행의 서버가 오작동을 한다면? A은행이 업무 수행 과정에서 실수한다면? 원장을 단독으로 보관하고 있는 A은행에 어떤 문제가 생겨 원장이 사라진다면 어떻게 될까? 용재와 란이의 거래를 증명해줄 존재는 세상에 없다.

용재와 란이의 거래 원장을 A은행뿐만 아니라 B은행과 C은행도 갖고 있다고 가정해보자. 이 경우 A은행에 문제가 생겨도, 해당 거래는 B와 C은행이 보관한 원장을 통해 증명할 수 있다. 만약 A은행이 원장을 고의로 바꾼다고 해도, B, C은행이 갖고 있는 원래의 원장과는 다르기 때문에 A은행의 원장은 거짓 원장으로 판명난다. 곧, 원장을 분산해 거래의 투명성을 지키는 셈이다. 당연히 원장을 가지고 있는 은행이 많으면 많을수록 해당 거래는 투명해진다. 거래 투명성을 높이기 위해 원장을 아주 많은 은행이 공유하면 어떻게 될까. 수수료가 높아진다. 용재와 란이는 거래의 원장을 공유하는 은행 모두(A를 포함한 B, C은행까지)에게 수수료를 내야 한다. 배(송금액 10만 원)보다 배꼽(송금 수수료)이 더 커지는 상황이 생길 수 있다.

이번에는 용재와 란이가 거래 원장을 두 명 모두와 친분이 없는 제3자인 성훈에게 맡겼다고 생각해보자. 이 경우 은행에 내야 할 수수료는 없다. 하지만 감당해야 할 위험이 너무 크다. 성훈을 믿을 수 있을까. 성훈이 용재와 란이 중 누군가의 편에 서서 거래를 한쪽에 유리한 방향으로 몰아가지 않을까. 이런 문제는 용재와 란이 모두와 친분이 있는 누군가에게 맡겨도 똑같다. 그렇다면 대안은 은행에 수수료를 내고 믿을 만한 제3자가 돼 달라고 부탁하는 것밖에 없을까.

만약 임의의 제3자인 성훈이 열 명이라면? 그래도 용재와 란이의 거래 원장이 투명하게 보존되기 어렵다. 열 명이 모두 한자리에 모여 입을 맞추고 원장을 바꿀 수 있다. 성훈이가 100명이 된다면? 가능성은 적어지겠지만 여전히 작당해 원장을 변경할 수 있다. 그럼, 성훈이가 1만 명이 된다면? 1만 명이 일치단결해 1만 개의 원장을 일시에 바꿔 나눠 가질 가능성은? 1만 명의 제3자에게는 원장을 변경할 것이냐 말 것이냐의 두 가지 선택지가 주어진다. 이들 모두가 변경된 원장을 소유할 가능성은 2의 1만 제곱분의 1이다. 가능성이 없다고 봐도 될 만큼 확률이 낮다. 곧, 아주 많은 제3자가 원장을 공유하는 거래는 해당 거래가 발생하는 순간 동시에 굉장히 높은 투명성도 생긴다. 임의의 다수 제3자를 원장 분산에 자발적으로 참여시킬 수 있다면 어떻게 될까. 그럴 수만 있다면, 앞선 용재와 란이의 금전 거래에서 은행이 중간에 개입할 필요가 없어진다. 용재와 란이는 더 이상 은행에 근거 없는 무한신뢰를 보내는 대가로 수수료까지 쥐어줄 필요가 없다. 은행 대신 해당 거래의 원장을 공유하는 임의의 다수 제3자들이 자발적으로 거래의 증인이 되어줄 것이다.

투명성 외에도 이 같은 거래 구조에는 다양한 장점이 있다. 중간에 수수료를 수취하는 은행이 사라졌기 때문에 거래 비용이 감소한다. 은행의 운영위험에서도 자유로워진다. 또, 사이퍼펑크의 활약으로 암호화 기술을 이용해 거래 당사자의 익명성도 보장한다. 이를 가능하게 해주는 기술이 바로 블록체인 기술이다. 미국, 유럽은 물론이고 중국, 일본, 러시아, 한국에서도 금융, 물류, 헬스케어, IT 등 다양한 분야의 수많은 회사가 블록체인 기술 연구에 뛰어들었다. 블록체인 시대가 눈앞에 다가왔다.

참여자의, 참여자에 의한, 참여자를 위한

은행이 발행하는 화폐는 억제돼야 하고, 그들의 교환 매체는 국가의 것으로 귀속돼야 한다. 그것은 국가 소유이므로.

(토머스 제퍼슨이 존 에페스에게 쓴 편지, 1813년 9월 11일)

나는 당신과 함께 진심으로 믿을진대, 금융 지배자들은 밖에 서 있는 적군보다 더 위험하다. 그들이 돈을 지출하는 원리는 후손들이 돈을 갚아야 한다는 논리인데, 소위 자금 지원을 해놓고서는 대규모로 미래의 부를 갈취하는 것이다.

(토머스 제퍼슨이 존 테일러에게 쓴 편지, 1816년 5월 28일)

토머스 제퍼슨이 꿈꿨던 세상은 화폐의 주인이 국민이 되는 세상이었다. 그렇지만 현실은 200년 전이나 지금이나 다르지 않다. 금융업과 법정화폐 시스템의 역사는 그들만의 리그였다. 1400년대 이탈리아의 메디치 가문에 의해 근대 은행업이 탄생한 이후 현재까지, 화폐 사용자들은 단 한 번도 화폐 시스템의 참여자가 될 수 없었다. 메디치 가문이 쇠락하자, 1800년대에는 로스차일드 가문이 등장해 금융 산업의 패권을 이어받았다. 이후 1900년대부터 현재까지는 미국의 JP모건과 그가 만들었다고 해도 과언이 아닌 미 연준에 의해 세계 경제가 좌지우지됐다. 그런데, 그렇게 견고할 것 같았던 법정화폐 시스템에 균열이 생겼다. 사용자가 참여자가 되는 비트코인의 탄생 때문이다. 역사상 처음으로 화폐의 주권이 해당 화폐를 사용하는 사람에게 주어졌다. 앞서 용재와 란이의 거래 구조에서 은행이 사라지고, 그 자리를 다수의 자발적인 제3자들이 채울 경우 여러 긍정적인 효과가 있다는 사실을 알았다. 문제는 다음이다. 과연, 어떻게 아주 많은 수의 제3자를 임의로 선별해 거래에 참여시킬 것인가.

노드를 모으는 열쇠… 혜택을 제공하라

비트코인의 거래 구조에서는 불필요한 중재자가 배제된다. 불필요한 중재자는 거래 당사자, 나아가 비트코인 사용자에게 도움이 되지 않는다. 즉, 비트코인 세계에서는 기존의 거대 금융 카르텔이 만들어 놓은 인프라도 대부분 쓸모없다. 오히려 해만 끼친다. 비트코인 거래에서는 불필요한 중앙화된 중재자 대신, 필요한 탈중앙화된 제3자가 필요하다. 필요한 탈중앙화된 제3자를 노드라고 부른다.

노드는 컴퓨터 전문용어로 '연결망의 교점, 접속점'이란 뜻이다. 비트코인 네트워크에는 수많은 노드가 있다. 노드들은 비트코인 네트워크 안에서 서로 연결돼 있으며, 모든 비트코인 거래의 원장을 공유하고 있다. 사토시 나카모토가 비트코인을 만든 이후부터 바로 오늘까지 전 세계 사람들의 거래 전부 말이다. 노드들은 전 세계에 분포돼 있으며, 이들의 합집합이 비트코인의 세계다. 간단히 말해, 노드들은 비트코인 거래 원장을 공유함으로써 거래를 증명하고, 나아가 비트코인 네트워크를 지탱해주는 다수의 제3자다. 그리고 모두 동등한 지위를 갖는다. 모든 노드는 자발적으로 참여하고, 비트코인은 개인 간 거래 구조의 네트워크이기 때문이다.

앞서 했던 질문을 다시 해보자. 비트코인은 과연 어떻게 수많은 노드들을 확보할 수 있었을까. 참여 노드들에게 다양한 혜택을 제공했기 때문이다. 비트코인 네트워크에 노드로 참여하면 다음과 같은 혜택(풀노드Full Node 기준)을 누릴 수 있다.

- 비트코인 네트워크에 기여: 노드 프로그램을 돌리면 비트코인 네트워크가 따르는 룰에 어긋난 블록을 거부할 수 있는 권한이 생겨, 네트워크 보안에 기여할 수 있다. 이는 비트코인 사용자에게도 긍정적인 영향을 준다. 비트코인 네트워크가 투명하고 안전할수록 비트코인 커뮤니티는 커질 것이고 결과적으로 비트코인의 가격 또한 상승할 것이다. 비트코인 네트워크의 공익은 사용자 개인의 이익과 궤를 같이 하기에, 노드들의 자발적인 참여가 가능하다.

- 비트코인에 대한 완벽한 소유권: 비트코인 등 암호화폐는 법정화폐와는 비교할 수 없을 정도로 소유권의 정도가 강하다. 특정 업체의 지갑 서비스를 사용한다는 것은 해당 업체가 돌리고 있는 노드를 신

뢰한다는 의미다. 만약 비트코인 사용자 본인이 직접 노드 프로그램을 돌린다면, 자신이 직접 지갑을 만드는 셈이다. 거의 완벽에 가까운 소유권을 가질 수 있다.

- 업그레이드 및 변화에 대한 선택권: 원화를 사용한다고 해서 기준금리를 결정하는 한국은행의 금융통화위원회에 참여할 수 있는 건 아니다. 반면, 비트코인 노드 프로그램을 돌리면 비트코인의 향후 발전 방향과 각종 변화에 대한 목소리를 낼 수 있다. 비트코인은 중앙은행처럼 중앙화된 관리 기관이 없기 때문에, 노드를 운영하는 참여자가 변화된 블록을 받아들이거나 거부함으로서 중요 사안에 입장을 표명할 수 있다.

- 노드 활동 참여를 위한 낮은 진입 장벽: 비트코인 노드 활동을 하고 싶다면 Bitcoin.org에 접속해 비트코인 코어**Bitcoin Core**라고 부르는 노드 프로그램을 다운로드 받고 실행시키면 된다. 사토시가 비트코인을 처음 구현할 당시 만들었던 노드 프로그램이며, 이후 다양한 개발자들이 자발적으로 오픈 채널을 통해서 발전시켜왔다. 비트코인 코어 프로그램을 돌리기 위해서는 125GB 정도의 하드디스크 용량과 2GB 메모리의 램, 초당 50KB 이상의 인터넷 환경이 필요하다. 일반 PC로도 무리 없이 실행할 수 있는 수준이다.

비트코인 네트워크의 노드는 1만 580개다(2017년 11월 17일 기준).

비트코인 코어 노드가 7932개로 가장 많다. 앞서 언급한 다양한 혜택과 비트코인 자체의 성장을 바라는 자생적인 커뮤니티의 참여로 1만 개가 넘는 노드가 운영되며 비트코인 생태계가 유지되고 있다. 용재와 란이의 거래 과정에 1만 명을 웃도는 임의의 제3자가 활동하는 셈이다. 이로써 비트코인 거래에는 불필요한 중재자가 사라지게 됐다.

◇ 화폐의 주인이 국민이 되는 세상을 꿈꾸다

개인 간 거래 구조의 특성상 모든 노드는 동등한 지위를 갖는다. 종류별로 기능은 다르다. 앞서 노드 참여시 주어지는 혜택은 풀노드를 기준으로 했다. 풀노드는 첫 거래부터 가장 최신 거래까지 모든 원장 복사본까지 갖고 있는 노드를 말한다. 풀노드는 외부 참조 없이 독자적으로 블록과 거래의 유효성을 검증한다. 비트코인을 보관할 수 있는 지갑을 자체적으로 생성하는 것도 가능하다. 원한다면 채굴도 할 수 있다. 말 그대로, 비트코인 네트워크에서 할 수 있는 모든 기능을 수행할 수 있는 노드가 풀노드다.

비트코인 네트워크에 참여하기 위해서 모두가 풀노드를 운영할 필요는 없다. SPV^{Simple Payment Verification} 노드가 존재한다. 라이트웨이트 클라이언트^{Lightweight Client}라고도 부르는 SPV노드는 블록체인 원장 전체의 복사본을 보유하지 않는다. 대신 블록헤더^{Block header}라고 부르는 블록의 꼬리표만을 저장한다. 블록헤더에는 머클 루트^{Merkle Root}

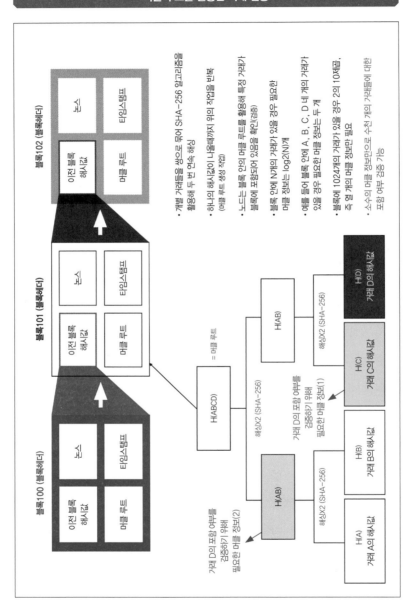

머클 루트를 활용한 거래 검증

- 개별 거래들을 쌍으로 묶어 SHA-256 알고리즘을 활용해 두 번 연속 해싱

- 하나의 해시값(이 나올때까지) 위의 작업을 반복 (머클 루트 생성 작업)

- 노드는 블록 안의 머클 루트를 활용해 특정 거래가 블록에 포함되어 있음을 확인(검증)

- 블록 안에 N개의 거래가 있을 경우 필요한 머클 정보는 log2(N)개

- 예를 들어 블록 안에 A, B, C, D 네 개의 거래가 있을 경우 필요한 머클 정보는 두 개

- 블록에 1024개의 거래가 있을 경우 2의 10제곱, 즉 열 개의 머클 정보만 필요

- 소수의 머클 정보만으로 수천 개의 거래들에 대한 포함 여부 검증 가능

블록102 (블록헤더)

이전 블록 해시값	논스
머클 루트	타임스탬프

블록101 (블록헤더)

이전 블록 해시값	논스
머클 루트	타임스탬프

블록100 (블록헤더)

이전 블록 해시값	논스
머클 루트	타임스탬프

H(ABCD) = 머클 루트

해싱X2 (SHA-256)

H(AB)

H(AB)
거래 D의 포함 여부를 검증하기 위해 필요한 머클 정보(2)

해싱X2 (SHA-256)

H(A)
거래 A의 해시값

H(B)
거래 B의 해시값

H(AB)

해싱X2 (SHA-256)

H(C)
거래 C의 해시값
거래 D의 포함 여부를 검증하기 위해 필요한 머클 정보(1)

H(D)
거래 D의 해시값

라는 거래의 요약본이 들어 있는데, SPV노드는 이 머클 루트를 활용해 거래들이 블록에 올바르게 존재하는지를 확인한다.

왼쪽 그림은 머클 루트가 생성되는 과정을 나타냈다. 비트코인 블록에 포함된 거래들을 두 개씩 묶어 'SHA-256 알고리즘'으로 두 번 해싱한다. 거래가 홀수 개일 경우 마지막 거래를 똑같이 복사해 짝수를 만든다. 이후 생성된 해시값을 다시 두 개씩 묶어 SHA-256 알고리즘으로 두 번씩 해싱한다. 이 작업을 해시값이 하나만 나올 때까지 반복한다. 이때 나온 해시값 H를 머클 루트라고 부르고, 이는 블록헤더에 저장된다. 머클 루트는 모든 거래를 일일이 짝 맞추고 여러 번 해싱해야 하는 번거로운 작업이지만, 특정 거래가 블록에 포함돼 있는지를 효율적으로 검증하기 위해서는 꼭 필요한 작업이다. 머클 루트를 생성하지 않고 개별 거래의 해시값들을 각각 블록에 저장할 경우, 어떤 노드가 특정 거래에 포함돼 있는지 확인하려면 수백 개가 넘는 거래의 해시값을 일일이 확인해야 하기 때문이다. 머클 루트는 블록헤더에 저장되기 때문에 블록헤더만 내려받는 SPV노드들도 특정 거래가 블록에 포함돼있는지를 정확하고 손쉽게 파악할 수 있다. 마치 책의 목차를 보고 내용의 존재 여부를 판단하는 것과 같다. 그러나 원장 전체의 복사본을 보유하고 있지 않기 때문에, 주변의 풀노드를 참조해 간접적으로 거래를 검증할 수밖에 없다. 이런 노드는 스마트폰, 노트북, 태블릿 등과 같이 비교적 저장 공간이 작거나, 전력 제한이 있는 기기에서 가동되도록 고안됐다.

채굴노드Minning Node는 비트코인 네트워크에 전송되는 개별 거래들을 블록에 담고 새롭게 생성된 블록을 기존 체인에 붙이는 역할을 한다. 주로 채굴자들이 채굴노드를 운영한다(채굴에 관한 이야기는 뒤에 자세히 나온다).

풀노드, SPV노드, 채굴노드 등 세 종류의 노드가 비트코인 네트워크를 이루면서 다수의 제3자 역할을 수행하고 있다. 1만 개가 넘는 노드에 의해 비트코인은 불필요한 제3자를 최대한 배제한 채 자유롭게 거래된다. 토머스 제퍼슨이 꿈꿨던 화폐의 주인(참여자)이 국민(사용자)이 되는 세상은 법정화폐가 아니라 비트코인이 구현하고 있다.

익명인 듯 익명 아닌 익명 같은 비트코인

자본주의사회에서 원장 공개는 시쳇말로 '민증 까는 일'이다. 내 신분을 그대로 드러내는 행위라 누구나 원장 공개는 꺼리는 일이다. 앞서 비트코인이 노드의 참여를 유도하기 위해 다양한 혜택을 제공한다고 했지만, 이런 혜택보다 더 중요한 전제가 있다. 바로 익명성이다. 익명성이 보장되지 않으면 블록체인(분산원장) 기술은 작동하기 어렵다. 모두의 원장을 공개하고 공유하는 단계에서부터 막힌다. 돈 거래에 관한 원장은 필연적으로 거래 당사자의 경제적 지위를 드러낼 수밖에 없다. 경제적 지위가 노출되면 그에 대한 선입견으로 인해 개인의 자유가 침해받을 수 있다. 그래서 오랜 세월 동안 은행과 같은 제3자가 돈을 벌어왔는지도 모르겠다. 비트코인이 전통 화폐의 대안이라고 해도 익명성이 보장되지 않는다면 쓸모가 없다. 비트코인은 어떻게 효과적으로 익명성을 추구할까.

◇ 익명성, 비트코인 네트워크에 숨을 불어넣다

비트코인은 암호화 기술을 활용해 참여자들의 익명성을 보장한다. 1980~1990년대 사이퍼펑크들의 노력 끝에 민간에 전파된 암호화 기술은 오늘날 비트코인을 필두로 다양한 암호화폐에서 구현되고 있다. 다양한 암호화/복호화 기술이 존재하지만, 비트코인은 SHA-256이란 암호화 메커니즘을 사용한다.

이해를 위해 먼저 해시함수라는 개념을 짚고 넘어가자. 주어진 정보(텍스트, 사진, 영화, 숫자 등)에서 고정된 길이의 난수를 생성하는 연산 기법이다. 해시함수를 통해 얻은 난수를 해시값이라고 한다. 해시함수는 불가역적 일방 함수다. 해시값을 통해서 원문을 유추하는 건 불가능하다. 또한 같은 해시값을 가지는 데이터를 생성하는 것도 불가능에 가까울 만큼 어렵다. 이러한 특성 때문에 주로 통신의 암호화, 사용자 인증, 디지털 서명 등에 이용되고 있다.

다음 표를 보면 '나는 비트코인을 갖고 있습니다'를 SHA-256 해시 알고리즘을 사용해 암호화한 값과 '나는 비트코인을 갖고 있습니다.'를 암호화한 값이 완전히 다르다. 같은 문장에 마침표 하나만 찍었을 뿐인데 암호화된 값이 완전히 변해버렸다. 또한 'D4FB0EE71065C9E12144BC3222D2A1227437F06DB79CA4479A8E3311E

원문	암호화 알고리즘	암호화된 값(해시값)
나는 비트코인을 갖고 있습니다	SHZ-256	D4FB0EE71065C9E12144BC3222D2A1227437F06DB79CA4479A8E3311E13A6BCE
나는 비트코인을 갖고 있습니다.		6A03D31A3DED8432C80A6C1A65251663FC7E44CD349624799AB1EC9C54A78579

13A6BCE'를 통해 '나는 비트코인을 갖고 있습니다'라는 원문을 유추하는 것은 사실상 불가능하다.

SHA-256은 다양한 해시함수의 한 종류다. 비트코인은 SHA-256 해시 알고리즘을 사용해 참여자들의 개인키와 공개키를 생성하기 때문에, 높은 수준의 익명성 추구가 가능하다. 앞으로 다가올 암호화폐 시대에는 공인인증서가 아닌 개인키가 우리의 영혼이고 심장이다. 비트코인은 SHA-256 해시 알고리즘을 통해 무작위로 256비트의 숫자를 추출해 개인키를 생성한다(정확히 말하면, SHA-256 알고리즘과 타원곡선 곱셈함수Elliptic Curve Multiplication를 사용한다). 비트코인에서 개인키는 비트코인의 소유권을 나타내기 때문에 중복되면 안 된다. 개인키가 중복되는 건 특정 비트코인에 대한 소유권 충돌을 의미한다. SHA-256 해시 알고리즘을 통해 구현되는 개인키의 개수는 2의 256제곱이다. 이를 10진법으로 바꾸면 약 10의 77제곱 정도로 알려져 있다. 우주를 구성하는 원자의 개수가 10의 80제곱 정도라고 하니, 개인키가 겹칠 가능성은 없다고 봐도 되겠다.

공개키는 앞에서 추출한 개인키를 타원곡선 곱셈함수를 이용해서 계산한다(이게 뭔지는 개발자가 아닌 이상 몰라도 된다). 타원곡선 곱셈함수 역시 일방향성이다. 즉, 공개키를 갖고 개인키를 역으로 추정하는 것은 불가능하다는 의미다. 그래서 우리는 공개키를 은행의 계좌번호처럼 개방적으로 사용할 수 있다. 비트코인 생성 초기에는 공개키가 은행의 계좌번호처럼 비트코인 주소Bitcoin Address 역할을 했다. 이후 비트코인을 사용하는 사람들이 늘면서 64자리나 되는 공개키 사용을 불편하게 느끼는 사람이 많아졌다. 아무리 복사 붙여넣기를 한다고 해도, 큰돈이 오갈 때는 하나하나 주소 확인을 해야 한다. 그래서 16진법의 공개키를 다시 한 번 해싱해 64진법으로 바꾼 비트코인 주소를 사용하기 시작했다. 같은 수를 표현할 때 2진법보다는 10진법으로 표현하는 편이 길이가 더 짧다. 예를 들어, 10진법 숫자 15를 2진법으로 표현하면 1111이 되어 네 칸이나 차지한다. 64진법으로 해싱된 비트코인 주소는 공개키보다 짧은 34자리의 문자열로 표시된다.

이렇게 비트코인 네트워크 생태계는 암호화 기술을 활용해 참여자들의 익명성 보장을 추구한다. 이로 인해 중앙화된 제3자 없이도 블록체인을 활용한 자생적인 거래가 가능해졌다. 비트코인 네트워크 참여자들은 개별적으로 부여받은 키로 활동하기 때문에 현실 세계의 신분에서 자유롭다. 이러한 메커니즘은 노드를 구성하는 데도 동일하게 적용된다. 비트코인의 거래 데이터는 무작위로 선정된 다수의 노드에 의해 개인 간 거래 방식으로 전송·전달된다. 비트코인 노드들은 IP주소를 통해 서로 연결돼 있지만, 주고받는 거래 데이터를 어떤 특정 노드가 검증했는지 공개할 필요가 없다. 다른 노드가 검증을 마친 데이터를 단순히 전달만 할 수도 있다. 그리고 노드가 해당 거래를 검증할 때, 암호화된 키에 의해 실제 거래 주체가 누구인지 전혀 짐작할 수 없다.

이렇게 높은 익명성은 비트코인 소유자의 완벽한 소유권을 의미하기도 한다. 실제 소유자가 누구인지 알기 어렵기 때문에 정부의 각종 부당한 규제에서도 자유롭다. 개인키만 분실하지 않는다면 비트코인은 영원히 당신의 것이다.

◇ 익명성 보장이 아니라 높은 익명성을 추구

비트코인이 익명성을 100% 보장해주지는 않는다. 앞서 '익명성을 보장해준다'는 문구 대신 '높은 익명성을 추구한다'고 적은 이유가 이 때문이다. 비트코인 네트워크에는 익명성보다는 가명성이란 단어가 더 잘 어울린다. 익명匿名은 진짜 이름을 숨기는 것이고, 가명假名은 진짜 이름 대신 가짜 이름을 쓰는 것이다.

그런데도 왜 많은 사람들이 비트코인은 100% 익명성이 보장되는 화폐라고 생각할까. 은행 계좌를 개설할 때와는 달리 비트코인 주소를 생성할 때에는 그 어떤 개인정보도 필요하지 않기 때문이다. 필요

트랜잭션 비트코인 거래에 대한 세부 정보 보기

Fcc1192129eca2034a63da015c51c9a7dcc6e3048f5ce8e00bbf02482b7de124

19t1HyYqe254NxiTAGLrAR4gPJAZ
CkSXJY

12TBGSTqd1how9cpYKWTm4VUY
w3QDDWMoB

→ 1FPqiLzCUoFeYr3HZC8hbSo9152
GWX1HVD   0.1999 BTC

0.1999 BTC

에 따라 무한에 가까운 새로운 주소를 만들어낼 수 있다. 그리고, 비트코인 주소는 64진법의 무작위 난수로 표시된다. 비트코인 주소로 사용자의 실제 신원을 파악하기는 불가능하다. 마지막으로, 모든 비트코인의 거래는 무작위로 선정된 노드들을 통해 개인 간 거래로 전파된다. 노드들은 자신들이 검증한 거래를 공개할 의무가 전혀 없다.

그러나 엄밀히 말해, 비트코인은 사용자의 익명성을 100% 보장해 주지는 못한다. 다중입력거래^{Multi Input Transaction} 서비스를 지원하는 비트코인 지갑을 사용해 결제를 진행할 경우, 사용자의 여러 주소에서 비트코인이 특정 수신인의 주소로 동시에 이체가 되는데, 이 경우 해당 거래의 인풋값(송금할 비트코인)이 들어 있는 여러 주소들이 표시된다. 따라서 표시된 주소의 주민이 모두 같을 가능성이 높으며, 이러한 거래를 통해서 주소들을 묶는 것이 가능하다.

위의 표를 보면, 19t1HyYqe254NxiTAGLrAR4gPJAZCkSXJY와 12TBGSTqd1how9cpYKWTm4VUYw3QDDWMoB 두 개의 주

소에서 동일한 주소로 0.2BTC(수수료 제외 0.1999BTC)를 이체했다. 즉, 해당 거래를 조회함으로써 우리는 앞서 두 개의 주소를 한 명의 사용자가 사용한다고 유추할 수 있다.

또한 비트코인 주소가 간접적으로 사용자의 실제 신원과 연결될 수도 있다. 예를 들어, 비트코인으로 결제가 가능한 쇼핑몰을 이용한다고 해보자. 때에 따라서 사용자의 주소와 실제 개인정보가 매칭돼 관리될 수 있다. 특정 비트코인 지갑을 통해 결제되는 물건이 모두 특정 주소의 특정인에게 배송된다면, 그 지갑의 주인이 누구인지는 쉽게 짐작할 수 있다. 만약 이러한 정보가 유출된다면 익명성은 무너지게 된다.

가능성은 적지만, 다수의 노드를 운영하는 공격자에 의해 익명성이 침해당할 수 있다. 노드들이 검증한 거래에 대한 아무런 공개 의무가 없기 때문에, 직접 노드가 돼 거래를 살펴본다. 이런 악의적인 목적을 갖고 있는 노드가 전파한 거래는 출처가 추적될 위험이 있다.

나눌수록 안전하다

2017년 11월 29일 새벽 3시. 북한은 2017년 들어 16번째 미사일 도발을 단행했다. 연례행사라고 여기기엔 미사일 고도가 조금 다르다. 추정 고도 약 4500km 이상. 북한이 대륙간탄도미사일ICBM을 완성했다. 미국 본토가 북한의 사정권 안에 들어왔다는 의미다. 자칫 북미 전

쟁에 우리 안방을 내줄 수 있다. 전쟁 불안감에 가격을 유지할 수 있는 자산은 없다. 지정학적 리스크다. 주가는 물론이고, 원화 가치, 채권 가격은 폭락한다. 부동산은 어떨까. 움직일 수 없는 실체라는 장점이 전쟁 상황에선 되레 디스카운트 요인이 된다(땅을 어떻게 짊어지고 갈 수 있겠나). 역시 믿을 건 금인가. 가격이 오를 순 있다. 하지만 무겁다. 누군가 훔쳐갈지 모른다는 불안감에 뜬눈으로 밤을 새워야 할지 모른다.

2017년 11월 15일 오후 2시 30분. 경북 포항시 북구 북쪽 6km 지역에 규모 5.4의 강진이 발생했다. 규모를 측정한 이래 한반도에서 발생한 두 번째로 강한 지진이었다. 한동대학교 건물의 외벽이 떨어져 나가자 혼비백산해 뛰어가는 학생들 모습이 담긴 영상은 충격 그 자체였다. 지진 발생 후 한동안 네이버 등 포털 사이트에는 지진이라는 단어가 상위 검색어에 올랐다. 지진 발생 지역과 멀리 떨어진 곳에 사는 사람들도 자신이 사는 아파트 내진 설계가 잘 됐는지를 따지기 시작했다. 자연재해는 사회 안전망을 위협한다. 만약 지진으로 은행 서버가 날아갔다면, 무엇을 근거로 내 예금과 펀드의 존재를 증명할 수 있을까. 증권사나 한국예탁결제원의 서버가 다운됐다면 내가 산 주식은 무엇으로 증명할 수 있을까.

2013년 3월 20일 오후 2시. 신한은행, NH농협, 제주은행 등 세 개 은행의 전산망이 마비됐다. 신한은행은 ATM 거래는 물론이고 창구 거래도 중단됐다. 같은 계열인 제주은행도 모든 거래가 중지됐다. NH농

협도 내부 전산망을 차단해 모든 거래를 중지시켰다. 전산망을 공격한 이들은 2012년 6월부터 악성코드를 유포했다. 은행을 비롯한 여러 기관의 3만 여대 PC에 악성코드를 심었고, 이를 허브로 삼아 다시 악성코드를 전파했다. 이렇게 마비된 시스템이 정상 복구되는 데는 한 달 넘게 걸렸다. 3·20 사이버테러의 피해액은 약 8700억 원으로 집계됐다. 이후 금융당국은 은행 전산센터의 업무용 PC와 인터넷용 PC를 분리하는 등 망 분리 의무화를 추진했다. 국민의 개인정보와 투자 운영 정보를 보관하고 있는 국민연금공단은 최근 4년간 1000여 차례 이상 해킹 공격을 받았다. 중앙화된 서버에 의존하는 시스템이기 때문에 손쉽게 해커들의 표적이 된다.

2008년 9월 15일 뉴욕 시간으로 새벽 2시. 미국에서 네 번째로 큰 투자은행인 리먼 브러더스가 파산을 신청했다. 2008년 글로벌 금융위기의 서막이다. 급격히 팽창된 신용 버블이 터지면서 수많은 금융회사가 쓰러졌다. 미 금융당국은 일단, 납세자들의 주머니를 털어 급한 불을 껐다. 불길이 잦아지자 금융당국과 월가는 또 다시 유례없는 신용 버블을 일으키고 있다. 다른 버전의 금융위기가 올지 모른다. 만약 그렇다면, 그때 우리는 어떻게 우리의 자산을 지킬 수 있을까.

앞서 말한 전쟁, 자연재해, 사이버테러, 금융위기 등은 자산가치를 위협하는 리스크 요인이다. 이런 리스크 앞에서 전통 자산은 안전하지 못했다. 비트코인 등 암호화폐는 안전할까. 적어도 전통 자산보다는 낮다. 원장을 분산하면서 전통 자산이 갖지 못한 다양한 장점을 얻었다.

◇ 투명성

비트코인의 모든 거래 원장은 전 세계에 퍼져 있는 수천 개의 노드가 공유하고 있다. 곧, 그 어떤 누구라도 거래 원장을 임의로 수정할 수 없다. 수천 개의 노드가 실시간으로 모든 거래 원장을 업데이트하고 있는 상황에서, 특정 노드가 다른 원장을 갖고 있다면 바로 거짓으로 판명난다. 모든 노드가 개별 거래의 증인 역할을 하기 때문에 분쟁의 여지가 없다. 원장이 하나라도 남아 있는 한, 소유권은 정확하게 보장된다.

◇ 불가변성

검증을 마친 블록이 기존 블록체인에 연결되는 순간, 새로 추가된 블록은 인위적으로 변경될 수 없는 불가변성Immutability을 가지게 된다. 블록체인의 구조를 살펴보자.

　뒤 그림은 비트코인의 블록체인을 간단히 도식화한 것이다. 거래 원장들의 집합체인 블록들이 그림과 같은 구조로 연결돼 있다. 각 블록은 고유의 블록 해시값(블록헤더 해시값이라고도 부른다)을 갖고 있으며, 해당 해시값을 구할 때 이전 블록의 블록 해시값을 참조한다. 예

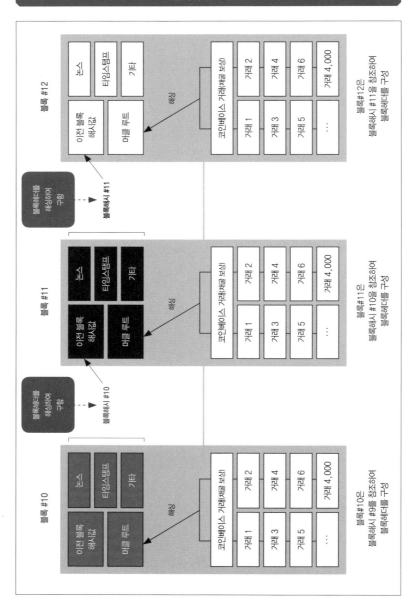

를 들어 11번 블록은 10번 블록의 블록 해시값을 참조하여 블록헤더를 구성한다. 해당 블록헤더는 SHA-256 알고리즘으로 두 번 해싱되어 11번 블록의 블록 해시값이 되며, 이는 동시에 12번 블록의 참조값(이전 블록 해시값)이 된다. 결국, 개별 블록이 갖고 있는 고유의 블록 해시값은 이전 블록의 블록 해시값을 참조해 생성된 암호화 분류 코드라고 할 수 있다. 쇠사슬 모양처럼 연결 주체가 자신의 일부분을 공유하는 형태다.

불가변성은 한번 블록체인에 전파된 거래를 임의로 위변조할 수 없다는 의미다. 반대로 거래를 임의로 위·변조하려면 어떻게 해야 할까. 두 가지 방법이 있다. 기존에 존재하는 블록의 거래를 위변조하는 방법과 새로운 블록에 악의적 거래를 포함시켜 네트워크에 빠르게 전파시키는 방법이다. 먼저, 기존에 존재하는 블록에 포함된 특정 거래를 임의로 위·변조하는 것은 불가능하다. 전 세계 모든 노드의 합의를 얻어서 공유된 원장을 임의로 수정한다는 의미이기 때문이다. 말이 좋아 수정이지, 모든 블록은 블록 해시값을 서로 참조해 얽혀 있기 때문에 전체 블록의 블록 해시값을 수정하는 건 현실적으로 불가능하다.

그렇다면. 악의적인 새로운 거래를 블록에 포함시켜 네트워크에 빠르게 전파시키는 방법은 어떨까. 이를 51% 공격51% Attack이라고 부른다. 비트코인의 블록체인 네트워크를 유지하는 전체 연산 능력 Hashpower의 과반수가 넘는 연산 능력(51% 수준)을 악의적인 공격자가 보유할 수 있다면, 블록체인에 기록된 데이터를 위변조할 수 있다는

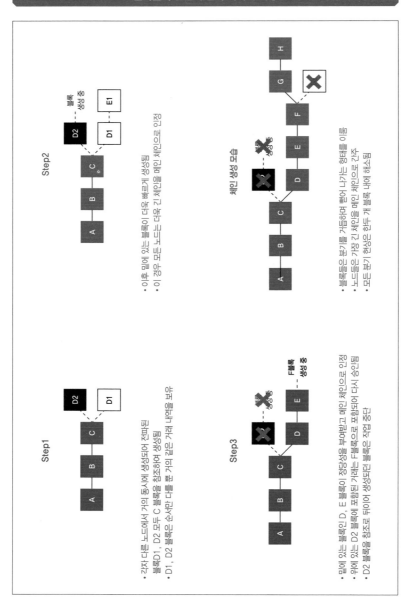

Step1

- 각자 다른 노드에서 거의 동시에 생성되어 전파된 블록D1, D2 모두 C 블록을 참조하여 생성됨
- D1, D2 블록은 순서만 다를 뿐 거의 같은 거래 내역을 보유

Step2

- 이후 밑에 있는 블록이 더욱 빠르게 생성됨
- 이 경우 모든 노드는 더욱 긴 체인을 메인 체인으로 인정

Step3

- 밑에 있는 블록인 D, E 블록이 정당성을 부여받고 메인 체인으로 인정
- 위에 있는 D2 블록에 포함된 거래는 F블록에 포함으로 다시 승인됨
- D2 블록을 참조로 뒤이어 생성되던 블록은 작업 중단

체인 생성 모습

- 블록들은 분기를 거듭하며 뻗어 나가는 형태를 이룸
- 노드들은 가장 긴 체인을 메인 체인으로 간주
- 모든 분기 현상은 한두 개 블록 내에 해소됨

이론이다. 51% 공격은 합의 메커니즘을 무력화하는 데서 출발하기 때문에 블록체인 네트워크가 갖고 있는 가장 큰 취약점이라고 할 수 있다.

왼쪽 그림은 블록들이 연결돼 뻗어나가는 과정을 보여준다. 블록들은 단순히 일렬로 연결되는 게 아니다. 이런 과정(분기)을 끊임없이 반복하면서 뻗어나간다. 51% 공격은 악의적인 공격자가 향후 생성될 블록을 조작하는 것 즉 악의적으로 분기를 만들어내는 것이라고 보면 된다. 핵심은 블록을 임의로 만들어내면서 전 세계에서 그 누구보다 빨리 모든 노드에 자기가 조작한 블록을 전파해야 한다는 점이다. 막대한 연산 능력이 필요하다.

비트코인 탄생 이후 51% 공격은 한 번도 일어나지 않았다. 비트코인 네트워크의 51%에 해당하는 연산 능력을 갖추기가 사실상 불가능하기 때문이다. 2017년 12월 10일 기준, 비트코인 네트워크의 총 연산 능력은 8070만 4290페타플롭스PetaFLOPS [4]다. 1페타플롭스는 1초에 100조 번의 연산이 가능하다는 의미다. 지구상에서 가장 성능이 좋은 슈퍼컴퓨터와 비교해보자. 신의 위엄神威이라는 뜻의 세계 최고 슈퍼컴퓨터는 중국의 선웨이 타이후라이트Sunway Taihulight다. 이 컴퓨터의 연산 속도가 93페타플롭스 [5]다. 1000만 개 이상의 컴퓨터를 탑재했다. 우주의 역사를 시뮬레이션하는데 사용된다고 한다. 단순 계산으로 짐작해보면, 비트코인 네트워크 연산 능력의 51%를 확보하기 위해서는 이런 컴퓨터가 43만대 이상 필요하다. 국가가 나선다고 해도 동원하기 어려운 연산 능력이다. 설사 동원할 수 있다고

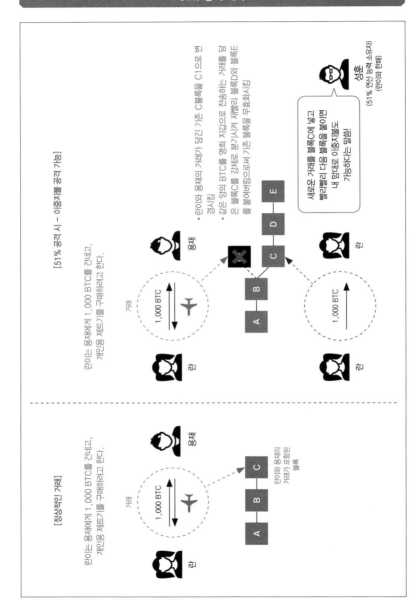

[정상적인 거래]

란이는 용재에게 1,000 BTC를 건네고,
개인용 제트기를 구매하려고 한다.

1,000 BTC

거래

란

A B C

란이와 용재의
거래가 포함된
블록

용재

[51% 공격 시 - 이중지불 공격 가능]

란이는 용재에게 1,000 BTC를 건네고,
개인용 제트기를 구매하려고 한다.

1,000 BTC

거래

란

A B

용재

C D E

란

1,000 BTC

란

• 란이와 용재의 거래가 담긴 기존 C 블록을 C1으로 변
경시킴
• 같은 양의 BTC를 영희 지갑으로 전송하는 거래를 담
은 블록을 강제로 분기시켜 재빨리 블록D와 블록E
를 붙여넣음으로써 기존 블록을 무효화시킴

새로운 거래를 블록C에 넣고
빨리빨리 다음 블록을 붙이면
내 맘대로 이중지불도
가능하다는 걸쎄!

성훈
연산 능력 소유자)
(51% 연산 능력 소유자)
(란이와 한패)

134

해도 이걸 보유하고 유지하는 비용 또한 천문학적이다. 이 슈퍼컴퓨터의 가격 및 유지비용은 연간 약 3000억 원. 곧, 3000억 원짜리 컴퓨터 43만대를 사기 위해 13경 원을 써야 한다는 의미다. 2017년 미국의 세금 수입액이 약 3500조 원[6]이다. 미국이 증세를 안 한다고 가정하면, 세계 최강국 미국의 37년치 예산과 맞먹는다.

대규모 채굴풀Mining Pool이 연합한다면 어떨까. 비트코인 코어 측과 적대적 관계에 있는 우지한吳忌寒의 채굴업체 비트메인Bitmain의 고성능 채굴기 앤트마이너S9의 연산 속도가 14Th/s(초당 1조의 연산 능력)다. 명칭은 51% 공격이지만, 30% 수준의 연산 능력만 동원해도 공격이 가능하다는 논문이 여럿 발표됐다. 때문에 몇몇 중국의 대규모 채굴풀이 연합하면 블록 조작이 가능할 것도 같다. 하지만, 51% 공격을 통해 그들이 얻는 실익이 없다. 얻는 것보다 잃을 게 더 많다. 이들이 51% 공격을 감행해 블록을 조작하고, 그 결과 막대한 양의 비트코인을 공짜로 획득했다고 한들 무슨 의미가 있겠나. 51% 공격이 성공했다는 건 비트코인 네트워크 보안의 취약점이 드러났다는 얘기다. 비트코인 가격은 떨어질 게 뻔하다. 암호화폐의 본질적 가치는 기술과 그것을 지지하는 커뮤니티에서 나오는데, 보안이 뚫린 허술한 암호화폐를 누가 신뢰하고 지지할 수 있겠나. 채굴업자들은 비트코인 생태계의 큰 축이자, 비트코인으로 생계를 유지하는 사람들이다. 채굴풀이 연합해 악의적인 공격을 감행할 경제적 인센티브가 없다.

◇ 안전성

2013년 3·20 사이버테러 때, 은행 등의 3만여 대 컴퓨터가 속수무책으로 마비된 가장 큰 원인은 중앙화된 서버다. 공격 대상 기관의 모든 컴퓨터가 중앙 서버에 의해 제어됐다. 공격자들은 당연히 중앙 서버를 1차 공격 포인트로 지정했다. 이런 중앙화된 시스템에서는 중앙 서버가 오염되면 나머지 컴퓨터도 모두 먹통이 된다. 특히 금융회사가 고객들의 거래 원장, 각종 예금, 대출 및 금융상품 잔액 데이터 등을 중앙화된 서버로 관리할 경우 해킹에 취약할 수밖에 없다. 중앙 서버를 아무리 많이 증설한다고 하더라도 은행의 IT 센터를 수십, 수백 개 세울 순 없지 않나. 반면, 1만 개 이상의 노드에 모든 원장이 공유되는 블록체인의 경우 해킹 공격을 시도하려면 모든 노드를 하나하나 공격해야 한다. 공격자가 노드를 차례로 해킹할 동안에도 비트코인의 블록은 계속 생겨나고(채굴되고), 새로 생겨난 블록은 또 노드들에 전파된다. 마치 1만 개가 넘는 금고를 앞에서부터 차례로 열고 있는데, 뒤에선 또 다른 금고가 계속해서 추가되는 모습과 비슷하다. 사실상 모든 노드를 해킹하는 것은 불가능하다.

◇ 회복성

모두의 거래와 자산 내역이 공정하게 기록된 원장은 지구상의 1만 개가 넘는 노드에 복사·공유돼 있다. 지구상의 모든 컴퓨터와 전산

시스템이 마비된다 하더라도 노드 하나만 살아 있으면, 비트코인을 소유하고 있는 모든 사람들의 거래 내역이 온전하게 보관되는 셈이다. 심지어는 인터넷이 없어도 된다. 비트코인 확장성 솔루션을 개발하는 블록스트림은 인터넷을 넘어선 네트워크 구축을 위해, 비트코인 노드 간 통신을 목적으로 하는 위성을 쏘아 올렸다. 각자 소유하고 있는 비트코인의 개인키만 잘 보관하고 있으면, 전쟁, 자연재해 등은 물론이고 금융위기로 금융회사들이 문을 닫아도 비트코인에 대한 소유권은 아무런 침해를 받지 않는다. 설사 예기치 못한 사태로 비트코인 네트워크 인프라가 상당 부분 손상을 입어도, 노드가 살아 있다면 버튼 한번으로 손상 이전 상태로 동기화할 수 있다.

이 글을 쓰고 있는 시점에도 비트코인 네트워크의 노드는 늘어나고 있다. 노드의 종류는 더욱 다양해질 것이다. PC나 노트북에서 벗어나, 스마트폰이나 웨어러블 기기에서도 무리 없이 노드를 돌릴 수 있을 정도로 기술은 발전할 것이다. 이렇게 되면 가격 변동성 때문에 덧씌워졌던 비트코인에 대한 부정적 인식은 사라질 것이다. 오히려 존재 자체의 보안성이 부각되면서 긍정적 이미지가 대세를 이룰 것이다. 비트코인은 금의 단점을 보완한, 명실상부한 디지털 골드가 될 수 있지 않을까.

중앙은행 따위 필요 없다

오른쪽 그래프는 미 연준의 통화 공급량이다. 2008년 글로벌 금융 위기를 기점으로 기하급수적으로 통화 공급량을 늘려 왔다. 그 아래 는 비트코인의 가격추이다. 2009년 1월 처음 생겨나 현재까지 기하 급수적으로 상승했다. 그래프 모양만 놓고 보면, 법정화폐(달러) 공급 량과 비트코인 가격에 높은 상관관계가 있다. 연준 통화 공급량 그래 프가 비트코인의 가격 그래프와 쌍둥이처럼 닮았다.

연준을 비롯한 중앙은행은 전통 화폐 경제를 지탱하는 핵심이다. 한 나라 통화 제도의 중심이 되며, 은행 제도의 정점에 있는 은행이 다. 한국은 한국은행, 미국은 연준, 영국은 영란은행이 있다. 여러 기 능이 있지만 여기서 짚어보고 싶은 중앙은행의 기능은 크게 통화 발 행, 통화량 조절(통화금융정책 수행), 금융시장 안정화(통화가치 안정 및 국민경제 발전)다. 중앙은행의 세 가지 기능 측면에서 비트코인 작동 원리를 설명해보겠다.

◈ 달러의 연금술사 연준, 비트코인에는 없다

연준의 달러 발행 과정의 핵심은 달러가 난데없이 생겨난다는 점이 다. 난데없이 생겨난 달러는 그 몇 배에 해당하는 빚을 낳는다. 미국 의 국가 부채 그래프는 앞선 두 그래프와는 비교도 되지 않을 정도 로 가파르다. 연준은 1990년대 이후, 특히 2000년대 후반부터 쉽

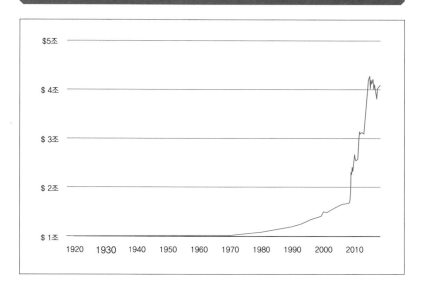

미 연준 통화 공급량

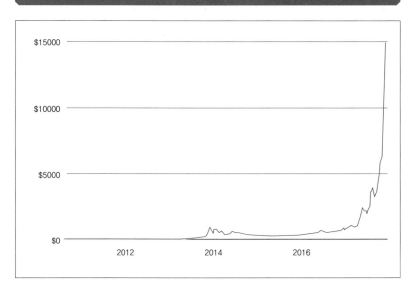

비트코인 가격 추이

없이 달러를 찍어내고 있다. 국민과 미래 세대가 떠안을 빚은 눈덩이처럼 불어난다.

　그렇다면 전통 화폐 시스템의 모순에서 출발했다는 비트코인은 어떻게 화폐를 발행할까. 연준처럼 난데없이 새로운 비트코인을 무한 생성하지는 않는다. 블록체인은 블록의 연결 집합체다. 블록들이 계속 추가되고 체인이 뻗어 나가야 네트워크가 유지되고 제 기능을 발휘할 수 있다. 신규 블록이 생성되지 않고 멈추는 순간, 해당 체인이 담당했던 모든 기능도 멈춘다. 그리고 결국, 그 블록체인은 사라진다. 엔진이 파손돼 제 기능을 할 수 없는 자동차가 폐차되는 것과 같다. 따라서 블록체인이 유지되기 위해서는 신규 블록을 만들고 체인에 이어 붙이는 과정이 꼭 필요하다. 이러한 작업이 채굴Mining이다. 채굴하는 사람을 채굴자Miner라고 부른다. 채굴자들은 비트코인 블록체인이 멈추지 않도록 유지하는 대가로, 네트워크 내에서 신규 발행되는 비트코인을 보상으로 받는다. 신규 발행되는 비트코인은 오직 채굴 과정을 통해서만 생성되며 발행량은 2100만 개로 정해져 있다. 2100만 개가 모두 채굴되면 신규 비트코인은 더 이상 생성되지 않는다. 직접 채굴하지 않는 이상 거래소에서 당신이 사는 비트코인은 누군가가 채굴한 비트코인이다. 2100만 개가 모두 채굴된 이후, 채굴자들의 수입원은 비트코인 전송을 도와주는 대가로 받는 수수료뿐이다. 수수료만으로 채굴자들의 채산성이 유지될 수 있을까? 아마 비트코인의 신규 발행이 끝나는 즈음엔 가격이 지금보다는 훨씬 비쌀 것이다. 또, 비트코인 가격이 오르지 않더라도 비트코인 거래량은 폭증할 것으로 짐작되기 때문에 채굴자들의 채산성은 유지될 것으로 보인다.

비트코인 채굴에는 작업증명 방식이 사용된다. 작업증명 방식은 아담 백이 해시캐시를 발명하면서 고안해낸 메커니즘이다. 특정 서비스를 이용하기 위해서는 사전에 약속된 작업을 이행해야만 한다는 전제 조건을 달았다. 앞서 예로 들었던 직장 상사 용재와 부하 직원 란이의 사례를 떠올려보자. 용재가 란이에게 사업 기획안을 다시 작성하도록 시키려면, 먼저 검토 보고서를 다섯 명의 상사에게 만들어 결재를 올려야 한다. 번거롭다. 검토 보고서가 사업 기획안 재작업을 위해 사전에 약속된 작업인 것처럼, 비트코인을 채굴하기 위해서는 암호화 해시 알고리즘을 기반으로 하는 굉장히 어려운 수학 문제를 풀어야만 한다. 문제에 대한 답을 찾는 것이 채굴 과정에 수반되는 작업이다. 이를 성공적으로 수행해야만 블록의 유효성을 검증받고, 체인에 블록을 연결할 수 있다. 비트코인 채굴을 다룬 다양한 자료에서 거래 검증 및 블록 생성을 채굴자들의 역할로 정의하고 있다.

그런데 '거래 검증'이라는 단어에 약간의 오해의 소지가 있다. 마치 채굴자들이 거래의 참과 거짓을 검증하는 것으로 잘못 이해할 수 있다. 거래의 참-거짓 검증은 거래 주체의 공개키와 개인키로 판명한다. 거래 주체가 소유한 두 종류의 키가 맞지 않으면 해당 거래는 유효하지 않다. 채굴자들은 거래의 참과 거짓을 검증하는 것이 아니라, 블록체인 네트워크에 전송된 수많은 거래를 취합해 블록을 구성하고 체인에 붙이기 위해 자신들의 자원을 투입했다는 사실을 검증받는다. 만약 누구나 쉽게 블록을 구성하고 기존 체인에 붙일 수 있다면, 비트코인 네트워크는 사기 거래가 난무하면서 몇 시간도 안 돼 붕괴할 것이다.

그렇다면, 채굴자들은 블록을 구성하고 전파하기 위한 정당한 자격을 어떻게 획득할까. 굉장히 어려운 수학 문제를 풀어야 한다. 중학교 수학 시간에 배운 소인수 분해를 떠올려보자. 소인수분해는 모든 자연수가 소수들의 곱으로 이뤄져 있다는 수학 개념이다. 수포자(수학 포기자)들에겐 고통스럽겠지만, 소인수분해는 암호학에 널리 사용됐던 암호화 메커니즘이다. 앞서 사이퍼펑크 관련 내용을 다룰 때 언급했던 공개키 암호 알고리즘이 소인수분해를 사용한 대표적인 암호 알고리즘이다. 예를 들어, 9419와 1933이란 두 소수를 곱하면 얼마일까? 답은 1820만 6927이다. 이번엔 문제를 뒤집어보자. 소인수분해 문제다. 1820만 6927이라는 숫자는 어떤 두 소수의 곱으로 이뤄져 있을까. 결코 쉽지 않은 수학 문제로 변했다. 암호화 해싱 알고리즘이 갖고 있는 일방향성을 잘 설명해주는 예이기도 하다. 공개키 암호 알고리즘을 발명한 리베스트, 셰미르, 그리고 아델만은 1977년에 공개키 암호 알고리즘의 보안성을 실험해 보고자 《사이언티픽 아메리칸》이라는 잡지에 129자리 합성수에 대한 소인수분해 문제를 내고 상금 100달러를 걸었다. 당시 이 문제를 푼 사람은 없었다. 이 문제에 대한 답은 17년이 지난 1994년 4월에야 나왔다. 그것도 네 명의 수학자가 전 세계 25개국에서 자원봉사자 600명을 모집한 후, 작업을 분담시켜 겨우 답을 구했다. 단순한 소인수분해 문제를 역산하는 것도 어려운데, 이보다 더 복잡한 메커니즘을 사용하는 암호 알고리즘을 복호화(암호 해독)하는 것은 불가능에 가깝다.

◇ 수학적 설계에 따른 화폐 발행

채굴자들은 서로 먼저 문제를 풀기 위해 경쟁한다. 비트코인은 SHA-256 알고리즘을 사용한다. 소인수분해 문제보다 훨씬 더 어려운 문제를 풀어내야만 블록을 구성하고 전파할 수 있는 정당한 자격을 얻을 수 있다. 소인수분해도 풀기 어려운데 이보다 훨씬 더 어려운 문제를 푸는 게 가능할까. 그래서 비트코인에는 난이도 목푯값 Difficulty Target이 존재한다. 정확히 일치하는 값을 찾는 것은 불가능하기 때문에, 사전에 비트코인 네트워크는 난이도 목푯값을 설정하고 채굴자들이 풀어낸 해답이 목푯값보다 낮을 경우에만 해당 문제를 푼 것으로 간주한다. 비트코인 및 보안 전문가 안드레아스 안토노폴로스Andreas Antonopoulos가 말한 주사위 게임을 떠올려보자. 게임 주최자는 주사위 두 개를 던져 10 이하가 나오면 선물을 주겠다고 했다. 선물을 받지 못하는 경우는 11이나 12가 나올 때뿐이다. 게임에 참가하는 사람마다 선물을 받아가니 선물이 금방 바닥나게 생겼다. 주최자는 이번에는 3 이하의 숫자가 나와야만 선물을 받을 수 있다고 규칙을 바꿨다. 선물을 받을 수 있는 경우는 2나 3이 나올 때뿐이다. 10 이하의 조건일 때보다는 훨씬 더 여러 번 주사위를 던져야 한다.

난이도 목푯값은 채굴의 난이도를 결정하는 개념이자, 비트코인과 비트코인캐시BCH, Bitcoin Cash의 단기 가격 결정에 큰 영향을 주는 요소다. 비트코인 블록은 평균 10분마다 생성된다. 10분이라는 시간은 태초에 사토시 나카모토가 비트코인을 설계할 때부터 정해놓은 주기다. 비트코인 네트워크의 모든 노드는 블록 생성주기를 10분에 맞추기 위해 지속해서 난이도 목푯값을 재설정한다. 블록의 생성 주기가 10분 이하가 되면 난이도를 올리고, 10분을 초과하면 난이도를 낮춘다. 정확하게 말하자면, 비트코인 네트워크는 2016개의 블록마다 난이도 목푯값을 재설정한다. 2016개 블록을 생성하는 데 걸린 시간이 2만 160분 이내일 경우, 모든 노드는 난이도 목푯값을 낮춘다. 난이도 목푯값을 낮출 경우, 채굴자들이 해야 하는 단순 연산은 기하급수적으로 증가한다. 앞서 주사위 게임에서 선물을 받을 수 있는 기준을 10에서 3으로 낮춘 경우다. 게임 참가자들은 훨씬 더 여러 번 주사위를 던져야 선물을 받을 수 있었다.

오른쪽의 표를 보면, 채굴자들의 연산 능력이 발달하면서 비트코인 네트워크의 난이도 목푯값 또한 함께 작아진 것을 확인할 수 있다. 목푯값의 앞자리에 '0'이 많을수록 목푯값은 작아진다. 3만 번째 블록의 해시값에는 앞자리 '0'이 여덟 개뿐이었지만, 50만 779번째 블록의 해시값에는 앞자리 '0'이 열여덟 개나 된다. 그만큼 난이도 목푯값은 작아졌고, 반대로 채굴의 난이도는 높아졌다.

채굴자들은 자신들의 블록에 거래를 담고 블록의 꼬리표와 같은 블록헤더를 만든다. 블록헤더에는 이전 블록의 해시값, 타임스탬프

30000번째 블록 해시
00000000de1250dc2df5cf4d877e055f338d6ed1ab504d5b71c097cdccd00e13
└─▶ 앞자리 '0'이 여덟 개

100000번째 블록 해시
000000000003ba27aa200b1cecaad478d2b00432346c3f1f3986da1afd33e506
└─▶ 앞자리 '0'이 열한 개

400000번째 블록 해시
00000000000000004ec466ce4732fe6f1ed1cddc2ed4b328fff5224276e3f6f
└─▶ 앞자리 '0'이 열일곱 개

500779번째 블록 해시
000000000000000000071185ef38dfa2bd8a866903ab4c5e58705a32e6cbf984b
└─▶ 앞자리 '0'이 열여덟 개

해시값의 앞자리 0의 개수가 많아질수록 해시값은 낮아지며, 반대로 난이도는 올라간다!

(블록 생성 시간), 난이도 목푯값, 머클 루트, 논스^{Nonce} 등의 데이터가 포함된다. 논스는 채굴자들이 난이도 목푯값보다 낮은 해시값을 찾기 위해 대입하는 변수 역할을 한다. 마치 수학시간에 나온 방정식 문제를 푸는데, '노가다' 방식으로 숫자 1부터 답이 나올 때까지 하나하나 정성스럽게 대입해서 푸는 과정과 같다. 이때 방정식을 풀기 위해 하나하나 대입하는 숫자를 비트코인 네트워크에서는 논스라고 부른다. 채굴자들이 블록헤더의 적정 해시값을 찾아내는 것이 채굴 작업이다. 채굴 작업의 목표는 적정 해시값, 즉 난이도 목푯값보다 낮은 블록헤더 해시가 나올 수 있게 하는 논스값을 찾는 것이다. 해당 논스를 발견하기까지 천문학적인 횟수의 테스트를 해야 한다. SHA-256 암호 알고리즘을 모르기 때문에 단순 대입 작업을 통해서

블록헤더의 구조

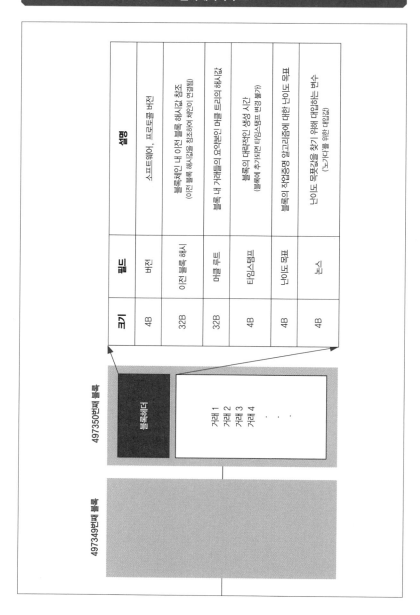

크기	필드	설명
4B	버전	소프트웨어, 프로토콜 버전
32B	이전 블록 해시	블록체인 내 이전 블록 해시값 참조 (이전 블록 해시값을 참조하여 체인이 연결됨)
32B	머클 루트	블록 내 거래들의 요약본인 머클 트리의 해시값
4B	타임스탬프	블록의 대략적인 생성 시간 (블록에 추가되면 타임스탬프 변경 불가)
4B	난이도 목표	블록의 작업증명 알고리즘에 대한 난이도 목표
4B	논스	난이도 목표값을 찾기 위해 대입하는 변수 ("논스"를 위한 대입값)

497350번째 블록

블록헤더

거래 1
거래 2
거래 3
거래 4
· · ·

497349번째 블록

만 문제를 풀 수 있다.

결과적으로 채굴 경쟁이란, 누가 더 빨리 천문학적인 횟수의 '노가다'로 적정 논스값을 찾느냐이다. 채굴 작업에 동참한다고 해서 무조건 비트코인을 보상받지 못한다. 가장 먼저 블록을 생성한 채굴자만이 비트코인을 획득할 수 있다. 극도의 경쟁이다. 자본주의사회에서 개인의 능력은 자본으로 평가된다. 채굴의 세계도 마찬가지다. 채굴자들은 철저하게 연산 능력^{Hash Power}으로 평가받는다. 연산 능력이 높을수록 단순 반복 연산 능력이 좋다는 의미다. 따라서 연산 능력이 낮은 채굴자들은 채굴 경쟁에서 승리하기 어렵다. 목표 해시값을 찾기 위해 1초에 수억, 수조 번의 단순 연산을 해야 한다. 연산 능력이 낮은 채굴자는 마치 자전거를 타고 시속 300km 이상으로 달릴 수 있는 슈퍼카와 속도 경쟁을 하는 것과 같다. 자전거를 타고서는 단 한 번도 슈퍼카를 이길 수 없다. 연산 능력이 낮은 채굴자는 영원히 한 개의 블록도 생성하지 못할 가능성이 크다.

사토시 나카모토와 할 피니, 그리고 몇몇 IT 덕후들이 전부였던 2009년에는 가정용 개인 컴퓨터의 CPU로도 충분히 비트코인을 채굴할 수 있었다. 이후 비트코인이 돈이 되면서 많은 이들이 채굴 경쟁에 뛰어들었다. CPU로 채굴하던 채굴자들 중 일부는 그래픽처리장치^{GPU}를 사용하면 반복적인 단순 연산을 좀 더 효율적으로 할 수 있다는 사실을 알게 됐다. 이들은 GPU를 사용해 기존 채굴자들보다 더 많은 비트코인을 채굴했다. 이후 여러 개의 GPU를 연결하면 더 빠른 연산이 가능하다는 사실도 알게 됐다. 현재 대부분의 채굴자들은 특수목적주문형반도체^{ASIC, Application Specific Integrated Circuit}를 사용해 과거와는 비교할 수 없을 정도의 연산 능력을 보유하게 됐다. 이에 따라 비트코인 네트워크의 전체 해시 레이트(연산 속도)는 기하급수적으로 증가했다. 2017년 12월 기준으로 8000만 페타플롭스를 웃돈다. 아무리 좋은 특수목적주문형반도체 채굴기를 가지고 있더라도 혼자서는 블록을 채굴하기 어렵다. 채굴자들 대부분은 채굴풀을 구성해 비트코인을 채굴하고 있다.

비트코인을 얻기 위해 채굴자들은 치열하게 경쟁한다. 누구보다 빨리 작업증명을 통해 블록을 생성해야 하며, 이를 위해 채굴 하드웨어 구입비, 전기세, 시간 등과 같은 본인의 자원을 투입한다. 비트코인의 무분별한 신규 발행은 있을 수 없는 일이다. 정책적 판단에 따라 얼마든지 찍어낼 수 있는 법정화폐와는 완전히 다르다.

◈ 수학적 알고리즘에 의한 통화량 조절

중앙은행의 두 번째 핵심 기능은 통화량의 조절이다. 한국은행이 기준금리를 올리고 내리는 걸 떠올리면 된다. 통화량 조절은 해당 국가의 경제와 금융시장을 좌우할 뿐 아니라, 글로벌 경제에도 영향을 미친다. 베네수엘라는 2017년 중앙은행이 통화량 조절을 잘 못해 하이퍼인플레이션에 시달렸다. 세계의 중앙은행 역할을 하고 있는 미 연준은 통화량 '조절' 기능을 제대로 수행하고 있을까. 여기서 조절이란 단어의 의미를 살펴보자. 사전적 의미는 균형이 맞게 바로잡음이다. 따라서 통화량 조절은 다양한 시장 상황을 고려해 시중에 유통되고 있는 통화의 양을 균형이 맞게 바로잡는다는 의미다. 통화량이 넘치면 줄이고, 부족하면 늘려서 균형을 맞춰야 한다.

이런 측면에서 보자면, 연준이 통화량 조절 기능을 제대로 수행하고 있다고 보기 어렵다. 연준은 지속해서 통화량을 늘려 왔다. 특히 2008년 글로벌 금융위기 이후에는 문자 그대로 헬리콥터에서 돈을 사방에 뿌리는 식으로 통화량을 늘렸다. 열다섯 명의 연준 의장(현 제롬 파월 의장은 제외) 가운데 의미 있는 통화량 조절 기능을 수행한 사람은 12대 의장인 폴 볼커가 유일하다. 2013년 금융 전문 매체《마켓워치》가 실시한 설문조사에서, 35%의 지지를 받아 현존하는 가장 뛰어난 의장으로 꼽히기도 했다. 그는 월가 대형 은행들의 대마불사 관행을 깨뜨리기 위해 감독을 한층 강화하는 볼커룰^{Volcker Rule}을 제안했다. 1980년대 초 대담한 금리 인상 정책을 통해 극심한 인플레이션을 잡았다. 미국 경제가 안정된 기반 위에서 성장할 수 있는 발판을 마련했다. 볼커 이후의 의장들, 특히 앨런 그린스펀은 과도한 저금리 기조를 고집했다. 그는 금융 감독 또한 느슨하게 하면서, 결과적으로는 2008년 글로벌 금융위기의 단초를 제공했다.

연준은 왜 통화량 조절 대신, 통화량 팽창 기능만을 수행해 왔을까. 연준의 잘못이 아니다. 현존하는 금융 통화 시스템을 유지하기 위해서는 통화량 팽창이 필수적이기 때문이다. 연준 역시 과도한 신용팽창이 만들어 내는 극심한 버블에 대해 잘 알고 있다. 그러나 이런 버블을 잡는 것보다는 현존하는 경제 시스템을 유지하는 것이 더 중요하다. 항생제가 몸에 좋지 않다고 해서 암 투병 환자에게 항생제 처방을 안 할 수는 없지 않나. 앞서 언급된 부분지급준비금제도를 다시 떠올려보자. 은행들은 보유하고 있는 예금보다 훨씬 더 많은 대출을 일으키고, 이를 통해 막대한 수익을 창출해왔다. 이론적으로 우리가 예금한 금액의 열 배 이상의 돈이 은행의 손을 거쳐 불어나 시장 곳곳에 주입된다. 지금의 전방위적 자산 가격 상승은 막대한 신용팽창이 낳은 진짜 버블이다. 이런 상황에서 가장 무서운 건 신용경색이다. 신용경색은 금융위기를 부른다. 금융위기의 피해자는 금융위기를 일으킨 주범(신용팽창을 주도한 은행들)이 아니라 일반 국민, 곧 납세자다. 연준은 신용경색이 오지 않도록 지속적으로 신용팽창을 일으키고, 이에 따라 필연적으로 금융위기가 오면 어김없이 납세자에게 손을 벌려 위기를 극복한다.

비트코인은 애초 통화량 조절 능력이 없다. 연준처럼 통화량을 조절할 수 있는 중앙화된 주체도 없다. 연준의 탄생과 현존하는 금융 시스템의 역사를 되짚어보면, 과연 통화량 조절 기능을 전담하는 중앙화된 주체가 필요한지조차 의문이다. 비트코인은 총 발행량이 2100만 개로 정해져 있다. 사전에 입력된 수학적 알고리즘을 통해 총 2100만 개가 네트워크에 신규 생성된다. 특정 주체든 사람이든 통화량 조절 기능을 제대로 수행할 수 없다면, 정확한 메커니즘이라도 만들어 놓자는 것이 비트코인의 발행 원리다. 비트코인은 21만 번째 블록마다 채굴에 따른 보상이 반감된다. 비트코인은 채굴 과정을 통해서만 신규로 생성되기 때문에, 새롭게 생성되는 비트코인의

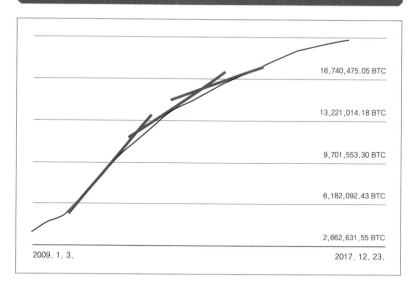

16,740,475.05 BTC

13,221,014.18 BTC

9,701,553.30 BTC

6,182,092.43 BTC

2,662,631.55 BTC

2009. 1. 3.

2017. 12. 23.

수량 또한 21만 번째 블록마다 반감된다.

위 그래프에서 보듯, 비트코인은 2017년 12월 23일 기준으로 2100만 개 중 약 1675만 개가 채굴됐다. 그래프의 기울기가 점점 작아지면서 새로 만들어지는 비트코인 수량 또한 계속해서 줄어든다. 2009년 1월에는 50개의 비트코인이 채굴에 대한 보상으로 주어졌다. 즉, 채굴자들은 블록 한 개를 채굴할 때마다 50개의 비트코인을 받았다. 이후 21만 개 블록에 대한 채굴이 완료된 뒤인 2012년 11월 28일부터는 블록당 보상이 스물다섯 개로 반감됐다. 이후 또 다시 21만 개의 블록이 채굴됐으며, 2016년 7월 9일 이후 블록당 보상은 12.5개가 됐다. 현재 약 50만 개의 블록이 채굴됐으니, 머

구분	법정화폐	비트코인
법정화폐와 비트코인 비교		
정의	내재적 가치는 없으나 정부의 규제 및 법에 의해 화폐로서의 지위를 갖는 화폐	중앙화된 기관 없이 자발적인 참여로 운영되는 암호화 코드
발행량	무제한	2100만 개로 제한
속성	인플레이션 통화 (공급량이 계속 늘어나 통화가 흔해지기 때문)	디플레이션 통화 (공급량이 정해져 있어, 비트코인이 희소해지기 때문)
구매력	지속적으로 하락 (돈이 너무 많이 풀려나 돈보다 물건이 귀해짐)	지속적으로 상승 (희소성으로 인해 물건보다 비트코인이 더 귀해짐)
사회적 현상	자산 가격 상승(주식, 부동산 등) 법정화폐 보유자들의 상대적 박탈감 심화 부 축적 어려움 (3포세대)	자산 가격 하락(비트코인 가격 상승) 구매력이 증가해 상대적 박탈감 감소 부 축적 용이(가치 상승)

지않아 63만 개의 블록이 채굴될 경우 블록당 보상은 다시 6.25개로 줄어들 것이다. 이 같은 과정이 끊임없이 반복되면서 새로운 비트코인이 계속 네트워크에 공급되다가, 약 2140년이 되면 사전에 정해진 총량인 2099만 9999.98개의 비트코인이 발행될 것이다. 2140년 후에 새로 발행되는 비트코인은 없다. 비트코인의 신규 발행은 이런 메커니즘을 통해서만 진행된다. 비트코인의 가치 변동, 암호화폐시장 상황 등과 무관하다. 연준이 필요에 따라 달러를 찍어내는 것과는 대조적이다. 무한정 발행되는 법정화폐(달러)와 발행량이 정해진 비트코인 가운데, 어떤 화폐가 우리에게 더 좋을까.

위의 표는 법정화폐와 비트코인의 몇 가지 속성을 비교한 것이다. 법정화폐는 인플레이션 통화다. 연준이 미친 듯이 달러를 찍어내고 있다. 미친 듯이 생겨난 달러는 자산시장으로 흘러 들어가 각종 재화, 서비스, 부동산의 가치를 부풀렸다. 당연히 달러의 구매력은 곤두박질쳤다. 달러의 영향권 아래 있는 다른 법정화폐(예를 들어 원화)의 운명도 마찬가지다. 한 달을 열심히 일해 월급을 받아도, 치솟는 아파트값에 상대적 박탈감만 심해진다.

반면, 비트코인은 총 공급량이 정해진 디플레이션^{Deflation} 통화다. 채굴이 끝나 2100만 개를 모두 나눠 가지면 끝이다. 먼저 비트코인을 소유한 사람이 팔지 않으면, 아무리 갖고 싶어도 가질 수 없다는 얘기다. 가격은 수요와 공급에 의해 결정된다는 경제학의 기본 개념만 떠올려도, 비트코인의 가치는 시간이 지날수록 오를 수밖에 없다는 걸 알 수 있다(물론, 세상이 지금보다 블록체인과 암호화폐에 더 친화적으로 변화하리라는 전제하에서다). 비트코인의 가치가 오르기 때문에 상대적으로 자산 가격은 하락한다. 비트코인의 구매력이 올라간다는 의미다. 법정화폐를 저축하는 것보다 비트코인을 모으는 것, 둘 중 어느 쪽이 더 나은 재테크 방법일까.

◇ 비트코인 생태계를 지키는 건 참여자들

중앙은행의 세 번째 핵심 기능은 금융시장 및 통화 가치 안정화를 통한 국민 경제 발전의 도모다. 미 연준은 지금까지 이 기능을 충실히 수행해왔을까? 과거 사례를 보면 선뜻 그렇다고 답하기 어렵다. 1900~2000년대 벌어진 크고 작은 금융위기를 대처하는 과정에서 연준은 납세자의 부를 뺏어 거대 금융회사의 자산을 불려줬다.

비트코인은 변화라는 근본 가치관을 공유하는 사람들이 모인 거대 집단이 됐다. 통화도, 자산도, 회사도 아닌, 전에 없던 완전히 새로운 존재다. 전 세계 각지에 흩어져 있는 이들은 블록체인과 비트코인이라는 주제 아래 초국가적으로 단합한다. 이처럼 비트코인으로 생겨난 다양한 집단들을 아울러 비트코인 생태계라고 부른다. 중앙은행과 같은 중앙화된 행정 기관이 없기 때문에 비트코인 생태계는 참여자들에 의해 유지되는 데 발전한다. 크고 작은 논쟁이 있긴 했지만, 2009년 탄생 이래 비트코인 생태계는 붕괴하지 않고 잘 유지되고 있다.

비트코인 생태계는 채굴자, 개발자, 서비스 제공자, 사용자, 투자자 등으로 이뤄진다. 이들은 생태계 내에서 각자의 역할을 수행하며, 나아가 비트코인 생태계가 유지되는 데 일조한다.

먼저, 채굴자들은 비트코인 생태계에서 유지 및 보안 기능을 담당한다. 가장 중요한 기능이기 때문에, 네트워크 안에서 해당 업무에 대한 보상으로 새로 생성되는 비트코인을 받는다. 이들은 블록을 생성하고 체인에 이어붙임으로써 비트코인 블록체인이 죽지 않고 계속 뻗어나갈 수 있게 한다. 비트코인 네트워크에 연산 능력을 제공하고 어려운 작업증명 알고리즘을 성실히 준수해, 네트워크 내 사기 거래나 51% 공격도 막아준다. 따라서 채굴자들이 많으면 많을수록, 채굴자들이 제공하는 연산 능력이 높으면 높을수록, 해당 블록체인 네트워크는 견고하다. 채굴자들이 중앙은행의 역할인 금융시장 안정화 기능을 수행하고 있다고 볼 수 있다.

개발자들은 비트코인의 근간이 되는 코드 및 관련 소프트웨어를 업그레이드하고, 다양한 신기술을 개발한다. 초기에는 전 세계 다양한 컴퓨터 엔지니어들이 자발적으로 참여해 비트코인 개선을 위한 제안서BIP, Bitcoin Improvement Proposal를 작성해 공유하고 발전시켜 나갔다. 지금은 비트코인의 가치와 네트워크가 너무 거대해져 몇몇 회사와 재단의 후원을 받는 주요 개발진들이 개발을 주도하고 있다. 개발자들은 특히, 비트코인의 확장성을 높이는데 총력을 기울이고 있다. 확장성을 높인다는 것은 1초에 처리할 수 있는 거래 횟수를 획기적으로 늘린다는 것을 의미한다. 개발자들이 이 문제에 주력하는 이유는 비트코인이 새로운 시대를 여는 글로벌 통화가 되길 바라기 때문이다. 개발자들은 비트코인의 발전 방향에 대한 비전을 제시함으로써 비트코인 가치 상승 및 유지에 결정적인 역할을 한다.

서비스 제공자들은 비트코인의 효용성을 높여주는 다양한 서비스를 제공한다. 거래소, 지갑 제공 업체, 지불 및 결제, 해외 송금 관련 회사 등이 여기에 속한다. 이들은 주로 사용자들이 일상생활에서 비트코인을 더욱 편리하게 사용할 수 있도록 노력한다. 블록체인 기술과 비트코인이 우리 일상생활에 뿌리내리기 위해서는 이들의 역할이 중요하다.

마지막으로, 사용자와 투자자가 있다. 사용자는 다양한 자금 이체나 결제 활동에 비트코인을 이용하는 사람이다. 투자자는 비트코인을 투자의 수단, 즉 가치 저장의 수단으로 소유하고 있는 사람이다. 목적은 다르지만 비트코인을 소유하고 있다는 점에서 필요에 따라 한 그룹으로 묶는 것도 가능하다. 사용자는 서비스 제공자가 제공하는 다양한 서비스를 직접 사용하면서 비트코인 비즈니스가 원활히 돌아가도록 기여한다. 투자자는 장밋빛 미래를 꿈꾸면서 거래소를 통해 비트코인을 구매하고 보유한다. 이들은 비트코인에 적정 가치가 있다는 사실과 그 가치가 시간이 지날수록 커진다는 것을 증명한다.

아파트 건설 현장에 비유하자면 이렇다. 채굴자는 현장에서 지반을 다지고 기둥에 철근을 심는다. 개발자는 아파트 건설 도면을 설계하고 다양한 건축 기술을 발전시킨다. 서비스 제공자는 아파트 내부 인테리어를 담당한다. 사용자는 실제 아파트에 입주해 사는 사람이고, 투자자는 가격 상승을 기대하면서 아파트를 구매한 사람이다. 비트코인 생태계의 각 참여자는 유기적인 선순환 구조를 통해 비트코인의 발전에 기여한다. 이 과정에서 통화 가치를 안정시키고 국민 경제 발전을 도모하는 중앙은행의 기능이 자연스럽게 이행된다. 중앙은행과 같은 중앙화된 관리 기구가 없어도 수천만 명의 사람들이 참여하는 비트코인이라는 거대한 금융 생태계가 무리 없이 잘 돌아가고 있다. 불필요한 제3자, 중앙화된 관리 기구를 배제한다는 블록체인의 핵심 가치관은 약 10년간의 비트코인 역사를 통해 현실 가능성을 검증받았다.

합의 없는 변화는 없다

대한민국의 주권은 국민에게 있고, 모든 권력은 국민으로부터 나온다.

대한민국 헌법 제1조 2항의 내용이다(1항은 '대한민국은 민주공화국이다'). 국가 주권의 속성은 다양한 영역에서 구체화돼 나타난다. 정치 영역에서는 선거를 통해 주권을 행사할 수 있다. 경제 영역에서는 화폐의 발권력과 통화 정책을 통해 주권이 구현된다. 곧, 국가의 주권은 국민에게서 나오기 때문에 구체화된 하위 속성인 통화 주권 역시 국민에게서 나와야 한다.

주권의 사전적 의미는 가장 주요한 권리다. 법률적으로 해석하면 국가의 의사를 최종적으로 결정하는 권력을 의미한다. 그러나 지금의 법정화폐 시스템에서는 통화정책 결정이 국민의 합의에 따라 이뤄지지 않는다. 대신 국민은 통화 주권을 정책 결정권자들에게 위임했다. 미국은 연방준비제도이사회의 열두 명 위원들이, 대한민국은 한국은행 금융통화위원회의 일곱 명 위원들이 통화 주권을 위임받아 행사한다. 통화 주권을 직접 행사하기란 사실상 불가능하다. 대안 화폐 시스템을 꿈꾸는 비트코인은 다르다. 참여자들이 직접 통화 주권을 행사한다.

비트코인은 법정화폐처럼 모든 것을 관장하는 집단이나 기구가 없
다. 비트코인 생태계 참여자들이 모든 변화에 대한 의사결정 과정에
참여한다. 먼저, 세계 각지의 참여자들, 주로 개발자들이 비트코인
개선안을 자발적으로 제출한다. 비트코인개선안 제출에 제약 조건은
없다. 누구나 비트코인 생태계의 공익 발전에 필요하다고 생각하는
아이디어를 자유롭게 주고받을 수 있다. 참여자들의 높은 호응을 얻
은 비트코인개선안은 각종 논문이나 콘퍼런스, 소셜네트워크^SNS 등
을 통해 실행 가능성을 놓고 갑론을박을 벌인다. 다음 단계로 해당
비트코인개선안의 적용에 대한 주체별 의사결정 과정이 이어진다.
변화에 찬성하는 참여자들은 자신들의 노드를 업데이트한다. 채굴자
들은 찬성에 대한 메시지를 채굴하는 블록에 담아 전파한다. 참여자
들과 채굴자들의 합의가 사전에 협의한 수준에 도달하면 비트코인
네트워크는 변화된다.

변화에 대한 합의가 이뤄지지 않는다면? 변화를 강제할 주체가 없
기 때문에, 때로는 각 주체별로 극심한 타당성 논쟁을 장기간 벌이
기도 한다. 변화의 내용이 중요하면 할수록, 특히 참여자들의 이익이
첨예하게 다를 때에는 극심한 대립을 보인다. 탈중앙화의 단점이다.
법정화폐처럼 중앙은행이 나서서 강력한 리더십을 발휘하지 못한다.
그런데도 어떻게 비트코인 네트워크는 10년 동안 계속적으로 합의
점을 찾아 균형을 유지할 수 있었을까.

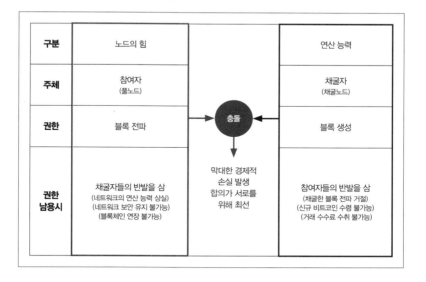

구분	노드의 힘		연산 능력
주체	참여자 (풀노드)		채굴자 (채굴노드)
권한	블록 전파	충돌	블록 생성
권한 남용시	채굴자들의 반발을 삼 (네트워크의 연산 능력 상실) (네트워크 보안 유지 불가능) (블록체인 연장 불가능)	막대한 경제적 손실 발생 합의가 서로를 위해 최선	참여자들의 반발을 삼 (채굴한 블록 전파 거절) (신규 비트코인 수령 불가능) (거래 수수료 수취 불가능)

노드의 힘과 연산 능력

  비트코인 생태계의 공익과 생태계를 구성하는 다양한 주체들의 상호 견제 때문이다. 그런데도 많은 이가 비트코인 생태계를 좌우하는 의사결정이 전적으로 채굴자들에 의해 이뤄진다고 오해한다. 연산 능력을 제공하는 주체가 채굴자들이고, 블록을 생성하는 주체도 채굴자들이기 때문에 생겨난 오해인 듯싶다. 비트코인 생태계는 특정 주체가 변화를 주도할 수 없다. 비트코인 생태계에는 커다란 두 힘이 정확하게 균형을 이루고 있다. 참여자들이 갖고 있는 노드의 힘^{node power}과 채굴자들이 갖고 있는 연산 능력이 그것이다.

  먼저, 참여자들이 갖고 있는 노드의 힘에 대해 알아보자. 풀노드를 운영하는 경우, 그 권한을 통해 발현되는 힘이다. 풀노드는 채굴자들이 채굴한 블록이 비트코인 네트워크가 정한 룰을 공정하게 준수했는지를 검증한다. 문제가 없는 블록은 전체 노드에 전파되고, 최종적으로 비트코인 블록체인의 가장 최신 블록으로 인정된다. 실질적으로 블록을 받아들이고 전파하는 것은 참여자인 노드들의 몫이다. 반면, 채굴자들은 블록을 생성하는 능력이 있다. 이는 수치화된 연산 능력으로 표현된다. 이들은 네트워크에 연산 능력을 제공하고, 네트워크의 보안 및 유지에 기여한다. 현재 비트코인 네트워크는 작업증명 알고리즘을 사용하고 있기 때문에 채굴자들의 연산 능력이 무엇보다 중요하다.

만약에 참여자들이 노드의 힘을 남용하게 된다면? 채굴자들의 동의 없이 비트코인 네트워크의 변화, 특히 참여자들의 이익은 극대화하고 채굴자들의 이익은 침해하는 변화를 단행한다면? 채굴자들은 당연히 반발할 것이다. 갈등이 심해지면 채굴자들이 연산 능력 제공을 중단할 수 있다. 이렇게 되면, 비트코인 네트워크는 심각한 위기를 맞게 된다. 네트워크 내에서 연산 능력이 현저히 줄어들면, 수많은 거래가 블록에 담기지 못하고 허공을 맴돌게 된다. 블록에 추가되지 못한 거래는 영원히 체결되지 않기 때문에 화폐로서의 기능을 상실할 것이다. 또한 연산 능력이 현저히 떨어진 비트코인 네트워크는 도스 공격과 같은 악의적인 공격에 무너질 수 있다. 잃어버린 화폐 기능과 취약한 보안은 비트코인 커뮤니티를 와해시킬 것이고, 이로 인한 가격 폭락은 막대한 경제적 손실을 야기할 것이다.

반대로 채굴자들이 연산 능력을 남용하게 된다면? 채굴자들이 자신들의 이익만을 위해 이기적으로 행동한다면? 당연히 다른 참여자들의 거센 반발에 부딪힐 것이다. 즉 풀노드들은 채굴자가 생성한 블록에 대한 유효성 검증을 거부하고 해당 블록이 네트워크에 전파되는 것을 의도적으로 막을 수 있다. 이 경우 채굴자들은 신규 비트코인을 수령할 수 없다. 채굴을 위해 투입한 상당량의 전력과 자본, 시간이 물거품이 된다. 거래 수수료 또한 받을 수 없다. 채산성을 항상 최우선으로 고려할 수밖에 없는 채굴자에게는 자신의 권력 남용이 오히려 화를 불러일으키는 꼴이 된다.

참여자든 채굴자든, 모두가 비트코인 생태계를 지탱하는 구성원이다. 따라서 두 집단 모두에게 가장 안 좋은 상황은 비트코인 생태계 자체의 파괴다. 2018년 5월 현재 150조 원이 넘는 시장이 신기루가 될 수 있다. 최악의 결과를 피하는 결정을 내려야 하기 때문에 노드의 힘과 연산 능력의 균형은 항상 적절한 합의에 도달할 수밖에 없다. 마치 게임 이론에서 말하는 피자 나누기와 비슷하다. 용재와 란이가 피자를 가장 공평하게 나누는 방법은, 용재가 자르고 란이가 선택하는 것이다. 자르는 사람과 선택하는 사람을 다르게 하면 참여자 모두 만족스럽게 피자를 나눠 가질 수 있다. 탈중앙화된 비트코인은 국가나 중앙은행처럼 중앙화된 기구가 없기 때문에 구성원들은 필연적으로 매번 선택의 순간에 맞닥뜨린다. 이 과정에서 두 가지를 고려해야 한다. 공동의 이익을 훼손하지 않는 선에서 자신의 이익을 극대화할 수 있는 방법을 찾아야 한다. 그 결과, 공동의 이익인 비트코인 생태계의 발전과 유지를 위해 이해 집단들의 이익은 적절한 균형

점을 찾게 된다.

◇ 소프트포크와 하드포크, 그리고 체인 분리

블록체인에서는 빈번하게 분기分岐가 발생한다. 여러 개의 가지가 뻗어나가지만 결국에는 가장 길게 뻗어나간 가지를 메인 체인으로 간주한다. 기존 블록체인에 변화가 생겨 분기가 뻗어 나가는 모양이 마치 식기 도구인 포크와 비슷하게 생겼다고 해서, 블록체인에서는 분기보다는 포크라는 용어를 주로 쓴다. 곧, 블록체인과 암호화폐 세상에서 포크란 현재 상태와는 다른 변화가 일어난다는 의미로 받아들이면 된다. 포크(변화)는 크게 소프트포크Soft fork와 하드포크Hard fork로 나뉜다. 거칠게 표현하자면, 이전 클라이언트(노드 프로그램)와의 호환 가능 여부에 따라 둘을 분류할 수 있다. 그럼 왜 호환 가능-불가능의 차이가 생기는 걸까.

소프트포크는 합의 규칙을 제한하는 변화다. 여기서 제한은 범위를 좁힌다는 개념이다. 예를 들어, 블록 사이즈를 줄이는 게 합의 규칙을 제한하는 변화다. 1MB 이하의 블록만을 승인하는 기존의 합의 규칙이 500KB 이하의 블록만을 승인하는 것으로 바뀌었고, 이는 기존 합의 규칙보다 범위가 좁아졌다. 기존의 합의 규칙을 따르는 기존 노드들은 소프트포크 발동 이후 새로운 합의 규칙을 따라 생성된 블록들(500KB 이하 블록)에 대해서도 여전히 승인할 수 있다. 1MB 이하 블록만을 승인 한다는 기존 합의 규칙에 신규 생성된 500KB 이하

구분	소프트포크	하드포크
정의	합의 규칙을 제한하는 변화 [되던 것을 안 되게] 예) 1MB 이하였던 블록 사이즈 규칙을 500KB 이하로 제한	합의 규칙을 완화하는 변화 [안 되던 것을 되게] 예) 1MB 이하였던 블록 사이즈 규칙을 2MB 이하로 완화
특징	이전 클라이언트(노드 프로그램)와 호환 가능 기존 노드: 1MB 이하 블록만 승인 SF 노드: 500 KB이하 블록만 승인 기존 노드도 소프트포크 규칙을 따르는 500KB 이하 블록 승인 가능 (500KB 이하 블록도 1MB 이하 블록이기 때문)	이전 클라이언트(노드 프로그램)와 호환 불가능 기존 노드: 1MB 이하 블록만 승인 HF 노드: 2MB 이하 블록만 승인 기존 노드는 하드포크 규칙을 따르는 2MB 이하 블록 승인 불가 (1MB 이하 블록만 승인 가능하기 때문)
업그레이드	선택사항 (이전 노드프로그램과 호환 가능하기 때문)	필수사항 (이전 노드프로그램과 호환 불가능하기 때문)
발동 조건	참여자들(노드)과 채굴자들의 합의가 필요함 / 합의가 안 될 경우 체인 분리 가능성 존재	
체인 분리 가능성	작다 (기존 노드와 소프트포크 노드 간의 상호 호환이 가능하여 새로운 합의 규칙이 정착되기 쉬움)	크다 (기존 노드와 하드포크 노드 간의 호환이 불가능하여 새로운 합의 규칙이 정착되기가 상대적으로 어려움)

블록들도 포함되기 때문이다(500KB 이하는 여전히 1MB 이하다). 따라서
기존 노드들은 소프트포크(블록 사이즈 감소)가 반영된 새로운 노드 프
로그램으로 업데이트를 해야 하는데, 업데이트를 하지 않아도 새로

운 규칙을 따르는 500KB 이하 블록을 승인할 수 있기 때문에 노드 프로그램 업데이트는 필수사항이 아닌 선택사항이 된다. 이 때문에 소프트포크는 기존 노드와 호환이 가능한 변화라고 정의된다.

반면, 하드포크는 합의 규칙을 완화하는 변화다. 소프트포크와는 반대로, 완화는 범위를 넓힌다는 의미다. 예를 들어, 블록 사이즈를 늘리는 건 합의 규칙을 완화하는 변화다. 1MB 이하의 블록만을 승인하는 기존의 합의 규칙이 2MB 이하의 블록을 승인하는 것으로 바뀌었다. 1MB가 넘어가는 블록은 기존엔 유효하지 않은 블록이었지만, 새롭게 완화된 규칙(2MB 이하)에서는 유효한 블록으로 승인된다. 기존의 합의 규칙을 따르는 기존 노드들은 하드포크 발동 이후 새로운 합의 규칙을 따라 생성된 블록(2MB 이하 블록)들을 더 이상 승인할 수 없다. 1MB 이하 블록만을 승인한다는 기존 합의 규칙에 신규 생성되는 2MB 이하 블록(정확히 1MB 초과~2MB 이하)이 포함되지 않기 때문이다. 기존의 노드들은 새롭게 생성된 2MB 이하의 블록을 승인하기 위해 필수적으로 새로운 규칙이 반영된 노드 프로그램으로 업데이트해야 한다. 그래서 하드포크를 기존 노드와 호환이 불가능한 변화라고 표현한다.

소프트포크든 하드포크든, 참여자들과 채굴자들의 합의가 이뤄지지 않고 단행될 경우 체인 분리가 발생할 수 있다. 체인 분리가 반드시 하드포크 상황에서만 발생하는 건 아니다. 어떠한 변화든 구성원들 간의 합의가 적정 수준에 도달하지 않은 상태에서 변화를 강행할 경우 생겨난다. 논란의 여지가 있는 소프트포크나 하드포크인 경우,

그 가능성은 더 커진다. 일반적으로 체인 분리 가능성은 하드포크가 더 크다. 바로 호환성 때문이다. 모든 참여자 및 채굴자들이 필수적으로 업데이트를 해야만 하고, 그 과정에서 이해관계로 인한 갈등이 빈번하게 생긴다. 반면, 소프트포크의 경우엔 기존의 노드 프로그램과 호환이 되기 때문에 상대적으로 새로운 합의 규칙이 정착되기 쉽다.

블록체인을 기반으로 하는 암호화폐들은 원칙적으로 포크가 무한정 가능하다. 실제로 블록 사이즈에 대한 합의를 도출하지 못한 비트코인 네트워크는 하드포크를 통해 2017년 8월 1일 비트코인과 비트코인캐시로 갈라졌다. 2017년 10월 24일엔 특수목적주문형반도체 채굴기를 통한 채굴 집단의 중앙화에 대항하는 비트코인골드 Bitcoin Gold가 비트코인에서 갈라져 나왔다.

비트코인이 나무의 기둥이라면, 비트코인에서 파생된 다양한 암호화폐는 기둥에서 갈라져 나온 가지다. 누구나 비트코인의 소스코드를 활용해 자신만의 비트코인을 만들어낼 수 있다. 너무 많은 비트코인 아류작이 나와 시장 물을 흐린다고 불안해할 필요는 없다. 암호화폐의 주권은 사용자에게 있기 때문에 원칙적으로 모두가 암호화폐를 발행할 수 있어야 한다. 잭 리아오 비트코인골드 대표는 2017년 11월 말 필자에게 블록체인 세계에서는 어떤 누구라도, 어떤 체인에서든 (하드)포크를 선택할 수 있고, 누구도 그걸 막을 수 없다며 하드포크는 암호화폐 생태계의 자연스러운 현상이고 어떤 암호화폐가 살아남을지는 전적으로 시장 참여자들이 결정할 문제라고 말했다. 용재가 비트코인YJ를 만들 수 있고 란이가 비트코인R을 만들 수 있다. 포크란 참여자들이 통화 주권을 행사할 수 있는 주요한 방법의 하나다.

비트코인, 어떻게 획득하고 보관하나

이렇게 좋은(?) 비트코인을 이제 내 것으로 하고 싶다. 어떻게 얻을 수 있으며, 어떤 방법으로 보관할 수 있을까.

◇ 획득법··· 사거나 채굴하거나

비트코인을 얻는 방법은 크게 세 가지다. 먼저, 개인 간 거래가 있다. 직거래 방식이다. 용재는 란이를 직접 만나 비트코인 한 개를 사기로 했다. 거래에 앞서 용재는 비트코인을 보관할 지갑을 만들어야 한다. 지갑은 비트코인을 보관할 수 있는 앱이다. 용재가 지갑 앱을 설치하고 나면, 용재에게는 공개키로 만들어진 지갑주소와 개인키가 생긴다. 지갑주소가 계좌번호라면 개인키는 계좌의 비밀번호다. 란이는 용재의 지갑주소를 '받는 사람' 란에 입력하고, 보내기로 한 1비트코인을 '수량' 란에 기입한다. 그리고 보내면 끝이다. 안 해봐서 그렇지 인터넷 뱅킹보다 쉽다. 해킹이 불가능한 개인키를 소유하고 있다는 사실만으로 본인 인증은 끝난다.

두 번째는 암호화폐 거래소를 통하는 방법이다. 현재 국내 암호화폐 거래소 회원은 300만 명을 웃돈다. 2017년 말, 정부가 암호화폐 시장 안정화 대책을 마련하면서, 외국인과 미성년자는 국내 거래소를 이용할 수 없다. 2018년 1월부터는 거래 실명제가 도입됐다. 암호화폐 거래소의 법적 지위가 아직 모호한 탓에, 금융당국은 은행을 통해 거래소를 간접규제 하고 있다. 거래소와 거래하는 경우, 은행들은 자금세탁 방지 의무를 지켜야 한다. 금융당국의 눈치를 봐야 하는 은행이다 보니, 암호화폐 거래소 이용을 위한 계좌 발급에 소극적이다. 2018년 5월 현재, 국내 1위 거래소 업비트의 경우 2017년 이전에 가입한 회원 가운데 기업은행 계좌가 있는 사람만 자유롭게 투자금을 입출금 할 수 있다. 빗썸은 신규 가입이 가능하지만, 농협 계좌가 있어야 입출금이 가능하다. 새로 농협 계좌를 만들려고 하면, 일부 지점에서는 '암호화폐 거래에 이 계좌를 이용하지 않는다'는 식의 서약서를 받는다고 한다. 거래소 이용이 2017년 이전처럼 자유롭지는 않은 상황이다.

연계 은행 계좌 문제를 차치하면, 거래소 회원 가입 절차는 간단하다. 각 거래소 홈페이지에서 회원가입을 하고 실명 인증을 하면 된다. 암호화폐 거래소를 고르는 제1원칙은 보안이다. 아직까지 암호화폐에 대한 국가별 규제 및 투자자 보호 장치가 마련돼 있지 않다. 거래소가 문을 닫으면 투자자가 구제 받을 길이 마땅치 않다. 2017년 4월(당시 야피존)과 12월, 암호화폐 거래소 유빗은 거래소의 핫월렛을 해킹 당했고, 이 거래소를 이용했던 고객들은 자신의 잘못이 아닌데도 손해를 봐야 했다.

실제 거래는 주식과 비슷하다. 삼성전자 주식을 사듯 비트코인을 사면된다. 차이점이라면 비트코인은 주식과 달리 1주(개) 단위가 아니라 원하는 만큼만 살 수 있다는 점이다. 1000원어치만 살 수도 있다. 비트코인이 1000만 원이라면 0.00001비트코인을 사는 셈이다 (소수점 단위가 불편하다면 '사토시' 단위를 쓸 수 있다. '1사토시=0.00000001 비트코인', 곧 1000원은 1000사토시 비트코인이다).

거래소에서 산 비트코인은 거래소 지갑에 보관된다. 거래소 지갑은 인터넷 네트워크와의 분리 여부에 따라 핫월렛과 콜드월렛으로 구분된다. 핫월렛은 인터넷에 연결돼 암호화폐의 이동이 손쉬운 반면, 해킹 위험에 노출돼 있다. 콜드월렛은 인터넷에 연결되지 않아 해킹 위협으로부터 자유로운 반면, 암호화폐의 이동에 시간이 걸린다. 거래소는 대개 평소엔 암호화폐 자산의 70% 정도를 콜드월렛에, 나머지 30%를 핫월렛에 보관한다. 거래소 이용자들이 거래소 내에서 암호화폐를 사고파는 건 블록체인 네트워크상에서의 암호화폐 이동과는 관련 없다. 일종의 장부거래다. A가 비트코인을 샀고 B가 팔았다면, 거래소는 A의 장부에 비트코인을 하나를 추가하고, B의 장부에선 비트코인을 하나 차감한다. 이 때문에 법의 규제 밖에 있는 암호화폐 거래소의 상당수가 암호화폐 없이 거래하는 것 아니냐는 의심을 받았다(실제로 2018년 3월, 코인네스트 대표 등은 횡령 등 혐의로 구속 기소됐다). 아직까지 암호화폐 거래소는 은행이나 증권사 등과 달리 고객 자산의 분리 보관 의무가 없다. 거래소 지갑에 내 비트코인을 두기 찜찜하다면 개인 지갑으로 옮겨서 보관하는 게 낫다. 다만 이 경우엔 블록체인 네크워크상에서의 암호화폐 전송이 일어나는 것이기 때문에 수수료가 든다. 따라서 단기 투자하겠다면 거래소 지갑에, 장기 투자하겠다면 개인 지갑으로 옮겨 보관하는 투 트랙 전략을 쓰는 게 좋다.

비트코인을 직접 채굴하는 방법도 있기는 하다. 현재 블록을 하나 생성하면 보상으로 비트코인 12.5개가 나온다. 그러나 최근엔 채굴 경쟁이 심해지면서 가정에서 PC로 채굴해서는 단 한 개의 비트코인도 채굴하지 못한다. 전문 업체에 위탁할 게 아니라면 채굴을 통해 비트코인을 얻는 건 아예 고려하지 않는 게 낫다. 게다가 전문 업체도 잘 따져야 한다. 채굴기를 아이템으로 한 다단계 사기꾼이 너무 많다.

◇ 보관법⋯ 단기는 거래소에, 장기는 하드웨어 지갑에

대개의 경우 거래소에서 비트코인을 사서 거래소에 그냥 둔다. 그러나 해외는 다르다. 유튜브에서 비트코인 정보 채널을 운영하고 있는 애덤 마이스터는 2017년 말 방한해 필자에게 거래소를 어떻게 믿고, 비트코인을 거기 두느냐며 해외에서는 모두 개인 지갑을 쓴다고 말했다. 얼마 지나지 않아 팔 거라면 상관없지만, 장기 투자하겠다면 비트코인을 거래소에 그냥 두는 건 위험하다. 거래소의 내부자 횡령이나 해킹 위협에 내 소중한 자산을 그대로 놔두는 꼴이기 때문이다.

장기 투자하겠다면 지갑을 따로 만들어, 그곳에 비트코인을 보관해야 한다.

비트코인 지갑에는 개인키가 저장돼 있다. 비트코인은 실체가 없다. 개인키로 소유권을 판별한다. 지갑은 개인키를 보관해주는 장치이자, 사용자들이 편리하게 비트코인을 주고받을 수 있게 해주는 역할을 한다. 지갑을 여러 개 만드는 것도 가능하다. 지갑을 만드는데 필요한 건 암호화된 개인키, 그리고 여기에서 파생된 고유의 공개키(지갑주소)가 전부다. 암호화폐 사용자 대부분은 여러 개의 지갑을 사용한다. 지갑마다 인터페이스나 편의성이 조금씩 달라서다. 필요에 따라 여러 개의 은행 계좌를 만드는 것과 같다.

지갑은 개인키를 어디에 보관하는지에 따라 구분된다. 먼저, 개인키를 온라인에 저장하면 온라인 지갑Online wallet이다. 컴퓨터, 스마트폰, 노트북 등과 같은 인터넷 연결 기기에서 실행되는 지갑이다. 개인키를 지갑 소프트웨어에 보관한다. 지갑 소프트웨어 제공자들이 보안에 신경을 쓴다고 하지만, 개인키가 100% 안전하다고는 할 수 없다. 해당 지갑을 사용하려면 인터넷에 접속해야 하는데, 이 경우 해킹 위험에 노출된다. 하지만 다양한 인터넷 기기로 손쉽게 지갑을 사용할 수 있다는 장점이 있다. 대량의 비트코인을 장기간 보관하기보다는 빈번하게 사용할 일정 수량의 비트코인을 보관하고 사용하기에 적합하다.

온라인에서 완전히 분리된, 특수 제작된 하드웨어에 개인키를 저장하는 하드웨어 지갑Hardware wallet은 해킹 위협에서 가장 자유롭다.

인터넷과 연결되지 않아 콜드월렛으로 분류된다. 비트코인을 장기간 투자 목적으로 보유하고 싶은 사람에게 적합하다. 해커가 개인키를 훔치려면 하드웨어 지갑 자체를 훔쳐야 한다. 또, 하드웨어 지갑 자체에도 안전장치가 존재한다. 예를 들어, 에마뉘엘 마크롱 프랑스 대통령이 들고 찍은 인증샷으로 유명한 하드웨어 지갑인 레저 나노 S^{Ledger Nano S}는 하드웨어 자체에 패스워드가 존재하고, 출금 시 지갑의 버튼을 물리적으로 눌러야 출금이 된다. 원격 해킹이 사실상 불가능하다. 또 지갑을 분실해 새로 산다고 해도 스물네 개의 복구 코드를 통해 복구키만 알면 분실 이전의 상태를 새로운 지갑에 바로 불러낼 수 있다. 다만, 하드웨어 지갑 하나당 6만~10만 원 정도를 주고 사야 한다. 또, 최근에는 레저 나노S의 스물네 개 복구 코드를 미리 세팅한 뒤 되팔고 이를 이용해 사용자들의 암호화폐를 탈취하는 신종 사기가 발생하기도 했다. 복구 코드가 미리 세팅돼 있다면 사용해선 안 된다.

마지막으로, 개인키를 종이에 인쇄해서 보관하는 종이지갑^{Paper wallet}이 있다. 종이 지갑을 서비스하는 사이트에 접속해 지갑을 만든다. 지갑을 만드는 과정에서 개인키를 생성하는 순간, 컴퓨터를 오프라인 상태로 만든다. 오프라인 상태에서 개인키를 생성하고 종이로 프린팅 한다. 이렇게 하면 개인키는 온라인에 노출되지 않고 온전히 사용자의 종이에만 남게 된다. 이후 비트코인을 해당 주소로 보내고, 개인키가 인쇄돼있는 종이는 본인만 아는 곳에 잘 보관한다. 이후 출금할 때에는 개인키를 활용해 온라인 지갑에 종이 지갑을 전송하고 출금을 진행한다. 출금 이후 다시 외부와 완전히 격리된 상태의 개인 키를 소유하고 싶다면, 다시 새로운 종이 지갑을 만들면 된다. 다만, 관리하기가 번거롭고 불편하다. 종이를 잃어버리거나 실수로 쓰레기통에 버리기라도 한다면? 생각만 해도 아찔하다.

우리 비트코인 받아요!

2017년 대한민국에 비트코인 투자 열풍이 일었다. 업비트, 빗썸, 코인원, 코빗 등 주요 거래소 회원들만 300만 명을 훌쩍 넘어섰다. 그런데 비트코인으로 물건을 사본 사람은 몇 명이나 될까. 비트코인은 암호'화폐'다. 화폐의 주요 세 가지 기능 중 하나가 교환의 매개다. 결제 수단으로서의 비트코인에 대해 알아보자.

용재가 서울 강남역의 비트코인 결제가 가능한 카페에서 아이스 아메리카노 두 잔을 주문한 뒤 비트코인으로 결제하는 상황을 가정해보자. 계산대 점원은 1만 원에 해당하는 비트코인 수량을 현재 시세로 계산한다. 그리고 점포 법인의 비트코인 주소가 담겨 있는 QR 코드를 용재에게 건넨다. 용재는 스마트폰에서 지갑 소프트웨어를 실행한다. 점포 법인 주소로 1만 원에 해당하는 0.001비트코인(1BTC=1000만 원)을 전송한다. 지갑 소프트웨어 대부분은 거래 수수료를 자동으로 계산해준다. 전송 속도에 따라 저렴하거나 비싼 수수료 체계를 선택할 수 있다. 수수료는 용재의 지갑에서 송금액과 함께 자동으로 차감된다. 용재가 커피값을 비트코인으로 결제하면서 일어난 거래는 blockchain.info에서 상태 확인이 가능하다. 채굴자들이 해당 거래를 확인하면, 비트코인 블록체인에 추가되고 거래는 종료된다.

표면적으로 이뤄지는 결제 작업은 이게 전부이지만, 앞으로 나올 다른 개념을 이해하기 위해 비트코인의 거래의 구조에 대해서 짚고 넘어가자. 커피값 결제를 위해 용재는 점포 법인의 주소로 0.001BTC를 보냈다. 블록에 기록되는 거래에는 하나 이상의 입력값과 하나 이상의 출력값이 기록된다. 입력값이란 바로 이전 거래의 출력값이다. 정확히 말해 소비되지 않은 거래 출력값**UTXO, Unspent Transaction Output**이다. 소비되지 않았다는 의미는 용재가 란이에게 받은 1BTC를 아직 한 번도 사용하지 않았기 때문이다. 곧, 용재가 갖고 있는 1BTC는 용재가 새롭게 하는 점포 법인 지갑 간 거래의 UTXO임과 동시에, 입력값으로 지칭된다. 용재의 1BTC는 아이스 아메리카노 두 잔의 가격인 0.001BTC보다 크기 때문에 이 거래를 통해 생겨나는 출력값은 두 개가 된다. 점포 법인 지갑으로 전송될 0.001BTC와 다시 용재에게 돌아가는 잔돈 개념인 0.9989BTC다. 그런데 이 두 개의 출력값들을 합하면 1BTC보다 작다. 입력값과 출력값의 차이만큼이 수수료다. 이 수수료는 채굴자들 몫으로 돌아간다. 거래에서 생성된 출력값 0.001BTC와 0.9989BTC는 각각 점포 법인 지갑의 UTXO와 용재의 UTXO가 돼 다음 거래에 사용될 것이다. 즉, 비트코인을 소유하고 있다는 것은 거래 구조 측면에서 보자면, 일련의 UTXO들을 소유하고 있다는 의미다.

아직까지 비트코인으로 결제할 수 있는 곳이 많지는 않다. 유럽과 북미 대륙에 집중돼 있다. 남미에도 꽤 많은 비트코인 가맹점이 있다. 하이퍼인플레이션으로 무너진 자국의 법정화폐 대신 비트코인 채굴에 의존하는 국가들이 존재하기 때문에, 비트코인 결제 가맹점도 많아진 것으로 추정된다. 2018년 5월 1일 기준으로 1만 2363개 회사에서 비트코인으로 결제 가능하다. 1만 2363이라는 수치는 비트코인을 받는 회사들이고, 실제 각 회사들이 관리하는 점포 수로 본다면 훨씬 많을 것이다. 이런 정보는 coinmap.org에 접속해 확인할 수 있다.

미국과 유럽에는 대기업은 물론이고, 중소기업 및 자영업자들 상당수가 비트코인을 받는다. 이곳의 식당에 가면 심심치 않게 'Bitcoin Accepted Here(우리 비트코인 받아요)'이라는 마크가 가게 벽면이나 결제 데스크에 붙어 있는 것을 볼 수 있다. 이렇게 가맹점이 꾸준히 증가하는 것은 비트코인 결제를 편리하게 할 수 있도록 도와주는 지급결제 회사들이 있기 때문이다. 가장 유명한 비트코인 지급결제 회사는 비트페이Bitpay다. 고객은 결제액에 해당하는 비트코인을 비트페이 인보이스에 보내고, 비트페이는 이를 바로 법정화폐로 바꿔 점주의 계좌에 송금한다. 비트페이 시스템을 활용하면 점주들은 여러 가지 이점을 누릴 수 있다. 무엇보다 수수료가 싸다. 비트페이 수수료는 일반 신용카드 거래에서 발생하는 수수료의 3분의 1 수준이다. 비트코인이라는 국경이 없는 화폐를 쓰는 셈이기 때문에 글로벌 장사를 할 수 있다. 그리고 블록체인 네트워크를 활용해 거래가 이뤄지기 때문에 지불 관련한 각종 사기나 범죄에서 자유롭다. 미국과 유럽에는 비트페이와 같은 회사가 여럿 있다. 이들 지역에서 비트코인 결제가 활성화된 이유다.

비트코인 천국 일본은 어떨까. 일본은 2017년 4월 비트코인을 합법적인 지급결제 수단으로 인정했고, 그해 7월에는 비트코인을 살 때 부과하던 부가세를 폐지했다. 비트코인으로 결제 가능한 점포가 2017년 말 기준으로 26만여 곳(프랜차이즈 점포 숫자 포함)에 이른다고 한다. 하지만 필자가 2018년 2월 일본을 방문해 비트코인으로 하루살기를 경험한 결과, 아직까지는 비트코인을 보편적인 지급결제 수단으로 쓰기엔 무리였다. 일단 대중교통 요금을 비트코인으로 지불할 수 없었다. 게다가 당시 일본 2위 거래소인 코인체크^{Coincheck} 해킹 사태로 상당수 점포가 비트코인 결제를 중단했고, 비트코인 현금인출기 작동도 중단된 상태였다.

중국에는 비트코인 채굴 업체가 몰려 있지만, 비트코인으로 결제할 수 있는 가맹점은 많지 않다. 전 국토에 불어 닥친 투기 열풍을 막기 위해 암호화폐와 관련한 규제를 강화한 탓이다. 비트코인이 아니더라도 이미 상당히 잘 만들어진 온라인 결제 수단이 있다. 알리바바의 알리페이와 텐센트의 위챗페이가 그것이다. 중국에선 심지어 거지들도 온라인 페이로 구걸한다고 하지 않나. 알리페이와 위챗페이 등의 가맹점은 중국 내부뿐만 아니라 인도, 태국, 싱가포르, 한국 등 아시아 주요국에도 있다. 중국 정부가 비트코인을 인정하는 쪽으로 정책 방향을 바꾼다면, 광범위한 온라인 페이 인프라를 갖춘 중국의 비트코인 결제시장은 급성장할 것으로 보인다.

한국에는 아직 비트코인 등 암호화폐를 사용할 수 있는 가게가 많지 않다. 대개는 투자(혹은 투기) 대상으로만 비트코인을 바라본다. 비트페이 같은 비트코인 결제를 편하게 하도록 도와주는 회사가 한국에 없다는 것도 이유 중 하나다. 2017년 말, HTS코인이 서울 강남 고속버스터미널 지하상가 고투몰과 계약을 맺고 620여 개 상점에 비트코인 결제 시스템을 설치했지만, 실제 이용하는 사람은 손에 꼽을 정도다(HTS코인 대표 등은 2018년 5월 사기 혐의로 구속기소 됐다). 2018년 들어선 주요 암호화폐 거래소 빗썸이 결제 서비스 확대에 주력하고 있지만, 비트코인 등 암호화폐에 대한 정부의 부정적 인식 탓에 어려움을 겪고 있다.

아직은 비트코인으로 일상생활을 하기란 불가능하다. 화폐를 표방하지만 화폐의 주요 기능 중 하나인 교환의 매개로 쓰기엔 제약이 많다. 필자가 2018년 2월 말 일본에서 비트코인으로 하루 살기를 시험했을 때, 변변한 비트코인 결제 식당을 찾지 못해 결국 카드로 식사를 해결했다. 하지만 가능성은 충분하다. 비자가 전 세계적 네트워크를 구축하기까지는 1958년 설립 이래 60여 년이 걸렸다. 비트코인이 태어난 지 10년도 안 됐다. 실패를 단정하기엔 이르다.

국경을 뛰어넘는 가능성의 화폐

어린 시절 한 번쯤 세뱃돈 사기(?)를 당한 기억이 있을 것이다. 만 원권 한 장과 천 원권 네 장을 놓고, 한 장보다 네 장이 많으니 둘을 바꾸자고 하는 식의 기망 행위에 속아 넘어갔을 것이다. 여기서 알 수 있는 건 화폐에 대한 개념보다는 많다와 적다라는 개념이 더 직관적이라는 점이다. 어린 아이도 많고 적은 것 중에 많은 게 더 좋다는 걸 안다. 그래서 천 원권이라도 네 장이 만 원권 한 장보다는 많으니 천 원권 네 장을 기꺼이 택한다. 돈(화폐)에 대한 개념이 생기고 난 뒤에 이런 선택을 할 사람은 없다. 그 선택이 바뀌는 데에는 그리 오랜 시간이 걸리지 않는다. 유치원에만 들어가도 만 원권 한 장을 지켜낸다. 모든 사람은 태어나면서 당연하게 화폐 경제 시스템에 편입된다. 누가 특별히 가르쳐 주지 않아도 어른들을 보면서 화폐의 기능과 효용을 알게 된다. 화폐가 교환의 매개, 가치의 척도, 가치의 저장 등 세 가지 기능이 있다는 것을 머리가 아닌 몸으로 배운다.

필요는 발명의 어머니다. 비트코인은 기존 화폐 시스템에 대한 반성에서 출발했다. 가치 저장의 수단으로서 역할을 하는 기존 화폐는 인플레이션 때문에 그 기능에 이상이 생겼다. 비트코인은 그래서 총 발행량을 2100만 개로 제한했다. 교환의 매개로서 기존 화폐는 발행주체(정부)의 통제가 미치는 한도 내에서만 통용된다. 비트코인은 그래서, 국경의 장벽을 없앴다.

◇ 코드로 구현된 글로벌 화폐

대한민국 법정화폐인 원화를 가지고 있는 사람은 누구나 한국에 있는 스타벅스 매장에서 아메리카노 한 잔을 살 수 있다(물론, 최소 4100원(2018년 현재)은 있어야 한다). 여기서 한국에 위치한 스타벅스 매장이란 부분에 주목해보자. 원화로는 전 세계 스타벅스 매장 가운데 한국 매장에서만 아메리카노를 살 수 있다. 일본 도쿄 시부야의 스타벅스에서는 원화로 아메리카노를 살 수 없다. 국가별로 통용되는 (법정) 화폐가 다르다. 해외에서도 사용할 수 있는 신용카드를 쓰거나 일본 법정화폐인 엔화ᴶᴾʸ로 환전해 사용하면 된다. 다만, 이 경우 비자나 마스터 등과 같은 결제 네트워크 회사에 높은 수수료를 내야 한다. 원화를 엔화로 환전하려면 은행 등에 환전 수수료를 내야 한다. 법정화폐에 국경이 있다는 이유 때문에 불필요한 수수료가 나간다.

비트코인을 사용하면 어떨까. 용재는 2박 3일로 일본 여행을 가면서 비트코인을 써보기로 한다. 앞서 서울 강남역에서 커피를 사 먹을 때 비트코인으로 결제해봤다. 일본에서 비트코인으로 결제하는 것도 비슷한 절차를 거친다(전 세계 어디나 비슷하다). 다르다면 계산대의 일본인 직원과 영어로 대화했다는 정도랄까. 공개키를 활용해 점주의 지갑(혹은 비트페이와 같은 결제 대행 회사 주소)으로 물건값에 해당하는 비트코인만 전송하면 끝이다. 용재 입장에서는 해외 신용카드나 환전 수수료를 낼 필요가 없다. 비트코인 전송에 대한 거래 수수료만 내면 된다. 점주 입장에서는 비트페이 등과 같은 결제 전문 회사에 내는 수수료가 전부다. 신용카드사에 내는 수수료의 3분의 1 수준이다. 만약, 점주가 개인적으로 비트코인 결제 시스템을 관리할 경우, 곧 본인의 개인 지갑을 활용할 경우엔 용재와의 거래에서 점주가 내야할 수수료는 없다. 점주들은 수수료를 절약하는 대신, 비트코인으로 결제하는 고객들에게 다양한 할인 혜택을 준다.

비트코인의 공개키, 개인키, 블록체인 네트워크 등은 공간을 초월한다. 비트코인의 생태계를 이루고 있는 이러한 요소는 만국 공통어인 코드로 구현이 된다. 비트코인 세상에서는 국적과 언어의 장벽이 무의미하다. 모두가 같은 원칙을 공유하고, 그 원칙에 따라 거래한다. 불필요한 중간자들, 즉 신용카드 회사나 환전 은행 등의 개입은 배제된다. 비트코인을 국경을 뛰어넘는 글로벌 화폐라고 부르는 이유다.

◇ 불필요한 중간자들을 배제하라

국경을 뛰어넘는 화폐라는 특성 덕분에 비트코인을 국가 간 송금에 이용하려는 시도가 활발하다. 용재는 미국에서 유학 중인 동생의 생일에 맞춰 50만 원을 보내려고 한다. 문제는 수수료다. 인터넷 뱅킹으로 국내 송금하면 수수료가 공짜인데 해외 송금이라고 무슨 수수료를 그렇게 많이 떼나. 그때 비트코인이 떠오른다. 용재는 동생에게 비트코인 지갑을 만들게 했다. 동생 지갑 주소로 50만 원에 해당하는 비트코인을 전송했다. 몇 분 뒤 동생의 지갑에는 용재가 보낸 약

0.05비트코인(1BTC=1000만 원)이 들어와 있다. 용재의 동생은 0.05 비트코인으로 오버스탁^{Overstock}(비트코인으로 결제 가능한 미국의 온라인 쇼핑몰)에서 마음에 드는 가방을 산다. 용재가 미국에 있는 동생에게 돈을 보내고, 동생이 그 돈으로 가방을 사기까지 내야 하는 수수료는 단 하나다. 채굴자들에게 내는 전송 수수료 뿐이다.

비트코인을 사용하지 않았다면 어땠을까. 용재는 A은행에 가서 동생이 사용하는 미국의 B은행 계좌로 50만 원을 송금해줄 것을 신청한다. A은행은 국제 송금 서비스를 이용하는 것에 대한 수수료와 50만 원에 대한 환전 수수료를 떼어간다. A은행은 전 세계은행 연결망인 스위프트^{SWIFT}를 활용해 미국의 B은행에 돈을 보낸다. 이 망에는 전 세계은행마다 고유번호가 부여돼 어떤 은행으로 보내는지 돈에 꼬리표를 붙여준다. 스위프트는 망 사용료 대가로 전신료를 떼어간다. 스위프트는 송금(A)은행과 수취(B)은행 간의 신용을 보증해주지는 않는다. 중간에 중개 은행이 끼어 신용을 보증한다. 중개 은행은 신용 보증 대가로 중개 수수료를 챙겨간다. 그리고 B은행은 수취 수수료를 챙겨간다(수취 수수료는 용재가 부담하고 보낼 수도, 받는 동생이 낼 수도 있다). 50만 원 보내는 데 수수료로만 5만 원 넘게 떼인다. 게다가 여러 은행을 거치다보니 자칫하면 동생의 생일이 지나 돈이 도착하는 사태가 벌어질 수도 있다(유럽은 최대 10일까지도 걸린다).

거액을 해외 송금할 때에는 수수료가 문제될 게 없다. 송금액에 비하면 수수료 비중이 미미하기 때문이다. 소액 해외 송금이 문제다. 불필요한 중간자들이 돈을 너무 많이 떼어 간다. 세계은행^{WB}에서 제공하는 세계송금가격RPW에 따르면, 2017년 4분기 기준으로 호주에서 바누아투공화국으로 200달러를 송금했을 때 송금 비용은 26.67달러(13.35%)에 달한다. 평균 비용만 해도 7.09%다. 그래서 최근에는 소액 송금 고객들의 돈을 모아 처리하는 해외 송금 회사들이 생겨나고 있다. 특정 국가로 송금하고 싶은 고객들의 돈을 한데 모아서 가급적 스위프트망 사용 횟수를 줄이는 전략이다. 이렇게 하면 개별 고객이 부담하는 수수료는 줄어든다. 곧, 공동구매 형식을 빌려 개별 고객의 수수료를 줄이겠다는 셈법이다.

스위프트망을 사용하지 않고 비트코인을 활용하는 서비스 모델도 있다. 용재가 50만 원을 C업체에 입금한다. C업체는 비트코인 거래소에서 50만 원 상당의 비트코인을 사서 이를 미국의 비트코인 거래소에 전송한다. 비트코인을 모르는 사용자들과 비즈니스의 효율성을 위해, 파트너십을 맺은 현지 D사가 비트코인을 달러로 바꾼 뒤 수신인(동생)의 계좌에 보내는 식이다. 이 과정에서 비트코인 구매 수수료, 거래 수수료(전송), 달러 환전 수수료 등이 부과된다. 그래도 기존 은행들의 해외 송금 수수료보다 훨씬 저렴하고, 시간도 단 몇 시간으로 단축된다(참고로, 해외 송금에 특화된 암호화폐가 리플Ripple이다). 다만 2017년 말, 한국 금융당국은 비트코인 등 암호화폐를 매개로 한 송금 방식을 쓰지 말라는 가이드라인을 제시했다. 소액 해외 송금업 관련 인가를 받은 10여 개 벤처업체들은 2018년 현재 대부분 개점 휴업상태다. 기존의 은행 방식을 활용해서는 수수료를 낮출 수 없기 때문이다. 또, 소액 해외 송금 서비스 업체를 이용할 경우, 연간 송금한도가 은행을 이용할 때보다 적다. 초기 시장이다보니 소비자 보호 대책도 상대적으로 부족하다. 무엇보다 국가별로 비트코인 등 암호화폐에 대한 규제 강도가 세면, 암호화폐를 활용한 송금 자체가 어려울 수 있다. 예를 들어 중국에서는 비트코인을 위안화로 바꾸는 것을 금지하고 있다.

디플레이션 통화는 처음이지?

인플레이션은 투자의 세계에서는 마법의 단어다. 전문가를 자처하는 사람들은 자신의 주장을 그럴 듯하게 보이게 하기 위해 인플레이션이라는 개념을 끌어온다. 증권 전문가는 인플레이션보다 수익률이 좋은 주식에 투자해야 한다고 열을 올린다. 청중들 가운데 주식으로 손해 본 사람들이 많다는 걸 알게 되면, 마지막 히든카드를 던진다. 장기 투자의 연금술이다. 가로로 아주 긴 차트, 대략 1930년대부터 현재까지 현존하는 글로벌 대기업의 주가 차트를 보여준다. 세 자리, 네 자릿수 수익률에 청중의 의심은 수그러든다. 그런데 1930년대부터 현재까지 망하지 않고 현존하는 글로벌 대기업이 얼마나 될 것이며, 이런 기업의 주가가 안 좋을 리 있겠나. 차트의 가로 길이를 줄이고 싶다면 아마존이나 애플을 예로 들면 된다. 이런 기업의 차트를 보면 아무리 주식 투자로 돈을 날리고 주식의 '주'자만 들어도 치를 떨던 사람도 다시 생각하게 된다. '내가 잘못 골라서 그런 거지 역시 주식이야'라며 주식의 세계에 다시 발을 들인다. 교묘하지만 효과 만점인 위기 넘기기 수법이다.

◇ 미국이 달러를 찍어내면 한국 부동산이 오른다

1997년 외환위기 이후 자산 가격 상승률을 보면, 주식이나 부동산 모두 훌륭한 투자 대상이다. 법정화폐인 원화를 들고 있던 사람만 자산가치가 줄었다. 인플레이션 때문에 벌어진 일이다. 인플레이션의 사전적 정의는 화폐 가치가 하락해 물가가 전반적으로 꾸준히 상승하는 현상이다. 주목할 부분은 화폐 가치 하락과 물가의 상승이다. 이 둘은 인과관계로 엮여 있다. 화폐 가치가 하락하니 물가가 오르는 것이다. 물가는 다양한 상품과 서비스의 가치를 나타내기 때문에 주식과 부동산도 포함한다. 곧, 주식과 부동산의 가치가 올라가는 이유는 궁극적으로 화폐의 가치가 하락하기 때문이다. 투자 전문가들의 강연 내용을 한마디로 요약하면 "돈의 가치는 시간이 지날수록 하락하기 때문에, 가지고 있는 돈을 어디에든 투자하라"이다.

인플레이션은 왜 발생할까. 다시 말해, 돈의 가치는 왜 시간이 지날수록 떨어질까. 그럴 듯한 말로 표현하자면, '통화 구매력의 하락'은 왜 일어날까. 답은 단순하다. 화폐 발행량에 제한이 없기 때문이다. 어떤 재화의 가치가 높으려면 희소성이 있어야 하는데, 돈은 무제한으로 찍어낼 수 있다. 역사적으로 각국 정부와 중앙은행(특히 미국과 연준이 그랬다)은 경제 붕괴의 위기가 닥쳤을 때마다 막대한 양의 돈을 찍어 시장에 풀었다. 오죽하면 '헬리콥터 머니Helicopter Money'라는 말이 생겨났겠나.

딱 10년 전으로 돌아가보자. 2008년 글로벌 금융위기가 닥쳤다. 서브프라임 모기지 사태로도 불리는 이 위기의 근본 원인은 투자은행들의 탐욕이다. 이들은 수익을 위해 갚을 능력이 안 되는 이들에게까지 주택을 담보로 마구 돈을 빌려줬다. 또 그런 위험한 대출채권을 엮어 파생상품을 만든 뒤, 일반 투자자들에게 안전하다며 팔았다. 투자은행들 간에 폭탄 돌리기 식으로 신용을 공여하다 보면, 초고위험 상품이 안정적인데 고수익까지 안겨주는 괜찮은 투자 상품으로 변해 있었다. 그 과정에서 나오는 수수료로 투자은행들은 성과급 잔치를 벌였다. 담보로 잡은 주택의 가격이 계속 오르고 있었기 때문에, 축제는 영원할 것만 같았다. 그런데 주택담보대출 연체율이 하루하루 늘어만 갔다. 위험 징후가 곳곳에서 포착됐다. 축제의 열기에 그 누구도 징후를 감지하지 못했을 뿐이다. 거대한 시한폭탄의 타이머는 이미 작동됐다. 2008년 9월 투자은행 리먼 브러더스의 파산 선언이 점화 플러그가 됐다. 대폭발이 일어났다. 대마불사라더니, 거대 금융회사들이 쓰러져갔다. 미 재무부와 연준은 당장의 위기를 수습하고자 '전가의 보도'를 꺼냈다. 양적 완화, 쉬운 말로 달러 찍어내기다. 미 재무부가 국채를 발행하고 이를 연준에 넘긴다. 연준은 국채에 해당하는 만큼의 달러를 찍어 미 재무부에 준다. 미 재무부는 새로 생긴 달러를 부실기업에 쏟아부었다. 부실기업은 수혈받은 달러로 부실자산을 처리하고 경영 정상화를 도모한다. 시간이 지나 위기가 잠잠해지고 폭락한 주가가 회복하면 모두 행복할 것 같다. 그런데 국채의 다른 말은 차용증이다. 새로 달러를 찍어내는 과정에서 미 정부는 연준에 빚을 지게 된다. 정부의 빚은 납세자의 몫이다. 곧, 구제금융은 거대 기업을 살리고자 납세자의 주머니를 턴 것과 다름없다.

워낙 단기적으로는 강력한 효과를 발휘하기 때문에 위기 때마다 돈을 찍어내는, 밀턴 프리드먼의 통화주의적 문제 해결 방법이 등장한다. 1998년 롱텀캐피탈 매니지먼트라는 헤지펀드 파산으로 위기에 처한 경제를 살릴 때에도 미 정부는 달러를 찍어냈다. 미국이 2008년 글로벌 금융위기 극복을 위해 찍어낸 돈은 약 3조 3000억 달러(2008~2015년 기준)다. 미국이 달러를 시장에 풀면, 다른 나라는 어떻게 할까. 환율 때문에 가만히 있을 순 없다. 환율은 국가별 법정통화의 교환 비율만을 의미하지 않는다. 그 자체로서 국가의 경쟁력을 나타내는 지표다. 이런 환율이 비정상적으로 움직이면 해당 국가는 존폐 위기에 처할 수도 있다(태국의 바트화 폭락으로 유발된 우리나라의 1997년 외환위기 사태를 떠올려보자). 미국이 달러 발행량을 늘리면, 전 세계 나머지 국가들은 환율의 기형적인 움직임을 막기 위해 자국 화폐의 발행량도 늘릴 수밖에 없다. 결국 달러 발행량의 증가는 전 세계 주요 국가의 법정화폐 발행량의 증가를 유발한다. 미국이 달러를 찍어내면 우리의 법정화폐(원화) 가치 역시 하락할 수밖에 없다. 그와 동시에 주식이나 부동산 등 자산가치는 장기적으로 오른다.

◇ 디플레이션의 시대는 오지 않는다

디플레이션은 경제 전반적으로 상품과 서비스의 가격이 지속적으로 하락하는 현상이다. 상품과 서비스의 가격이 지속적으로 하락한다는 건, 같은 돈으로 더 많은 상품과 서비스를 살 수 있다는 의미다. 곧, 화폐의 가치가 상승한다는 뜻이다. 인플레이션과는 정확히 반대되는 개념이다. 예를 들어, 2012년 7억 원에 분양한 서울 마포의 34평형 아파트가 2018년엔 4억 원에 거래된다고 가정해보자(시세는 10억 원을 웃돈다). 아파트값이 떨어진 것이지만, 다른 측면에서 보면 화폐의 가치가 상승했다고 풀이할 수 있다. 이런 세상에선 서민이 살 만할 것 같다. 같은 돈으로 더 많은 상품과 서비스를 이용할 수 있으니. 그러나, 경제학자들은 입장이 전혀 다르다.

경제학자들은 디플레이션을 좋아하지 않는다. 디플레이션은 수요의 붕괴를 야기하기 때문이다. 예를 들어, 돈의 가치가 계속해서 올라가는 상황이 왔다고 치자. 사람들은 당연히 돈 쓰기를 꺼린다. 갖고만 있어도 가치가 올라가는데 돈을 쓸 필요가 없다. 마포의 34평형 아파트가 2012년엔 7억 원이었고, 2018년엔 4억 원이 됐다. 합리적으로 판단하자면 최대한 기다렸다가 아파트를 사는 게 낫다. 2019년엔 돈의 가치가 더 올라 아파트값이 내려갈 것이기 때문이다. 주택에 국한해보자면, 아예 안 사고 평생 전세로 사는 게 가장 합리적인 선택이다. 이런 논리는 모든 재화와 서비스에 해당한다. 디플레이션 상황에서 사람들은 모든 종류의 상품과 서비스에 대한 소비를 미루거나 안 하게 될 것이다. 이것이 수요의 붕괴다. 소비 활동이 극도로 줄어드는 상황이다. 재화와 서비스를 제공하는 기업들 입장에서는 이윤을 창출하기 어려워진다. 그에 따라 투자는 줄어들 것이다. 투자가 줄면서 기업들은 자연스레 인건비 지출을 줄일 것이다. 고용과 일자리 창출이 급감하게 되니 대공황을 맞을 수 있다.

디플레이션의 폐해를 설명할 때 나오는 대표적 사례가 일본의 잃어버린 20년이다. 최근 20년 동안 일본의 소비자물가지수는 거의 오르지 않았다. 극심한 경기 침체에 시달렸다는 의미다. 1980년대 일본은 세계에서 가장 부유한 국가였다. 달러보다 상대적으로 싼 엔화와 높은 기술력을 바탕으로 1980년대 경제를 호령했다. 일본 기업들의 수출 실적은 매년 최고치를 경신했다. 반대로 미국은 일본의 무역 공습에 속수무책으로 당했다. 만성적인 무역적자에 허덕였다. 미국과 일본 간의 무역 마찰은 갈수록 심해졌다. 결국 미국 정부는 1985년 9월 뉴욕 플라자호텔에서 선진 5개국 재무장관 회의를 개최한다. 그 자리에서 달러 가치를 낮추고 엔화의 가치를 높이는 협약을 맺는데 성공한다. 이것이 그 유명한 플라자합의다.

이 때문에 일주일 만에 일본 엔화 가치가 8% 넘게 올랐다. 일본 입장에선 대재앙이다. 품질 좋은 상품을 싸게 공급한다는 일본 수출 기업 앞에 빨간불이 켜졌다. 엔화 가치가 급등한 상태에서는 더 이상 상품을 싸게 공급하기 어렵다. 수출 실적 악화로 인한 경기 침체를 우려한 일본은행은 저금리 정책을 펼치기 시작했다. 기준금리를 낮춰 시장에 돈을 풀어 경기를 살리자는 취지였다. 시중에 풀린 막대한 돈은 주식과 부동산시장으로 흘러 들어가 자산 가격 버블을 키웠다. 비정상적으로 급등한 자산 가격은 또 다른 부실 투자를 불러왔다. 버블이 담보가 돼 또 다른 버블을 낳았다. 1990년 당시 도쿄 땅값과 미국 전체의 땅값이 비슷할 정도였다. 버블은 터지기 마련이다. 비정상적으로 커진 버블이 터지면서 일본 기업들이 줄줄이 쓰러졌다. 금융회사들은 무분별한 투자와 대출에 무너졌고, 제조업체들은 초라한 실적에 문을 닫았다. 이후 이어진 일본의 경기 침체 상황을 잃어버린 20년이라고 일컫는다.

잠깐, 다시 보니 일본의 잃어버린 20년의 원인은 수요의 붕괴가 아니다. 환율 때문이다. 미국과의 환율 전쟁에서 참패한 결과(플라자합의)가 20년 이어진 경기 침체다. 실제로 지금은 디플레이션이 발생하기 어려운 상황이다. 미국을 비롯한 전 세계 국가들이 경기부양을 명분으로 막대한 양의 돈을 찍어내고 있다. 심지어 일본도 아베노믹스의 일환으로 엔화를 찍어내고 있다. 시중에 돈이 넘쳐나는데 어떻게 수요의 붕괴가 오겠나.

◇ 엔화, 금, 그리고 비트코인

인플레이션의 시대다. 화폐만 빼고 모든 것의 가치가 오른다. 이런 시대를 살아가는 우리는 어떤 자산을 보유해야 할까. 현금만 빼면 된다. 주식이든 부동산이든 장기로 보면 우상향할 것이 확실하다. 그래도 좀 더 안전한 자산을 고르라면 무엇을 고를 수 있을까. 비트코인 개발자이자 『마스터링 비트코인Mastering Bitcoin』의 저자인 안드레아스 안토노폴로스는 세 가지를 선택했다. 그는 2017년 비트코인 관련 강연에서 안전한 자산으로 일본의 엔화, 금, 그리고 비트코인을 고르겠다고 말했다.

일본의 엔은 달러 다음 가는 안전자산으로 꼽힌다. 일본은 미국과 중국 다음의 경제 대국이며, 갓 태어난 유로보다는 역사가 길다. 부상하는 중국 위안CNY은 아직까지 변동성이 크다. 무엇보다 가장 결정적인 이유는 일본의 잃어버린 20년이다. 일본은 장기간 인플레이션이 없었던 국가다. 따라서 엔화의 가치가 하락할 위험이 다른 나라의 통화와 비교할 때 상대적으로 적다. 그런데 아베 정권이 들어선 지금, 일본도 다른 나라들과 마찬가지로 엔화를 마구 찍어내고 있다. 안전자산으로서의 가치가 갈수록 희석되는 상황이다.

금은 어떨까. 화폐의 가치 하락, 즉 인플레이션 위험을 상쇄시켜 줄 수 있는 훌륭한 자산이다. 금본위제의 폐지로, 금은 화폐로부터 분리돼 완전한 투자자산으로 자리매김했다. 인플레이션의 시대에 투자자산의 가치는 오른다. 금의 가치는 분명히 오를 것이다. 또, 금에는 경제학에서 가장 중요한 개념인 '희소성'이 있다. 전 세계 금 매장량은 한정돼 있고, 지금 이 시간에도 계속 줄어들고 있다. 그리고 물질 자체가 갖고 있는 심미적 속성에 대해 경제적 가치를 부여하는 커뮤니티가 유구한 역사와 함께 조성됐다. 하루아침에 공유하고 있는 가치가 사라질 가능성은 없다. 1만 년 전 발견된 금은 줄곧 국가와 민족을 초월해 유구한 가치를 자랑하고 있다. 금본위제의 테두리

안에서 1온스(31.1g)에 35달러의 가치를 받던 금의 가격은 현재 투자자산으로서 1온스당 1300달러(2017년 말 기준)가 넘는다. 그렇다고 금이 완벽한 투자자산이라고 할 수는 없다. 실물 형태의 금은 거의 대부분 금괴 형태로 돼 있기 때문에 보관 및 운반이 용이하지 못하다.

마지막으로, 비트코인을 살펴보자. 비트코인이 법정화폐와 본질적으로 다른 부분은 발행량이 정해져 있다는 점이다. 기존 화폐 시스템이 파국으로 치닫고 있는 것은 끝을 알 수 없는 무분별한 화폐 발행 때문이다. 달러를 비롯한 다른 법정화폐들의 발행 주체는 미 연준을 비롯한 각국의 중앙은행이다. 경제 상황에 따라 금리정책을 통해 통화량을 조절하며, 위기가 발생하면 막대한 양의 법정화폐를 찍어내 경기를 살린다. 이 과정에서 인플레이션이 일어난다. 몇몇 국가는 돌이킬 수 없는 하이퍼인플레이션 상태까지 치닫는다. 이들 국가의 국민들은 자국의 법정화폐가 휴지가 되는 상황을 맞이한다.

비트코인은 다르다. 2008년 11월 사토시 나카모토에 의해 백서가 공개됐을 때부터 발행량이 2100만 개로 정해져 있다. 시장에 비트코인이 새로 공급되는 유일한 경우는 채굴자들이 블록 생성의 대가로 비트코인을 받을 때뿐이다. 게다가 채굴로 신규 생성되는 비트코인 숫자는 수학적인 공식을 통해 4년(정확히는 21만 개 블록)마다 반감되도록 코드화돼 있다. 코드화돼 있기 때문에 비트코인 발행에 인간이 개입할 여지가 없다. 2009년 1월에는 한 개의 블록을 채굴할 때마다 50개의 비트코인이 채굴자에게 보상으로 주어졌다. 2012년

11월에는 스물 다섯 개의 비트코인이 주어졌다. 현재는 블록당 12.5개의 비트코인이 채굴자들에게 보상으로 주어진다. 이렇게 일정 기간이 지날 때마다 채굴되는 비트코인의 개수는 12.5개에서 6.25개, 3.125개, 1.5625개 등으로 계속 줄어든다. 2140년경에는 2100만 개의 비트코인이 전부 발행된다. 즉, 이후부터 새로 생기는 비트코인은 없다는 얘기다. 비트코인을 갖고 싶으면 기존에 갖고 있던 사람에게 구매하는 방법 말고는 없다. 블록체인과 암호화폐에 대한 발전과 관심이 지금처럼 유지된다면, 시간이 지날수록 더욱 희소해지는 비트코인의 가치는 장기적으로는 올라갈 수밖에 없다.

◇ 디플레이션 통화의 한계는 균형 가격으로 극복

공급량이 한정된 통화를 사용하면 인플레이션을 경험할 수 없다. 2100만 개로 발행량이 제한된 비트코인을 소유한 사람들은 디플레이션 상황에 놓인다. 다만, 이 경우 수요의 붕괴에서 오는 디플레이션이 아니라 화폐의 희소가치에서 오는 디플레이션이다. 비트코인 가치가 오르면서 비트코인 소유자에게만 해당하는 디플레이션 현상이 나타난다.

용재가 1비트코인을 사용하지 않고 1년 동안 가지고 있는 동안 가격이 1000만 원에서 3000만 원이 됐다. 1년 전 용재는 차를 한 대 살까 했지만, 꾹 참고 비트코인을 샀다. 용재의 선택은 옳았다. 여기에서 비트코인 가치가 오를 것으로 기대한 용재가 소비(차 구매)를 미루는 일이 벌어졌다. 이론적으로 비트코인의 가치가 오르면 오를수록, 비트코인을 사용하는 사람들은 적어진다. 다들 비트코인을 사용하지 않고 고이 지갑에 모셔둘 것이다. 이렇게 되면 비트코인은 '교환의 매개'로서의 화폐 기능을 상실하게 된다. 오직 가치 저장의 수단으로서만 의미를 갖는다.

안토노폴로스는 그의 저서 『마스터링 비트코인』에서 이러한 현상을 비트코인의 '비축 본능' 때문이라고 설명했다. 비축 본능은 미래의 가치 상승을 기대한 사람들이 비트코인을 사용하기보다는 저축하고 싶어 하는 심리를 말한다. 비트코인 사용이 늘어나기 위해서는 사용자의 비축 본능과 재화 및 서비스 공급자의 비축 본능 사이의 접점을 찾아야 한다. 곧, 비트코인의 소유권이 이전되기 위한 적정 균형 가격을 찾아야 한다.

예를 들어, 용재가 드디어 승용차를 사기로 마음먹고 가까운 자동차 전시장에 갔다. 구매를 결정하고 관련 서류를 작성하던 중, 한쪽 벽면에 붙은 '비트코인 받아요'라는 문구를 발견한다. 용재는 고민에 빠진다. 할부로 차를 산 뒤 월급을 받아 할부금을 낼 것인지, 아니면 비트코인을 팔아 일시불로 차를 살지. 할부로 차를 사자니 할부이자가 아깝다. 그렇다고 비트코인으로 사자니 비트코인 가격이 오를 것만 같다. 그렇지만 한편으로는 1년간 세 배나 올랐으니 팔아도 괜찮지 않을까 싶다. 결정이 어렵다. 그때, 영업사원이 용재에게 미끼를 던진다. 비트코인으로 결제하면 차값의 5%를 할인해준다고. 용재는 차값을 비트코인으로 결제했다. 비트코인을 사용하는 것이 아쉽기는 하지만, 할부로 차를 사면 안 내도 될 할부이자를 물어야 한다. 게다가 차값을 5% 깎아준다. 자동차 회사 입장에서는 승용차 대금이 한번에 들어온다. 자금 활용 측면에서 이익이다. 비트코인의 미래 가치 상승을 기대하면 5% 정도 할인은 회사가 감내할 만하다.

정리하자면, 5% 할인된 차값은 용재와 자동차 회사 간의 비축 본능이 교차하는 균형 가격이다. 실제로 비트코인을 받는 점포들 가운데 비트코인으로 결제하면 할인해주는 경우가 많다. 비트코인 보유자들과의 비축 본능이 교차하는 균형 가격을 제시하기 위해서다. 재화 및 서비스 공급자들이 다양한 균형 가격을 제시한다면 교환의 매개로서의 비트코인은 더욱 활성화될 것이다.

CHAPTER 06

비트코인을 둘러싼 오해와 진실

우리는 모두 사토시다

암호화폐 전문매체 코인데스크는 2017년 '블록체인 업계에서 가장 영향력 있는 인물 10인'을 선정했다. 당연히 윗자리를 차지할 것으로 예상했던 우지한 비트메인 대표는 간신히 10위권에 턱걸이했다. 첫 비트코인 하드포크를 통해 비트코인캐시를 성공적으로 론칭했는데도 평가가 박했다. 대신 2위는 다이먼 회장이 차지했다. 월가의 황제 다이먼이 암호화폐에 대한 저주에 가까운 말을 쏟아내는데도 비트코인 등 암호화폐는 굳건했다. 핍박을 이겨내고 연초 1000달러 선에서 출발한 비트코인 가격은 연말 1만 3000달러 선을 기록했다. 12월 중순엔 2만 달러를 목전에 두기도 했다. 다이먼의 펀치에 암호화폐는 오히려 저항력을 키웠다.

1위는 비트코인 사인 남자Bitcoin Sign Guy다. 2017년 7월 12일, 재닛 옐런 당시 미 연준 의장이 미 하원 금융서비스위원회에서 발언했다. 그때 옐런 의장 뒤쪽에서 몇 미터 떨어지지 않은 곳에 앉은 남성이 푯말을 펼쳐 들었다. 내용은 '비트코인을 사라Buy Bitcoin'. 이 광경은 생중계 카메라에 그대로 잡혔고, 그는 암호화폐 업계의 영웅이 됐다. 암호화폐 지갑 관리 사이트인 블록체인닷인포Blockchain.info에 따르면, 그는 이 사건을 계기로 약 6.88비트코인을 후원 받았다. 익명을 요구한 그 남성은 코인데스크와의 인터뷰에서 "저는 암호화폐를 새로운 통화 패러다임으로 봅니다. 이건 마음대로 돈을 찍어내는 연준에 대한 직접적인 도전인 거죠. 제 이런 행동이 완전히 정치적이고 사회적인 영향을 미칠 거라고 믿습니다"라고 말했다. 코인데스크는 그 남성에 대해 그의 작은 행동이 적에게 포위된 비트코인 커뮤니티의 영혼을 깨웠다고 평가했다. 기존 화폐 권력을 상징하는 연준, 그리고 그곳의 수장인 의장의 바로 뒤에서, 비트코인이 상징하는 대안 화폐 시스템의 가능성을 설파했다. 이 매체는 "우리는 모두 사토시일까? 아마도 2017년은 아닐 것이다. 우리는 모두 '비트코인 사인 남자'다"라고 기사를 마무리했다.

◇ 자산 규모 14조 5000억 원, 세계 109위 부자

코인데스크가 2017년 블록체인 업계에서 가장 영향력 있는 인물 1
위로 비트코인 사인 가이를 선정하긴 했지만, 영향력 0순위 인물은
비트코인 창시자 사토시 나카모토다(그가 포함될 경우 1등은 너무 당연한
결과이기 때문에 뺀 것인지 모르겠다). 관점에 따라서 비트코인이 다른 암
호화폐에 비해 기술적으로 떨어진다고 생각할 수 있겠지만, 비트코
인은 모든 다른 암호화폐의 탄생을 가능하게 했다. 사람들은 비트코
인을 통해 기존 화폐 시스템에 대한 문제제기를 할 수 있었다. 그렇
다면, 비트코인 창시자 사토시 나카모토는 누구일까.

비트코인의 시작은 한 통의 메일이었다. 메일 내용은 너무나 간결
해, 기계가 썼다고 해도 이상할 게 없었다. 이메일 외에는 모습을 드
러내지 않는데, 그 이메일조차 암호화해 사용했다. 초기 비트코
인 개발에 활발하게 참여하다, 2010년 12월 12일 비트코인 커뮤
니티에 쓴 글을 마지막으로 자취를 감췄다. 비트코인 가격이 2017
년 급등하면서 사토시는 억만장자가 됐다. 암호화폐 전문 매체 비
트코인뉴스에 따르면, 그는 현재 발행된 1660만 비트코인 가운데
5.89%(약 98만 개)를 소유하고 있는 것으로 추정된다. 1비트코인당 1
만 4000달러로 가정하면, 자산 규모가 약 137억 달러(약 14조 5000억
원)에 이른다. 경제 전문지 《포브스》가 2017년 말 기준 집계한 세계
부자 109위에 해당하는 수준이다. 220위를 기록한 이재용 삼성전자
부회장(76억 달러)보다 순위가 높다. 사토시의 정체는 여전히 베일에

싸여 있다. 일본식 이름이긴 하지만 한 번도 일본어를 사용하지 않았다('사토시 나카모토'는 이메일에 표기된 이름 순서를 그대로 따 왔다). 대체로 매끄러운 영국식 영어를 썼지만 가끔씩 미국식 영어 표현도 사용했다.

일부에서는 이런 증거에 더해, 2년간 그가 작업했다고 주장하는 비트코인 프로그래밍이 한 사람이 하기엔 어렵다는 이유를 덧붙여 "사토시는 사람이 아니라 개발자 집단"이라고 주장하기도 한다(말미에 화자가 범인으로 바뀌는 반전 영화 「유주얼 서스펙트」에서 처럼, 사토시 나카모토란 이름을 삼성'Sa'msung, 도시바'toshi'ba, 나카미치'Naka'michi, 모토롤라'moto'rola 등 네 개 기업명을 조합해서 만들었다는 음모론도 있다).

스테판 토마스라는 스위스 개발자는 사토시가 비트코인 포럼에 쓴 500여 건의 글을 시간대별로 분석한 뒤, 그가 북미나 중앙아메리카에 있다고 추정했다. 2013년 인터넷의 핵심 기반이 된 비선형적 문서(하이퍼텍스트) 개념을 창안한 철학자 테드 넬슨 옥스포드대학교 교수는 일본의 천재 수학자 모치즈키 신이치望月新一 교토대학교 교수를 사토시로 지목했다. 그가 수학과 컴퓨터 과학은 물론 암호학에도 능통하고, 2012년 말 자신의 홈페이지에 비트코인의 기본원리와 비슷한 세계적 수학 난제 ABC추측을 증명했기 때문이다. 그러나 모치즈키 교수는 이를 공식 부인했다.

암호화폐 커뮤니티가 커지면서 사토시의 정체는 대중적 관심사가 됐다. 2014년 3월 6일, 미국의 대중 잡지 《뉴스위크》가 선공을 날렸다. 「비트코인의 얼굴」이라는 제목의 커버스토리 기사를 낸다. 기사에 따르면 사토시의 정체는 미국 로스앤젤레스에 거주하는 일본계 미국인이다. 캘리포니아 공과대학교를 졸업한 컴퓨터 엔지니어로, 이름은 도리언 프렌티스 사토시 나카모토^{Dorian Prentice Satoshi Nakamoto}. 하지만 《뉴스위크》의 보도 직후 AP통신은 인터뷰 당사자인 나카모토가 자신은 실제 비트코인 창시자가 아니라고 해명했다는 기사를 올렸다. 그는 인터뷰에 게재된 자신의 가족, 이력 등에 대한 얘기는 맞지만 비트코인과는 무관하다고 밝혔다. 그는 이어 《뉴스위크》와의 인터뷰 3주 전에 아들로부터 처음으로 비트코인에 대해 들었다고 말했다. 그리고 《뉴스위크》가 보도한 "더 이상 그것(비트코인)에 관여하지 않고 있으며 그것에 대해 말할 수 없다"란 말은 자기 말을 오역한 결과라고 덧붙였다.

소동이 벌어진 그날 저녁, 한 온라인 게시판에 댓글이 하나 올라왔다. 그 게시판은 암호화 기술 등을 활용해 개인 간 거래 애플리케이션을 만드는 한 비영리단체의 것이었다. 사토시(의 계정)는 2009년 2월 12일, 그 게시판에 글을 쓴 적이 있다. 그 글에 그의 계정으로 "나는 도리안 나카모토가 아니다^{I am not Dorian Nakamoto}"라는 한 줄 댓글이 달렸다. 도리안 나카모토가 1인 2역을 했을 가능성도 있다. 어쨌든 사토시의 정체는 다시 미궁 속으로 빠졌다.

◇ **어쩌면 우리는 모두 사토시다**

2015년 12월에는 IT 전문지인 《기즈모도》와 《와이어드》가 호주의 암호학자 겸 사업가인 크레이그 라이트^{Craig Wright}를 사토시로 지목 했다. 비트코인 개발자를 추적하던 한 해커가 라이트의 이메일을 해킹했는데 거기에 두 사람의 개발 증거가 있었다고 주장했다. 기사에 대해 긍정도 부정도 않던 라이트는 이듬해 5월 매체를 통해 스스로 "내가 사토시"라고 밝혔다. BBC 등에 따르면, 그는 비트코인 개발 초기 단계에 생성된 암호화 키를 이용해 메시지에 디지털 서명을 하는 걸 시연했다고 한다. 이 서명은 사토시 본인만 할 수 있는 일이다. 라이트가 자신이 사토시라고 밝힌 직후, 비트코인재단의 수석 과학자로 있는 개빈 안드레센은 직접 라이트를 비밀리에 만났고, 그를 비트코인 발명자라고 생각한다는 글을 블로그에 공개했다. 재단 설립자 가운데 한 명인 경제학자 존 마토니스 역시 트위터를 통해 "크레이그 라이트 외 다른 사토시는 없다"고 말했다.

그러나 기술 관련 커뮤니티에는 라이트가 공개한 증거가 이미 공개된 자료여서 누구나 쉽게 복사하고 붙여 넣을 수 있다는 반박 글이 올라왔다. 또 라이트가 자신이 사토시라고 공개한 즈음, 그가 호주 당국으로부터 세금 관련 수사를 받고 있었다는 정황 때문에 라이트에 대한 의혹의 시선이 커졌다. 곧이어 라이트는 자신이 사토시라고 증명할 용기가 부족하다는 취지의 사과문을 블로그에 올렸다.

나는 수년 동안 가명 뒤에 나를 숨길 수 있다고 믿었다. 그러나 이번 주 여러 가지 사건이 일어났다. 당초엔 개인키를 공개할 준비가 됐었지만, 나는 무너졌다. 용기가 없다. 나는 할 수 없다.

사람들은 라이트의 용기가 부족한 게 아니라 증거가 부족한 거 아니냐며 비꼬았다. 또한 사토시(로 추정되는 인물)는 이메일을 통해 "나는 크레이그 라이트가 아니다. 우리 모두가 사토시다"라며 라이트와의 관련성을 부인했다. 그렇지만 이 계정은 해킹 당한 것으로 알려졌다. 2017년 말 방한한 비트코인 관련 유튜브 방송 진행자인 애덤 마이스터는 필자에게 라이트는 이미 해외 비트코인 커뮤니티에서는 사기꾼으로 알려졌다며 오히려 그를 인증한 안드레센에 대한 신뢰도에 문제가 생겼다고 말했다. 2018년 4월 서울에서 열린 분산경제포럼의 패널로 등장한 라이트를 두고, 이더리움의 창시자 비탈릭 부테린Vitalik Buterin은 "저 사기꾼은 여기서 뭐하는 거야"라는 뼈 있는 농담을 던졌다.

2017년 11월에는 2015년 스페이스SpaceX에서 인턴으로 일했다는 한 사람이 블로그를 통해 일론 머스크Elon Musk(테슬라Tesia, 스페이스X 창업자)가 사토시 나카모토라고 주장했다. 머스크는 경제학과 암호학에 능통하다며 2008년 글로벌 금융위기 때 드러난 은행 간 신뢰 부족 문제를 해결하기 위해 비트코인을 개발한 것으로 보인다고 추정했다. 이에 대해 머스크는 자신의 트위터를 통해 (비트코인 창시자설은) 사실이 아니라며 몇 년 전에 친구 한 명이 약간의 비트코인을 내게 보내준 적 있는데 지금은 어디 있는지 모른다고 말했다.

사토시의 정체는 아직 아무도 모른다. 하지만 그가 누구든 비트코인 커뮤니티에서는 '사토시 정신'으로 영원할 것이다.

피자데이와 최초 거래소

2018년 1월 6일, 국내 1위 암호화폐 거래소 업비트에서 비트코인은 2888만 5000원을 기록했다. 지금이야 하나 사기도 버거운 가격이지만, 그 시작은 미약했다. 사토시 나카모토가 2008년 11월 백서를 통해 비트코인의 원리를 세상에 알렸고, 이듬해 1월에는 자신이 직접 처음으로 비트코인을 채굴했다. 대안 화폐를 내세웠지만, 화폐라는 이름을 붙이기에도 뭐했다. 일명 덕후들만 알음알음 아는 전자화폐에 불과했다. 초기 비트코인 가격은 채굴 원가에 따라 정해졌다. 채굴을 위해 돌리는 컴퓨터 전기세, 그 컴퓨터가 차지하는 공간의 임대료 등을 한 달로 계산한 후, 한 달간 캐낸 비트코인의 수로 나눠 가격을 산정했다. 그렇게 정한 비트코인 가격이 1비트코인당 0.00076달러. 우리 돈으로 약 0.8원이다. 초기 채굴은 경제적 목적이라기보다는 덕후들의 자기만족에 불과했다. 이들은 적극적으로 여러 커뮤니티에 비트코인을 전파했다. 덕후들은 늘어갔고, 아는 사람이 늘면서 가격도 조금씩 올랐다. 그래봐야 동전주(1달러, 혹은 1000원 이하)에 불과했지만.

🔷 피자데이, 교환 가치를 인정받다

2010년 5월 22일, 비트코인 커뮤니티 역사의 한 획을 그을 사건이 일어났다. 사상 처음으로 비트코인을 이용해 현물(피자) 구매가 이뤄졌다. 비트코인에 교환 가치가 부여된, 그리고 비트코인이 지급결제 수단으로 쓰인 첫 번째 날이다. 비트코인 커뮤니티에서는 이날을 '비트코인 피자데이'로 매년 기념하고 있다.

사건의 주인공은 미국 플로리다주에 살던 프로그래머 라스즐로 핸예츠Laszlo Hanyecz다. 그는 인터넷 비트코인 포럼에 laszlo라는 아이디로 2010년 5월 18일, 글을 하나 올렸다. 제목은 '비트코인으로 피자를Pizza for bitcoins?'이다. "피자 두 판에 1만 비트코인을 지불하겠습니다. 다음 날까지 야금야금 먹을 수 있게 라지 사이즈 두 판 정도면 될 것 같아요. 직접 만들어서 가져다 주셔도 좋고, 대신 주문해서 배송을 시켜주셔도 좋습니다. 관심 있으면 연락주세요"라는 내용이었다. 당시 시세로 1만 비트코인의 가격은 41달러 정도였다. 라지 사이즈 피자 두 판의 가격은 약 30달러. 경제적 측면으로만 보자면 비트코인을 달러로 바꿔, 그 돈으로 피자를 주문하는 게 낫다.

당시 포럼 게시판에는 거래가 실패할 것이라는 우려가 대부분이었다. 비트코인이 그간 지급결제 수단으로 단 한 번도 사용된 적이 없었기 때문이다. 그런데 글을 올린 지 사흘 만인 5월 22일 오후, 핸예츠는 거래에 성공해 피자를 받았다는 글을 게시판에 올렸다. 피자를 거래한 사람은 아이디 jercos라는 사람이었다. 핸예츠는 인증샷도 함께 올렸다. 파파존스 라지 사이즈 피자 두 판이 식탁 위에 올려져 있었고, 핸예츠의 딸로 추정되는 여자 아이가 피자를 먹기 위해 손을 뻗는 장면이 담겨 있었다. 포럼 이용자들은 사상 최초의 비트코인과 현물 간의 거래가 이뤄졌다고 환호했다.

이후에도 핸예츠는 거래를 계속하고 싶다며, 누구든지 관심 있으면 연락 달라고 했다. 몇 번의 거래가 더 성사됐다. 교환 가치로서의 첫 입증 이후 비트코인 가격은 오르기 시작했다. 석 달 뒤인 2010년 8월, 1만 비트코인 가격은 약 600달러로 불어났다. 핸예츠는 "많이 오른 비트코인 가격 때문에 더 이상 거래를 할 수 없습니다. 그 동안 (비트코인으로 물건을 살 수 있게 해준) 모두에게 감사 드립니다"라는 글을 마지막으로 피자 거래 실험을 마쳤다.

이후에도 비트코인 가격은 계속 올랐다. 그해 11월이 되자 핸예츠의 게시 글에는 "와우 2600달러짜리 피자였네" 등의 댓글이 달렸다. 이듬해 4월에는 "맙소사 이젠 1만 8000달러야"라는 글이, 2013년 5월에는 "라스즐로, 이 거래가 여전히 유효하다면 연락해줘요" 등의 글을 달며 흥분했다. 핸예츠가 비트코인 첫 거래를 제안하는 글은 일종의 성지가 됐다. 마지막 댓글은 2016년 2월 1일에 달렸다. 아이디 sildyas는 "(비트코인 첫 거래가 일어난 지) 6년이나 지났는데 아직도 내 주변에는 비트코인으로 피자를 살 수 있는 가게가 없다. 화난다"라는 글을 남겼다. 2018년 5월 현재, 핸예츠는 결제한 피자 두 판의 가치는 9300만 달러(국내 시세로는 약 1000억 원)로 불어났다.

◇ 2018년 시장도 흔드는 세계 첫 거래소 마운트곡스

비트코인시장의 부흥과 침체를 동시에 불러온 존재는 암호화폐 거래소 마운트곡스^{Mt. Gox}다. 한때 전 세계 비트코인 거래의 70%를 담당하기도 했던 세계 최초이자 최대 거래소다. 비트코인 가격 1000달러 시대 문을 연 주역이다. 동시에 2014년 2월 벌어진 해킹 사태로 시장의 장기 침체를 촉발했다.

2009년 마운트곡스를 처음 만든 사람은, 최근에도 법정에 출두하는 모습을 볼 수 있는 마크 카펠레스^{Mark Karpeles} 대표가 아니다. 2001년 개인 간 거래 프로그램의 원조라 할 수 있는 당나귀^{eDonkey}를 개발한 제드 매케일럽^{Jed McCaleb}다. 지금이야 P2P 파일 전송 프로그램이라고 하면 토렌트를 떠올리지만 2000년대 초반만 해도 당나귀가 대세였다. P2P 파일 전송 프로그램을 통해 유통되는 상당량(?)의 콘텐츠가 음란물인 터라, 「당나귀 타고 날뛰는 음란 콘텐츠」(《연합뉴스》, 2013년 8월 1일)라는 제목의 기사가 나올 정도였다.

마운트곡스는 초기엔 '매직: 더 개더링^{Magic: The gathering}'이라는 카드 게임 교환소였다(마운트곡스는 'Magic: The Gathering Online Exchange'의 줄임말이다). 일종의 아이템 거래소라고 보면 된다. 하지만 2010년 7월 비트코인 거래소로 업종을 변경했다. 비트코인을 사용한 첫 실물(피자) 거래가 있은 지 두 달이 지나서였다. 화폐로서의 비트코인의 가능성이 입증되면서 비트코인 가격이 하루 사이에 열 배 급등하던 시절이었다(그래봐야 0.008달러에서 0.8달러가 되는 수준이다). 비트코인을 거래하고 싶었지만 방법을 몰랐던 전 세계 사람들이 마운트곡스로 몰렸다. 거래량이 (당시 기준으로는) 폭증하면서 2011년 2월 9일, 1비트코인 가격이 드디어 1달러를 돌파했다. 매케일럽은 2011년 3월, 비트코인 포럼 커뮤니티에서 만난 프랑스 프로그래머 카펠레스에게 회사를 매각했다. 그는 이후 2011년에는 리플, 2014년엔 스텔라Stellar를 창업한다.

카펠레스는 일본 만화와 코스프레를 좋아하는 사람이었다. 마운트곡스 본사를 일본 도쿄로 옮겨버렸다. 그런데 매케일럽이 회사를 떠나고 3개월 후인 2011년 6월, 마운트곡스는 해킹 공격으로 875만 달러(당시 시세)에 달하는 비트코인을 탈취 당했다. 해커는 시장가로 비트코인 매도 물량을 쏟아냈고, 직전까지만 해도 15달러에 달하던 비트코인 가격은 순간 1센트까지 폭락했다. 마운트곡스는 그럼에도, 비트코인 가격 상승과 함께 호황을 이어 갔다. 1달러 돌파를 기념한 지 3년도 안 된 2013년 말 비트코인은 1000달러를 목전에 뒀다. 회원 수는 100만 명에 달했다. 2014년 2월, 드디어 사건이 터졌다. 카펠레스는 "고객이 맡겨둔 75만 비트코인과 회사 소유의 10만 비트코인 등 총 85만 비트코인을 해킹 공격으로 잃어버렸다"고 일본 법원에 파산을 신청한다. 당시 전체 비트코인 발행량의 7%에 달하는 규모다. 2018년 5월 기준 시세(1비트코인=1000만 원)로 약 8조 5000억 원에 이른다.

카펠레스는 초당 15만 건의 쿼리query를 보내는 분산 서비스 거부 공격DDOS Attack(이하 디도스 공격)으로 며칠 동안 웹사이트가 마비됐고,

그 틈을 타 해커들이 비트코인을 훔쳐갔다고 주장했다. 해커들은 그러나 마운트곡스 서버에서 빼낸 파일을 공개하며 카펠레스가 거짓말을 하고 있다고 반박했다. 일부에서는 카펠레스가 고객 돈을 노리고 자작극을 벌였다고 의심했다. 이용자들 상당수는 마운트곡스를 상대로 개인 또는 단체 소송을 걸었다. 카펠레스는 해킹 피해를 주장했지만 일본 수사당국의 조사 결과는 달랐다. 일본 경찰은 카펠레스가 거래 시스템을 조작해 자신의 달러화 계좌 잔고를 부풀리고 고객이 맡긴 돈을 개인 계좌로 송금한 혐의 등으로 2015년 8월 그를 체포, 고객의 자금 횡령과 계좌 데이터를 변조한 등의 혐의로 기소했다. 2016년 7월 그는 9만 5000달러 보석 신청을 해 풀려났고, 현재 일본에서 재판을 받고 있다. 일본 언론에 따르면, 여전히 호화생활을 하고 있다고 한다.

한편 2017년 7월 25일, 그리스 경찰과 미국 사법당국은 그리스 북부 해안 도시 테살로니키에서 러시아 국적의 한 남성을 체포했다. 그의 이름은 알렉산더 비닉Alexander Vinnik이다. 당시 전 세계 10위권 내에 드는 대형 거래소 중 하나인 BTC-e의 운영자다. BTC-e는 2011년 설립된 초기 거래소 중 하나다. 가입자 수만 70만 명에 이르는 것으로 알려졌다. 비닉의 체포 당일부터 이 거래소 사이트는 문을 닫았다. 경찰은 BTC-e를 세계에서 가장 큰 사이버 범죄 웹사이트 중 한 곳으로 지목했다. 비닉은 범죄 조직의 우두머리로 2011년부터 비트코인 거래소를 운영해 마약 거래 및 해킹, 랜섬웨어 등으로 얻은 불법 수익금 약 40억 달러(약 4조 원)를 세탁해온 혐의가 있다.

미국 사법당국은 BTC-e와 비닉에게 자금세탁방지법 위반으로 각각 1억 1000만 달러와 1억 34000만 달러의 벌금형을 내렸다. 그는 결국 2018년 1월, 징역 50년형을 선고받았다.

흥미로운 점은 비닉의 체포가 마운트곡스와 관련됐다는 점이다. 마운트곡스 사건을 추적한 일본의 보안 업체 위즈섹^{WizSec}은 당시 해커들이 탈취한 코인 중 일부가 비닉이 관리하는 지갑으로 흘러갔다며 카펠레스가 빼돌린 자금을 받아 세탁했을 가능성을 제기했다. 마운트곡스에서 해킹돼 불법 출금된 비트코인의 일부가 마운트곡스에 재입금되면서 비닉의 꼬리를 잡을 수 있었다. 카펠레스가 선량한 피해자가 아니라면 마운트곡스 자금을 빼돌려 BTC-e를 통해 세탁한 셈이 된다.

비트코인 커뮤니티를 절망에 빠트린 마운트곡스 파산 사태의 전말은 밝혀지지 않았다. 그와 별개로 비트코인 가격이 급등하면서 투자자들은 피해금을 모두 보상받을 수 있는 아이러니한 상황이 벌어졌다. 2014년 사건 당시 마운트곡스는 사라진 85만 개 비트코인 가운데 복구 작업을 통해 20만 2185개의 비트코인을 살려냈다. 회사가 파산하면 남은 자산으로 부채를 청산해야 한다. 이 회사의 채권자로 신고한 사람은 2만 4570명. 이들은 263조 엔(약 2630조 원)의 빚을 받을 게 있다고 신고했지만, 파산관재인은 채무 총액을 456억 엔(약 4560억 원)으로 확정했다. 대개 회사가 파산하면 채권자는 채권액의 일부 밖에 돌려받지 못한다. 그런데 비트코인 가격이 파산 당시보다 40배는 급등했다. 회사에 남은 비트코인 가치는 현재 28억 달러

(약 3조 원)에 달한다. 채권자들 빚을 모두 돌려주고도 돈이 남는다.

　게다가 마운트곡스의 유령은 2018년 현재 시장에도 영향을 미친다. 종종 비트코인 가격 급락의 원인으로 마운트곡스 파산관재인 고바야시 노부아키 변호사의 지갑에서 대규모 전송(아마도 거래소 지갑으로의 전송)이 이뤄졌고, 이 물량이 시장에 쏟아지면서 비트코인 가격이 떨어졌다는 시황 분석이 나오곤 한다.

세계 최대 마약 사건, 결제 통화로서의 존재를 증명하다

2018년 5월 30일 오전 10시 20분경. 암호화폐 커뮤니티가 술렁였다. 대법원의 판결이 알려지면서다. 이날 대법원은 불법 음란사이트를 운영하면서 부당 이득을 얻은 혐의(아동·청소년의 성 보호에 관한 법률 위반 등)로 안모(34) 씨에 대해 징역 1년 6개월을 선고한 원심(2심)을 확정했다. 안 씨의 징역형에 대한 판단은 1심과 2심이 같았다. 쟁점은 안씨가 음란사이트를 운영하면서 회원들로부터 받은 비트코인의 몰수 여부였다. 몰수란 범죄행위로 얻은 재산을 박탈하는 형벌이다. "1심 재판부는 객관적 가치를 계산할 수 없고, 현금과 달리 물리적 실체가 없는 전자파일 형태인 비트코인을 몰수하는 것은 적절치 않다"며 비트코인은 몰수 대상이 아니라고 판결했다. 형법 제48조에는 몰수의 대상이 '범죄행위에 제공하였거나 제공하려고 한 물건이

거나 범죄행위로 생겼거나 이로 인하여 취득한 물건'이다. 물건의 정의에 대해서 형법에 따로 규정된 바는 없다. 이 경우에는 민법의 정의를 따른다. 민법 제98조에는 물건을 '유체물 및 전기 기타 관리할 수 있는 자연력'으로 규정하고 있다. 비트코인은 몰수 대상에 들어맞는 물건이 아니다.

2심 재판부는 다르게 봤다. '범죄수익은닉규제 및 처벌 등에 관한 법률'을 적용했다. 이 법 제8조에는 '다음 각호의 재산은 몰수할 수 있다'며 범죄수익이나 범죄수익에서 유래한 재산'을 몰수 대상으로 정했다. 재산이라는 포괄적 개념을 몰수 대상으로 삼았다. 비트코인도 사회 통념상 재산이다. 재판부는 "범죄수익을 이루는 재산은 사회 통념상 경제적 가치가 인정되는 이익을 의미한다"며 "물리적 실체 없이 전자 파일 형태로 돼 있다는 사정만으로 재산적 가치가 인정되지 않는다고 단정할 수 없다"고 밝혔다. 이어 "비트코인은 거래소를 통해 돈으로 바꿀 수 있고, 가맹점을 통해 지급수단으로 쓰일 수도 있어 경제적 가치가 있는 것으로 봐야 한다"고 덧붙였다.

대법원 역시 2심 재판부의 손을 들어줬다. "재산적 가치가 인정되는 무형의 재산도 몰수할 수 있다"며 "비트코인은 재산적 가치가 있는 무형의 재산으로 특정할 수 있다"고 밝혔다. 시장에서는 "정부가 암호화폐를 인정했다"는 해석이 나왔다. 금융정책을 총괄하는 금융위원회는 그러나, 대법원의 판단과 정부의 정책 방향은 별개라는 입장이다. '장강의 물결'을 누가 거스르랴. 어쨌든 이 대법원 판결은 국내 비트코인 역사의 새로운 장을 열었다. 비트코인의 재산적 가치를 인정했다. 앞서, 비트코인 가격이 급등한 것은 실물 교환에 비트코인이 사용된 2010년 5월 피자데이 이후다.

◇ 실크로드 사건… 연방수사국, 어쩌다 비트코인 부자

국가기관이 비트코인을 압수하고 다른 보통의 자산처럼 공매 처분해 국고 환수한 사례는 이미 2013년 미국에서 있었다. 실크로드 사건이다. 실크로드는 구글 등 일반 웹으로는 검색해 찾을 수 없고, 특정한 프로그램을 써야만 접속할 수 있는 다크웹이다. 다크웹은 익명성을 보장한다는 점에서 저널리스트나 활동가들이 이용한다. 하지만 주요 이용 목적은 마약 등 불법적인 물품을 거래할 때다. 2011년 개설된 실크로드는 2013년 10월 미국 연방수사국**FBI**이 사이트 폐쇄 조치를 내리기 전까지 10억 달러(약 1조 원) 이상의 마약류가 거래되던 사이트였다. 이곳은 비트코인을 결제 수단으로 사용했다. 연방수사국은 실크로드 사이트에 남아있던 약 3만 개의 비트코인을 압수했다. 또, '공포의 해적 로버트**Dread Pirate Roberts**'라는 가명으로 알려진 실크로드 운영자 로스 윌리엄 울브리히트의 개인 컴퓨터에 남아 있던 약 14만 4000개의 비트코인도 압수했다.

범죄에 사용된 비트코인을 압수하기는 연방수사국이 처음이다. 보통의 압수 물품은 재판이 끝나고 몰수 처분해 현금화한 뒤 국가에 귀속한다. 문제는 비트코인의 시세 등락폭이 너무 크다는 점이다. 특히 연방수사국이 비트코인을 압수한 시점에 비트코인 가격은 널뛰

기했다. 2013년 10월 말 200달러에 못 미치던 가격이 그해 12월 5일엔 1000달러를 돌파했다. 그러다 이틀 뒤엔 700달러 선을 내줬다. 미 사법당국은 비트코인 가격이 어떻게 될지 모르는데, 다른 압수 물품처럼 재판이 끝날 때까지 기다리기보다는 빨리 처분하자는 게 좋다고 판단했다. 검찰은 이듬해 1월 울브리히트의 서면 약속을 받아냈다. 비트코인의 시세 변동이 심하니 재판 전이라도 일단 매각해 현금화한 뒤 몰수 결정이 나면 국가에 귀속하고, 반환 결정이 나면 현금을 울브리히트가 갖는 것으로 합의했다. 이런 합의를 한 것으로 봐 울브리히트 역시 비트코인 가격이 이렇게 뛸 줄은 몰랐던 듯하다. 그는 2015년 1심에서 종신형을 받고 항소했지만 2017년 5월 2심에서도 원심 판결을 뒤집지는 못해 영원히 철창신세를 지게 됐다.

압수 비트코인에 대한 공매 공고가 나온 것은 서면 합의 5개월 뒤인 2014년 6월이다. 재판 전에 팔기로 원고와 합의하기는 했지만, 비트코인의 법적 성격을 어떻게 보고 처리할지가 고민이었다. 그런데 2014년 3월 미 국세청IRS은 비트코인을 화폐가 아닌 주식이나 현물 거래와 같은 자산의 일종으로 보고 소득세를 부과한다는 방침을 세웠다. 비트코인의 공매 근거가 생겼다.

연방수사국이 압수한 약 17만 4000개의 비트코인은 당시 발행 총량(약 1200만 개)의 1%를 웃도는 수량이다. 창시자 사토시 나카모토를 제외하면 본의 아니게 연방수사국이 세계에서 가장 많은 비트코인을 보유한 집단(혹은 개인) 중 한 곳이 됐다. 당시엔 비트코인 거래량이 지금처럼 많지 않았다. 대량의 비트코인이 공매로 시장에 나온다니 비트코인 가격은 금세 2% 하락했다. 그래서 17만 400개를 몇 차례에 걸쳐 나눠 팔기로 했다. 파는 것도 시장에 충격을 덜 주기 위해 거래소를 이용하는 게 아니라 높은 입찰가를 써낸 사람에게 낙찰해주는 방식을 택했다. 먼저 연방수사국이 실크로드 사이트에서 압수한 약 3만 비트코인이 공매로 나왔다. 아홉 개 묶음으로 나눠 각각에 대한 이메일 입찰을 받았다.

누구에게 낙찰됐는지 미 사법당국은 밝힐 수 없다. 그렇지만 아홉 개 비트코인 묶음을 모두 쓸어간 낙찰자 스스로 정체를 공개했다. 벤처캐피탈 그룹인 드레이퍼 피셔 저벳슨DFJ의 설립자인 팀 드레이퍼였다. 그는 미 실리콘밸리의 최초 벤처투자자로 거론되는 윌리엄 드레이퍼의 손자다. 3대째 벤처투자를 통해 거액을 벌었다. 드레이퍼는 비트코인을 낙찰받은 뒤 자국 화폐가 외환시장에서 취약한 대접을 받고 있는 나라의 사람들에게 비트코인은 자유를 선사할 것이라고 말했다. 또 자국 화폐만을 보유하는 것은 안전하지 않으며, 자국 화폐 가치가 절하되는 이들에게 비트코인을 활용한 거래는 도움이 될 것이라는 내용의 성명을 발표했다. 경매에서 드레이퍼가 제시한 입찰액은 확인되지 않았다. 그는 다른 입찰자보다는 높은 가격을 써냈다고 농담했다. 통상 경매 수수료 등을 감안해 많은 입찰자들이 시중가보다 낮은 선을 불렀지만, 드레이퍼는 낙찰을 위해 시중가보다 높은 가격을 제시했을 수 있다고 일부 전문가들은 관측했다. 업계에서는 드레이퍼의 이 같은 행동을 꽤 비싼 방법으로 비트코인을 홍보

한 것이라고 풀이했다. 남은 14만 4000여 개의 비트코인도 2014년 12월, 2015년 3월, 2015년 10월 등 세 차례에 걸쳐 공매 처분됐다. 아이러니하게도 미 법무부가 비트코인을 공매 처분했을 때가 비트코인 시세가 200달러 선으로 거의 바닥이었을 때다. 만약 비트코인을 처분하지 않고 보유했다면 압수 비트코인의 가치는 약 1조 7400억 원에 달한다.

실크로드 사이트 폐쇄 이후, 이듬해(2014년) 2월엔 당시 세계 최대 거래소 마운트곡스가 파산하면서 비트코인은 암흑기를 맞게 된다. 그러나 실크로드 사건은 결제 통화로서 비트코인의 가능성을 입증해냈다. 게다가 미 사법당국도 공매를 통해 비트코인의 가치를 간접 인정했다. 《와이어드》는 사건 당시 비트코인재단의 수석 과학자 개빈 안드레센의 말을 인용해 "심지어 미 법무부도 비트코인 경제의 새로운 참여자가 됐다"고 평가했다.

비트코인 업계의 큰손들

2014년 1월, 유튜브에 올라 온 「로스트 인 오르도스」라는 제목의 영상. 오르도스는 중국 네이멍구 자치구 어얼둬쓰의 영문 이름이다. 영상에서 스케이트보드 선수들은 어얼둬쓰 도심 한폭판 도로를 질주한다. 현대식 고층빌딩과 아파트 단지는 늘어서 있는데 개미 한 마리도 지나가지 않는다는 점이 이상하다. 스케이트보드 선수들이 도로를 점령했는데도 이를 제지하는 경찰도 없다. 차가 한 대도 지나가지 않으니 당연하다. 어얼둬쓰는 중국의 대표적인 유령도시이다.

이 도시는 2000년대 중국의 고속성장 바람을 타고 급성장했다. 어얼둬쓰의 석탄 매장량은 중국 전체의 6분의 1이다. 어얼둬쓰에서 나오는 석탄으로 전기가 생산됐고, 그 전기로 공장이 돌아갔다. 석탄 사용량의 증가와 가격의 급등으로 도시에는 돈이 넘쳐흘렀다. 2002년 204억 위안(약 3조 5000억 원)에 불과했던 지역총생산GRDP은 10년 후인 2012년 3657억 위안(약 63조 원)으로 불어났다. 2011년 어얼둬쓰 시민 열다섯 명 중 한 명은 1000만 위안(약 17억 원) 자산가였다. 당시 1억 원을 웃도는 레인지로버가 어얼둬쓰에만 5000대 있었다. 어얼둬쓰에서 운행 중인 택시 수(2000여 대)보다 많았다. 넘치는 돈은 자연스레 아파트 등 부동산으로 흘러들어갔다. 2020년까지 인구 70만~80만 명의 신도시를 개발하겠다며 캉바스라는 지역에 1조 원을 쏟아 부었다. 거품은 꼭지에서 터졌다. 2012년 석탄 가격이 급락하면서 광산은 문을 닫았다. 사람들은 일자리를 잃고 도시를 떠나갔다. 캉바스에 들어선 아파트는 미분양으로 을씨년스런 흉물이 됐다. 석탄과 부동산에 의존해 온 지방정부의 재정은 악화됐다. 2013년 어얼둬쓰시 정부 부채는 1000억 위안(약 17조 원)을 넘어섰다. 돈이 부족해 일부 공무원들에겐 월급조차 제때 주지 못했다. 이때 어얼둬쓰시가 찾은 해법은, 또 다른 광산이었다. '디지털 금' 비트코인을 캐는 광산이다.

비트코인을 얻는 가장 직접적인 방법은 채굴이다. 비유하자면 꽝장히 어려운 수학 문제를 풀면 매매 거래가 기록되는 블록이 만들어지고, 이 블록 생성에 대한 보상으로 채굴자들은 현재(2018년) 12.5개의 비트코인을 받는다. 채굴 경쟁이 심화하면서 전체 네트워크의 연산 능력은 날이 갈수록 높아지고 있다. 채굴자들은 그래서, 각자가 갖고 있는 연산 능력을 한데 모아 풀을 형성해 집단으로 비트코인을 채굴한다. 이른바 마이닝풀이다. 마이닝풀은 일종의 광산이라고 생각하면 된다. 개별 광부(채굴자)들이 특정 광산(마이닝풀)에서 같이 비트코인을 캐고, 이를 각자의 능력(해시 파워)을 제공한 만큼 배분받는 식이다.

마이닝풀의 대부분은 중국계다. 암호화폐 지갑 관리 사이트인 블록체인닷인포에 따르면, 2018년 1월 1일 기준으로 24시간 동안 채굴을 가장 많이 한 1, 2위 업체가 모두 중국계다. 앤트풀Antpool과 비티씨닷컴BTC.com인데, 이들은 전체 마이닝풀의 연산 능력에서 대략 35~40%를 차지하고 있다. 이 두 개의 최대 마이닝풀을 이끄는 회사가 세계 최대 비트코인 채굴업체인 비트메인이다. 국경을 뛰어넘는 글로벌 화폐인 비트코인의 발행량 30%를 중국 업체가 책임지고 있는 셈이다.

비트메인의 공동 설립자인 우지한은 현재 비트코인 생태계에서 가장 영향력 있는 인물 중 하나다. 앤트풀과 비티씨닷컴이 갖고 있는 높은 연산 능력을 등에 업고, 비트코인 네트워크 변화에 대한 의사 결정에서 채굴자들의 이익을 대변해왔다. 중국 베이징대학에서 경제학과 심리학을 전공한 뒤 애널리스트, 사모펀드 매니저 등을 거쳐 벤처캐피털 회사에 다니던 중, 2011년 비트코인의 원리를 담은 '사토시 백서'를 접하고 비트코인에 완전히 매료됐다. 우지한은 그 길로 그간 모은 전 재산을 털어 비트코인을 샀다. 2011년엔 비트코인 가격이 1달러가 채 안 됐다. 주변 사람들은 미친 짓이라고 했지만 개의치 않았다. 2년 뒤인 2013년 말 비트코인의 가격은 900달러로 폭등했다. 초기 비트코인 투자로 큰돈을 번 우지한은 이를 밑천 삼아 채굴 사업에 뛰어들었다. 벤처캐피털 시절 알게 된 개발자와 함께 2013년 비트메인을 설립한다. 그해 11월, 비트메인은 첫 번째 특수목적주문형반도체 채굴기인 앤트마이너S1을 출시했다. 가파르게 오르던 비트코인 가격과 맞물려 채굴기 판매량도 가파르게 늘었다. 그러나 불행은 어깨동무를 하고 왔다. 첫 채굴기 출시 3개월 뒤인 2014년 2월, 당시 세계 최대 비트코인 거래소였던 마운트곡스 해킹 사건이 터졌다. 비트코인 가격은 바닥을 모르고 추락했다. 비트코인 가격이 계속 오른다는 것을 가정하고 세웠던 비트메인의 모든 사업 계획은 중단됐다. 채굴기에 대한 수요도 급격하게 줄었다. 우지한은 2017년 8월 쿼츠와의 인터뷰에서 "모든 사업계획이 비트코인 가격이 비쌀 때를 기준으로 만들어졌다"며 "비트코인 가격이 급락하면서 모든 게 어그러졌다"고 말했다.

경쟁업체들은 모두 사업을 접거나 파산했지만 우지한은 비트코인에 대한 믿음으로 버텨 냈다. 오히려 필사적으로 더 나은 특수목적주문형반도체 채굴기 개발에 매달렸다. 다행히, 2014년 말 바닥을 찍은 비트코인 가격은 2015년 들어 반등했다. 비트메인은 파산 위기를 무릎 쓰면서 개발한 앤트마이너S5를 시장에 출시했다. 기존의 제품보다 전력 소모량을 3분의 1로 줄였다. 비트코인 가격 상승으로 채굴시장은 다시 호황을 맞게 됐고, 앤트마이너S5는 날개 돋친 듯 팔려나갔다. 비트메인이 비트코인 생태계에서 확실하게 뿌리 내리는 순간이었다. 비트메인은 현재 비트코인 뿐 아니라 라이트코인^{LiteCoin}이나 대시 채굴기도 생산한다. 또, 비트코인 채굴기를 제작하면서 얻은 노하우를 통해 인공지능 분야로의 사업 다각화를 계획 중이다.

0.06달러에서 2만 달러까지

2017년 10월 13일, 트위터에 올라온 글 하나가 사람들의 화제를 모았다. 모든 투자자들의 심경을 대변하는 내용이다.

> 비트코인 샀어야 했는데…라고 생각했을 때 샀어야 했는데…라고 생각했을 때 샀어야 했는데…라고 생각했을 때 샀어야 했는데….

2009년 1월 9일 사토시 나카모토가 비트코인의 탄생을 세상에 알렸다(첫 번째 블록 생성). 그 후 지난 10년은 비트코인의 역사이자, 그 자체가 암호화폐의 역사다. 그간 10년이 변화를 언론인 출신의 금융방송 전문가이자 비트코인의 열렬한 지지자인 맥스 카이저^{Max Keiser}는 전지구적 변화라고 표현했다. 한때 월가에서 가장 규모가 큰 마젤란펀드를 운용하면서 투자자들에게 연평균 30%가 넘는 전설적인 수익을 안겨준 투자의 달인 피터 린치^{Peter Lynch}는 투자를 예술의 하나로 봤다. 특히 역사를 강조했다. 역사 속에서 얻는 교훈을 습득하지 못하면 진정한 장기투자를 할 수 없다고 강조했다. 피터 린치의 투자 철학은 암호화폐 투자에도 그대로 적용된다. 비트코인의 역사를 통해 시장 상황, 기술의 변화, 투자자들의 행동 등을 파악하는 것이 장기투자를 위한 선결 과제다. 10년간 가격에 영향을 미쳤던 이벤트를 다섯 가지 카테고리로 나눠 정리했다.

■ 보안 이슈: 암호화폐의 근간을 흔드는 악재

거래소 및 지갑과 관련된 해킹 이슈다. 2011년 6월, 당시 최대 거래소인 마운트곡스가 해킹으로 875만 달러 상당의 비트코인을 탈취당했다. 해커가 시장가로 쏟아낸 매물로 비트코인 가격은 순간 15달러에서 1센트까지 폭락했다. 보안 문제가 불거진 비트코인 가격은 이전 수준을 회복하지 못하고, 장기간 3~4달러 수준에 머물렀다. 2014년 2월에는 마운트곡스, 비트스탬프^{Bitstamp}, BTC-e 등 주요 거래소들이 디도스 공격을 받아, 거래 및 비트코인 출금이 중단됐다. 당시 700달러 초반이던 비트코인 가격은 열흘도 안 돼 600달러 초반으로 주저앉았다. 같은 해 6월, 마이닝풀인 지해시^{GHash.io}의 연산 능력이 처음으로 전체의 51%를 넘었다. 51% 공격에 대한 현실적인 우려가 확산하면서 비트코인 가격이 하락했다. 지해시가 채굴자들에게 다른 마이닝풀을 이용하도록 종용하고 있다는 성명서를 주요 언론을 통해 발표하고 나서야 우려가 해소됐다. 2016년 8월에는 파산한 마운트곡스를 제치고 최대 거래량을 자랑하던 비트파이넥스가 해킹을 당해 12만 개에 달하는 고객들의 비트코인을 도난당했다. 보안은 비트코인 등 암호화폐가 유지되기 위한 핵심이자 근간이다. 보안이 무너진 암호화폐의 가치는 '0'으로 수렴한다. 보안 관련 부정적인 이벤트가 발생할 때마다 비트코인 가격은 큰 폭으로 하락했다. 관련 이벤트가 자주 일어나진 않지만, 한번 발생하면 여지없이 큰 파장을 일으킨다.

■ 정부 정책: 독이 될 수도, 약이 될 수도

정부가 비트코인을 규제의 대상으로 바라보는지, 아니면 혁신의 원동력으로 바라보는지에 따라 비트코인의 가격은 등락을 반복해왔다. 2013년 11월, 미국 상원 위원회에서는 최대 마약 거래 사이트인 '실크로드' 사건을 계기로 비트코인 전문가들과 미국 상원의원, 관련 정부 부처 책임자들이 모인 공청회가 열렸다. 이 자리를 통해 비트코인은 그 동안 문제시됐던 사이버 범죄 가능성 이외, 금융 혁신에 대한 다양한 가능성을 정부 관계자들로부터 처음 인정받았다. 미국 상원 공청회 이틀 뒤, 중국 인민은행도 자국민들에게 자유로운 비트코인 거래를 허용하겠다고 밝혔다. 비트코인 가격은 단숨에 600달러에서 1000달러를 돌파했다. 그러나 한 달 뒤인, 2013년 12월 중국 인민은행은 돌연 금융회사들의 비트코인 거래를 금지시켰다. 비트코인 가격은 다시 800달러 수준으로 내려앉았다. 이듬해(2014년) 4월엔 자국 내 거래소와 연결된 은행 계좌를 동결시켰다. 중국인들은 개인 간의 직거래나 해외 은행 계좌를 활용해 정부의 규제를 우회했지만, 중국에서 급감한 거래량은 비트코인 가격에 다시 한 번 부정적인 영향을 미쳤다.

한국에서는 2017년 12월과 2018년 1월, 언론 보도나 정부 관계자의 말 한 마디에 시장이 요동쳤다. 2017년 12월 8일, 거래소 폐쇄 방침이라는 언론 보도가 나오면서 2500만 원 돌파를 눈앞에 뒀던 비트코인 가격이 1600만 원까지 떨어졌다. 12월 28일엔 정부가 '가상통화 거래 실명제' 전환 방침을 밝히고 시스템 구축 전까지는 신규 회원의 현금 입금이 중단된다고 발표하면서 2200만 원선이던 비트코인 가격은 1800만 원대로 주저앉았다. 2018년 1월 11일엔 법무부 장관이 거래소 폐쇄 특별법 제정을 언급하면서 2200만 원에 육박하던 비트코인 가격이 1400만 원대로 폭락했다.

곧, 정부의 태도가 부정적이면 비트코인 가격은 하락했고, 긍정적이면 가격은 상승했다. 하지만 좋다 나쁘다 딱 잘라 말하기 힘든 정부 정책도 있다. 정부가 내놓은 규제안이 비트코인의 맹목적 금지인지, 장기적 계획인지는 구별해야 한다. 특히 세금 관련 이슈가 그렇다. 단기적으로는 악재이지만, 장기적으로는 건실한 인프라 구축을 위한 호재가 될 수 있다. 2014년 3월 미국 국세청은 비트코인에 세금을 물리겠다고 공표했다. 비트코인 가격은 단기적으로 떨어졌지만, 며칠 뒤 이전 수준으로 올라왔다. 투자자들은 납세가 언젠가 거쳐야 할 과정이며, 오히려 정부가 비트코인을 자산으로 인정했다는 사실을 장기 호재라 판단했다. 일본은 2017년 4월 비트코인을 정식 지급결제 수단으로 인정하면서 소비세를 폐지했다.

■ 금융 불안: 전통 금융이 불안하면 비트코인을 찾는다

비트코인은 지난 10년간의 불안의 벽을 타고 올랐다. 기존 법정화폐 시스템에 대한 반성에서 출발한 게 비트코인이다. 현존하는 금융 체제가 흔들려야 비트코인의 가치가 부각, 가격이 오른다. 2013년 3월 키프로스 정부는 자국 은행들이 그리스 채권에 투자해 입은 손실 때문에 국제통화기금IMF에 대규모 구제금융을 신청한다. 구제금융 조건이었던 세수 확대를 위해, 키프로스 정부는 예금자들에게도 과세하겠다고 발표했다. 뱅크런을 우려한 키프로스 정부는 아예 은행을 폐쇄해 버렸다. 은행들의 투자 손실을 예금주들의 주머니를 털어 해결하겠다는 논리였다. 기존 법정화폐 시스템의 모순이다(2008년 글로벌 금융위기 때 시행된 미국 재무부의 부실자산구제프로그램도 이와 비슷하다). 키프로스 국민들은 이 사건을 계기로 은행에 있는 예금이 자신의 소유가 아니라 언제든지 정부 마음대로 할 수 있다는 사실을 깨닫게 됐다. 정부에 대한 불신은 비트코인 수요를 폭발적으로 증가시켰다. 80달러 수준이었던 비트코인 가격은 단숨에 260달러로 급등했다.

2016년 11월에는 모두의 예상을 뒤엎고 도널드 트럼프가 제 45대 미국 대통령에 당선됐다. 이후 전 세계 증시는 일제히 하락했다. 멕시코 페소화peso 가치는 10% 폭락하며 역사상 최저점을 경신했다.

트럼프의 당선은 금융 기득권들과 거대 은행들에게는 일종의 리스크였다. 반대로 비트코인은 순간적으로 5% 이상 급등, 상승세를 이어갔다.

■ 관련 산업: 비트코인 가치를 밀어 올리는 동력

관련 산업의 발전은 비트코인 가격에 언제나 긍정적이다. 전 세계적으로 비트코인 커뮤니티와 관련 회사들 늘고, 기존 업체가 비트코인을 결제 수단으로 받아들이는 경우가 많아지는 건 비트코인 가격에 호재다. 2010년 7월 말, 최초의 전문 비트코인 거래소인 마운트곡스가 오픈하면서 일반인들도 쉽게 비트코인을 거래할 수 있게 됐다. 동시에 비트코인 가격이 얼마인지에 대한 기준도 마련해 줬다. 곧, 마운트곡스에서 거래되는 비트코인 가격이 시장 가격이었다. 이어 코인베이스Coinbase, 비트스탬프, 비트파이넥스Bitfinex 등 주요 거래소들이 생겨났다. 2016년에는 최초의 탈중앙화 인터넷 쇼핑몰인 오픈바자가 탄생했다. 기존 회사들의 참여도 줄을 이었다. 미국의 거대 블로그 회사인 워드프레스(2012년 11월), 델 컴퓨터(2014년 7월), 마이크로소프트(2014년 12월) 등이 비트코인을 결제 수단으로 도입하며 비트코인의 가치 상승에 일조했다.

■ 포크(Fork, 변화): 진보를 향한 합의의 발걸음

커뮤니티의 합의가 이뤄진 변화는 대체로 가격에 긍정적이다. 합의를 통해 시스템을 업그레이드 하는 것이기 때문이다. 금은 영원히

이벤트 특성	내용	비트코인 가격	이유
보안 이슈	(긍정적) 네트워크 연산 능력 증가	상승	연산 능력이 증가하면 해당 블록체인은 더욱 견고하고, 활용도가 높다는 의미
	(부정적) 거래소, 지갑 해킹	하락	보안은 가장 기본적인 필수 조건 중 하나
정부 입장	(긍정적) 통화로서 인정 가능성 증가, 혁신 〉규제 태도	상승	화폐 및 경제 시스템의 패러다임 변화 - 수요 폭발적 증가
	(부정적) 혁신 〈규제 태도, 정부 발행 암호화폐 준비	하락	체제 유지를 위한 의도적 탄압 - 수요 폭발적 감소
금융 불안	(긍정적) 법정화폐 가치 하락(하이퍼인플레이션), 금융위기 위험 증가	상승	법정화폐 시스템의 몰락, 금융위기 재발시 자산 보호를 위한 암호화폐 수요 폭발적 증가
	(부정적) 없음	하락	비트코인에 부정적인 이벤트는 없음(구 화폐 경제 시스템은 발전/ 진화할 수 없기 때문)
관련 산업	(긍정적) 비트코인 받는 다양한 서비스 회사 증가	상승	비트코인의 사용처가 늘어날수록 비트코인 수요는 폭발적 증가/ 법정화폐의 실질적 대체 가능성 높아짐
	(부정적) 없음	하락	비트코인에 부정적인 이벤트는 없음(비트코인 및 암호화폐 관련 커뮤니티와 비즈니스 기회는 전 세계적으로 폭발적인 성장세를 기록 중)
포크 (변화)	(긍정적) 합의가 이루어진 업그레이드, 노선이 확실한 체인 스플릿	상승	업그레이드로 인한 지속적인 성능 개선(법정화폐는 불가) 가능성 있는 새로운 통화 탄생 & 보유 가능(비트코인캐시)
	(부정적) 독단적이거나 불필요한 포크, 그로 인한 커뮤니티 혼란	하락	무의미한 잦은 포크를 빙자한 스캠(사기)(비트코인 플래티넘)

금덩어리이지만, 비트코인 등 암호화폐는 진화한다. 블록 사이즈도 증가하고, 거래도 더 빨라지며, 보안성도 개선된다. 합의에 이르진 못했지만 명확한 가치관과 비전을 전제로 일어나는 체인 분리도 비

트코인 가격에는 긍정적이다. 발전 가능성이 많은 화폐 하나가 공짜로 더 생기는 셈이기 때문이다. 투자자들은 이를 배당으로 인식한다. 2017년 8월 1일, 기존 비트코인의 체인 분리로 생겨난 비트코인캐시가 그렇다. 투자자들은 이를 배당이라고 받아들였다. 비트코인캐시는 기존 비트코인보다 큰 블록 사이즈를 바탕으로 더욱 많은 거래를 빨리 처리하겠다는 비전을 갖고 탄생한 암호화폐다. 비트코인과 비트코인캐시는 노선이 명확히 다르며 모두 긍정적인 비전을 갖고 있다. 2017년 8월 1일의 체인 분리 이벤트는 비트코인 가치 상승에 기여했다. 2600달러 수준을 맴돌던 비트코인 가격은 8월 1일을 지나 단숨에 5000달러 부근까지 치솟았다. 2017년 12월 중순엔 2만 달러에 육박했다. 비트코인캐시는 12월 중순 한때 4000달러 수준까지 올랐다. 2017년 10월에는 비트코인에서 비트코인골드가 분리돼 나왔다. 지난 8월의 학습효과 때문인지, 10월 체인 분리를 앞두고 비트코인 가격은 무섭게 올랐다.

반면, 특정 집단의 지엽적인 이익을 위해서 자행되는 불필요한 포크, 이로 인해 야기되는 불안감 증폭은 비트코인 가격에 부정적이다. 2017년 12월 예정됐던 비트코인플래티넘^{BTP} 포크가 그랬다. 공짜 암호화폐를 받으려고 투자자들은 비트코인으로 몰렸다. 그러나 비트코인플래티넘이 개발자(한국 고교생으로 추정된다)가 꾸며낸 가짜라는 사실이 드러나면서 비트코인 가격은 급락했다. 포크와 관련된 부정적 이벤트의 파급력은 상당하다.

버블도 10년이면 새로운 패러다임

1999년 8월 13일. 2만 3000원의 공모가로 코스닥시장에 새롬기술이 상장됐다. 그해 12월 6일에는 코스닥 종목으로는 최초로 주당 100만 원(액면가 5000원 환산)을 돌파했다. 기업공개 6개월 만에 공모가 대비 130배 폭등했다. 새롬기술의 시가총액은 당시 재계 그룹 서열 6위였던 한진그룹의 계열사를 모두 합친 것보다 많았다. 당시 코스닥시장에는 한 달 만에 주가가 20배, 4개월 만에 90배 폭등하는 일이 벌어졌다.

동특(현 리드코프)은 2000년 1월 20일부터 40일 연속 상한가 신기록을 세웠다. 이 기록은 아직까지 깨지지 않았다. 새롬기술은 그러나, 2001년 12월 법정관리에 들어갔다. 2년 반 만에 상장 폐지됐다. 동특은 2000년 말 최고가 대비 99% 폭락했다.

글로벌 증시 역사상 첫 번째 버블 사태는 영국 사우스씨South Sea 버블이다. 1720년대 초 128파운드에 불과했던 사우스씨 주가는 그해 6월 1000파운드까지 폭등했다. 6개월 새 여덟 배 폭등했다. 그러나 7월부터는 폭락을 시작, 그해 말 주가는 연초 수준으로 추락했다. 만유인력의 법칙으로 유명한 천재 과학자 아이작 뉴턴도 사우스씨 주식에 투자해 전 재산의 90%를 날렸다. 그는 "천체의 움직임은 계산할 수 있어도 인간의 광기는 측정할 수 없다"는 말을 남겼다.

버블의 원조는 1600년대 당시 네덜란드 튤립 버블이다. 정확히는 튤립 구근(뿌리)이다. 투기 광풍이 일면서 튤립 구근 한 개 가격이

황소 100마리의 가격과 맞먹었다고 한다. 얼 톰슨^{Earl Thompson} 미국 UCLA 경제학 교수에 따르면, 튤립 구근 가격은 1936년 11월부터 3개월간 약 200배가 뛰었다. 투기의 종말은 갑자기 찾아왔다. 어느 귀족이 산 튤립 구근이 소포로 배달됐는데 요리사가 양파인 줄 알고 요리를 해서 먹어 버렸다. 집 몇 채 값이 날아갔고 귀족은 요리사를 상대로 소송했다. 재판관은 튤립 구근의 재산적 가치를 인정할 수 없다는 판결을 내렸다. 매물이 쏟아졌고, 튤립 구근은 원래 가격으로 돌아갔다.

비트코인하면 연상되는 단어는 '버블'이다. 2009년 탄생 이래 가장 시장이 뜨거웠던 2017년, 비트코인은 1000달러에서 시작해 12월 중순엔 1만 9000달러까지 치솟았다가 결국 1만 3000달러 선에서 거래를 마감한다. 1년 동안 열세 배 올랐다. 앞서 언급한 '레전드급' 버블에 비하면, 기간도 길고 상승폭도 작다. 무엇보다 비트코인 '버블'은 앞선 버블과는 양태가 다르다. 과거 버블은 정부나 기득권 세력이 버블을 조장했거나, 적어도 방조했다. 특히 코스닥 버블은 김대중정부의 벤처 육성 정책과 맞물려 부풀어 올랐다. 비트코인의 그러나, 정부나 기득권 세력의 버블(이라는 용어가 맞다면)을 찍어 누르는 핍박을 견뎌내고 앞으로 나아갔다.

◈ 스트라이샌드 효과⋯ 비난이 버블을 키우다

미국의 유명 가수이자 배우이며, 사회운동가이기도 한 바브라 스트

라이샌드^{Barbra Streisand}는 2000년대 초반 한 사건을 계기로 전성기 시절 못지않은 유명세를 치른다. 2003년 미국의 사진작가 케네스 아델만^{Kenneth Adelman}은 캘리포니아 해안 기록 프로젝트를 진행하던 중, 스트라이샌드 소유의 저택이 포함된 말리부 해안의 절벽 사진을 촬영했다. 자택이 공개돼 자신의 프라이버시가 침해될 것을 우려한 스트라이샌드는 항공사진을 삭제할 것을 요청했다. 그리고 5000만 달러 규모의 법정 소송까지 제기했다. 그런데, 소송의 결과는 엉뚱한 방향으로 튀었다. 프라이버시 침해를 우려해 제기한 소송이 되레 대중의 폭발적인 관심을 불러일으켰다. 사람들은 소셜네트워크 등을 통해 스트라이샌드 저택이 포함된 사진을 퍼 나르기 시작했다. 5000만 달러 소송 사건이 알려지기 전에는 문제의 사진을 다운로드한 횟수가 단 6회에 불과했지만, 소송 사건이 주목을 받으면서 해당 사진이 게재된 웹사이트 방문자 수가 한 달 만에 42만 명으로 폭증했다. 사생활을 보호하려고 한 조치가 정반대의 결과를 불러왔다. 이 사건을 계기로 SNS에서 정보를 숨기거나 삭제·검열하려는 시도가 오히려 이슈를 더 크게 만들어버리는 현상을 '스트라이샌드 효과^{Streisand Effect}'라고 부른다. 이후 '의도했던 방향과 정반대의 결과가 초래되는 현상'으로까지 의미가 확장됐다.

비트코인은 스트라이샌드 효과로 커왔다. 컴퓨터에 열광하는 일부 '덕후'들의 전유물이었던 비트코인을 지금처럼 유명하게 만든 건 각국 정부를 포함한 비트코인 반대론자들이다. 정부 및 기존 금융 기득권들의 격렬한 반대와 비난은 오히려 비트코인에 대한 대중들의 관심을 불러일으켰다. 다이먼 회장이 대표적인 예이다. 2017년 9월 12일, 다이먼은 미국 경제 전문방송 CNBC와 투자전문 잡지 《인스티튜셔널 인베스터》가 주최한 '딜리버링 알파 콘퍼런스^{Delivering Alpha} ^{Conference}' 공식 인터뷰 자리에서 비트코인과 같은 암호화폐는 사기" 라고 말했다. 이 사실이 알려지면서 비트코인 가격은 4300달러 선에서 순간 4000달러까지 떨어졌다. 이틀 뒤인 9월 14일엔 중국 정부가 ICO를 전면 금지했다. 며칠 뒤엔 거래소 폐쇄 명령까지 내렸다. 비트코인은 3000달러 선을 내쳤다. 시장에 신규 진입한 투자자들은 패닉에 빠졌다. 단 며칠 새 투자자산의 4분의 1이 날아갔다(지금은 비트코인 가격이 너무 많이 올라 그래프 상에서 당시 하락은 잘 보이지도 않는다). 바닥 밑에 지하가 있을까 두려워한 신규 투자자들뿐 아니라 그간의 수익이라도 지키고 싶었던 기존 투자자들까지 앞 다퉈 매물을 쏟아냈다. '패닉셀panic sell'이 나오면서 반등은 당분간 어려울 듯싶었다. 비트코인은 그러나, 강했다. 2017년 9월 15일, 저점을 찍고 반등하기 시작해 11월 초까지 내달렸다. 8000달러 선에 도달했다. 두 달 만에 2.5배가 폭등했다.

다이먼은 2500조 원 상당의 자산을 보유하고 있는, 세계에서 제일 거대한 은행의 최고경영자다. 그는 금융 및 정치 전반에 강력한 영향력을 행사해 왔다. 그런 그가 비트코인을 사기라고 했으니 기존 투자자들은 당연히 패닉에 빠졌을 법하다. 다이먼의 사기 발언 이후 나타난 3일간의 패닉셀은 발언 직전 유입된 신규 자금이 대부분이다. 이전부터 비트코인에 투자했던 되레 다이먼에 대한 비난과 풍자를 쏟아냈다.

특히 트위터에서 9만 명이 넘는 팔로워를 거느리고 있는 한 블록체인 컨설턴트@CryptoCobain가 남긴 트윗이 화제가 됐다. '긴급속보: 마차 만드는 회사 대표가 자동차를 '사기'라고 말하다'. 말 한 필이 끄는 조악한 마차를 만드는 회사를 JP모건에, 운송 수단을 혁신한 자동차를 비트코인에 비유한 풍자였다. 이 트윗은 삽시간에 화제가 됐다. 이어 비슷한 풍자가 쏟아졌다. '긴급속보: 택시 회사 대표가 우버Uber를 '사기'라고 말하다', '긴급속보: 코닥Kodak, 디지털 카메라를 '사기'라고 말하다' 등.

초기 투자자들은 비트코인과 암호화폐에 대해 공부할 시간이 많았다. 이들은 사이퍼펑크와 비트코인의 험난한 투쟁의 역사를 공부했다. 수천 개의 비트코인을 가지고도 피자 한 판 못 사먹던 시절부터, 2018년 지금까지 단 한 번도 '버블'이라 불리지 않은 적이 없다는 사실도 알게 됐다. 역사적으로 10년 동안 꺼지지 않은 버블이 어디 있나. 이 정도면 기존 화폐 시스템의 근간을 바꾸는 새로운 패러다임으로 봐야 하지 않을까.

거래소가 처음 생겨나 비트코인이 금전적 가치 평가를 받기 시작했을 무렵부터 지금까지, 정통 언론 매체들은 줄기차게 비트코인을 버블이라고 비난했다. 비트코인 가격이 1달러를 돌파할 때, 모든 언론이 도대체 실체도 없는, 온라인 마일리지와 다를 바 없는 비트코인이 어떻게 달러와 같을 수 있느냐며 강도 높게 비난했다.

비트코인에 대한 부정적인 기사와 이후 긍정적인 방향으로 돌아선 기사 리스트

일자	비트코인 가격	매체	기사 제목	내용
2017. 08.23	$4,189.64	포브스	Big Governments will Crush Bitcoin, But Won't Kill it	비트코인 신봉자들에게는 미안한 일이지만, 국가 화폐를 대체하는 날은 오지 않을 것. 각국 주요 정부들은 비트코인이 자신들을 부숴버리기 전에 먼저 비트코인을 부술 것.
2017. 09.12	$4,367.12	CNBC	JP Morgan CEO Jamie Dimon says bitcoin is a 'fraud' that will eventually blow up	비트코인은 사기다 튤립 버블 보다 더 위험하고, 좋게 끝나지 않을 것.
2017. 10.09	$4,497.91	가디언	Bitcoin's price bubble will burst under government pressure	예상컨대 장기적으로 기술은 번창할 것이고, 비트코인 가격은 추락할 것. 언젠가 비트코인이 법정화폐를 대체할 것이라고 생각하는 것은 어리석다
2017. 10.16	$5,640.15	포춘	Bernanke Thinks Bitcoin Will Fail (But He Likes Blockchain)	비트코인은 법정화폐를 대체하고, 정부 규제와 간섭을 회피하려는 시도 성공하지 못할 것. 마지막엔 정부도 법정화폐를 지키기 위해 무슨 짓이든 할 것.
2017. 11.01	$6,253.11	이코노미스트	Greater fool theory – The bitcoin bubble	사람들은 누군가가 자신의 비트코인을 높은 가격에 사줄 것을 기대 전형적인 "더욱 바보 찾기 이론" (Greater Fool Theory). 급락이 오면 볼만할 것.
2017. 12.25	$13,709.41	비즈니스인사이더	Morgan Stanley says the true piece of bitcoin might be zero	비트코인이 화폐의 가치를 가질수 있을까? 없다. 비트코인과 관련된 이자율이 없기 때문.
2018. 01.05	$14,620.01	CNBC	Five Predictions for digital currency 2018	더욱 많은 기관들이 암호화폐시장에 들어올 것. 더욱 많은 규제로 비트코인 가격은 하락할 것 여전히 가격 변동성은 심할 것. 다른 대체 암호화폐들이 성장해도 비트코인은 건재할 것. 암호화폐와 관련된 IPO 생겨날 것.
2018. 01.09	$14,621.56	폭스비즈니스	JP Morgan CEO Jamie Dimon regrets saying Bitcoin is a 'fraud', but still isn't interested in it	지난 9월 했던 '비트코인은 사기다' 발언 후회. 블록체인은 진짜고, ICO는 개인적으로 관심갖을만 하다고 생각. 그러나 다른 사람들과 달리 여전히 난 비트코인에 관심이 없음.

그러다 2017년 들어서는 기사의 초점을 비트코인을 포함한 다양한 암호화폐의 가능성에 맞추기 시작했다. 최근 기사에서 '튤립 버블', '인터넷 버블', '철도 버블', '폰지 사기' 등의 단어를 찾아보기 어려워졌다. 물론, 비트코인과 암호화폐를 부정적 시선으로만 바라보는 매체도 여전히 존재한다. 하지만 주요 언론은 부정적인 면과 함께 가능성도 거론하면서 비트코인과 암호화폐에 대한 다양한 정보를 전달하기 시작했다. 미국 경제 전문잡지 《포브스》가 특히 그렇다. 비트코인에 대해 부정적 태도로 일관했다가 2017년 하반기부터는 비트코인 등 암호화폐 관련 정보를 선별해서 제공하는 '크립토 컨피덴셜 Crypto Confidential'이라는 서비스를 따로 만들었다. 크립토 컨피덴셜 구독 페이지에는 이렇게 적혀 있다.

> 많은 이들이 비트코인과 같은 '암호화 자산'을 새로운 시대의 금이라고 생각합니다. 그러나 암호화폐의 종류는 너무 많습니다. 블록체인 기술과 디지털 자산은 금융, 헬스케어, 정부, 기술, 에너지, 부동산 등을 포함한 무수히 많은 산업을 급진적으로 변화시킬 것입니다. 암호화 자산에 대한 정보와 중요한 뉴스를 '크립토 컨피덴셜'에서 매주 화요일과 금요일에 제공하는 이메일을 통해 가장 먼저 받아보세요.

이 문구는 《포브스》라는 글로벌 언론 매체가 비트코인과 암호화폐를 바라보는 지금의 관점을 보여준다. 2011년 비트코인의 종말을 점쳤던 《포브스》가 이제는 비트코인과 암호화폐를 새로운 시대의 금으로 정의한다.

경제 전문 방송 CNBC도 비슷하다. CNBC는 저명한 경제학자와 금융 전문가들의 비트코인에 대한 부정적인 인터뷰를 주로 내보냈다. 2017년 9월, 다이먼의 "비트코인은 사기다" 발언도 CNBC를 통해 전 세계에 퍼져나갔다. 2017년 6월에는 "비트코인은 버블이고 신봉자들이 만들어낸 종교"라고 말한 미국의 저명한 투자자이자 억만장자인 마크 큐번의 방송을 내보냈다. 경제·경영계의 유명 인사들을 불러 비트코인에 대한 부정적 견해만을 부각시켰다. 그런데, 2017년 말부터 CNBC의 행보가 확연히 달라졌다. 맹목적인 비난보다는 다양한 관점을 균형 있게 제시하려 하고 있다. 2017년 11월에는 투자은행 골드만삭스의 로이드 블랭크페인Lloyd Blankfein 회장의 비트코인에 대한 다양한 관점을 소개했다. 그는 인터뷰에서 이렇게 말했다.

비트코인이 법정화폐에서부터 출발한 자연스런 발전 과정 혹은 물리적인 돈에서 디지털 화폐로의 진행 과정이라고 본다면, 비트코인의 시가총액은 쉽게 정당화될 수 있다. 금본위제가 폐지되고 갑자기 법정화폐 시스템이 도입됐을 때도, 개인들과 기업들은 처음에 쉽게 받아들이거나 적용하지 못했다. 시간이 지나 세계경제는 법정화폐 시스템을 받아들였으며, 돈의 주요 형태로 사용하기 시작했다. 금에서 미국달러로 변화한 것과 마찬가지로 비트코인은 현재 법정화폐 형태에서 디지털 화폐 형태로의 자연스런 발전 과정을 이끌고 있다.

다이먼과 블랭크페인은 모두 거대 투자은행을 이끌고 있지만 둘의 비트코인과 암호화폐에 대한 관점은 확연히 다르다. 전자는 비트코인을 실체가 없는 버블 혹은 사기로 받아들인다. 후자는 화폐 시스템 자체의 진화 과정이라고 생각한다. 누구의 생각이 맞을까. 골드만삭스는 2018년 8월 출범을 목표로 자체 암호화폐 트레이딩 전담 부서를 꾸리고 있다. 그런데 다이먼은 2018년 새해 벽두부터 폭스 비즈니스Fox Business에 나와 지난해 9월 "'비트코인은 사기다'라고 말한 것을 후회한다"고 말했다. 다만 "블록체인 기술은 진짜이고 ICO는 개인적으로 관심 가져 볼만한 것이지만, 여전히 나는 비트코인에 관심 없다"고 덧붙였다.

아이러니하게도 10년 동안 줄기차게 버블이라고 외쳐온 각국 정부나 언론 매체들, 그리고 법정화폐 시스템을 옹호하는 다수의 유명인사들 덕분(?)에 비트코인 가격은 되레 올랐다. 스트라이샌드 효과다. 버블 얘기도 1~2년이지 10년째 버블이라고 하면 누가 버블이라고 믿겠는가. 이제는 그 어떤 유명인사가 비트코인은 실체 없는 투기라고 단언해도 비트코인 가격에 큰 영향을 미치지 못한다. 2018년 1월엔 살아 있는 투자의 전설 워런 버핏 버크셔헤서웨이 회장이 암호화폐의 결말은 안 좋을 것이고, 만약 존재한다면 현존하는 모든 암호화폐의 5년짜리 풋옵션을 살 것이라며 비트코인을 비난했지만 그 영향은 미미했다.

2017년 하반기부터 2018년 초까지 대한민국은 암호화폐 규제 열기로 뜨거웠다. 정부 당국자들의 말 한 마디에 시장이 요동쳤다. 2018년 1월 11일, 박상기 법무부 장관의 거래소 폐쇄를 목표로 추진하고 있다는 발언은 그 결정판이다. 말 한 마디에 비트코인은 2100만 원선에서 1400만 원까지 급락했다. 암호화폐 커뮤니티에서는 이를 '상기의 난'이라고까지 부른다. 한 가지 확실한 건, 미국을 비롯한 암호화폐 선진국들은 이미 지금 대한민국에서 벌어지고 있는 촌극을 다 겪었다는 사실이다. 더 중요한 건, 그럼에도 비트코인과 암호화폐는 앞으로 나아갔다는 점이다. 변화는 이미 시작됐다. '오마하의 현인' 버핏도 암호화폐에 대한 자신의 발언을 후회하게 될 날이 올 지도 모른다. 참고로, 그는 비즈니스 모델에 대한 낯설음과 IT 산업에 대한 무지로 아마존과 구글에 투자할 기회를 날려버렸다.

20억 명의 금융소외 계층을 구하라

강북의 대치동으로 불리는 서울 중계동의 가장 번화한 거리 이름은 은행사거리다. KB국민, 신한, 우리은행이 마주보고 서 있다(아쉽게(?)도 사거리 한쪽엔 은행이 없다). 목이 좋은 곳에는 어김없이 은행이 들어서 있다. 가능한 많은 고객을 유치하기 위해서다. 하지만 유동 인구, 혹은 상주인구가 적은 외딴 지역에는 은행이 없다. KB국민

은행 지점이 1000개가 넘지만 대부분 수도권이나 광역시에 몰려 있다. 지방으로 가면 지역 주민들이 운영하는 단위 농협을 빼곤 시중은행을 찾기 어렵다. 금융소비자 입장에서는 은행들이 밀집한 곳에만 몰려 있을 게 아니라 권역을 나눠 골고루 위치했으면 좋겠다. 은행 입장에선 그런 식의 입점은 돈이 안 된다. 핀테크 발달로 그나마 있던 영업점마저 없애는 추세다. 일본에선 수익성을 이유로 시골에서 은행이 철수하면서 동장이나 이장에게 일종의 저축은행 역할을 할 수 있는 권한을 줬단다. 머지않아 국내에서도 그런 광경을 목격할지 모르겠다.

시야를 글로벌로 넓혀보면 '돈이 안 된다'는 이유로 은행이 제공하는 금융 서비스 혜택을 받지 못하는 사람들, 이른바 금융소외 계층이 20억 명이다. 2억이 아니라 20억이다. 전 세계 인구의 30%를 웃돈다. 지금 대한민국에서 누리는 은행의 금융 서비스가 당연한 게 아니다. 남미, 아프리카, 동남아시아 등에는 평생 은행이라고는 구경 못 해본 이들도 많다.

◇ 신용=계급, 금융 서비스는 특권

2015년 세계은행에 따르면, 필리핀 전체 인구의 약 28%만이 은행 계좌가 있다. 21%만이 체크카드를 갖고 있으며, 12%만이 그 체크카드를 실제 지불 수단으로 쓰고 있다. 필리핀뿐만 아니라 인도네시아, 사하라 사막 남쪽에 위치한 다수의 아프리카 국가들, 남미의 콜롬비아나 페루 등에도 금융 소외계층은 소수가 아니라 다수다. 이들 지역과 국가에 유난히 금융 소외계층이 많은 이유로 낮은 임금과 생활 수준, 부족한 산업 인프라, 낮은 도시화율, 높은 문맹률, 열악한 정보화 시스템 등을 들 수 있다. 또한 광대한 영토에 마을을 형성하고 문명과 떨어져 생활하는 특성과, 이 때문에 신원 확인이 어렵다는 이유도 있겠다. 실제로 전 세계 인구의 약 5분의 1이 자신의 신원을 증명하지 못해 은행의 금융 서비스를 이용하지 못하고 있다. 학교 교육도 받지 못하고, 국가에서 제공하는 각종 복지 제도에서도 철저히 배제된다.

금융소외 계층들에게는 블록체인 기술의 혜택은커녕 500년이 넘은 은행의 기본 서비스조차 남의 이야기다. 이들은 은행의 문턱을 넘을 수 없으니, 은행을 통해 저축을 할 수 없고, 은행 전산망을 활용해 송금할 수도 없다. 노동 소득 이외의 자본소득은 꿈도 꾸지 못하며, 고국을 떠나 번 돈을 고향의 가족들에게 보낼 때에는 100% 운에 의지해야 한다. 일부 아프리카 국가에서는 지금도 돈을 보낼 때 보내려고 하는 지역으로 이동하는 사람에게 부탁한다. 선의의 나그네가 돈을 전달해주면 다행이고, 돈을 전달해주지 않으면 운이 나쁜 것으로 여긴다.

무엇보다 이들은 은행을 통해 신용을 부여받을 수 없다. 자본주의 시대, 신용은 일종의 계급이다. 법정화폐 경제 시스템에서는 신용도에 따라 사회적 계급이 부여되고 그에 걸맞은 다양한 혜택이 주어진다. 신용이 없는 이들은 대출을 받을 수도 없고, 카드를 쓸 수도 없다. 마치, 영화 「설국열차」에서 꼬리 칸에 무임승차해 바퀴벌레로 연명하는 주인공 '커티스(크리스 에반스)'와 같은 처지다. 설국열차 꼬리 칸 승객들이 처한 문제는 단순히 꼬리 칸의 생태계를 위협하는 데 그치지 않는다. 가난의 세습으로 인한 빈곤층의 증가, 이로 인해 발생하는 다양한 범죄, 급기야는 영화 「설국열차」에서처럼 폭동이 일어나 사회 혼란이 야기될 수도 있다. 국가와 사회의 안녕을 위해서는 20억 명이나 되는 금융소외 계층에 대한 대책이 시급하다.

다행히(?) 은행이 나섰다. 은행이 금융소외 계층을 비용이 아니라 가능성으로 인식하기 시작하면서다. 2011년부터 2014년 사이 약 700만 명의 금융소외 계층 성인이 새로 은행 계좌를 갖게 됐다. 금융소외 계층을 위한 대표적인 금융 서비스가 '마이크로파이낸스 Microfinance'다. 사회적 취약 계층에게 소액대출, 보험, 예금, 송금 등 다양한 금융서비스를 제공하는 사업이다. 대표적으로 방글라데시의 그라민 은행Grameen Bank이 있다. 설립자인 무하마드 유누스Muhammad Yunus는 1974년 방글라데시의 빈곤 퇴치에 기여하기 위해, 42가구에 27달러씩 빌려주기 시작했다. 이 프로젝트를 발전시켜 1983년 그라민 은행을 설립했다. 방글라데시의 가난한 금융소외 계층 사람들은 그라민 은행의 소액 대출금을 이용해 수레와 재봉틀, 송아지 등 경제 활동에 필요한 재화를 구매했다. 떼이고 말 거라는 우려를 뒤로하고, 이렇게 빌려준 돈의 98%를 회수했다. 그라민 은행이 방글라데시의 금융소외 계층에 '신용'이라는 새로운 계급을 부여했고, 이들은 신용을 통해 새로운 경제적 도약을 꿈꿀 수 있었다. 이러한 공로를 인정받아 유누스는 2006년 노벨 평화상을 받았다.

그러나 대출 이용자들의 낮은 신용에서 오는 위험과 은행 인프라를 사용할 때마다 발생하는 높은 수수료 때문에, 그라민 은행을 비롯한 마이크로파이낸스 회사들은 금융소외 계층 이용자들에게 높은 대출이자를 청구할 수밖에 없다. 이렇게 높은 이자율은 마이크로파이낸스의 확산에 큰 걸림돌이 되고 있다. 또, 그라민 은행 출범 이후 약 7000개가 넘는 마이크로파이낸스 은행들이 생겨났다. 소액 대출 건수가 2004부터 2011년 사이 매년 30%씩 늘어나는 등 과열 경쟁 양상도 나타났다. 경쟁에서 살아남기 위해 은행들은 점점 대출이자율을 올렸고, 새로운 고객을 유치하기 위해 도저히 돈을 갚을 수 없는 사람에게까지 대출해주기 시작했다. 현재 수만 개의 마이크로파이낸스 은행이 영업을 하고 있지만, 이를 통해 수십억 명의 금융소외 계층이 실질적인 금융서비스를 받게 되는 날은 요원해 보인다.

◇ 은행을 넘어서는 은행

엠페사M-Pesa가 본격적인 서비스를 시작한 2007년이 돼서야 케냐의 금융소외 계층들은 기본적인 금융서비스를 누릴 수 있게 된다. 엠페사는 케냐의 최대 통신사인 사파리콤Safaricom과 남아프리카공화국의 통신사 보다콤Vodacom의 휴대전화를 이용해 비접촉식 결제, 송금, 소액금융 등을 제공하는 서비스다. 사용자는 엠페사 대리점(중개업체)을 방문해 계정을 만든 뒤 현금을 건네면, 같은 금액의 이플롯e-float

이 사용자의 핸드폰으로 전송된다. 이 돈은 케냐의 법정화폐인 실링 단위로 저장되는 것이 아니라, 엠페사가 만든 고유 화폐 단위인 이플롯에 대한 청구권 형태로 보관된다. 이플롯에 대한 청구권은 사파리콤 명의의 은행 계좌에 있는 예금으로 보증된다. 즉, 이플롯은 확실한 실체, 곧 담보가 있는, 케냐의 또 다른 화폐인 셈이다. 게다가 법정화폐(실링)보다 사용하기 더 편하다. 사용자들은 핸드폰 문자메시지를 통해 이플롯을 자유롭게 주고받으며, 제한적이긴 하지만 일상생활에서 실링 대신 사용할 수 있다. 현재 케냐 사람들의 3분의 2 이상이 엠페사를 사용한다. 케냐 경제규모의 20%가 넘는 수준이다.

엠페사가 20억 명의 금융소외 계층을 위한 지속가능한 해법이 될 수 있을까. 핸드폰을 활용한 전자화폐 거래 시스템은 시쳇말로 '신박'하다. 문제는 엠페사의 서비스가 아니라, 해당 서비스를 유지하기 위해 선결돼야 하는 인프라다. 엠페사와 같은 핸드폰 금융서비스는 전적으로 은행 서비스에 의존한다. 케냐인들이 엠페사를 많이 이용하면 할수록 전국의 사파리콤 대리점에는 매일 방대한 양의 현금다발이 쌓여갔다. 앞서 언급했듯, 케냐인들의 3분의 2 이상이 엠페사를 이용하고 있다. 사파리콤 대리점 직원들은 매일 현금 뭉치를 들고 은행을 찾아가야만 했다. 외곽 지역 대리점 직원들은 은행을 찾아 몇 시간을 차를 타고 이동해야만 했다. 상상해보자. 배를 곯고 있는 와중에 저기 사파리콤 대리점에 매일 현금다발이 쌓여가는 걸 본다. 아마 당장이라도 강도짓을 해 돈을 뺏고 싶을 것이다. 은행 수준의 금고도 없기 때문에 돈 뺏기는 더 쉬울지 모르겠다. 현금 수송 차량을 탈취하는 것도 방법이다. 게다가 산간벽지에 있는 대리점에는 입금하러 오는 고객보다 전송받은 돈을 찾으러 오는 손님들이 압도적으로 많아, 매일 유동성 부족에 시달렸다.

무엇보다 가장 큰 리스크 요인은 엠페사 서비스의 근간이 사파리콤에 대한 절대적인 신뢰에 기반하고 있다는 점이다. 사파리콤이 고객의 현금을 정확하고 정직하게 보관하고 운영하며, 기반이 되는 통신 기술과 네트워크를 안전하게 유지하기 위해 최선을 다한다는 전제 하에 엠페사 서비스가 이뤄진다. 엠페사 역시 '절대적으로 신뢰할 수 있는 제3의 존재'를 필요로 한다는 점에서, 은행들의 중앙화된 시스템과 별반 다를 게 없다. 사파리콤은 은행들처럼 가장 돈이 필요한 순간에 문을 닫아버릴지 모른다.

전통 금융 산업에서 출발한 마이크로파이낸스는 높은 이자율과 비용 때문에, IT에 중점을 둔 엠페사는 맹목적이고 절대적으로 신뢰할 수 있는 제3자가 필요하다는 점 때문에, 두 서비스 모두 20억 명의 금융소외 계층을 포용하기에는 무리다. 그래서 최근에는 비트코인과 같은 암호화폐를 활용해 마이크로파이낸스와 엠페사가 갖고 있던 한계점을 극복하려는 움직임이 본격화하고 있다.

비트코인을 비롯한 다양한 암호화폐는 개인 간 거래 네트워크를 기반으로 만들어졌다. 그래서 불필요한 제3자도, 맹목적인 신뢰를 보내야하는 집단도 필요하지 않다. 누구나 블록체인을 활용해, 그 누구도 신뢰할 필요 없이, 금전적 거래를 일으킬 수 있다. 엠페사 서비스에서 사용되는 이플롯 대신 비트코인이나 이더리움을 활용하면,

케냐인들은 사파리콤이 그들이 맡긴 돈을 횡령하거나 사파리콤 자체가 파산해 돈을 못 받게 되는 위험을 모두 피할 수 있다. 케냐인들이 할 일은 간단하다. 비트코인을 보관할 수 있는 지갑을 만들고, 비트코인을 사용하면 된다. 실제로 비트코인은 자국의 법정화폐 가치가 불안한 국가에서 광범위하게 유통된다. 베네수엘라는 국민의 상당수가 생계 유지를 위해 비트코인을 활용한다. 심지어 베네수엘라주 정부는 2017년 말, 원유 50억 배럴을 기반으로 한 암호화폐 '페트로Petro' 발행 계획을 발표했다.

돈을 주고받을 때에도 비트코인을 활용하는 것이 수수료가 저렴하다. 특히 해외 송금에 있어서 그렇다. 스위프트망을 활용하면 아무리 소액을 송금한다고 해도 비싼 고정 수수료를 내야 한다. 최근 비트코인 거래량이 늘면서 수수료가 1만 원 수준(2018년 1월 19일 기준, 1만 1000원)[7]으로 비싸졌지만, 세그윗Segwit과 라이트닝 네트워크Lightning Network 등과 같은 다양한 확장성 솔루션이 적용되면 수수료는 앞으로 낮아질 전망이다. 당장의 수수료가 부담이라면, 이더리움(100원)[8]이나 비트코인캐시(100원)[9] 등 다른 암호화폐를 사용하면 된다. 암호화폐는 기술과 함께 진화하는 화폐다.

◈ 포용적 금융을 위한 비트코인

패리사 아흐마디Parisa Ahmadi는 아프가니스탄의 평범한 여고생이다. 여기서 평범이 우리가 생각하는 평범과는 사뭇 다르다. 아프가니스탄 여성들은 대부분 은행 계좌가 없다. 사회활동도 자유롭지 못하다. 설령 여성이 돈을 벌더라도 그 돈은 아버지나 남자 형제들의 은행 계좌로 이체해야 한다. 아프가니스탄에서는 여성이라는 이유만으로 '사유재산권'을 완전히 박탈당한다. 아흐마디는 자신이 감명 깊게 본 영화에 대한 글을 블로그에 올리면, 필름아넥스**Film Annex**라는 회사는 아흐마디에게 원고료를 준다. 필름아넥스가 아흐마디를 비롯한 전 세계의 수천수만 명의 필자들에게 원고료 명목으로 소량의 돈을 송금한다고 가정해보자. 원고료보다 거래 비용(스위프트망을 사용하는 대가)이 더 들지 모르겠다. 필름아넥스는 그래서, 일부의 반발에도 2013년 블로거들에게 법정화폐(달러 등) 대신 비트코인을 지급하기로 결정했다. 이런 결정은 아흐마디의 삶을 완전히 바꿨다. 아흐마디는 더 이상 필름아넥스에서 받은 돈을 남자 형제들이나 아버지에게 맡길 필요가 없다. 인터넷에서 비트코인 지갑을 만들고 개인키를 직접 보관하면 된다. 아흐마디는 자신의 재산을 스스로 관리할 수 있게 됐다. 비트코인이 아흐마디에게 경제적 자유를 가져다 준 셈이다. 아흐마디는 더 이상 아버지나 남자 형제의 부속물이 아니라 자신의 인생을 스스로 설계하고 미래를 꿈꿀 수 있게 됐다고 말한다. 마이클 케이시와 폴 비냐의 공저 『비트코인 현상, 블록체인 2.0』의 첫 단락에 나오는 사례다. 포용적 금융은 각국의 정상들이나 재무장관들이 한데 모여 공허한 담론을 나눈다고 이뤄지는 게 아니다. 현장에서 뛰는 블록체인과 암호화폐 스타트업들에 의해 실현될 가능성이 더 크다.

솔트^{SALT}는 블록체인 기반의 자산, 즉 비트코인과 같은 암호화폐를 담보로 법정화폐를 빌려주는 대출 플랫폼 운영 회사다. 솔트를 이용하기 위해서는 별다른 대출 심사가 필요 없다. 신용조회 자체를 하지 않는다. 고객들은 단지 솔트의 회원이 되기 위해 솔트 토큰을 구매하고, 자신의 비트코인이나 암호화폐를 담보로 설정하면 끝이다. 중도상환수수료도 당연히 없다. 대출이자는 10~15% 수준이며, 담보로 맡긴 비트코인의 금액이 높을수록 이자는 더 내려간다. 비트코인과 같은 암호화폐를 소유하고 있다는 사실만으로, 전 세계 수천만 명의 사람들이 새로운 신용을 얻게 된 셈이다. 선진국에 있는 비트코인 보유자들에게는 비트코인을 쓰지 않으면서도 대출을 통해 다양한 비즈니스 기회를 찾을 수 있게 됐다. 법정화폐가 제 구실을 못하는 국가의 사람들은 비트코인을 실생활에 효율적으로 사용할 수 있는 길이 열렸다. 그리고, 금융에서 철저히 배제된 사람들은 전통 금융회사들이 요구하는 높은 진입 장벽을 넘기 위해 매달릴 필요가 없게 됐다. 새로운 시대 새로운 기술은, 그들이 전례 없던 방법으로 신용을 얻을 수 있게 해 줬다. 대출뿐만 아니라 투자 역시 비트코인과 암호화폐로 가능해졌다. 전통 금융시장에서 투자 부적격자로 낙인찍힌 사람들, 은행 문턱도 못 밟아본 사람들도 비트코인이 있으면 금융 엘리트들이 운용하는 펀드에 손쉽게 가입할 수 있다.

전통 금융회사들과 블록체인을 활용한 새로운 금융회사들의 상호 보완적 협력 관계는 전 세계 금융소외 계층들에게 진정한 의미의 포용적 금융을 제공할 수 있는 방법이다. 2013년 세계은행에 따르면,

전 세계 인구의 10.7%가 하루에 1.9달러에 못 미치는 돈으로 살고 있다. 이들을 포함해 20억 명의 금융소외 계층이 있다. 이들에게 비트코인 등 암호화폐를 활용해 새로운 금융서비스를 제공한다면, 수많은 아흐마디가 탄생할 지도 모른다.

비트코인은 주식과 달리 실물경제에 아무런 영향을 주지 못한다고 주장하는 사람들도 있다. 일본 최대 증권사인 노무라증권이 2017년 말 낸 보고서로 반박하겠다. 보고서에는 비트코인 가격 상승이 일본 국내총생산 증가(약 0.3%포인트)에 긍정적 영향을 미친다고 나왔다. 비트코인의 가치가 상승하면 자산가치가 상승하게 되고, 이는 당연히 소비로 이어진다는 논리다. 20억 명의 소외된 자들이 비트코인을 통해 자산을 축적하고 소비를 하게 되면, 이때는 상상을 초월하는 규모의 시장이 열리는 것이다. 글로벌 컨설팅회사 엑센추어 Accenture는 20억 명의 금융 소외자를 구제해야 하는 이유로, 은행들이 이들을 포용했을 때 얻게 되는 경제적 이익을 들었다. 이들이 추산한 새로운 매출액 규모는 약 3800억 달러(약 400조 원)에 이른다. 전통 금융회사의 낡은 방식으로는 어렵다. 블록체인과 암호화폐가 접목돼야만 한다.

CHAPTER 07
화폐의 운명이 걸린 확장성 전쟁

확장성 문제를 해결한 자, 왕좌에 앉으리라

2018년 1월 18일. 암호화폐 커뮤니티가 달아올랐다. 이날 암호화폐를 집중적으로 다룬 토론 프로그램이 국내에서는 처음으로 방송됐다. 사회자는 손석희 JTBC 사장이 맡았다. 암호화폐를 반대하는 쪽에는 유시민 작가(전 보건복지부 장관), 한호현 경희대 컴퓨터공학과 교수가 포진했다. 찬성하는 쪽에는 정재승 카이스트 바이오 및 뇌공학과 교수, 김진화 블록체인협회 준비위원회 공동대표가 나섰다. 커뮤니티에서는 암호화폐를 바다이야기 쯤으로 보는 정부의 시각과 이에 동조하는 기성세대의 오해를 깨끗이 날려줬으면 하고 바랐다. 블로그나 스팀잇 같은 인터넷 매체에 올라오는 글보다는 방송이 훨씬 대중적인 미디어이기 때문이다.

결과는? 암호화폐의 가능성을 지지하는 이들은 고구마 열 개는 먹은듯한 답답한 심정으로 방송을 지켜봐야 했다. 토론에 능한 유 작가의 대중 언어에 토론은 반대쪽 입장으로 기울었다. 방송이 끝나고 난 뒤 인터넷에는 유시민의 완벽한 승리라며 코인충들은 물러가라는 식의 글이 쇄도했다.

뭐가 문제였을까. 유 작가는 처음부터 "오늘은 비트코인 얘기만 하자"라며 프레임을 짰다. 암호화폐의 다른 가능성을 원천봉쇄했다. 그리고 지금 현재 비트코인의 약점을 파 들었다.

> 우리가, 보통사람이 갖고 있는 질문은 이거에요. 지금까지 화폐가 아니었다. 오케이. 미래의 화폐가 될 수 있나 그게 제일 궁금한 거에요. 그냥 추상적으로 가상화폐를 말하는 게 아니라 비트코인이요. 비트코인이 지금 선두주자고 값이 천정부지로 올랐는데 이 비트코인이라는 암호화폐가 실제 거래수단이 될 수 있나가 제 질문이에요. 안 되는 거죠?

몰아붙인 뒤에는 결론을 내렸다.

> 사기를 치려고 했기 때문에 사기가 아니라, 현실적으로 이렇게 되지 않고 있고 기술적인 면과 시스템을 검토해볼 때 비트코인이 이 목표(※즉

각적인 P2P 거래, 세계 어디서나 결제 가능, 무료 또는 낮은 수수료 등)를 달성할 가능성은 제로라고 봐요. 사기죠.

유 작가는 모두 맞는 말을 했다. 10분마다 블록을 생성, 곧 결제 처리가 10분마다 되기 때문에 화폐로 쓸 수 없다. 수수료가 없거나 낮다고 했는데 오히려 은행 송금 수수료보다 비싸서 화폐로 쓸 수 없다. 그렇다면 그의 말대로 비트코인은 정말 사기일까. 아니다. 토론의 전제 자체가 틀렸다. 비트코인은 진화하는 화폐다. 지금 이 순간에도 유 작가가 지적한 문제를 해결하기 위한 노력은 계속된다.

◇ 비트코인은 거래 수단이 될 수 있을까

2017년 들어 비트코인에 대한 관심이 폭증했다. 이는 화폐에 대한 대중의 선입견을 바꿨다. 법정화폐 유일 시스템에 균열을 냈다. 2030세대, 이른바 밀레니얼 세대는 비트코인을 그 어떤 계층보다 빨리 받아들였다. 2017년 10월 미국 벤처회사인 블록체인 캐피탈 Blockchain Capital이 18~34세 미국 성인남녀 2000명을 대상으로 설문조사를 실시한 결과, 27%가 1000달러 상당의 주식보다 1000달러 상당의 비트코인을 선호한다고 답했다. 52%는 비트코인이 금융에 긍정적인 혁신을 가져올 것이라는 주장에 동의했으며, 27%는 비트코인이 대형 은행들보다 믿을만하다고 답했다. 비트코인은 이렇게 넘치는 수요를, 그리고 앞으로 더 늘어날 수요를 충족시킬 수 있을까. 곧, 유 작가가 질문한 것처럼 "비트코인이라는 암호화폐가 실제 거래 수단이 될 수 있"을까. 현재로선 그 답은 '아니오'다.

암호화폐 투자자들에겐 불경한 말로 들릴지 모르겠지만, 현재 비트코인은 전 세계 수십억 명이 일상생활에 빈번하게 사용하기엔 무리가 있다. 무엇보다 거래 처리 속도가 느리다. 1초에 세 개에서 다섯 개의 거래밖에 처리를 못한다(시가총액 2위 암호화폐인 이더리움도 초당 스무 개 수준에 불과하다). 후하게 쳐서 초당 다섯 개 거래를 처리한다고 해도, 하루(8만 6400초)에 고작 43만 2000개의 거래만 처리할 수 있다. 지급·결제 수단이라는 측면에서 경쟁업체 비자의 경우, 1초에 평균 1667개의 거래를 처리한다. 거래가 몰릴 경우 최대로 처리할 수 있는 거래 수는 1초에 약 5만 6000개다. 하루 약 1억 4000건, 최대 48억 개가 넘는 거래를 처리할 수 있다.

앞선 물음에 대한 답에 방점을 다시 찍어보자. '현재로선' 아니오다. 우리가 눈여겨 봐야할 건 '아니오'가 아니라 '현재로선'이라는 문구다. 비트코인은 다른 화폐와 달리 진화하는 화폐다. 신용카드도 진화하지 않느냐고? 발전(?)하기는 한다. 크기가 작아지고, 혜택이 많아지며, 각종 웨어러블 기기에 달려 나오기도 한다. 하지만 겉모습과 부차적인 특징만 변할 뿐이다. 핵심은 달라지지 않는다. 비트코인은 프로토콜 자체가 진화하고 발전한다. 이를 통해 전에 없던 새로운 비즈니스 모델을 창조하기도 한다. 이것이 비트코인의 '확장성'이다.

확장성은 시간이 지남에 따라 생겨나는 변화를 받아들이는 능력이다. 이러한 변화는 대부분 성장으로 이어지기 때문에 '확장', 혹은

'업그레이드'라고 표현한다. 확장성이 의미하는 바는 다양하지만, 현재는 더욱 많은 사람이 사용할 수 있도록 거래 처리 속도를 높이는 것으로 그 적용 범위를 좁혀서 지칭하기도 한다. 여기에서도 일단 확장성의 의미를 거래 처리 속도 개선으로 좁혀 얘기하겠다.

확장성은 비트코인 등 암호화폐에 있어 매우 중요한 개념이다. 암호화폐가 현실 세계에 온전히 뿌리내리기 위해 반드시 필요하다. 물물교환 시대에서부터 상품화폐(조개, 곡물, 피혁 등), 금속화폐(금, 은, 구리 등), 그리고 불태환 화폐(금으로 교환할 수 없는 화폐), 즉 국가의 법적 강제력을 기반으로 한 법정화폐 시대에 이르기까지. 형태는 달라도 모든 화폐는 인류 역사의 발전과 함께 사회에 스며들어 산업을 발전, 유지하는 역할을 하고 있다. 즉, 가계와 기업이 사람의 몸이라면, 화폐는 혈액과 같다. 혈액 순환이 멈추면 생명이 위태로워진다. 마찬가지로 화폐도 일정 속도로 다양한 산업을 순환해야 화폐의 가치가 생긴다. 이런 측면에서 비트코인을 비롯한 다양한 암호화폐는 그 순환 속도가 기존 법정화폐와 비교했을 때 턱없이 느리다. 따라서 확장성 문제를 해결하는 것은 법정화폐의 종전 기능을 대신하기 위해서 뿐만 아니라, 장기적으로 비트코인을 비롯한 암호화폐의 생존이 걸린 중요한 문제다.

확장성 문제는 또한, 비트코인 생태계를 구성하는 커뮤니티들의 니즈와 직접적으로 연결된다. 비트코인 생태계의 주요 구성원은 사용자 및 투자자, 그리고 서비스 제공자다. 이들의 니즈는 명확하다. 비트코인의 시간당 거래 처리 속도를 늘리는 것이다. 사용자들은 비트코인의 사용처가 늘어나길 원한다. 이를 위해선 거래 처리 속도가 빨라져야 한다. 투자자들은 자신들이 보유하고 있는 비트코인의 가치가 오르길 원한다. 화폐로서의 한계를 보여주는 지금과 같은 거래 처리 속도로는 가치가 오를 수 없다. 서비스 제공자들, 즉 비트코인을 활용해 사업하는 기업들 역시 거래 처리 속도가 빨라지길 원한다. 그래야 사람들이 비트코인 관련 서비스를 불편함 없이 이용할 수 있다. 확장성 문제의 해결은 비트코인의 생존이 걸린 문제다.

◈ 확장성 문제는 성공한 기술의 문제

비트코인, 이더리움 등은 형태로 보자면 플랫폼 화폐다. 엄밀히 말하자면 돈 자체도 플랫폼이다. 돈이라는 플랫폼 위에서 사람들은 각자의 욕구를 해결한다. 강남의 아파트를 사려는 욕구, 좋은 자동차를 소유하려는 욕구, 소중한 사람들에게 선물을 하고 싶다는 욕구 등, 다양한 인간의 욕구가 돈이라는 플랫폼 위에서 구현된다. 다만 돈을 플랫폼이라고 느끼지 못하는 이유는 국가가 개입한 독점 플랫폼이라는 한계 때문이다. 모든 인간의 욕구는 법정화폐의 틀에서 해결돼야 했다. 비트코인을 비롯한 암호화폐는 돈이라는 플랫폼을 민간으로 가져와 다양성을 부여했다. 특정 집단의 사익이 아닌 모두의 공익이 증대될 수 있는 플랫폼의 민주화를 지향한다. 플랫폼이 민간의 영역으로 편입될 때에는 필연적으로 '경쟁'이 수반된다. 법정화폐처럼 국가 독점 체제가 아니다. 플랫폼 비즈니스의 특징 중 하나는 사용자들이 플랫폼의 가치를 매긴다는 점이다. 초기에는 플랫폼 자체의 경쟁력이 중요할 수 있으나, 이후에는 해당 플랫폼을 사용하는 사용자들에 의해 경쟁력이 유지된다. 현재 시점에서 플랫폼이 우수한지 아닌지를 판별할 수 있는 척도는 확장성이다. 확장성이 우수한 플랫폼은 경쟁이 치열한 미래의 화폐 플랫폼 전쟁에서 승리할 가능성이 크다. 화폐에도 경쟁의 시대가 도래했다.

비트코인을 부정적으로 바라보는 사람들 중 상당수는 비트코인으로 일상생활에서 서비스와 재화를 법정화폐 만큼이나 편리하게 쓸 수 없다고 주장한다. 틀린 말은 아니지만, 이들이 간과한 것이 있다. 비트코인은 탄생한지 10년도 안 된 화폐라는 점, 법정화폐 역시 처음 생겨났을 때에는 적잖은 사회적 혼란을 가져왔다는 점이다. 비트코인은 현재 일상생활에서 쓰기엔 너무 불편하다. 바꿔 말하면, 확장성 측면에서 굉장히 불편하다. 그런데 가정해보자. 비트코인이 생겨난 지 1~2년 만에 사라졌다면 지금 우리가 확장성 얘기를 하고 있을까. 유 작가의 말대로 그냥 기묘한 장난감이 생겨났다 유행이 지나 사라졌다고 여겼을 것이다. 지금 확장성 이슈를 둘러싸고 찬반양론이 격렬하게 오간다는 건 이미 비트코인이 우리 사회에 성공적으로 뿌리내리고 있음을 방증한다. 블록체인 캐피탈의 설립자인 브록 피어스는 2016년 4월 《비트코인 매거진》과의 인터뷰에서 이렇게 말했다.

비트코인은 너무나 성공적입니다. 기하급수적으로 발전하고 있어요.

그 결과, 확장성 이슈를 해결해야 하는 상황에 봉착한 거죠. 이(확장성 이슈)는 페이스북이나 왓츠앱과 같은 홀륭한 회사들도 해결해야할 문제입니다. 확장성 문제는 아주 성공한 기술이 갖는 문제입니다.

스몰 블로커, 블록 사이즈를 사수하라

확장성 이슈는 이를 대하는 태도에 따라 둘로 나뉜다. 오프체인 솔루션Off-chain Solution과 온체인 솔루션On-chain Solution이 그것이다.

먼저, 오프체인 솔루션은 말 그대로 블록체인의 외부에서 문제 해결 방안을 강구하는 방법이다. 블록체인을 직접 건드리지 않고 블록체인 외부에 다양한 기술을 덧대 확장성 문제를 해결하려는 시도다. 사토시 나카모토가 비트코인을 처음 만들 때 정해 놓은 1MB의 블록사이즈를 그대로 유지하길 원한다고 해서, 흔히 스몰 블로커Small Blocker라고도 부른다. 이들이 추구하는 대표적인 확장성 해법이 2017년 8월 23일 48만 1824번째 블록에서부터 활성화된 '세그윗'이다. 2017년 한 해 동안 비트코인 커뮤니티에서 가장 많이 회자된 단어다. 세그윗은 오프체인 솔루션을 지지하는 그룹의 메인 솔루션이었다. 그 자체의 활성화 여부가 비트코인 가격은 물론 생태계 전반에 막대한 영향력을 행사했다. 실제로 세그윗이 활성화된 시점부터 비트코인 가격은 강한 상승세를 나타냈다. 스몰 블로커들에게 세그윗은 확장성 전쟁에서 승리하기 위해 꼭 필요한, '토르의 묠니르(망

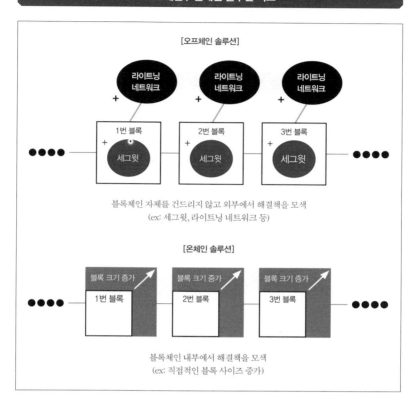

오프체인 / 온체인 솔루션 비교

[오프체인 솔루션]

라이트닝
네트워크
+

라이트닝
네트워크
+

라이트닝
네트워크
+

1번 블록
+
세그윗

2번 블록
+
세그윗

3번 블록
+
세그윗

블록체인 자체를 건드리지 않고 외부에서 해결책을 모색
(ex: 세그윗, 라이트닝 네트워크 등)

[온체인 솔루션]

블록 크기 증가
1번 블록

블록 크기 증가
2번 블록

블록 크기 증가
3번 블록

블록체인 내부에서 해결책을 모색
(ex: 직접적인 블록 사이즈 증가)

치)'와 같은 무기다.

◇ 가게가 붐비면 테이블 위치를 바꿔라

세그윗을 설명하기에 앞서, 두 가지를 살펴보자. 먼저, 비트코인 거래 처리 과정이다. 모든 비트코인의 거래는 비트코인 네트워크에 전송된다. 채굴자(마이너)들은 네트워크에 전송된 수많은 거래를 자신이 채굴하려는 블록에 담는다. 그런데 채굴자들이 갖고 있는 블록은 최대 1MB라는 크기 제한이 있다. 1MB 사이즈의 블록을 열고 여기에 거래를 하나씩 담아 나가되, 거래들이 점점 블록에 담겨 블록이 가득 차게 되면 더 이상 거래를 담을 수 없게 된다. 마치 엘리베이터의 정원은 정해져 있고, 정원을 초과하면 엘리베이터가 작동을 안 하는 것과 같다. 늦게 탑승한 사람이 내리듯, 마지막에 포함된 거래는 빠지고 1MB라는 정원을 유지한 채 블록의 문이 닫힌다. 비트코인 탄생 초기에는 1MB 블록 사이즈로도 거래를 처리하기엔 무리 없었다. 거래량이 폭발적으로 늘어난 최근에는 1MB 블록으로 거래를 순차적으로 처리하기가 상당히 버거워졌다.

거래들은 네트워크에 전송되면 바로 블록에 포함되는 것이 아니라, 일단 자기 차례가 올 때까지 기다리는 공간이 있다. 이를 메모리풀Memory Pool, 줄여서 멤풀Mempool이라고 부른다. 마치 맛집으로 소문난 음식점 한 쪽에 마련된 손님 대기실과 같다. 손님들은 대기실에서 기다리다 종업원의 호출을 받으면 차례로 식당에 들어가 앉는다. 문제는 해당 음식점이 「수요미식회」 같은 프로그램에 나오면서 너무 유명해졌을 때다. 자리에 앉아서 음식을 즐기는 손님보다 대기실에서 자리가 나길 기다리는 손님들이 훨씬 많아져, 대기실이 미어터질 지경이다. 2017년 하반기부터 멤풀에 머무르는 거래들의 숫자가 급증했다. 이 와중에 앞의 거래들보다 조금이라도 먼저 자신의 거래를 블록에 편입시키기 위해 거래 수수료 경쟁이 일어났다. 이 때문에 최근 비트코인 전송 수수료가 과거보다 굉장히 비싸졌다.

음식점 주인은 손님이 늘었으니 마냥 기쁠까. 아니다. 어차피 식사 공간은 한정돼 있다. 매출에 큰 변화가 없다. 되레 대기실서 기다리던 손님들이 기다림에 지쳐 인터넷 커뮤니티에 식당에 대한 안 좋은 글을 쏟아낼 수 있다. 주인의 선택은 두 가지다. 하나는, 가게를 늘리는 것이다. 더 넓은 곳으로 옮겨 더 많은 테이블을 놓으면 된다. 다른 하나는 테이블을 재배치하거나 불필요한 물건을 최대한 없애 제한된 공간을 효율적으로 활용하는 방법이다. 첫 번째 방법처럼 블록 사이즈(점포)를 직접 늘리고 싶어 하는 사람들이 빅 블로커**Big Blocker**다. 반대로 주어진 공간을 효율적으로 사용하고 싶어 하는 사람들이 스몰 블로커다. 세그윗은 스몰 블로커들이 한정된 1MB의 블록을 효율적으로 사용할 수 있게 해주는 확장성 솔루션이다.

다음으로 세그윗을 이해하기 위해 알아야할 개념은 디지털 서명 **Digital Signature**이다. 디지털 서명은 1975년 디피와 헬먼이 발명한 '공개키 암호화 방식'을 응용한 기술이다. 공개키 암호화 방식은 자물쇠 역할을 하는 상대방의 공개키로 메시지를 암호화해 전송하는 기술이다. 자신의 공개키로 암호화된 메시지를 전달받은 수신자는 자신만이 알고 있는 개인키를 갖고 해당 메시지의 암호를 푼다. 용재가 란이에게 비밀 메시지를 보낸다면, 란이는 자신의 공개키와 매칭되는 개인키를 통해 해당 메시지를 복호화 하면 된다. 여기서 드는 한 가지 의문점은 란이가 받은 메시지가 과연 용재가 처음에 보내려고 했던 원본 메시지와 같다고 단언할 수 있을까라는 점이다. 누군가가 용재를 가장해 거짓 메시지를 암호화해 란이에게 보냈을 수도 있다. 이런 의구심을 해결하기 위해 나온 기술이 바로 디지털 서명이다. 전자화된 서명을 말하며, 국내에서는 '전자서명법'을 통해 법적 구속력을 갖는다. 즉, 인터넷 세계에서 인감도장과 같은 역할을 한다. 용재가 작성한 메시지에 용재의 디지털 서명이 들어 있다면, 그 메시지는 용재가 만든 원본 메시지로 간주하고 전송 과정에서 위변조가 없었음을 증명한다는 뜻이다.

디지털 서명의 원리는 이렇다. 용재가 란이의 공개키를 활용해 메시지를 암호화하기 전에 자신의 개인키를 활용해서 원문 메시지를 암호화한다. 이를 '원본 메시지에 디지털 서명을 넣는다'고 표현한다. 용재는 자신의 디지털 서명으로 암호화된 원본 메시지와 함께 자신의 디지털 서명을 입증할 수 있는 힌트를 동봉해 란이의 공개키를 활용해 암호화한 뒤 란이에게 보낸다. 이와 같이 이중으로 암호화된 메시지를 수신한 란이는 먼저 자신의 개인키를 통해 1차 복호화 한 뒤, 디지털 서명이 들어 있는 암호화 메시지를 도출한다. 이후 용재가 동봉한 힌트를 통해 용재의 디지털 서명을 한 번 더 복호화 한다. 이를 통해 전달받은 원본 메시지는 용재가 애초 란이에게 보내고자 한 원본 메시지임을 입증한다. 용재의 디지털 서명은 용재의 개인키를 통해서만 생성이 가능하고, 용재가 보낸 힌트를 통해 란이는 해당 디지털 서명을 성공적으로 복호화 했기 때문이다. 즉, 용재가 준 힌트로 용재가 만든 디지털 서명을 복호화 했다는 건 해당 디지털 서명 역시 용재가 직접 자신의 개인키를 활용해서 만들어냈다는 것을 입증한다.

디지털 서명 기술은 일상생활에서 빈번하게 쓰인다. 온라인 쇼핑이나 인터넷 뱅킹에서 쓰는 '공인인증서'도 디지털 서명 기술의 하나다. 디지털 서명을 통해 해당 재화나 서비스를 구매하려는 당사자가 본인이라는 것을 입증한다. 인터넷을 통해 발급받은 주민등록 등초본 등 관공서의 문서에 찍혀 있는 직인 역시 이 문서를 발급한 기관이 진짜임을 입증해주는 디지털 서명이다. 디지털 서명 기술은 비트코인 네트워크에서도 중요하게 사용된다.

블록 안의 거래는 크게 버전^{Version}, 입력값^{Input}, 출력값^{Output} 등으로 구성돼 있다(나머지 구성 요소는 중요하지 않으니, 일단 '기타'로 분류하고 존재한다고만 알아두자). 먼저 버전은 해당 거래가 따르는 규칙을 명시하는 필드다(구성 요소들이 존재하는 위치나 영역 등을 필드^{Field}라고 부른다). 다음으로, 입력값이란 해당 거래가 참조할 UTXO(소비되지 않은 거래 출력값)를 말한다. 참조한 UTXO의 소유권이 검증되면 잠겨 있던 UTXO는 해당 거래를 위해 해제된다. 마지막으로, 출력값이란 해당 거래를 통해 새롭게 생겨난 UTXO를 의미하며, 이는 다음 거래를 위해 생겨남과 동시에 잠겨진다. 이처럼 비트코인의 거래란 잠금^{Lock}과 해제^{Unlock}의 연속이며, 여기서 열쇠 역할을 하는 것이 바로 디지털 서명이라는 존재다.

노드들은 거래의 유효성을 검증할 때, 입력값에서 참조하는 UTXO와 그것의 소유권을 나타내는 디지털 서명을 출력값 필드에 존재하는 공개키로 검증한다. 유효한 거래라고 판명이 날 경우, 입력값에서 지칭한 UTXO의 잠금이 해제되고 거래가 일어난다. 이로 인해 출력값 필드에 생성된 새로운 UTXO는 곧 가장 최신 일자의 비트코인 장부가 되며, 곧바로 모든 노드에 전파된다.

여기서 한 가지 의문점이 든다. 개인키로 UTXO의 소유권을 주장하면 안 될까. 물론 개인키만큼 UTXO의 소유권을 확실하고 직접적으로 증명해 줄 수 있는 것은 없다. 그렇지만 비트코인의 개별 거래에 당사자의 개인키 정보를 담는다는 것은 꿩장히 위험하다. 왜냐하면 모든 노드는 거래의 유효성을 검증하기 위해 블록 내의 개별 거래를 모두 열람할 수 있기 때문이다. 이는 블록체인 기술의 가장 큰 특징이기도 하다. 거래 속에 개인키 정보가 들어있다면 과연 노드들은 어떻게 행동할까. 2018년 1월 JTBC 특별토론에 출연해 "자발적 선의로 퍼블릭 블록체인의 구성이 가능하다"고 발언한 한호현 경희대 교수의 주장처럼, 노드들은 불굴의 착한 의지로 수많은 거래 당사자들의 개인키 정보를 철저히 모른 척할 수 있을까. 개인키만 알면 그가 소유한 디지털 자산을 모두 차지할 수 있는데도? 이러한 이유로 비트코인 거래에서도 개인키 대신 개인키를 소유하고 있음을 증명할 수 있는 디지털 서명을 사용한다. 디지털 서명을 사용하면 개인키 정보를 직접적으로 공개하지 않고도 효과적으로 UTXO의 소유권을 주장할 수 있기 때문이다.

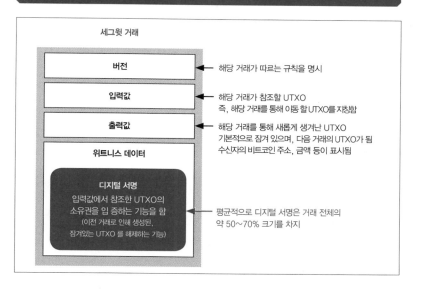

세그윗 거래의 구조

세그윗 거래

| 버전 | → 해당 거래가 따르는 규칙을 명시 |

| 입력값 | → 해당 거래가 참조할 UTXO
즉, 해당 거래를 통해 이동 할 UTXO를 지칭함 |

| 출력값 | → 해당 거래를 통해 새롭게 생겨난 UTXO
기본적으로 잠겨 있으며, 다음 거래의 UTXO가 됨
수신자의 비트코인 주소, 금액 등이 표시됨 |

위트니스 데이터

디지털 서명
입력값에서 참조한 UTXO의
소유권을 입증하는 기능을 함
(이전 거래로 인해 생성된,
잠겨있는 UTXO 를 해제하는 기능)

→ 평균적으로 디지털 서명은 거래 전체의
약 50~70% 크기를 차지

◇ 스몰 블로커들이 세그윗을 택한 까닭은

세그윗 거래가 기존 거래와 구별되는 가장 큰 차이점은, 디지털 서명의 위치다. 기존 거래에서는 디지털 서명이 입력값 필드에 위치했던 반면, 세그윗 거래에서는 디지털 서명이 거래의 맨 끝에 위치한 '위트니스Witness' 필드에 위치한다. 위트니스란 암호학에서 사용되는 용어로, 암호화된 퍼즐을 풀어내는 솔루션을 지칭한다. 비트코인에서는 잠겨 있는 UTXO를 풀기 위한 조건값이다. 세그윗 거래에서는 위트니스 데이터Witness Data 필드를 따로 생성하고, 그 안에 디지털 서명을 보관한다. 디지털 서명이 들어 있는 위트니스 데이터 필드가 입력값에서 분리되어 나왔다고 해서, 해당 기술의 명칭이 '분리된 위트니스 데이터Segregated Witness Data, Segwit'가 됐다.

세그윗을 실행했을 때 생겨나는 장점은 무엇일까. 크게 세 가지다.

■ 더 많은 거래를 처리할 수 있다

비트코인의 블록 사이즈는 1MB다. 1MB는 100만 B로 환산되며, 거래 하나당 크기는 대략 250B다. 곧, 한 개의 블록에는 최대 약 4000개 정도의 거래가 포함될 수 있다. 그런데 세그윗이 실행되면 블록 사이즈와는 다른 개념인 '블록 무게Block Weight'라는 개념을 기준 척도로 사용하게 된다. 블록 무게는 거래 안에 포함된 개별 필드의 성격을 크게 두 가지로 나눠 각각 무게의 멀티플(배수)을 다르게 부여한다. 세그윗 거래는 일반 데이터 필드와 위트니스 데이터 필드로 나눠, 각각 4와 1이라는 멀티플을 부여한다. 기존의 250B 크기의 거래를 무게로 환산해보자. 기존 거래는 세그윗이 적용되지 않아 위트니스 데이터 필드가 없다. 따라서 무게로 환산하면 1000(250×4)웨이트다. 반면 세그윗 거래는 전체 거래 비중의 70%를 차지하는 디지털 서명을 따로 위트니스 데이터 필드를 생성해 보관한다. 따라서 동일한 250B 크기의 거래라 하더라도 일반 데이터 필드의 크기는 75(250×0.3)B, 위트니스 데이터 필드는 175(250×0.7)B다. 여기에 각각의 필드별 멀티플(배수)을 적용하면 일반 데이터 필드의 무게는 300(75×4)웨이트, 위트니스 데이터 필드는 175(175×1)웨이트가된다. 곧, 전체 무게는 475(300+175)웨이트다. 같은 250B 크기의 거

구분	블록 사이즈	블록 무게
최대 용량	1MB (= 1000000 B)	4000000 웨이트
차이점	거래 안에 포함된 각각의 필드 구분 없이 전체 거래의 사이즈로만 구분	거래 안에 포함된 개별 필드의 성격에 따라 적용되는 무게가 다름 일반 데이터필드 무게: 해당 필드 사이즈 X 4 위트니스 필드 무게: 해당 필드 사이즈 X 1
블록 무게를 적용하여 비교	250B 사이즈의 일반 거래의 무게 일반 데이터필드 무게: 250B X 4 = 1000 웨이트 위트니스 필드 무게: 0B X 1 = 0 웨이트 일반 거래의 무게는 1000 웨이트 (1000+0=1000) 4000000 웨이트가 최대인 블록에서 기존과 동일하게 4000개 수준의 거래 처리 가능	250B 사이즈의 세그윗 거래의 무게 (일반데이터 : 위트니스 = 3 : 7) 일반 데이터필드 무게: 75B X 4 = 300 웨이트 위트니스 필드 무게: 175B X 1 = 175 웨이트 세그윗 거래의 무게는 475 Weight (300+175=475) 4000000 웨이트가 최대인 블록에서 약 8400개의 거래 처리 가능

래라고 해도 무게로 환산할 경우 일반 거래보다 세그윗 거래의 무게가 절반 이상 가볍다.

400만 웨이트가 최대인 블록에서 기존의 거래는 개당 1000웨이트의 무게를 갖기 때문에 블록 사이즈로 환산했을 때와 마찬가지로 최대 4000개 수준의 거래만 처리할 수 있다. 반면, 세그윗 거래는 개당 475웨이트의 무게를 갖게 돼 약 8400개 이상의 거래를 처리할 수 있다. 결과적으로 세그윗은 블록의 무게라는 새로운 척도를 도입하고, 각각의 필드별 무게 적용 방식에 차등을 둬 세그윗 거래가 기존 거래보다 가벼운 무게를 적용받게 하는 기술이다. 가벼운 세그윗 거래는 무거운 기존 거래보다 블록에 더 많이 담길 수 있게 된다. 곧, 시간당 처리할 수 있는 거래량이 증가하게 된다.

■ 거래의 가변성을 해결

비트코인 블록에 포함되는 개별 거래는 저마다의 아이디를 부여받는다. 개별 거래 데이터 전체를 SHA-256 암호화 알고리즘을 사용해 해싱하면 블록에 포함된 거래들 각각의 아이디를 생성할 수 있다. 이를 우리는 거래 아이디, 곧 '트랜잭션 ID^{TXID, Transaction ID}'라고 부른다. 이와 같은 TXID 조회를 통해 사용자들은 자신들의 거래가 비트코인 블록체인 네트워크상에서 진행되는 과정을 확인할 수 있다. 마치 인터넷 쇼핑으로 물건을 구입하고 발급받은 송장 번호를 통해 물건이 현재 어디에 있는지를 조회할 수 있는 것과 같다.

문제는 디지털 서명의 형태를 아주 조금만 바꿔도 전혀 다른 TXID가 생성된다는 점이다. SHA-256 알고리즘에서는 원문을 조금만 변형시켜도 암호화된 해시값이 완전히 달라진다. 같은 원리로, 거래의 입력값과 출력값은 그대로 둔 채 디지털 서명의 형태만 살짝 바꿔도 완전히 새로운 TXID를 생성할 수 있다. 이와 같이 악의적으로 생성된 새로운 거래는 기존 거래와 TXID만 다를 뿐 나머지는 동일하다. 오른쪽의 그림을 통해 살펴보자.

용재가 란이에게 중고차를 사려고 한다. 중고차 가격은 약 1000만 원. 용재는 비트코인 한 개(1BTC=1000만 원)를 중고차값으로 내려

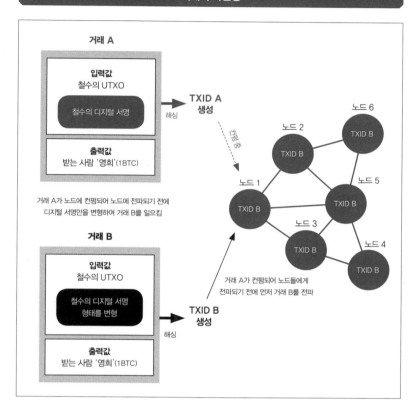

고 한다. 용재는 란이의 지갑 주소로 1BTC를 보내는 거래(거래 A)를 일으켰고, 용재와 란이가 모두 해당 거래의 TXID(A)가 생성되는 것을 확인했다. 이후 란이는 용재에게 중고차를 인도했다. 용재가 떠난 뒤 란이는 재빨리 자신이 운영하던 풀노드를 통해 해당 거래를 참조한 뒤, 나머지 데이터는 그대로 두고 용재의 디지털 서명만을 일부 수정해 새로운 거래를 일으킨다. 란이에 의해 조작된 새로운 거래 B

는 새로운 TXID(B)를 부여받게 되고, 만약 이 거래가 기존의 거래 A 보다 먼저 노드들에 전파될 경우 거래 B는 유효한 거래로 검증돼 란 이는 용재로부터 한 개의 비트코인을 수령하게 된다. 그리고 용재와 란이가 직접 확인했던 기존 거래 A는 유효하지 않은 거래로 판명돼 노드들에게 거절된다. 왜냐하면 유효한 거래 B에 의해 용재와 란이 의 UTXO가 최신화됐기 때문이다. 따라서 기존 거래 A가 참조하던 UTXO는 거짓으로 판명되고 거래 A는 영원히 체결이 안 된다.

거래 A든 거래 B든 란이는 용재에게 한 개의 비트코인을 받으면 된다. 따라서 거래 A 대신 거래 B가 체결됐다고 해서 크게 문제될 것은 없다. 만약 란이가 나쁜 마음을 먹고 거래 B를 일으켰다면 이야 기는 완전히 달라진다. 란이는 거래 B를 통해 용재에게 비트코인 한 개를 받았다. 이후 용재에게 연락해 비트코인을 받지 못했다고 거짓 말을 한다. 용재는 방금 전 란이와 했던 거래 A의 TXID(A)를 사용해 거래 진행 과정을 확인해보려 했으나, 해당 거래는 비정상적인 거래 로 판명돼 미체결 상태로 남아 있다는 사실을 발견한다. 뭔가 이상하 다는 생각이 들어도 거래 자체가 미체결로 남아 있기 때문에 용재는 어쩔 수 없이 비트코인 한 개를 란이에게 다시 보내야 한다. 결국 란 이는 용재로부터 비트코인 두 개를 받아낸다.

거래의 가변성 문제는 거래 당사자들이 이체 확인을 신중히 하면 일어나지 않는다. 비트코인의 경우 거래가 채굴자들에 의해 블록에 포함되고 유효성이 검증돼 노드들에게 전파되는데 10분 정도 걸린 다. 고액의 거래일수록 이체확인을 꼭 할 필요가 있다. 적어도 해당

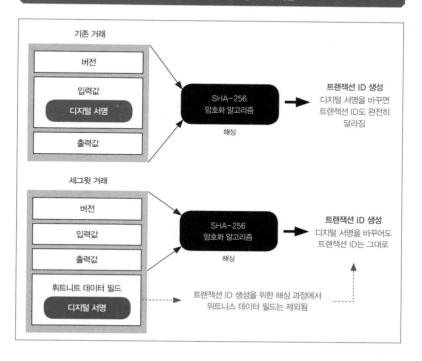

세그윗을 통한 거래의 가변성 문제 해결

기존 거래

버전

입력값
디지털 서명

출력값

SHA-256
암호화 알고리즘

해싱

트랜잭션 ID 생성
디지털 서명을 바꾸면
트랜잭션 ID도 완전히
달라짐

세그윗 거래

버전

입력값

출력값

휘트니트 데이터 필드
디지털 서명

SHA-256
암호화 알고리즘

해싱

트랜잭션 ID 생성
디지털 서명을 바꾸어도
트랜잭션 ID는 그대로

트랜잭션 ID 생성을 위한 해싱 과정에서
위트니스 데이터 필드는 제외됨

거래의 TXID가 생성되고, 블록에 담겨져 노드들에게 전파되는 것
정도는 확인하는 게 좋다. TXID가 생성되는 것만으로도 이체 확인
을 해주는 것을 제로컨펌^Zero-confirmation이라고 하는데, 소액 결제의
경우에는 크게 문제되지 않는다. 하지만 고액의 거래인 경우 제로컨
펌은 굉장히 위험하다. 거래의 가변성 공격의 타깃이 될 수 있다.

세그윗을 도입할 경우 TXID를 생성할 때 위트니스 데이터 필드는
포함되지 않기 때문에, 악의적인 제3자 혹은 거래 당사자가 아무리

디지털 서명을 수정한다고 해도 TXID에 영향을 주지 않는다. 따라서 완전히 동일한 거래임에도 TXID만 다른 두개의 거래는 생성되지 않으며, 거래의 가변성 문제 또한 해결된다. 거래의 가변성이 해결되면, 라이트닝 네트워크와 같은 다양한 오프체인 솔루션을 시도해 볼 수 있다.

■ 소프트포크만으로도 도입 가능

소프트포크는 합의 규칙을 제한하는 변화다(하드포크는 합의 규칙을 완화하는 변화다). 즉, 합의 규칙을 더욱 타이트하게 바꾸는 변화다. 소프트포크의 가장 큰 특징은 기존 합의 규칙을 따르는 노드들과 호환이 가능하다는 점이다. 즉, 새로운 규칙을 따르는 블록들이 생성돼도, 기존 규칙을 따르는 노드들에 의해 검증되고 전파될 수 있다. 기존 규칙을 따르는 노드들의 기준에서 보면 새로운 규칙을 따르는 블록이라고 하더라도 기존의 규칙 또한 준수하고 있기 때문이다. 예를 들어 성수대교에 기존에는 10t 이하 차량만 운행이 가능했지만, 이제는 5t 이하의 차량만 운행이 가능하다고 가정해보자. 법규가 시행돼 이제는 성수대교를 오가는 차량은 모두 5t 이하의 차량뿐이다. 이 상황에서 설사 새로운 법규를 전달받지 못한 도로교통 안전요원들이라고 하더라도 그들의 입장에서 보면 달라진 건 하나도 없다. 왜냐하면 성수대교를 지나다니는 5t 이하의 차량은 모두 10t 이하의 차량 범주에 속하기 때문이다. 새로운 법규를 숙지했건 하지 못했건 간에 성수대교를 오가는 차량이 전부 5t 이하의 차량이니 문제될 것이 없다. 같은 논리로, 기존의 합의 규칙에서 블록의 사이즈는 1MB를 넘을 수 없지만, 결국 기존 규칙을 따르는 거래이든 세그윗 거래이든 간에 블록 사이즈로 환산할 경우 1MB를 넘지 않는 것으로 인식되기 때문에 기존의 노드들도 세그윗 블록을 유효한 블록으로 검증할 수 있다. 기존의 거래는 10t 차량, 세그윗 거래는 5t 차량으로 이해하면 된다.

블록 사이즈를 늘리는 경우는 하드포크가 불가피하다. 갑자기 성수대교에 15t 덤프트럭이 '오늘부터 법규가 바뀌었다'며 진입한다고 해보자. 변경된 법규를 숙지한 안전요원들은 진입을 허가할 것이고, 숙지하지 못한 요원들은 진입을 통제할 것이다. 하드포크와 같이 합의 규칙을 완화하는 변화(10t→15t)는 변화가 적용되는 시점을 기준으로 모두 새로운 법규를 숙지해야만 하는 부담이 따른다. 이를 비트코인 네트워크에 적용하면 블록 사이즈를 늘리기 위해서는 새로운 합의 규칙이 시행되기 전까지 모든 노드들이 프로그램 업그레이드를 완벽히 마쳐야 한다는 의미다. 그렇지 않을 경우 많은 혼란이 야기되며 최악의 상황에는 체인 분리가 일어날 위험도 있다. 세그윗의 시행이 소프트포크만으로 이뤄질 수 있다는 것은 굉장한 이점이다.

◇ 사토시 나카모토의 적자들, 스몰 블로커

세그윗 등 다양한 오프체인 솔루션을 추구하는 그룹은 주로 비트코인 코어 개발자들로, 대부분 사토시 나카모토의 뒤를 이어 자발적으로 네트워크 유지 및 개발에 힘을 보태왔던 사람들이다. 흔히 이들을 코어 개발자들이라고 부른다. 대표적으로 비트코인 오프체인 솔루션을 주로 연구하는 블록스트림이라는 회사의 수장인 아담 백이 있다. 백은 코어 개발자로 활동하기 전부터 이미 사이퍼펑크 세계에서는 유명한 암호학자였다. 그는 비트코인의 작업증명 알고리즘의 모태가 된 해시캐시를 개발한 것으로 유명하다.

백과 함께 블록스트림을 창업한 그레고리 맥스웰Gregory Maxwell도 대표적인 스몰 블로커다. 맥스웰은 현재 비트코인 코어 프로그램 개발에 전념하기 위해 블록스트림에서 나왔다. 2012년 초 루크 대시 주니어Luke Dash Jr, 매트 코랄로Matt Corallo, 러셀 오코너Russell O'Connor 등과 함께 처음으로 서명 분리에 관해 논의한 것으로 유명하다. 2013년 8월 맥스웰은 피터 토드Peter Todd와 함께 거래의 가변성까지 고려한 서명 분리 기술을 구체화했다. 대시 주니어와 함께 서명 분리를 소프트포크로 할 수 있다는 것을 증명한, 에릭 롬브로조Eric Lombrozo와 피터 웰라Pieter Wuille도 빼놓을 수 없다. 롬브로조는 기업을 대상으로 한 비트코인 보안 솔루션을 주로 개발하는 싸이프렉스Ciphrex의 최고경영자다. 또한 웰라는 백, 맥스웰과 함께 블록스트림을 공동 창업했다. 2015년 12월 홍콩에서 개최된 스케일링 비트코인 콘퍼런스Scaling Bitcoin HK를 통해 비트코인 코어 개발자들을 대표해 공식적으로 세그윗을 세상에 알린 발표자로도 유명하다.

빅 블로커, 블록 사이즈를 늘려라

빅 블로커들은 온체인 솔루션을 지향한다. 이들은 비트코인 블록체인 내부에서 확장성 해법을 찾고자 한다. 온체인 솔루션은 현재 블록 사이즈를 직접 늘리기 위한 연구에 초점을 맞추고 있다. 블록 사이즈를 증가시키는 새로운 합의 규칙을 시행하기 위해서는 하드포크가 불가피하다. 합의 규칙의 적용 범위를 더 넓혀야 하기 때문에, 모든 노드들이 일시에 전부 새로운 규칙을 받아들일 수 있도록 업데이트를 해야 한다. 현재 1MB로 제한된 블록 사이즈를 단계적으로 늘려 궁극적으로는 블록 사이즈를 GB 단위까지 확장시키고, 블록체인 안에서 늘어나는 거래를 어떻게든 소화하겠다는 게 빅 블로커들의 목표다. 2017년 8월 1일, 기존 비트코인 블록체인으로부터 떨어져 나온 비트코인캐시의 경우 현재 8MB까지 블록을 구성할 수 있다. 2018년 5월에 블록 사이즈를 32MB까지 늘리는 하드포크를 실시한다.

◇ 도로가 막힌다면 차선을 늘려라

빅 블로커들은 가장 확실한 확장성 솔루션은 블록 사이즈의 증가라고 주장한다. 이들은 비트코인이 기존의 법정화폐를 완전히 대체하길 원한다. 그러려면 법정화폐나 신용카드와 비슷한 수준의 확장성을 가져야 한다. 가장 확실한 방법은 블록 사이즈를 증가시켜 더욱 많은 거래를 처리할 수 있도록 만드는 것이다. 이들은 비트코인이 일상생활에서 유의미한 결제 수단이 되길 원한다. 현재 1MB로 한정된 블록 사이즈를 점진적으로 늘려 더욱 많은 거래를 처리하게 되면 문제점으로 지적되고 있는 값비싼 수수료 문제도 해결할 수 있다. 낮은 거래 수수료 덕분에 더 많은 사람들이 비트코인을 사용할 것이고, 궁극적으로 사토시 나카모토가 그린 '수수료가 거의 없고 개인 간에 거래되는 전자화폐'라는 이상향에 한 발 더 다가설 수 있다. 실제로 비트코인캐시는 비트코인보다 수수료가 굉장히 낮다.

2017년 12월 28일부터 2018년 1월 28일까지 한 달간의 비트코인과 비트코인캐시의 수수료 추이를 비교해 보면, 확실히 비트코인캐시 수수료가 현저히 낮다. 비트코인의 경우 세그윗 업데이트가 가속화되면서 전송 수수료가 낮아지는 추세이긴 하다. 하지만 비트코인캐시에 비할 바는 아니다. 비트코인의 경우 최근 들어 1B당 수수료가 200사토시 이내로 떨어졌지만, 비트코인캐시는 1B당 수수료 10~30사토시를 유지하고 있다. 거래 수수료가 낮다는 것은 암호화폐가 법정화폐와 차별화되는 가장 큰 차이점 중 하나다. 불필요한 제3자가 사라지고 개인 간의 거래를 지향하는 암호화폐의 전송 수수료가 몇 만 원이나 한다면 법정화폐 대신 암호화폐를 써야 하는 명분이 사라진다.

블록 사이즈가 증가해 같은 시간 동안 처리할 수 있는 거래의 개수가 많아지면 당연히 거래 수수료의 총량은 늘어난다. 사용자들이 부담하는 건당 수수료는 낮아지나, 거래 자체가 활발해져 채굴자들 입장에서는 시간이 지날수록 더 많은 거래 수수료를 받을 수 있게 된

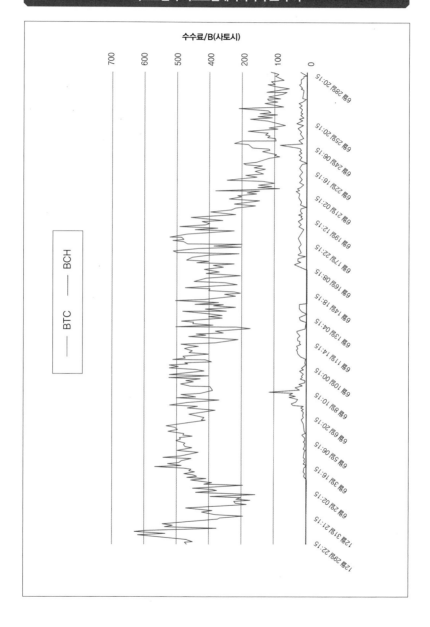

비트코인과 비트코인캐시의 수수료 추이

수수료/B(사토시)

BTC —— BCH

다. 채굴자들은 비트코인 블록체인의 유지 및 발전을 위해 없어서는 안 될 중요한 집단이다. 이들이 채굴 활동을 멈추면 해당 블록체인은 멈춰 버린다. 채굴자들은 자발적 선의에 의해 움직이지 않는다. 이들은 채굴에 투입된 자원보다 새로운 블록 생성의 대가로 나오는 신규 비트코인과 자신들이 검증한 거래들의 수수료(전송 수수료)를 합한 가치가 더 클 때에만 채굴 활동을 한다. 비트코인 총 발행량은 2100만 개다. 2100만 개가 모두 채굴되고 나면 더 이상 신규로 발행되는 비트코인은 없다. 채굴자들의 수입원 중 한 축이 무너진다. 채굴자들은 수수료 수입으로만 채굴을 해야 한다. 수수료가 단기적으로 비싸지는 것이 채굴자들에게 좋아 보이지만, 비싼 수수료는 암호화폐의 근간을 흔드는 심각한 문제다. 채굴자들 입장에서는 비트코인 자체의 확장성이 높아져 법정화폐나 신용카드처럼 일상에서 빈번하게 사용돼 수수료의 총합이 늘어나는 것이 더 좋다.

블록 사이즈를 증가시켜 수수료의 총량이 많아지면 더 많은 채굴자들이 생겨날 수 있다. 비트코인 네트워크는 2017년 12월 10일 기준, 8070만 4290페타플롭스의 연산 능력을 갖고 있다. 이와 같은 연산 능력은 온전히 채굴자들에게서 나온다. 이러한 엄청난 연산 능력은 비트코인 네트워크에 대한 악의적인 해킹 공격을 막아주는 안전장치 역할을 한다. 만약 비트코인의 확장성에 심각한 문제가 생겨 사용자들이 기하급수적으로 줄어든다고 할 때, 어떤 채굴자가 손해를 보면서 '자발적 선의'에 의해 채굴 작업을 계속 하겠는가. 채굴자들이 줄어들어 네트워크 전체의 연산 능력이 급감하게 되면 안전성에 위협을 받는다. 보안에 치명적인 결함이 생긴 암호화폐를 누가 사용하고 투자하겠는가. 블록 사이즈를 증가시켜 확장성 문제를 직접적으로 해결하는 것은 채굴자들의 이탈을 막고, 나아가 비트코인 네트워크의 안전성 유지와 장기적인 발전을 도모할 수 있는 중요한 해법이다.

빅 블로커들은 또한, 스몰 블로커들이 추구하는 오프체인 솔루션의 안전성을 의심한다. 체인 자체 내에서 해결책을 찾기보다 체인 외부에서 여러 가지 기능을 추가하는 방법이 효율적이지 못하고, 무엇보다 굉장히 불안하다는 것이 빅 블로커들의 의심이다. 예를 들어, 출퇴근 시간의 서울 시내 간선도로는 때로는 주차장을 방불케 변해 버린다. 서울 시내 교통 체증을 줄일 수 있는 가장 직접적인 방법은 뭘까. 도로 차선을 늘리면 된다. 2차선을 4차선으로, 4차선을 8차선으로 늘리면 된다. 이런 방법을 추구하는 이들이 빅 블로커다. 반면, 스몰 블로커는 차량 요일제, 대중교통 요금 인하, 신규 차량 취등록세 인상 등의 간접적인 방법을 일단 시행하자는 입장이다. 빅 블로커들은 이와 같은 스몰 블로커들의 주장을 '부작용'과 '풍선효과'를 들어 비판한다. 문제를 우회하는 방식의 해결책은 예기치 못한 또 다른 문제점을 낳을 수 있다는 것이다. 특히, 현존하는 오프체인 솔루션들은 안전성이 검증된 해결책이 아니라, 단순히 개발자들의 아이디어를 구체화한 것에 지나지 않는다고 비판한다. 안전성을 검증하면서 개발하려면 상당한 시간이 걸릴 것이고, 그 사이에 확장성 문제로 비트코인의 경쟁력이 상당 부분 급감할 수 있다고 주장한다.

또한 구조적으로 오프체인 솔루션은 기본 바탕이 되는 비트코인 블록체인 위에 여러 '층'의 체인을 덧대야 한다. 여러 겹의 레이어 중 한군데에서만 문제가 생겨도 해당 레이어의 블록들이 참조하는 상위 레이어 체인 전체에 문제가 생기며, 이는 연쇄적으로 비트코인 메인 블록체인으로까지 번지게 돼 네트워크 전체가 위태로워질 수 있다. 바로 '문제의 연쇄 반응'에 대한 우려다.

◇ 채굴자들의 동지, 빅 블로커

빅 블로커들의 핵심 구성 집단은 채굴자들이다. 수수료에 관련된 문제이기 때문에 당연하다. 현재는 비트코인 네트워크의 난이도 때문에 개인이 아무리 여러 대의 채굴기를 돌려도 채굴이 쉽지 않다. 따라서 다양한 마이닝풀에 들어가 채굴하는 것이 일반적이다. 대부분의 채굴자는 저마다 마이닝풀에 소속돼 있으며, 전 세계의 주요 마이닝풀이 채굴집단을 대변한다. 전 세계에서 가장 큰 마이닝풀 중 하나인 앤트풀과 비티씨닷컴을 운영하는 비트메인은 채굴자 집단에서 영향력이 가장 크다. 이곳의 수장인 우지한은 전 세계 채굴자들의 정점에 있다. 우지한은 오래 전부터 블록 사이즈를 증가시키는 솔루션을 지지해왔다. 채굴자들의 이익을 대변하는 그로서는 당연한 선택이다. 현재 그는 비트코인캐시를 지지하는 가장 영향력 있는 인물이다.

비트코인 생태계에서 우지한 만큼이나 영향력이 있는 로저 버^{Roger}

Ver 역시 열렬한 빅 블로커 중 한 명이다. 2011년 비트코인을 접하고 비트코인 및 관련한 다양한 스타트업에 막대한 투자를 했고, 그 결과 현재 비트코인을 사토시 나카모토 다음으로 많이 갖고 있다고 추정되는 인물이 됐다. 버는 비트코인이 알려지기 전 비트코인을 알리기 위한 다양한 활동을 한 것으로 유명한데, 이 때문에 사람들은 그를 '비트코인 예수', '비트코인 전도사' 등으로도 부른다. 버는 현재 약 열다섯 개의 비트코인 관련 회사에 투자하고 있다. 버 역시 우지한과 더불어 비트코인캐시를 지지하는 가장 영향력 있는 인물 중 하나다.

여기서 한 가지 공통점을 발견할 수 있다. 채굴자들 뿐만 아니라 서비스 제공자들, 즉 비트코인을 활용해 비즈니스를 하는 이들도 블록 사이즈 증가에 찬성한다는 점이다. 그 이유는 역시 '수수료' 때문이다. 채굴자들과 마찬가지로 수수료는 이들 기업에는 주요 수입원이 된다. 현재 나와 있는 대부분의 회사는 사용자들이 일상에서 비트코인을 잘 활용할 수 있게끔 도와주는 서비스를 제공하고 있다. 따라서 사용자들이 비트코인을 많이 사용하면 할수록 해당 서비스의 활용도가 높아져 수수료 수입이 극대화된다. 낮은 수수료는 비트코인의 순환을 더욱 가속화시킬 것이며, 이는 곧 전체 수수료 수입의 상승으로 이어질 것으로 본다.

확장성 전쟁에 착한 놈과 나쁜 놈은 없다. 자신의 이익을 지키기 위한 이념 싸움일 뿐이다. 암호화폐 10년 역사에서 가장 치열했고 극적이었던 확장성 전쟁에 대해 본격적으로 알아보자.

빅 블로커와 스몰 블로커의 확장성 전쟁

◇ **발단: 블록 사이즈 논쟁과 세그윗의 탄생**

2015년 8월 15일, 비트코인XT가 느닷없이 공개됐다. 1MB의 블록 사이즈를 2년마다 두 배씩 증가시켜 최대 여덟 배까지 확장할 수 있는 비트코인 클라이언트다. 비트코인 코어 개발자들 중 빅 블록을 지지하는 이들이 뭉쳤다. 사토시 나카모토가 공식적으로 지명한 후계자라고 할 수 있는 개빈 안드레센, "비트코인은 실패했다"는 발언으로 유명한 마이크, '메트로놈Metronome'이라는 인터 블록체인 솔루션 프로젝트를 진행하는 블록Bloq이라는 회사의 대표인 제프 가직Jeff Garzik 등이 비트코인XT를 주도했다.

이들은 코어 개발자들 중 이른바 '근본주의자'들이 사토시의 정신을 지나치게 문자 그대로 해석한다고 비판한다. 사토시가 블록 사이즈를 1MB로 제한한 것은 비트코인 탄생 당시의 상황을 반영한 것일 뿐이라는 입장이다. 또, 비트코인이 탄생한 초기에는 사토시 본인 역시 지금처럼 거래가 폭발적으로 늘어날 것으로 예상하진 못했을 것으로 봤다. 따라서 확장성 문제에 직면한 지금, 블록 사이즈를 단계적으로 늘리는 것이 사토시가 처음 의도한 비트코인의 가치관에 위배되는 행위가 아니라는 게 이들의 주장이다.

문제는 이들이 비트코인의 근본정신인 '합의'를 무시했다는 점이다. 커뮤니티와의 합의 없이 새로운 규칙을 따르는 노드 프로그램(비트코인XT)을 깜짝 발표했다. 코어 개발자들은 분개했다. 이들의 발표 방식이 되레 빅 블록과 관련된 논란을 키웠다. 비트코인XT가 일으킨 파장은 컸다. 자칫하면 코어 개발자들의 분열로 이어질 수도 있는 문제였다. 분열을 우려한 코어 개발자들 중 일부가 블록 사이즈 논쟁을 공론화하기 위해 두 개의 콘퍼런스를 긴급 기획한다. 그 중 첫 번째가 2015년 9월에 열린 '스케일링 비트코인 몬트리올Scaling Bitcoin Montreal'이다. 이 콘퍼런스에서 조셉 푼Joseph Poon과 타디우스 드레야Thaddeus Dryja는 비트코인의 확장성 문제를 해결할 수 있는 대안을 발표한다. 그것이 바로 라이트닝 네트워크다. 이는 기존처럼 모든 거래를 비트코인 블록체인에 전송하지 않고 반복적인 소액의 일상 거래들은 라이트닝 네트워크로 새롭게 탄생한 결제 채널을 통해 거래해 비트코인 블록체인의 과부하를 방지하는 솔루션이다. 조셉과 타디우스의 이론대로라면, 1초에 10억 개 수준의 거래가 이뤄질 수 있다. 라이트닝 네트워크가 활성화만 된다면 확장성 이슈는 말끔히 사라지게 된다.

그런데 라이트닝 네트워크에는 한 가지 치명적인 전제가 있다. 현존하는 비트코인 네트워크 자체의 버그인 거래의 가변성이 완전히 해결돼야 한다는 점이다. 라이트닝 네트워크가 문제없이 작동하기 위해선 근간이 되는 비트코인 블록체인은 완전무결해야 한다. 수 천만 개의 새로 생긴 결제 채널들의 시시비비를 가려주는 곳이 비트코인 블록체인이다. 따라서 비트코인 네트워크의 결함인 거래의 가변성이 존재하는 한 라이트닝 네트워크는 사상누각일 뿐이다.

거래의 가변성 문제를 어떻게 해결할지 논의는 2012년으로 거슬러 올라간다. 코어 개발자였던 러셀 오코너, 매트 코랄로, 루크 대시 주니어, 그레고리 맥스웰 등에 의해 처음 시작됐다. 이들은 거래 데이터에서 디지털 서명을 분리하는 방법을 연구했다. 2013년 8월에는 피터 토드와 맥스웰이 디지털 서명이 들어 있는 스크립트 자체를 들어내는 방법으로 논의가 이어졌다. 뒤이어 가세한 아담 백은 스크립트 자체를 들어낸 뒤 트랜잭션 ID를 생성하는 방안을 제시했다. 당시 서명을 분리하는 기술을 세그윗으로 불렀다. 그런데 여기에도 한 가지 장애물이 있다. 분리한 서명을 따로 관리하는 과정에서 블록 사이즈 증가가 불가피하다. 곧, 이 기술을 적용하려면 하드포크를 단행해야 한다. 앞서 살펴봤듯 하드포크는 체인 분리의 위험성이 크기 때문에 이들은 다른 방법을 찾아야 했다.

운명은 코어 개발자들 편이었다. 이런 장애물이 2015년 12월로 예정된 두 번째 콘퍼런스인 '스케일링 비트코인 홍콩Scaling Bitcoin Hong Kong' 개최 몇 주 전 극적으로 해결됐다. 에릭 롬브로조, 블라디미르 반더 란, 피터 왈라Pieter Wuille, 대시 주니어 등이 해결책을 내놨다. 특히 대시 주니어는 분리한 서명을 거래 데이터와 연결된 위트니스 데이터 필드에 보관하고, 블록에 포함된 모든 거래들의 위트니스 데이터를 해싱해 블록의 코인베이스 거래에 위치시키는 새로운 블록 구조를 제안했다. 코인베이스 거래 부분에 위치한 위트니스 데이터들로 인해 늘어난 블록 사이즈는 기존 노드들이 감지할 수 없었기 때문에 블록 사이즈는 그대로 유지되는 효과를 나타낸다(코인베이스 거래는 채굴자들이 블록을 채굴하고 신규 생성된 비트코인을 보상으로 받는 거래를 말한다). 또한 블록 사이즈와는 다른 블록 무게 개념을 도입해, 기존 노드들이 특별한 업데이트 없이 세그윗 거래를 받아들일 수 있게 했다. 즉, 하드포크가 아닌 소프트포크로 세그윗을 활성화시킬 수 있게 됐다.

코어 개발자들은 소프트포크를 통한 활성화 방안을 찾았다. 왈라는 스케일링 비트코인 홍콩에서 세그윗을 세상에 처음으로 공개했다. 비트코인 커뮤니티는 열광했다. 대다수 개발자들은 세그윗을 찬성했다. 확장성과 거래의 가변성이란 두 마리 토끼를 동시에 잡았다는 찬사가 이어졌다. 이후 맥스웰은 세그윗을 중심으로 한 '비트코인 확장성(스케일링) 로드맵'을 발표했다. 코어 개발자들은 세그윗을 세상에 내놓았고, 이것이 확장성 논쟁에 쐐기를 박았다고 생각했다. 그렇지만 아니었다. 샴페인을 너무 일찍 터트렸다. 세그윗이 실제 활성화하기까지는 1년 반이란 시간이 더 걸렸다. 세그윗의 공개는 확장성 전쟁의 결말이 아니라 서막에 불과했다.

◇ 전개: 빅 블록 비트코인의 부상과 홍콩 합의

일장춘몽이었나. 2015년 말, 세그윗이 세상에 공개되자 찬사가 이어졌다. 그러나 2016년이 밝자마자 분위기가 바뀌었다. 블록 사이즈 증가를 원했던 진영, 빅 블로커들이 전열을 가다듬고 세그윗에 대한 반격에 나섰다. 제프 가직은 세그윗이 본질적인 문제를 해결해 줄 수 없다고 비판했다. 마이크 헌은 세그윗은 회계 상의 속임수라고 비난했다. 헌은 비트코인XT의 도입이 부진하자, "비트코인은 실패했다"는 그 유명한 한 마디를 남기고 2016년 1월 코어 개발자에서 물러났다. 헌이 코어 개발진에서 물러났다는 사실을 빌미로 언론은 비트코인을 물어뜯었다.

개빈 안드레센과 헌의 야심작이었던 비트코인XT는 결국 실패로 끝났다. 비트코인 커뮤니티의 분열과 그로 인한 비트코인 가격 하락을 두려워했던 채굴자들의 미온적인 태도 때문이었다. 실패라고 의미가 없는 건 아니다. 이를 계기로, 빅 블록 비트코인에 대한 관심이 커뮤니티 전반에 확산됐다. 이후 블록 사이즈를 2MB로 확장한 비트코인 클래식Bitcoin Classic 과 블록 사이즈의 유동적인 변화가 가능한 비트코인 언리미티드Bitcoin Unlimited 가 출시됐다. 특히 빅 블록에 대해서 채굴자들이 큰 관심을 보였다. 코어 개발자들에게는 굉장한 위협이었다. 기적적으로 세그윗이라는 솔루션을 세상에 내놨는데, 채굴자들의 선동으로 커뮤니티의 관심이 다시 빅 블록 비트코인으로 옮겨갈 수 있기 때문이다.

코어 개발자들은 초조해졌다. 2016년 2월, 긴급 미팅을 또 열었다. '비트코인 라운드테이블 홍콩Bitcoin Roundtable Hong Kong '이다. 줄여서 '홍콩 합의(협약)'. 이 자리에서 세그윗의 도입과 블록 사이즈 증가를 동시에 진행하는 방안에 대해서 협의했다. 일단 세그윗을 2016년 4월에 활성화하고, 그로부터 약 1년 뒤인 2017년 7월에 블록 사이즈를 2MB로 증가시키는 하드포크를 진행하는 내용이었다. 채굴자들도 이런 내용에 대부분 동의했다. 하지만, 서두른 게 화근이 됐다. 홍콩 합의는 코어 개발자들 간에 의견 일치를 본 내용이 아니었다. 미팅을 주도한 일부만 동의했을 뿐이다. 이 미팅에 참여하지 않았던 코어 개발자들은 거세게 반발했다. 그들에게 사토시 정신을 위배하는 블록 사이즈 증가는 있을 수 없는 일이다. 이에 따라 블록 사이즈 증가를 위한 하드포크는 없던 일이 됐다. 채굴자들 입장에서는 개발자들 일방의 합의 파기다. 홍콩 합의를 계기로 채굴자들과 코어 개발자들 사이의 신뢰는 산산이 부서졌다.

게다가 홍콩 합의가 깨진 뒤 얼마 지나지 않아, 코인베이스의 최고경영자인 브라이언 암스트롱이 다음과 같은 발표를 한다. "코인베이스가 운영하는 노드에 비트코인 클래식을 추가하겠다." 코인베이스는 암호화폐 업계 최초의 유니콘(기업가치 1조 원이 넘는 스타트업)이다. 메이저 거래소인 지닥스GDAX, Global Digital Asset Exchange와 지갑 서비스, 그리고 기업들을 위한 결제 서비스까지 제공하는 종합 암호화폐 솔루션 회사다. 암호화폐 산업에서 차지하는 영향력은 엄청나다. 2016년 9월엔 '비트코인 예수', '비트코인 전도사' 등으로 불리는 로저 버가 자신의 마이닝풀인 비트코인닷컴Bitcoin.com을 통해 비트코인 언리미티드 블록을 채굴하기 시작했다. 그는 빅 블로커다. 비트코인 클래식을 지지했던 코인베이스에 이어, 이제는 채굴자들이 직접 빅 블록 비트코인인 비트코인 언리미티드 블록을 채굴했다. 대규모 마이닝풀에서는 처음으로 빅 블록 비트코인을 채굴한 사례였다.

다행히(?) 채굴된 블록들은 1MB를 넘지 않아 하드포크는 일어나지 않았다. 그러나 코어 개발자들은 심대한 위협을 느꼈다. 비트코인닷컴의 뒤를 이어 다른 마이닝풀이 언제든 빅 블록 비트코인을 채굴할 수 있다. 빅 블록 비트코인은 가능성이 아니라 실재實在가 돼버렸다.

◇ 위기: 세그윗의 도입과 우지한의 반대

2016년 7월, 이더리움이 'The DAO' 해킹 사건을 해결하기 위해 하드포크를 감행했다. 이더리움은 암호화폐 역사상 처음으로 이더리움과 이더리움클래식으로 분열됐다. 이더리움 가격은 폭락했고 이더리움 커뮤니티는 혼란에 빠졌다.

비트코인 커뮤니티에도 당장 닥칠 수 있는 일이다. 비트코인 하드포크가 일어나면 비트코인 생태계 자체가 무너질 수 있다. 하드포크만은 막아보겠다며 코어 개발자들이 나섰다. 2016년 7월, 미국 캘리포니아에서 확장성 회의를 열었다. 이 자리에서 어찌됐든 하드포크에 대해서는 서로 신중하자는 원론적 합의를 도출했다. 이후 2016년 11월 세그윗을 정식 출시했다. 세그윗을 코어 클라이언트 0.13.1 버전에 탑재했다. 활성화 메커니즘은 'BIP9' 방식을 따르기로 한다. BIP9는 비트코인 노드의 업그레이드 의사 결정 방법에 대한 제안이다. 2주 안에 전체 연산 능력의 95%가 동의할 경우 업그레이드가 진행된다. BIP9의 방법을 적용해 세그윗을 활성화시키자는 코어 개발자들의 제안이 'BIP141'이다. 코어 개발자들은 낙관했다. 하드포크 때문에 이더리움 커뮤니티가 난리가 났다. 비트코인 커뮤니티의 어느 누구도 하드포크는 원하지 않을 것이다. 세그윗이란 기술은 매우 우수하다. 연산 능력은 95%의 동의야 어렵지 않은 일로 봤다.

지나친 낙관이었다. 채굴자들이 반대하고 나섰다. 연산 능력은 절반에도 못 미치는 20%에 그쳤다. 결국, 세그윗은 활성화되지 못했다. 특히 가장 거대한 마이닝풀인 앤트풀과 BTC닷컴을 보유한 비트메인의 수장, 우지한의 반대가 결정적이었다.

지지부진하던 확장성 논쟁에 결정구가 날아들었다. 2017년 3월, 우지한이 움직였다. 세계 최대 마이닝풀인 앤트풀에서 비트코인 언리미티드 블록을 채굴하기 시작했다. 버에 이어, 양대 빅 블로커 중 남은 하나인 우지한까지 움직였다. 앤트풀의 가세로 비트코인 언리미티드 노드의 연산 능력은 20%선에서 단숨에 40%선까지 급등했다. 사토시를 제외하고 지구상에서 가장 많은 비트코인을 보유하고 있는 것으로 추정되는 두 남자가 동시에 비트코인 언리미티드의 손을 들어줬다. 비트코인 언리미티드가 과반수의 연산 능력을 가져갈 것이라는 예측이 쏟아졌다.

코어 개발자들에 대한 공격은 여기서 끝이 아니었다. 글로벌 메이저 거래소 중 하나인 비트파이넥스는 앤트풀이 비트코인 언리미티드 채굴에 가세한 직후, 비트코인 코어와 비트코인 언리미티드 간의 '선물' 거래 서비스를 진행하겠다고 발표했다. 곧, 비트파이넥스는 하드포크로 인한 체인 분리가 일어나리라 확신했다는 뜻이다. 비트파이넥스의 뒤를 이어 열아홉 개 거래소가 비트코인 언리미티드를 상장시키겠다는 공동 성명서를 발표했다. 이와 함께, 언리미티드 개발자들에게 '리플레이 공격Re-play Attack'에 대한 대비책을 강구해 달라고 요청했다. (하드포크로 체인 분리가 일어날 경우, 분리된 시점을 기점으로 두 개의 체인이 생겨나게 된다. 원칙적으로 두 개의 체인은 별개이지만, 하나의 뿌리를 갖고 있었기 때문에 기존 거래 내역은 공유되고 사용하던 주소는 완벽히 분리되지 않는다. 이로 인해 분리 직후 거래를 일으킬 경우 동일한 거래가 두 개의 체인에서 동시에 일어나게 되는 현상이 생기는데, 이를 리플레이 공격이라고 한다. 보통 하드포크가 결정되면 가장 먼저 리플레이 공격 방지 프로그램을 개발하는 것이 일반적이다.) 당시만 해도 거래소를 비롯한 모든 비트코인 커뮤니티 참여자들이 비트코인 언리미티드의 체인 분리를 기정사실화했다. 코어 개발자들에게 최대 위기의 순간이 찾아왔다.

◇ 절정: 두 진영의 정면충돌, UASF vs UAHF

비트코인 업계의 큰 손인 비트메인의 우지한까지 비트코인 언리미티드를 지지하고 나섰다. 비트코인 코어 개발자들은 코너에 몰렸다. 비트코인이 두 개로 갈라질 수도 있다. 이렇게 되면 그간 구축한 비트코인이라는 브랜드가 심하게 손상된다. 비트코인이 만들어 온 경제적 가치가 증발할 수 있다. 비트코인은 암호화폐의 대장이다. 비트코인의 분열은 암호화폐시장 전반을 파국으로 몰아갈 수 있다. 2016년 7월 이더리움의 분열을 보지 않았나. 이더리움 가치의 열 배가 넘는 비트코인의 분열이 어떤 파장을 미칠지는 상상하기도 싫은 시나리오다.

🔷 개발자들의 배수의 진, UASF

코어 개발자들은 어떻게 해서든 비트코인 언리미티드가 갈라져 나오는 것을 막아야 했다. 강경파가 '배수의 진' 전략을 들고 나왔다. 2017년 3월, 익명의 비트코인과 라이트코인 개발자였던 샤오롱프라이Shaolinfry는 비트코인 개발자 메일링 리스트와 비트코인톡bitcointalk.org이라는 포럼 게시판을 통해 새로운 제안(BIP148)을 한다. '사용자 활성화 소프트포크User Activated Sorft Fork(이하 UASF)'다. 앞서 2016년 11월에는 세그윗을 출시하면서는 BIP9의 메커니즘을 따랐다. 연산 능력의 95%가 찬성할 경우에만 세그윗을 활성화 시키겠다(BIP141)고 했다. 코어 개발자들의 낙관과 달리 채굴자들의 반대로 연산 능력 찬성률은 20%에 그쳤다. 이번에는 다르다. 95%에 해당하는 연산 능력의 지지 없이도 세그윗 활성화를 단행한다는 것이 UASF의 주요 내용이다. 기점은 2017년 8월 1일이다. UASF를 지지하는 풀노드들은 세그윗을 활성화하지 않은 블록을 유효하지 않은 것으로 간주해 비트코인 블록체인에 추가하지 않고, 고아 블록으로 만들어버린다. 채굴자들의 의지와는 무관하게 풀노드들이 만들어내는 노드의 힘만으로 세그윗 활성화를 강행하겠다는 뜻이다.

비트코인 생태계를 지탱하는 두 축은 노드의 힘과 연산 능력이다. 그간 채굴자들은 연산 능력을 무기로 코어 개발자들을 압박해 왔다.

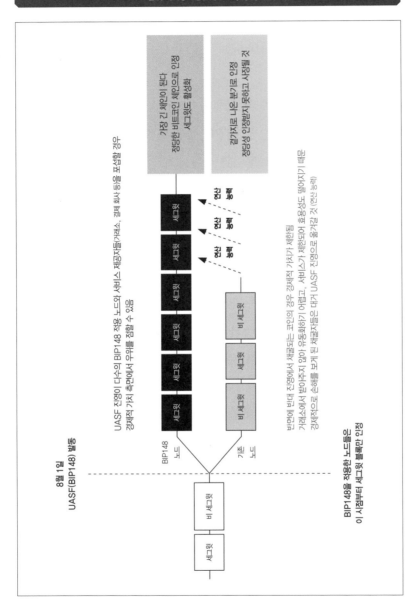

8월 1일
UASF(BIP148) 발동

UASF 진영이 다수의 BIP148 적용 노드와 서비스 제공자들(거래소, 결제 회사 등)을 포섭할 경우
경제적 가치 측면에서 우위를 점할 수 있음

BIP148
노드

기존
노드

가장 긴 체인이 된다
정당한 비트코인 체인으로 인정
세그윗도 활성화

경기자로 나온 분기로 인정
정당성 인정받지 못하고 시장될 것

연산
능력

세그윗

반면에 반대 진영에서 채굴되는 코인의 경우 경제적 가치가 제한됨
거래소에서 받아주지 않아 유동화하기 어렵고, 서비스가 제한되어 효용성도 떨어지기 때문
경제적으로 손해를 보게 된 채굴자들은 UASF 진영으로 옮겨갈 것 (연산 능력)

BIP148을 적용한 노드들은
이 시점부터 세그윗 블록만 인정

286

이에 위기감을 느낀 코어 개발자들 중 강경파들이 노드의 힘으로 채굴자들에 대항하고 나섰다. 이것이 UASF의 본질이다. 2017년 8월 1일까지 다수의 노드들이 UASF를 지지해 세그윗 활성화 업데이트를 완료할 경우, 이후 생성되는 세그윗 미적용 블록들은 대부분 부정한 것으로 간주된다. 곧, 채굴자들은 블록 생성에 따른 보상을 받을 수 없게 된다. 심각한 경제적 타격이다. 경제적 손실을 두려워한 채굴자들 대부분이 어쩔 수 없이 세그윗을 받아들이게 될 것이라는 게 UASF 지지자들의 시나리오였다.

이번엔 우지한이 궁지에 몰렸다. 그는 UASF와 관련해 잘못하면 비트코인 블록체인이 UASF 체인, 기존 체인, 그리고 비트코인 언리미티드 체인 등까지 포함해 2~3개로 쪼개질 수 있다며 거래소에 주의를 요하는 메시지를 트위터에 올렸다. 이 메시지의 숨은 뜻은 다음과 같다. '너희가 이렇게 세게 나와도 채굴자들의 빅 블록 비트코인에 대한 지지는 변하지 않는다. 따라서 비트코인은 쪼개질 것이다'.

UASF 지지자들도 강경했다. 체인이 분리되는 위험을 감수하고서라도 세그윗을 활성화시키겠다는 입장이다. 다수의 풀노드들이 당시 비트코인 코어 프로그램을 사용하고 있었다. 이들은 2017년 8월 1일 전까지 가능한 많은 거래소, 지갑 업체, 결제 회사들을 포섭해 다수의 참여자가 보유하고 있는 경제적 힘을 활용해 채굴자들을 압박할 계획이었다. 최악의 경우 체인 분리가 일어난다고 해도, 채굴자들은 결국 경제적 가치가 더 큰 쪽을 선택한다. UASF가 성공한다면 채굴자들은 어쩔 수 없이 '대세'인 UASF 체인을 선택할 것이다. 이렇게 되면 UASF 체인의 블록 채굴이 더욱 활성화돼 자연스럽게 가장 긴 체인이 되고, 나머지 체인은 부정한 체인으로 간주돼 사라질 것이다. 블록체인은 항상 가장 긴 체인을 정당한 체인으로 간주한다. 코어 개발자들은 체인 분리가 일어나도 세그윗 체인이 가장 긴 체인으로 살아남을 거라는 자신이 있었다.

전세는 코어 개발자 쪽으로 기울어갔다. 블록스트림의 최고보안책임자인^{CSO}인 샘손 모우^{Samson Mow}는 UASF 진행을 위한 펀드를 조성했다. UASF 진영은 활발히 코드를 제작해 배포하고, 동시에 다양한 비트코인 거래소와 관련 업체를 포섭하기 시작했다. SNS 활동을 활발히 하는 코어 개발자들은 모우가 제작한 UASF 로고가 박혀있는 모자를 착용한 사진을 프로필로 올려놓고 다양한 SNS 마케팅을 펼쳤다. 개발자들은 각종 포럼에 UASF 모자를 쓰고 등장했다. 대형 마이닝풀인 F2풀^{F2pool}과 BTCC는 세그윗을 지지했다. 이즈음 트위터에는 온통 UASF 관련 내용으로 도배됐다. UASF의 현실화 가능성은 점점 커져갔다.

우지한 등 빅 블로커들의 발등에 불이 떨어졌다. 앉아서 당할 수 없었던 로저 버는 2017년 4월 암호화폐 전문지《매드비트코인》과의 인터뷰에서 폭탄 발언을 한다. "비트코인 언리미티드 코인이 훨씬 더 유용해질 것이다. 좀 더 유용한 비트코인을 사기 위해 내가 갖고 있는 느리고 비싼 비트코인 코어 코인을 팔 것이다." 시장은 공포에 휩싸였다. 버가 누구인가. 사토시 나카모토 다음으로 많은, 약 30만 개 이상의 비트코인을 보유하고 있는 것으로 추정되는 인물이다. 그가 비트코인을 시장에 쏟아낸다면 가격 폭락은 불 보듯 뻔하다. 해당 인터뷰가 나간 뒤 1100달러가 넘던 비트코인 가격이 며칠 새 800달러 선까지 급락했다.

코어 개발자들이 다시 반격에 나섰다. 이번엔 채굴자들의 도덕성을 공격했다. 2017년 4월, 그레고리 맥스웰은 비트메인의 앤트마이너 채굴기를 분해하고 재조립하는 과정에서 비트메인이 특허를 갖고 있는 특수목적주문형반도체부스트 기술이 세그윗이 활성화될 경우 작동하지 않는다는 사실을 밝혀냈다. 비트메인은 채굴에 최적화된 특수목적주문형반도체, 일명 특수목적주문형반도체을 전 세계에서 가장 잘 만드는 회사다. 이러한 기술력을 바탕으로 비트코인 채굴기 시장의 70% 이상을 독점하고 있다. 특수목적주문형반도체의 효율성을 극대화하는 기술이 바로 특수목적주문형반도체 부스트라는 기술이다. 특허는 비트메인이 갖고 있지만, 비트코인의 작업증명 알고리즘의 취약점을 악의적으로 공략해 효율성을 높인다는 비난을 받고 있다. 이를 두고 편법이라고 보는 시각과 효율화라고 보는 시각이 공존하는, 논란이 있는 기술이다. 어느 한 회사가 편법으로 채굴의 효율성을 높일 경우, 경쟁 회사들이 모두 문을 닫아 특정 회사가 채굴산업 전체를 집어삼킬 가능성이 있다(비트코인의 '탈중앙화' 정신에 정면으로 위배된다). 그런데 이런 특수목적주문형반도체 부스트 기술이 세그윗이 활성화될 경우 작동하지 않는 것으로 밝혀졌다. 맥스웰은 이 사실을 발표하면서 그 동안 왜 비트메인이 이해하기 어려울 정도로 세그윗의 도입에 부정적인 입장을 고수해 왔는지 이제야 알겠다고 비꼬았다.

여기에 더해 비트메인의 앤트마이너 채굴기에 '앤트블리드Antbleed'
라고 불리는 '백도어 리모트 컨트롤' 기능이 탑재돼 있다는 사실도
드러났다. 이론적으로 비트메인은 앤트블리드 기능을 통해 전 세계
에 팔려 나간 모든 앤트마이너 채굴기를 일시에 정지시킬 수 있다.
비트메인은 홈페이지를 통해 이런 의혹을 정면으로 부인했다. 특수
목적주문형반도체부스트의 경우 실제 채굴 작업에서 사용한 적은
없고 단지 테스트넷에서 시범 적용만 했을 뿐이라고 주장했다. 앤트
블리드의 경우 앤트마이너 채굴기가 분실될 경우를 대비한 기능이
고 채굴기 소유주의 동의 없이 사용할 계획이 전혀 없었다고 해명하
며, 앤트블리드 기능을 제거할 수 있는 패치를 배포했다. 그러나 특
수목적주문형반도체 부스트와 앤트블리드 스캔들로 비트메인의 신
뢰도는 바닥으로 추락했다.

UASF 진영은 천군만마를 얻은 듯했다. 그런데 맥스웰이 정확히
UASF 편은 아니었다. 그는 비트메인이 문제라고 해서 참여자의 '합
의'를 근간으로 하는 비트코인 생태계의 의사결정 시스템을 무시한
UASF를 지지할 생각이 없다고 밝혔다. 코어 개발자들이라고 해서
무조건 UASF를 찬성하는 것은 아니라는 공감대가 확산됐다.

UASF 진영의 공세가 빅 블로커들의 진영을 완전히 무너뜨리지
는 못했다. 채굴자들의 상당수는 여전히 비트코인 언리미티드를 지
지했다. 때마침, 블록체인과 비트코인 회사에 투자하는 벤처 캐피탈
인 디지털 커런시 그룹Digital Currency Group의 최고경영자 베리 실버트

Barry Silbert가 2017년 5월 22일부터 3일간 미국 뉴욕에서 최대 규모의 블록체인 콘퍼런스인 '콘센서스 2017Consensus 2017'의 개최 일정에 맞춰 다시 한 번 긴급 미팅을 주선한다. 이것이 뉴욕 협약New York Agreement이다. 이 자리에서 세그윗2XSegWit2X에 대한 합의가 이뤄졌다. 세그윗2X는 2016년 2월 홍콩 합의Bitcoin Roundtable Hong Kong에서 논의된 세그윗의 시행과 블록 사이즈 증가를 순차적으로 진행하는 방안을 일컫는다. 세그윗 도입에 대해 전체 연산 능력의 80%가 찬성할 경우 세그윗이 활성화되고, 그로부터 6개월 뒤 블록 사이즈를 2MB로 확장하는 하드포크가 진행된다. 이 자리에서 전체 비트코인 네트워크의 83% 연산 능력을 담당하는 대규모 마이닝풀의 대표들과 22개국에 걸친 쉰 여덟 회사의 대표들이 세그윗2X에 힘을 보태기로 약속했다. 물론, 비트메인의 우지한도 포함돼 있었다. 세그윗2X에 대한 합의가 이뤄졌다는 소식에 비트코인 가격은 2017년 5월 22일 1900달러 수준에서 25일 한때 2800달러 수준까지 상승했다.

그렇지만 코어 개발자들은 단 한 명도 뉴욕 협약을 맺는 자리에 얼굴을 비추지 않았다. 이를 두고 세그윗2X에 대해 코어 개발자들이 공식적으로 반대 의사를 표명한 것이라는 추측과, 다른 한편으로는 마이닝풀과 관련된 회사들이 일부러 코어 개발자들을 배제했다는 추측이 오갔다. 2018년 현재 당시 상황을 돌아보면 아마도 전자의 이유 때문이었던 것으로 추정된다.

◇ 우지한의 묘수, UAHF

비트메인은 비트코인 생태계에서 가장 독보적인 집단이다. 직접적으로는 그들이 차지하고 있는 위상, 즉 거대 마이닝풀인 앤트풀과 BTC닷컴에서 나오는 막대한 연산 능력 때문이다. 그렇지만 그 기저에는 이 거대 집단을 이끄는 수장인 우지한이란 인간의 비상한 판단력이 자리 잡고 있다. 바둑에는 호수好手와 묘수妙手가 있다. 호수는 '바둑의 이치에 합당하여 가치가 빛나는 수', 또는 '전국적인 구상에도 걸맞아 좋은 영향을 주는 수'를 의미한다. 묘수는 다르다. '수가 나지 않을 듯한 곳에서 나타나는 절묘한 수', 혹은 '보통의 감으로 짚어낼 수 없는 곳에 숨겨진 기막힌 수'를 말한다. 바둑에서 묘수는 의외의 결과를 도출해 낸다. 형세를 극적으로 반전시켜 승부로 직결되는 경우가 많다. 우지한은 묘수를 두는데 천부적인 재능이 있었다.

실버트가 주재한 뉴욕 협약에서 비트코인 생태계의 주요 인사가 모여 세그윗2X에 합의했다. 코어 개발자들이 한 명도 참석하지 않았지만, 시장의 무게는 세그윗2X로 실리고 있었다. 그 자리에 모인 마이닝풀의 연산 능력은 83%에 달했고, 무엇보다 비트메인의 우지한이 세그윗2X를 지지했다. 코어 개발자들이 대체 왜 뉴욕 협약 자리에 나타나지 않았는가에 대한 루머는 비트코인 커뮤니티에서 이내 사그라졌다. 대신 세그윗2X로 어떤 미래가 펼쳐질지에 대한 관심이 집중됐다.

2017년 6월 14일, 우지한이 묘수를 뒀다. 비트메인의 홈페이지

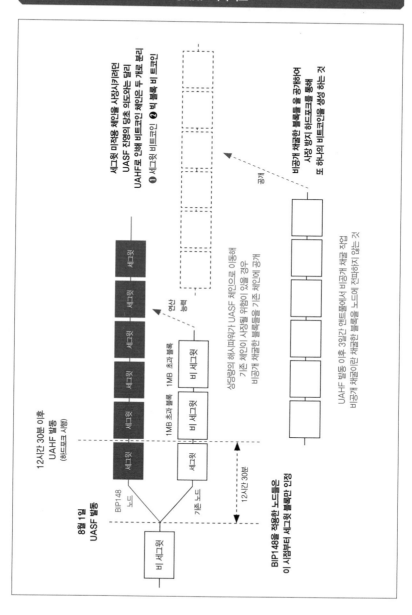

와 블로그를 통해 '사용자 활성화 하드포크User Activated Hard Fork(이하 UAHF)' 계획을 공개했다. 시장 참여자들은 경악했다. 한 달 전 세그윗2X를 지지한다고 했던 우지한이다. 그런데 다음달, 비트코인 커뮤니티를 향해 전쟁을 선포한 셈이다. UAHF가 발표되자마자 세그윗2X로 인한 불안감 해소로 3000달러 고지를 눈앞에 둔 비트코인의 가격은 급락했다. 비트코인이 두 개로 쪼개지지 않을까 하는 우려가 현실이 될 수 있다. 투자자들은 공포에 물량을 쏟아냈다. 비트코인 가격은 닷새 만에 2000달러 선까지 밀렸다.

UAHF란 UASF가 발동되고 12시간 30분 뒤 채굴자들(비트메인)에 의해 강행되는 하드포크다. 1MB를 초과하는 블록만 정당한 블록으로 간주하는 변경된 합의 규칙을 적용해 체인 분리를 일으킨다. 변경된 합의 규칙(1MB 초과)을 따르는 노드들을 모아서 새로운 체인으로 갈라져 나온다는 구상이다. 기존의 하드포크와 다른 점은 비트메인이 자신의 마이닝풀인 앤트풀이 갖고 있는 방대한 양의 연산 능력을 활용해 3일 동안 비공개 채굴을 한다는 점이다. 비공개 채굴이란 채굴한 블록을 노드에 전파하지 않는 것을 의미한다. 즉, 비트메인은 3일 동안 하드포크한 새로운 블록을 채굴해 끌어안고 있다가 그들이 명시한 '적절한 시점'에 한꺼번에 네트워크에 전파시키겠다는 얘기다. 여기서 적절한 시점이란 1) UASF가 채굴 업계로부터 상당한 규모의 지지를 얻게 됨으로써 연산 능력의 상당량이 UASF 진영으로 움직일 경우, 2) 빅 블록 하드포크에 대한 시장의 분위기가 긍정적으로 조성돼 계속 채굴하는 것이 경제적으로 이익일 경우다.

UASF 진영에 대한 정면 도전이다. USAF는 경제적 힘을 무기로 세그윗을 적용하는 소프트포크를 강행하고 세그윗 미적용 체인을 사장시켜 체인 분리를 막겠다는 계획이다. 이에 맞서 우지한은 UASF를 진행하면 하드포크를 단행하고 비공개로 채굴한 블록들을 붙여 빅 블록 비트코인을 하나 더 만들어 버리겠다고 선언했다.

우지한은 대표적인 빅 블로커다. 처음부터 빅 블록 비트코인을 원했다. 비트메인은 그러나, 기존 비트코인 생태계에서 막대한 돈을 벌고 있다. 우지한 입장에서는 무리하게 기존 비트코인 생태계를 위협하면서 빅 블록 비트코인을 고집할 필요는 없다. 그래서 세그윗2X와 같은 절충안에 지지표를 던졌다. 그러나 비트코인 언리미티드와 같은 빅 블록 비트코인이 장기적으로 채굴자들에게 더 유리하다. 자신이 헤게모니를 쥘 수 있는 빅 블록 비트코인을 만들기로 계획한다. 기존 비트코인과 새로 생겨날 빅 블록 비트코인이 시장에서 공존할 경우 가장 큰 수혜는 우지한 본인에게 돌아온다. 문제는 여론이다. 세그윗2X에 이미 찬성표를 던졌다. 빅 블록 비트코인을 만드는 건 합의를 정면으로 배반하는 일이다. 자본주의 시대, 강호의 도가 아무리 땅에 떨어졌다고 해도 최소한의 명분은 있어야 한다. 그래야 비트메인이 갖고 있는 기존 비트코인 생태계에서의 지위 또한 크게 위협받지 않는다.

명분은 코어 개발자들이 만들어줬다. 세그윗2X에 대한 합의가 이뤄졌는데도 이들은 UASF에 대한 논의를 멈추지 않았다. 그들은 UASF야 말로 비트코인 생태계에 진정한 발전을 가져올 호수라고 믿었다. 이 호수를 뒤집는 묘수를 우지한이 던졌다. 우지한은 2017년 6월 14일 UAHF 계획을 발표하면서, 세그윗2X를 지지하지 않는 일부 강경 코어 개발자들이 발동할 수 있는 UASF에 대한 대비책이 필요하다는 명분을 앞세웠다. '비트메인은 여전히 세그윗2X를 지지한다. 하지만 만에 하나 UASF가 발동될 경우 빅 블로커들의 요구는 사장될 가능성이 크다. 어쩔 수 없이 이에 대한 대비책을 논의할 수밖에 없다'는 게 우지한의 논리였다. 여기에 우지한의 본심이 담긴 조건이 하나 붙는다. 'UAHF 발동 이후 앤트풀에서만 비공개로 채굴한 블록들을 빅 블록 하드포크에 대한 시장의 분위기가 긍정적일 때에도 공개 하겠다'는 문구가 그것이다.

UAHF 계획이 공개되자 코어 개발자들은 비난을 퍼부었다. 우지한을 희대의 사기꾼이자, 사리사욕을 위해 비트코인 생태계를 위협하는 악당으로 내몰았다. UAHF 계획은 BAHF, 즉 '비트메인 활성화 하드포크Bitmain Activated Hard Fork'로까지 불렸다. 생각보다 들끓는 여론 탓에 우지한은 일단 비트메인의 주요 노선은 여전히 세그윗2X 지지라고 공식적으로 밝힌다. 그러나 결과론으로 보자면, 이 시기 우지한에게 가장 필요했던 건 우호적인 여론이 아니라 자신의 계획을 실행할 명분이었다. 비트메인의 UAHF는 장기간 펼쳐진 확장성 전쟁의 클라이막스를 장식했다. 전쟁은 이제 결말을 향해 나아가고 있었다.

◇ 결말: 비트코인캐시의 탄생, 기술 이슈로 포장한 권력 투쟁의 부산물

하드포크만은 막겠다고 비트코인 코어 개발자들이 채굴자들과의 절충안을 찾은 게 세그윗2X다. 그런데 문제가 생겼다. 세그윗2X를 통한 세그윗 활성화 방안과 UASF를 통한 세그윗 활성화 방안인 BIP148이 서로 호환되지 않는다는 점이다. BIP148은 2016년 10월 코어 개발자들이 제안한 세그윗 활성화 방안인 BIP141(95% 이상의 연산 능력이 동의할 경우 세그윗 활성화)을 강제로 발동시키는 것이다. 세그윗 시그널링을 하지 않는 블록을 부정한 것으로 간주해, 세그윗을 지지하는 블록만으로 구성된 새로운 체인을 구성하고 BIP141을 발동시킨다. 시그널링은 채굴한 블록에 일종의 의사표시를 하는 방식이다. BIP148와 BIP141의 경우 '비트1'이라는 코드를 통해 시그널링을 한다. 곧, 블록 앞에 비트1이라는 일종의 인식표가 없으면 세그윗을 찬성하지 않는 블록으로 간주하고 체인에 붙이지 않는다. 반면, '뉴욕 협약'을 통해 합의한 세그윗2X는 80%의 연산 능력이 동의할 경우 세그윗을 활성화한다. 시그널링 코드 역시 '비트4'로 다르다.

정리하자면 이렇다. BIP148과 세그윗2X 모두 세그윗 활성화를 목적으로 하는데, BIP148 노드와 세그윗2X 노드 간 호환이 안 되는 상황이 벌어졌다. 두 노드 모두 세그윗을 활성화하지만 네트워크는 호환이 안 되는 그런 기이한 상황 말이다. 다행히 2017년 8월 1일을 몇 주 앞두고, 제임스 힐리아드라는 개발자가 제안한 BIP91에 의해 BIP148와 세그윗2X의 불호환성은 해결된다. BIP91을 통해 비트코인 커뮤니티는 세그윗 활성화 단계에 한 걸음 더 가까이 다가간다.

BIP91을 통해 다수의 마이닝풀 역시 세그윗 활성화에 힘을 보탠다. 비트메인의 우지한 또한 UAHF 발표 이후 공식적으로는 세그윗2X를 통한 단계적인(세그윗 이후 2MB 하드포크) 업그레이드를 지지했다.

8월 1일을 보름도 남겨 놓지 않은 7월 17일, 돌연 배신자(코어 개발자들 입장에서는 그렇다)가 나타났다. 메이저 마이닝풀 가운데 하나인 비아BTC^{ViaBTC}다. 세그윗2X와는 별개로 8월 1일 UAHF를 강행하고, 하드포크로 새로 생겨난 코인을 '비트코인캐시'로 부르겠다고 발표한다. 비아BTC는 우지한의 비트메인과 직접적인 관계가 있는 마이닝풀은 아니다. 하지만 비트메인으로부터 2000만 위안(약 35억 원)을 투자받았다. 커뮤니티에서는 다들 비아BTC의 급작스런 UAHF 강행 발표 뒤엔 우지한이 있다고 믿었다. 진실은 아무도 모른다. 하지만 정황 증거가 너무 분명하다. 우지한은 현재 비트코인캐시의 최대 지지자 중 한 명이다. 비트메인의 수장으로서 세그윗2X를 지지하지만, 자신만의 비트코인을 만들기 위해 직접 연관된 앤트풀과 BTC닷컴이 아니라 비아BTC를 움직인 것으로 추정된다.

2017년 8월 1일, 한국시간으로는 8월 2일 저녁 9시 20분 즈음이다. 47만8558번째 비트코인 블록에서 체인 분리가 시작됐다. 비트코인은 기존 세그윗2X 노선을 걸어가는 비트코인과 새롭게 탄생한 빅 블록 비트코인인 비트코인캐시로 쪼개졌다. 체인 분리가 일어나기 며칠 전부터 비아BTC와 비트파이넥스에서는 비트코인캐시 선물

거래가 이뤄졌다. 300달러 수준에서 거래되던 비트코인캐시 선물은 체인 분리가 일어나고 급등했다. 한때 700달러 목전까지 치솟았다. 그러나 비트코인 보유량만큼의 비트코인캐시를 받은 기존 비트코인 투자자들이 수익 실현 매물을 쏟아내면서 다시 며칠 만에 200달러 밑으로 떨어졌다.

비아BTC를 통해 비트코인캐시를 런칭한 우지한은 일단 은인자중했다. 섣불리 움직였다간 배후를 자인하는 꼴이다. 이후 BIP91이 활성화되면서 세그윗 활성화 역시 확정됐다. 그러자 이번엔 코어 개발자들의 태도가 돌변했다. 이들은 당초 세그윗2X의 로드맵이 현실을 반영하지 못했다며 세그윗 활성화 이후 6개월의 시간은 블록 사이즈 증가를 위한 하드포크를 준비하기에 턱없이 부족하다고 주장하기 시작한다. 빅 블로커들이 UAHF를 강행하며 비트코인캐시를 런칭한 이상, 굳이 6개월 뒤 또 다른 하드포크를 시행하는 것이 무슨 의미가 있겠느냐고 반문한다. 오히려 하드포크를 진행할 경우 적어도 세 개 이상의 비트코인(세그윗 비트코인, 세그윗2X비트코인, 비트코인캐시 등)이 존재하게 되는데, 이는 시장 혼란만 초래할 뿐이라고 강조한다.

결국, 코어 개발자들이 행동에 나선다. 이들은 비트코인 코어 프로그램에서 1MB 이상의 세그윗 블록, 즉 세그윗2X 블록은 체인에 붙이지 않겠다고 발표한다. 세그윗2X를 기대한 빅 블로커들은 당혹스러웠다. 이는 합의를 일방적으로 깨는 처사다. 이 와중에 비트코인 가격은 세그윗에 대한 불확실성 해소로 4000달러를 돌파하는 등 상승 랠리를 이어갔다. 반면, 비트코인캐시는 런칭 후 쏟아지는 물량 때문에 300달러 선에서 지지부진했다.

세그윗이라는 축제에 커뮤니티가 흥청거리는 사이 우지한이 움직였다. 2017년 8월 17일, 그가 오랜만에 자신의 트위터에 글을 올렸다. "세그윗을 지지하는 마이닝풀 중 어느 한 곳이라도 비트코인캐시 채굴을 시작하면, 앤트풀 채굴자들에게 비트코인캐시 채굴 옵션을 제공할 것이다." 이 트윗은 비트메인이 앤트풀의 연산 능력을 활용해 비트코인캐시의 손을 들어주겠다는 사전 안내문과 다름없다. 우지한 입장에서 최선은, 기존 비트코인이 크게 타격을 입지 않는 선에서 비트코인캐시가 암호화폐시장에 안착하는 것이다. 그렇게 되면 양방향에서 수익을 거둬들일 수 있다. 그렇다고 무턱대고 빅 블록 비트코인의 하드포크를 주장할 수는 없다. 영향력이 너무 크다는 게 되레 아킬레스건이다. 우지한이 무게 중심을 급격하게 빅 블록 비트코인으로 옮길 경우, 시장은 공포에 휩싸인다. 그 공포로 비트코인 가격이 폭락할 수 있다. 그런데 비트코인 가격이 랠리를 펼치고 있다. 코어 개발자들은 세그윗2X에 대한 자신들의 입장을 뒤집어 버렸다. 환경은 조성됐고, 명분은 차고 넘쳤다.

우지한은 빅 픽처의 마지막 퍼즐을 끼웠다. 얼마 후 우지한의 앤트풀과 BTC닷컴이 비트코인캐시를 채굴하기 시작했다. 비트메인이 비트코인캐시의 가장 큰 지지 세력이 됐다. 비트메인은 심지어 자사의 채굴기인 앤트마이너를 팔 때 위안화나 비트코인캐시로만 결제 가능하도록 했다. 우지한과 로저 버, 존 맥아피 등 유명한 빅 블로커들이 비트코인캐시를 위한 각종 포럼에 얼굴을 비추기 시작한다. 비트코인캐시 커뮤니티는 빠르게 커갔다. 길었던 확장성 전쟁은 양측 모두 각자의 비트코인을 나눠 가지면서 일단락된다.

◇ 확장성 전쟁의 본질… 기술로 포장한 정치

비트코인 확장성 전쟁이 막바지로 접어들 무렵인 2017년 7월, 이더리움의 창시자인 비탈릭 부테린은 자신의 트위터를 통해 비트코인 확장성 논쟁을 "세그윗2X는 전적으로 기술적인 문제에 대한 정치적인 솔루션"이라고 평가했다. 부테린은 비트코인의 확장성 논쟁의 본질을 정치적인 문제라고 봤다. 코어 개발자들과 채굴자들의 대립은 표면적으로는 기술적 이슈의 모습을 띄고 있었다. 그러나 본질은 두 집단의 이해관계 다툼이라고 판단했다. 실제로 양측의 주장은 기술적인 이슈에 대한 정당성을 포함해 틀린 말이 없다. 애초부터 타협할 수 있는 접점이 없는 논쟁이었다. 양측 모두 원하는 바가 극명하게 달랐고, 서로가 원하는 바를 성취해야만 비트코인 생태계에서의 영향력이 유지됐다. 온·오프 체인 솔루션에 대한 입장 차이는 양측의 이해관계를 대변하는 기술적 용어였을 뿐이다.

일각에서는 빅 블로커와 스몰 블로커들의 싸움을 두고 비트코인 역시 탈중앙화라는 태초의 가치관이 변질될 것이 아니냐고 비판한다. 3자 입장에서는 충분히 나올 수 있는 비판이다. 그러나 이를 두고 탈중앙화라는 의미가 퇴색했다고 표현하는 것은 무리다. 비트코인이 탈중앙화되지 않았다면 애초 이러한 논쟁 자체가 생길 수 없기 때문이다.

빅 블로커와 스몰 블로커의 오랜 싸움은 비트코인이란 암호화폐에 다양한 영향을 줬다. 서로의 주장에 대한 타당한 근거를 찾기 위해 다양한 기술이 연구됐으며, 이는 향후 비트코인을 포함한 다양한 암호화폐 전반의 기술 발전에 긍정적인 영향을 끼칠 것이다. 또한 둘로 나눠진 비트코인과 비트코인캐시는 사용자에게 다양한 선택의 기회를 제공한다. '디지털 골드'를 표방하는 기존 비트코인과 '디지털 캐시'를 표방하는 비트코인캐시 사이에서 사용자들은 각각의 필요에 맞게 선택해 사용할 수 있다. 물론 확장성 전쟁의 와중에 극심한 가격 변동이 있었고, 이로 인해 투자자들은 극단의 공포를 체감했다. 그럼에도 한 가지 단언할 수 있는 건 이런 과정이 성장통에 불과하다는 사실이다. 전통적인 패러다임에 반하는 새로운 기술이 전파될 때에는 항상 성장통이 따랐다. 화폐가 처음 금에서 분리될 때도, 개인용 컴퓨터가 처음 등장했을 때도, 암호학이 민간에 처음 전파됐을 때도, 인터넷과 스마트폰이 처음 소개됐을 때도 항상 그랬다.

비트코인과 비트코인캐시, 각자의 길을 걷다

2017년 8월 1일 비트코인캐시가 비트코인에서 갈라져 나왔다. 기존 비트코인은 세그윗을 통한 오프체인 솔루션에 집중할 수 있게 됐다. 현재 가장 활발히 논의되고 있는 오프체인 솔루션이 '라이트닝 네트워크'다.

라이트닝 네트워크는 거래 당사자 간의 사적인 결제 채널을 오픈하고 해당 채널 안에서 비트코인을 거래하는 오프체인 솔루션이다. 현재 비트코인 블록체인은 수많은 거래들로 포화 상태다. 라이트닝 네트워크는 상당 부분의 거래들을 바깥으로 빼내 비트코인 블록체인의 부담을 덜어주자는 해법이다. 이를 활용하면 현재 비트코인으로 이뤄지는 거의 모든 형태의 거래들을 외부에서 수행할 수 있게 된다. 번개^{lightning} 처럼 말이다.

◇ 번개처럼 결제… 악의적 공격은 '경제적 유인'으로 막는다

용재와 란이는 라이트닝 네트워크를 활용해 비트코인을 거래하려고 한다. 먼저, 용재와 란이는 둘만의 결제 채널을 오픈한다. 일종의 에스크로 계좌다. 각각 5BTC씩을 둘만의 결제 채널에 예치한다. 이후 오픈한 결제 채널을 비트코인 블록체인에 전송한다. 이는 라이트닝 네트워크를 활용해 용재와 란이의 거래가 시작됨을 비트코인 블록체인에 알리는 것이다. 이로써 비트코인 블록체인의 모든 노드는 용재와 란이의 거래가 시작되고, 둘의 결제 채널에 각각 다섯 개씩 예치한 총 열 개의 비트코인이 있다는 사실을 공유하고 전파한다. 이처럼 시작을 알리는 거래를 펀딩 트랜잭션^{Funding Transaction}이라고 부른다. 펀딩 트랜잭션은 비트코인 블록체인에 전파됐기 때문에 되돌릴 수도, 위변조될 수도 없다.

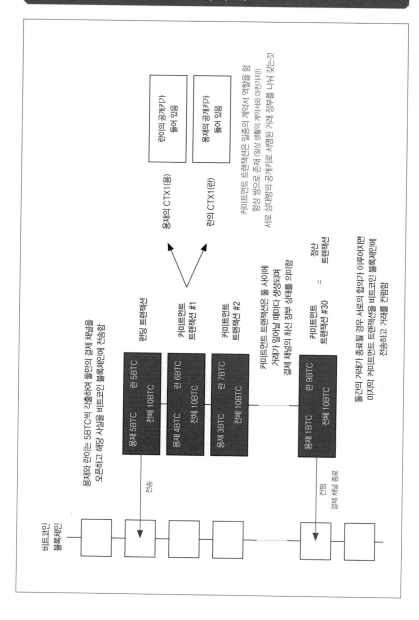

용재와 란이는 5BTC씩 각출하여 둘만의 결제 채널을
오픈하고 해당 사실을 비트코인 블록체인에 전송함

펀딩 트랜잭션

커미트먼트
트랜잭션 #1

커미트먼트
트랜잭션 #2

커미트먼트 트랜잭션은 둘 사이에
거래가 일어날 때마다 생성되며
결제 채널의 최신 잔부 상태를 의미함

커미트먼트
트랜잭션 #30 = 정산
트랜잭션

둘간의 거래가 종료될 경우 서로의 합의가 이루어지면
마지막 커미트먼트 트랜잭션을 비트코인 블록체인에
전송하고 거래를 결합함

용재의 CTX1(용)

란의 CTX1(란)

란의 공개키가
들어 있음

용제의 공개키가
들어 있음

커미트먼트 트랜잭션은 일종의 계약서 역할을 함
항상 쌍으로 존재 (일상 생활의 계약서와 마찬가지)
서로 상대방의 공개키로 서명된 거래 정부를 나눠 갖는 것

용재 5BTC   란 5BTC
전체 10BTC

용재 4BTC   란 6BTC
전체 10BTC

용재 3BTC   란 7BTC
전체 10BTC

용재 1BTC   란 9BTC
전체 10BTC

비트코인
블록체인

전송

컨펌
결제 채널 종료

304

둘만의 결제 채널을 통한 용재와 란이의 거래를 커미트먼트 트랜 잭션Commitment Transaction이라고 부른다. 둘 사이의 거래가 있을 때마 다 커미트먼트 트랜잭션은 생성되고, 새로 생성된 커미트먼트 트랜 잭션은 마지막 커미트먼트 트랜잭션 위에 덮어 씌워진다. 곧, 가장 최근에 생성된 용재와 란이의 커미트먼트 트랜잭션이 둘이 오픈한 결제 채널의 최신 잔고 상황을 알려주는 장부다. 왼쪽의 그림에서처 럼 용재는 커미트먼트 트랜잭션 #1을 통해 란이에게 한 개의 비트코 인을 전송한다. 이 거래를 통해 용재는 네 개, 란이는 여섯 개의 비 트코인을 갖게 된다. 이후 커미트먼트 트랜잭션 #2를 통해, 용재가 다시 란이에게 1비트코인을 보낸다. 커미트먼트 트랜잭션 #2는 용 재는 세 개, 란이는 일곱 개의 비트코인을 소유하고 있음을 나타낸 다. 총 30번의 거래를 마친 후 용재와 란이는 각각 한 개와 아홉 개 의 비트코인을 소유하게 됐으며, 이는 커미트먼트 트랜잭션 #30에 나타난다. 더 이상의 거래가 필요 없게 되면, 둘은 결제 채널을 닫고 커미트먼트 트랜잭션 #30을 합의 하에 비트코인 블록체인에 전송한 다. 이를 정산 트랜잭션Settlement Transaction이라고 한다.

용재와 란이가 총 30번의 거래를 일으켰지만, 이 과정에서 비트코 인 블록체인에 거래를 전송한 횟수는 결제 채널을 열고 닫을 때 각 각 한 번씩, 총 두 번에 불과하다. 결제 채널만 정상적으로 오픈하면 거래 회수에 제한은 없다. 수십 번에서 수만 번까지 즉각적인 거래가 가능하다. 라이트닝 네트워크로 생겨난 사적인 결제 채널은 블록체 인이 아니다. 거래가 블록에 담기고, 검증되고, 전파되길 기다릴 필

라이트닝 네트워크의 작동 원리

라이트닝 네트워크가 제대로 작동하려면!
❶ 거래 장부의 참 거짓을 판명하고
❷ 부정한 거래장부를 무효화해야 한다!

1　타임락 기능을 활용하여 해당 장부의 출력값을 취소할 수 있게 만듦

2　누가 장부를 비트코인 블록체인에 공개했는지 식별 가능

3　부정한 거래 당사자에게 벌금을 부과 (예치금 몰수)

요가 없다. 합의 하에 즉각적으로 장부가 업데이트된다. 대부분의 비트코인 사용자들이 라이트닝 네트워크를 활용하면, 이론적으로 비트코인은 1초에 10억 개 이상의 거래를 처리할 수 있다.

　그런데 한 가지 의문이 생긴다. 라이트닝 네트워크는 과연 '악의적인 공격'에 어떻게 대처할 수 있을까. 여기서 악의적인 공격은 용재와 란이의 거래에서 본다면 용재가 최신의 커미트먼트 트랜잭션이 아니라 자신에게 유리한 커미트먼트 트랜잭션을 비트코인 블록체인에 전송하는 것을 말한다. 예를 들어, 용재와 란이가 커미트먼트 트랜잭션 #2를 완료했다. 용재는 악의적으로 커미트먼트 트랜잭션 #1을 비트코인 블록체인에 전송한다. 용재 입장에선 #1을 전송하면 한 개의 비트코인을 더 이득보기 때문이다. 이런 부정한 거래를 막기 위해, 라이트닝 네트워크에서는 세 가지 원리가 작동한다.

첫째, 타임락Time Lock 기능을 활용해 해당 장부의 출력값을 취소할 수 있다. 보통 타임락 기능은 블록 수로 지정하지만, 여기서는 이해하기 쉽게 시간으로 표현하도록 하자. 예를 들어, 10일의 타임락이 걸려 있는 한 개의 비트코인을 받는 경우 해당 비트코인은 10일이 지나야 블록체인으로부터 유효성을 검증 받고 소유권이 완전히 인정된다. 곧, 10일 이전에는 언제든지 해당 비트코인을 되돌릴 수 있다. 라이트닝 네트워크는 모든 장부에 타임락이 걸려 있다. 이 장부를 공개하는 당사자는 받게 될 비트코인에 타임락이 자동으로 걸린다. 반면, 상대방은 타임락 없이 예치된 비트코인을 바로 받는다. 장부를 공개하는 당사자(이 경우엔 용재)만이 부정을 저지를 이유가 있기 때문이다. 타임락은 장부를 공개한 당사자가 부정을 저지를 경우를 대비해, 비트코인의 소유권을 일정시간 묶어 두는 것이다. 결제 채널을 닫는 정산 트랜잭션(마지막 커미트먼트 트랜잭션)은 거래 당사자의 합의 하에 이뤄지기 때문에 타임락 없이 즉시 정산된다.

둘째, 누가 장부를 비트코인 블록체인에 공개했는지 식별할 수 있다. 라이트닝 네트워크의 장부 역할을 하는 커미트먼트 트랜잭션은 항상 쌍으로 존재한다. 즉, 해당 거래의 장부가 항상 쌍으로 존재하고 이를 당사자들이 나눠 갖는 구조다. 보통 계약서를 작성하고 이를 한 부씩 나눠 보관하는 것과 같다. 다만, 여기서는 각자 보관하고 있는 장부에 상대방의 공개키로 작성된 서명이 들어 있다는 것이 특징이다. 커미트먼트 트랜잭션(장부)은 다중 서명 거래Multi Signature Transaction다. 해당 거래를 비트코인 블록체인에 공개하기 위해서는

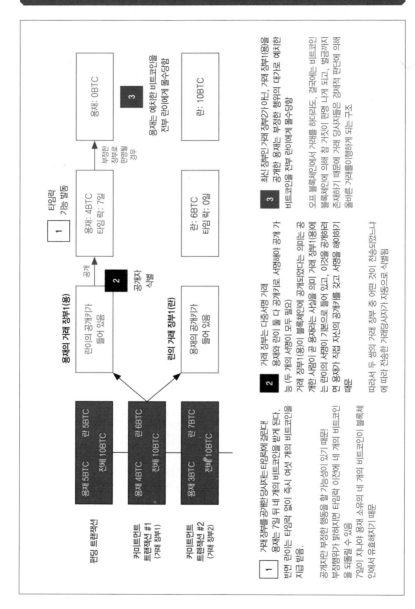

용재의 거래 장부1 (율)
란이의 공개키가 들어 있음

란의 거래 장부1 (란)
용재의 공개키가 들어 있음

용재: 5BTC 란 5BTC
전체 10BTC
펀딩 트랜잭션

용재: 4BTC 란 6BTC
전체 10BTC
커미트먼트 트랜잭션 #1 (거래 장부1)

용재: 3BTC 란 7BTC
전체 10BTC
커미트먼트 트랜잭션 #2 (거래 장부2)

타임락 기능 발동

1

용재: 4BTC
타임 락: 7일

공개

2

공개자 식별

용재: 0BTC

3

용재는 예치한 비트코인을 전부 란이에게 몰수당함

란: 6BTC
타임 락: 0일

부정한 장부로 판명될 경우

란: 10BTC

1 거래 장부를 공개한 당사자는 타임락에 걸린다! 용재는 7일 뒤 네 개의 비트코인을 받게 된다. 반면 란이는 타임락 없이 즉시 여섯 개의 비트코인을 지급 받음.

공개자만 부정한 행동을 할 가능성이 있기 때문!
부정행위가 밝혀지면 타임락 이전에 네 개의 비트코인을 되돌릴 수 있음
7일이 지나야 용재 소유의 네 개의 비트코인이 블록체인에서 유효해지기 때문

2 거래 장부는 다중서명 거래
용재와 란이 둘 다 공개자로 서명해야 공개 가능(두 개의 서명이 모두 필요)
거래 장부1(율)이 블록체인에 공개되었다는 의미는 공개한 사람이 곧 용재라는 사실을 의미 거래 장부1(율)에는 란이의 서명이 기본으로 들어 있고, 이것을 공개하려면 용재가 직접 자신의 공개키를 갖고 서명을 해야하기 때문

3 최신 장부인 거래 장부2가 아닌, 거래 장부1(율)을 공개한 용재는 부정한 행위의 대가로 예치한 비트코인을 전부 란이에게 몰수당함

오직 블록체인에서 거래를 하더라도, 결국에는 비트코인 블록체인에 의해 참 거짓이 판명 나게 되고, 벌금까지 존재하기 때문에 거래 당사자들은 경제적 판단에 의해 올바른 거래를 이행하게 되는 구조

따라서 두 쌍의 거래 장부 중 어떤 것이 전송되었느냐에 따라 전송한 거래당사자가 자동으로 식별됨

거래 당사자들의 서명이 전부 필요하다. 서로 상대방의 서명이 들어 있는 장부를 보관하고 있기 때문에, 보유하고 있는 장부를 블록체인에 공개하는 순간 공개자가 식별된다. 예를 들어, 란이의 서명이 들어있는 장부를 용재가 갖고 있는데 이 장부가 블록체인에 공개됐다고 하자. 이 경우, 용재가 마지막으로 자신의 공개키를 활용해 서명하고 장부를 공개했다는 뜻이다. 곧, 장부의 공개자는 용재가 될 수밖에 없다. 이러한 원리로 라이트닝 네트워크는 누가 장부를 공개했는지 정확히 식별해낼 수 있다.

마지막으로, 부정한 장부를 공개한 거래 당사자에게 벌금을 부과한다. 라이트닝 네트워크가 올바르게 작동하기 위한 기본적인 조치다. '자발적 선의'가 아닌 '경제적 유인Economic Incentive'을 활용해 거래 당사자들의 올바른 행동을 강제한다. 예를 들어, 용재가 부정한 장부를 공개할 경우 용재가 애초 란이와의 결제 채널에 예치한 5개의 비트코인은 전부 란이의 소유가 된다. 즉, 부정한 행위에는 벌금을 부과한다. 이 과정을 간단히 살펴보면, 모든 커미트먼트 트랜잭션에는 '취소키'가 있고, 이는 자동적으로 커미트먼트 트랜잭션 피공개자에게 부여된다. 다시 말해, 용재가 부정한 장부를 공개하면 란이는 취소키를 사용해 용재의 예치금 전부를 몰수할 수 있다는 얘기다.

왼쪽 그림은 용재가 최신 장부인 커미트먼트 트랜잭션#2(이하 CTX2)가 아닌, 악의적으로 커미트먼트 트랜잭션#1(이하 CTX1)을 공개해 한 개의 비트코인을 부당하게 가로채려고 하는 상황에 대한 예시다. 용재는 자신이 갖고 있는 CTX1(용)을 란이 몰래 비트코인 블록체인에 공개했다. 이 경우 용재는 한 개의 비트코인이 더 이득이다. 그런데 용재가 공개한 CTX1(용)에는 애초 란이의 공개키로 작성된 서명이 들어 있다. CTX는 다중 서명 거래이기 때문에 공개하기 위해서는 거래 당사자들의 서명이 전부 필요하다. 용재는 자신의 공개키를 사용해 CTX1(용)에 서명을 한 후, 이를 비트코인 블록체인에 공개했다. 비트코인 블록체인은 CTX1(용)을 공개한 사람이 용재라는 것을 자동으로 식별한다. CTX1의 내역에 따라 비트코인의 소유권을 정산한다. 이 과정에서 CTX1을 공개한 용재 몫의 비트코인 네 개에는 타임락이 걸린다. 타임락을 일주일(7일)이라고 가정하면, 용재는 일주일이 지난 후에야 네 개의 비트코인에 대한 완전한 소유권을 인정받을 수 있다. 반대로 피공개자인 란이는 CTX1이 공개됨과 동시에 여섯 개의 비트코인을 타임락 없이 받는다. 피공개자는 부정을 저지를 가능성이 없기 때문에 타임락이 필요 없다. 용재의 부정한 행위를 포착한 란이는 앞서 말한 취소키를 사용해 용재의 예치금 전부를 몰수한다. 타임락이 종료되지 않은 용재의 비트코인은 언제든지 란이의 취소키로 빼앗을 수 있다. 결국 용재는 한 개의 비트코인을 부정하게 얻으려다 예치해 놓은 비트코인 다섯 개 전부를 몰수당하는 비극(?)을 맞이한다.

🔷 라이트닝 네트워크의 꽃, 결제 채널 라우팅 기술

사실, 앞서 살펴본 결제 채널에 대한 개념은 라이트닝 네트워크라고

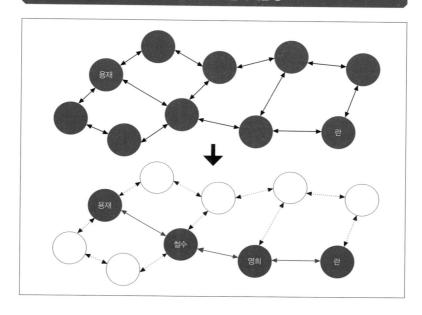

라이트닝 네트워크의 결제 채널 경로

하기보다는 오프체인 결제 채널 솔루션이라고 부르는 게 더 맞다. 기존의 오프체인 결체 채널 솔루션에 특별한 기능을 더해 네트워크로 묶은 것이 본격적인 라이트닝 네트워크다. 특별한 기능은 해시 타임락 계약Hash Time Lock Contract이다. 이것이 바로 라이트닝 네트워크의 꽃이다.

해시 타임락 계약(이하 HTLC)은 말 그대로 해시함수와 타임락으로 구성됐다. 용재와 란이는 HTLC 거래를 통해 한 개의 비트코인을 주고받았다. HTLC 거래를 일으키기 위해 먼저 란이는 본인만이 아는 비밀값 'R'을 정한다. 그리고 R값을 해시함수를 사용해 해시한 H값

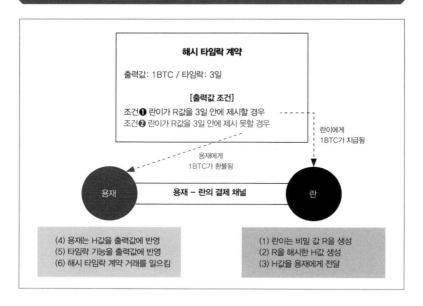

해시 타임락 계약

해시 타임락 계약

출력값: 1BTC / 타임락: 3일

[출력값 조건]
조건❶ 란이가 R값을 3일 안에 제시할 경우
조건❷ 란이가 R값을 3일 안에 제시 못할 경우

란이에게
1BTC가 지급됨

용재에게
1BTC가 환불됨

용재 — 란의 결제 채널

용재

란

(4) 용재는 H값을 출력값에 반영
(5) 타임락 기능을 출력값에 반영
(6) 해시 타임락 계약 거래를 일으킴

(1) 란이는 비밀 값 R을 생성
(2) R을 해시한 H값 생성
(3) H값을 용재에게 전달

을 구한다[H=Hash(R)]. 이후 H값을 용재에게 전달한다. 용재는 전
달받은 H값을 포함시켜 HTLC 거래를 일으킨다. 해당 HTLC의 내용
은 위와 같다. 출력값은 비트코인 한 개이고, 타임락은 3일, 조건이
두 개 붙어 있다. 첫 번째 조건은 란이가 R값을 3일 안에 제시할 경
우, 란이에게 한 개의 비트코인을 지급한다는 것이다. 두 번째 조건
은 란이가 R값을 3일 안에 제시하지 못할 경우, 타임락인 3일이 지
나면 자동으로 한 개의 비트코인은 용재에게 환불된다는 것이다. 간
단한 패스워드(R값)와 타임락(3일) 기능을 탑재한 일종의 '스마트 콘
트랙트'를 오프체인에서 활용하는 셈이다.

그렇다면, 왜 HTLC가 라이트닝 네트워크의 꽃일까. 바로, 네트워크를 형성할 수 있게 해주기 때문이다. HTLC 때문에 라이트닝 '채널'이 아니라 '네트워크'다. 라이트닝 네트워크를 구성하는 개별 노드를 라이트닝 노드Lightning Node라고 부르는데, 쉽게 말해 거래 당사자다. 그리고 거래 당사자들 사이에 오픈하는 것이 결제 채널이다. 앞서 설명한 HTLC는 라이트닝 노드들을 연결해주는 핵심 메커니즘이다. 즉, HTLC를 활용하면 결제 채널이 직접적으로 오픈되지 않은 사람들끼리도 거래가 가능하다.

왼쪽 그림에서 용재는 란이에게 한 개의 비트코인을 전송하고 싶다. 그런데 둘 사이에는 직접적인 결제 채널이 오픈돼 있지 않다. 그렇다면 용재는 란이에게 비트코인을 보낼 수 없을까. 아니다. HTLC를 활용해 라이트닝 노드(거래 당사자)간 거래가 가능하다. 수많은 라이트닝 노드들이 형성하는 네트워크를 이용해 직접적인 결제 채널이 오픈되어 있지 않아도 용재와 란이는 비트코인을 주고받을 수 있다. 이것이 라이트닝 네트워크의 핵심이다.

그림에서처럼 용재의 노드는 란이의 노드와의 최단거리 결제 채널 경로를 탐색한다. 탐색 결과값은 철수와 영희의 노드를 거쳐 가는 것이다. 즉, '용재-철수-영희-란'의 루트로 결제가 이뤄지는 것이 최단 경로다. 최단 경로의 결제루트가 탐색이 되면 HTLC 계약을 통해 4자간 거래가 이뤄진다. 란이는 먼저 비밀값 'R'을 정하고 그것을 해시한 값 'H'를 용재에게 보낸다. H값을 전달받은 용재는 먼저 철수와 HTLC(1) 거래를 일으킨다. 용재와 철수 사이에 이동하는 비트코인, 즉 출력값은 한 개의 비트코인이며 타임락은 3일이다. 조건은 역

라이트닝 네트워크를 활용한 결제 채널 라우팅

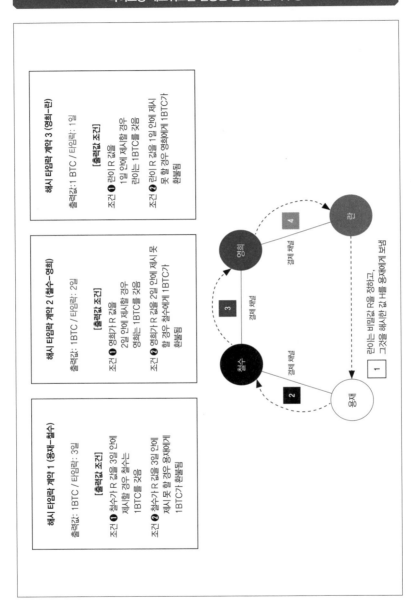

해시 타임락 계약 1 (옹재-철수)

출력값: 1BTC / 타임락: 3일

[출력값 조건]

조건 ❶ 철수가 R 값을 3일 안에 제시할 경우 철수는 1BTC를 갖음

조건 ❷ 철수가 R 값을 3일 안에 제시 못 할 경우 옹재에게 1BTC가 환불됨

해시 타임락 계약 2 (철수-영희)

출력값: 1BTC / 타임락: 2일

[출력값 조건]

조건 ❶ 영희가 R 값을 2일 안에 제시할 경우 영희는 1BTC를 갖음

조건 ❷ 영희가 R 값을 2일 안에 제시 못 할 경우 철수에게 1BTC가 환불됨

해시 타임락 계약 3 (영희-란)

출력값: 1 BTC / 타임락: 1일

[출력값 조건]

조건 ❶ 란이 R 값을 1일 안에 제시할 경우 란이는 1BTC를 갖음

조건 ❷ 란이 R 값을 1일 안에 제시 못 할 경우 영희에게 1BTC가 환불됨

란이는 비밀값 R을 정하고, 그것을 해시한 값 h를 옹재에게 보냄

시 동일하다. 철수가 3일 안에 R값을 제시할 경우 철수는 비트코인 한 개를 갖게 되며, 3일 안에 R값을 제시하지 못할 경우 비트코인 한 개는 용재에게 환불된다. 철수는 다시 영희와 HTLC(2) 거래를 일으킨다. 철수와 영희 간에 이동하는 비트코인은 한 개이며, 타임락은 2일이다. 조건은 영희가 2일 안에 R값을 제시할 경우 영희는 비트코인 한 개를 갖게 되며, 2일 안에 R값을 제시하지 못할 경우 비트코인 한 개는 철수에게 환불된다. 마지막으로, 영희는 란이와 HTLC(3) 거래를 일으킨다. 영희와 란이 사이에 이동하는 비트코인은 한 개이며, 타임락은 1일이다. 조건은 란이가 1일 안에 R값을 제시할 경우 란이는 비트코인 한 개를 갖게 되며, R값을 제시하지 못할 경우 비트코인 한 개는 영희에게 환불된다. 란이가 1일 이내 올바른 R값을 제시할 경우 거래 프로세스는 왼쪽과 같다.

란이는 영희에게 R값을 제시함으로써 영희와의 거래인 HTLC(3)에 의해 한 개의 비트코인을 수령한다. 영희는 란이에게 전달받은 R값을 철수에게 제시하고, 철수와의 거래인 HTLC(2)에 의해 한 개의 비트코인을 수령한다. 철수는 영희로부터 전달받은 R값을 용재에게 제시하고, 용재와의 거래인 HTLC(1)에 의해 용재로부터 한 개의 비트코인을 수령한다. 이는 결과적으로 용재의 비트코인 한 개가 란이에게 전달된 것과 같다. 물론, 철수와 영희가 거래에 개입해 중개자 역할을 했기 때문에 라이트닝 네트워크가 상용화될 경우, 철수와 영희는 거래를 이어주는 역할에 대한 보상(수수료)을 받게 될 것이다. 여기서 발생하는 수수료는 비트코인 블록체인을 직접 사용했을 때보다는 적다. 하지만 라이트닝 네트워크가 상용화되면 거래 건수가 기하급수적으로 늘어날 것이기 때문에 중개자 역할로 벌어들이는 수수료가 결코 적지 않을 것이다. 이러한 결제 채널 라우팅Payment Channel Routing 기술은 독립적으로 존재하는 오프체인 결제 채널을 하나로 이어주고, 사용자들이 거래를 할 때마다 거래 당사자와 결제 채널을 오픈해야하는 번거로움을 덜어준다. 라이트닝 네트워크가 상용화되면 불과 몇 번의 결제 채널 오픈만으로 전 세계 누구와도 즉각적인 거래를 할 수 있다. 라이트닝 네트워크가 비트코인의 확장성 문제를 해결해줄 가장 강력한 해법 중 하나로 꼽히는 이유다.

여기서 재밌는 건, 앞에서 살펴본 결제 채널 경로는 오직 용재만 알 수 있다는 사실이다. 철수와 영희, 심지어 란이조차도 거래의 전체 이동 경로를 알 수 없다. 개별 참여자들, 즉 거래 당사자들은 자신의 바로 이웃하는 참여자들만 식별할 수 있다. 철수는 용재와 영희만 알 수 있고, 영희는 철수와 란이만 파악 가능하다. 자신들이 중개하는 거래에 대한 최종적인 송신자와 수신자가 누구인지 알 수 없다. 라이트닝 네트워크의 중요한 포인트다. 라이트닝 네트워크 거래는 무분별한 검열, 감시에서 자유롭다. 라이트닝 네트워크 기술을 통해 블록체인의 근본 가치인 개인의 프라이버시도 유지될 수 있다.

◇ 1초에 10억 개⋯거래의 한계를 뛰어넘다

라이트닝 네트워크의 장점은 거래 당사자들 간의 즉각적인 거래가 가능하다는 점이다. 비트코인 블록체인에서 거래를 일으킬 경우, 거래가 컨펌(확정)되기 위해선 최소 10분이 걸린다. 하지만 라이트닝 네트워크에서는 거래 당사자들의 확인만으로 즉각적인 거래가 이뤄진다. 거래 당사자들이 생성한 사적인 결제 채널에는 채굴자들이 필요 없다. 채굴자들이 존재하지 않는 노드들, 즉 무수히 많은 결제 채널들이 모여서 네트워크를 구성하고 해당 네트워크를 통해 번개 같이 빠른 거래가 가능하게 만드는 솔루션이 라이트닝 네트워크다. 많은 이들이 라이트닝 네트워크를 사이드체인 솔루션이라고 혼동하고 있지만, 블록체인과 같이 모든 노드가 동일한 장부 히스토리를 공유하고 있지 않고 채굴이 없다는 측면에서 사이드체인과는 확연히 다른 종류의 솔루션이다.

라이트닝 네트워크는 안전하다. 앞서 용재와 란이의 거래에서 거래 결과를 정산하고 비트코인 소유권을 최종적으로 인정받기 위해서는, 결제 채널을 닫고 최종 정산 내역을 비트코인 블록체인에 통보해야만 한다. 곧, 라이트닝 네트워크의 결제 채널에서는 비트코인의 최종 소유권이 넘어오지 않으며, 거래 당사자들끼리 숫자만 고쳐 장부만 업데이트 해나간다는 의미다. 마치 약속 어음을 갖고 거래하는 것과 같다. 서로 숫자를 잘 기입하는지 확인만 하는 과정에서, 비트코인 소유권에 대한 안정성이 문제될 일은 없다. 비트코인 소유권의 이동은 비트코인 블록체인을 통해 유효성을 검증받은 거래들을 통해서만 이뤄진다. 실물이 거래되지 않는 라이트닝 네트워크 결제 채널에서는 잃어버릴 비트코인조차 없다.

라이트닝 네트워크에서는 프라이버시가 침해될 우려도 적다. 사적인 결제 채널의 경우 거래 당사자 간의 수많은 거래들은 당사자들의 공유키로 암호화돼 있다. 블록체인을 통해 참조할 수 있는 건 익명의 두 사람이 결제 채널을 열고 닫았으며, 특정 금액의 비트코인의 소유권이 바뀌었다는 정도뿐이다. 오프체인 결제 채널을 통해 거래 당사자들이 몇 번의 거래를 일으켰으며, 비트코인 몇 개가 오갔는지는 알 수 없다. 결제 채널 경로를 사용하는 다자간의 거래에서도 프라이버시는 높은 수준으로 유지된다. 거래 중개자들은 자신들이 누구의 거래를 중개하는지 모른다. 이들은 중개할 거래를 연결된 옆의 또 다른 중개자에게 넘겨주고 수수료만 받을 뿐이다. 거래 루트를 추적하기 어렵다. 이 때문에 특정 거래를 삭제 및 위변조하는 검열에서 자유롭다.

라이트닝 네트워크에서는 이론적으로 무한에 가까운 거래를 처리할 수 있다. 아직까지 초당 처리할 수 있는 거래 개수가 최대 얼마인지는 밝혀지지 않았다. 1초에 10억 개 이상이 가능하다는 사람부터, 1초에 수백만 개라고 말하는 사람까지 다양하다. 블록 사이즈와 같이 한정된 공간을 나눠 쓰는 개념이 아니기 때문에, 라이트닝 노드가 많이 생겨나면 날수록 처리 가능한 거래 개수와 거래의 범위가 기하급수적으로 늘어난다. 라이트닝 네트워크의 거래는 서로 신뢰하지 않는 동등한 노드들에 의해 이뤄진다. 신뢰에 기반을 두지 않기 때문에 맹목적으로 신뢰해야 하는 제3의 존재가 필요 없고, 이들에게 수수료를 낼 필요도 없다. 라이트닝 네트워크에 참여하는 노드들은 신

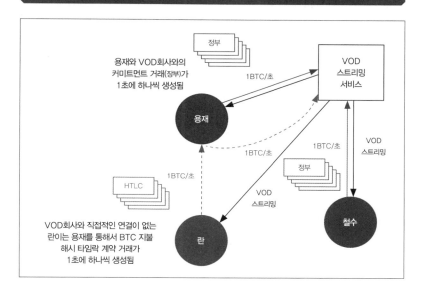

라이트닝 네트워크 활용 예시

정부

VOD
스트리밍
서비스

용재와 VOD회사와의
커미트먼트 거래(장부)가
1초에 하나씩 생성됨

1BTC/초

용재

1BTC/초
1BTC/초

VOD
스트리밍

정부

VOD
스트리밍

HTLC

1BTC/초

VOD
스트리밍

VOD회사와 직접적인 연결이 없는
란이는 용재를 통해서 BTC 지불
해시 타임락 계약 거래가
1초에 하나씩 생성됨

란

철수

뢰가 아니라 철저히 경제적 유인에 따라 행동한다.

이런 장점 때문에 라이트닝 네트워크에는 거의 모든 종류의 거래
가 적합하다. 특히 적당한 규모의 금액을 반복적으로, 혹은 빈번하게
이동시키는 거래에 효과적이다.

예를 들어, 위의 그림처럼 용재, 란, 철수가 라이트닝 네트워크를
활용해 VOD 스트리밍 서비스를 이용하는 경우를 살펴보자. VOD
스트리밍 서비스 이용 요금이 1초에 1사토시(0.00000001비트코인)라
고 가정하자. 용재는 서비스를 이용하기 위해 VOD 스트리밍 회사에
결제 채널을 오픈한다. 이후 원하는 VOD를 선택하고 재생한다. 재
생 버튼을 누름과 동시에 용재와 VOD 회사의 결제 채널에서는 초

당 1사토시의 비트코인이 이동하는 커미트먼트 트랜잭션이 생겨난다. 즉, 장부가 1초에 하나씩 계속 생겨난다. 갑자기 급한 약속이 생겨 용재가 VOD 재생을 중간에 멈춘다. 멈춤 버튼을 누름과 동시에 초당 이용요금이 정산된다. 용재는 청구된 금액을 확인하고 비트코인 블록체인에 정산 트랜잭션을 전송한다. 란이도 용재의 추천으로 이 서비스를 이용하려고 하지만 란이와 VOD 회사 사이에는 직접적인 결제 채널이 없다. 그래서 란이는 용재의 중개를 통해 이 VOD 회사의 서비스를 이용한다. 란이는 '본인-용재-VOD 회사'로 이어지는 결제 채널 경로를 탐색하고 용재에게 HTLC 거래를 전송한다. 용재는 이 HTLC 거래를 VOD 회사에 전송한다. 이제 란이도 용재처럼 1초에 1사토시의 비트코인을 지불하고 VOD를 즐길 수 있게 된다. 물론, 용재라는 중개자가 있기 때문에 수수료가 (미미하지만) 발생한다. 수수료를 아끼고 싶다면 VOD 회사와 직접 결제 채널을 오픈하면 된다. 이런 거래는 서비스 이용요금을 시간당으로 계산하는 게 합리적인 모든 거래에 적합하다. 예를 들어, 무선 와이파이 서비스도 사용한 시간만큼 비용을 지불할 수 있다. 영화관에서도 무조건 1편에 1만 원의 표를 결제하는 것이 아니라, 영화를 실제 관람한 시간만큼 비용을 지불할 수 있다. 일상을 둘러싸고 있는 모든 종류의 거래를 라이트닝 네트워크에서 구현할 수 있다.

단점(혹은 문제점)이 없는 것은 아니다. 무엇보다, 비트코인이 묶인다. 오프체인 결제 채널의 공통 문제다. 결제 채널을 오픈하기 위해서는 거래 당사자 모두가 일정 금액을 예치해야 한다(일종의 에스크로 계좌). 라이트닝 네트워크 사용자들은 일정 기간 결제 채널에 예치된 금액을 소비할 수 없고, 이는 곧 자본의 기회비용^{Cost of capital}이 된다. 쉽게 말해 결제 채널 오픈을 위해 비트코인을 예치하지 않고, 이를 다른 곳에 썼다면 얻을 수 있는 효용이 더 클 수 있는데 그러지 못해 기회비용이 발생한다는 의미다.

2017년 12월 27일 소프트웨어 개발자인 알렉스 보스워스^{Alex Bosworth}는 자신의 트위터를 통해 라이트닝 네트워크 거래로 핸드폰 청구 요금을 지불했다고 밝혔다. 이는 비트코인 블록체인 위에서 이뤄진 라이트닝 네트워크의 최초 거래로 기록됐다. 알렉스가 첨부한 동영상에는 거래 과정이 담겨 있는데, 해당 거래는 눈 깜짝할 사이 완료됐다. 전송 버튼을 누름과 동시에 결제가 끝났다(번개처럼, Lightning!). 선불폰 서비스를 제공하는 통신사인 비트리필^{Bitrefill}은 라이트닝 네트워크를 통해 비트코인과 라이트코인으로 핸드폰 요금 결제를 받고 있다. 2018년 1월에는 블록스트림이 라이트닝 네트워크 실행 프로그램인 c-라이트닝^{c-lightning}을 개발했고, 이를 활용한 결제 서비스인 라이트닝 차지^{Lightning Charge}를 선보였다. 라이트닝차지는 소액 결제 처리 시스템으로서, 주요 컴퓨터 언어인 자바스크립트^{Java Script}로 구현됐다. 곧, 자신들의 온라인 결제 서비스에 라이트닝 네트워크 기술을 접목하고 싶은 회사는 웹 개발자들이 평소에 사용하던 프로그래밍 기술을 통해 얼마든지 라이트닝 네트워크 결제 시스템을 구현할 수 있다는 의미다. 프랑스를 대표하는 라이트닝 네트워크 연구회사인 아상크^{ACINQ}는 라이트닝 네트워크 실행 프로그램

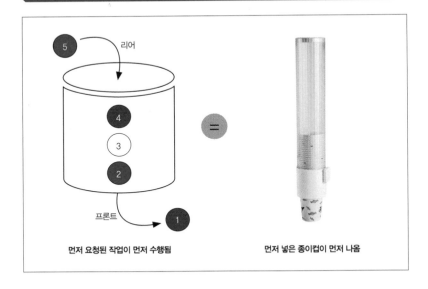

큐의 구조

먼저 요청된 작업이 먼저 수행됨

먼저 넣은 종이컵이 먼저 나옴

인 에끌레어^{Eclair}를 통해 스타벅스 커피를 구매할 수 있는 서비스를 시범적으로 선보였다. 조만간 다양한 라이트닝 결제 서비스가 생겨날 것이다. 항상 그래왔듯이, 비트코인은 답을 찾을 것이다.

◇ 비트코인캐시, 빅 블로커의 염원이 이뤄지다

컴퓨터의 작업 처리 순서는 선입선출이다. 먼저 입력된 작업을 먼저수행한다. 이를 따르려면 요청된 작업들이 대기하는 공간이 필요하다. 이를 큐^{Queue}라고 부른다. 큐의 한쪽 끝인 리어^{Rear}에는 작업의 요청이 들어오고, 반대쪽 끝인 프론트^{Front}에서는 작업의 수행이 일어난다. 즉, 먼저 요청된 작업이 먼저 수행된다. 정수기 옆에서 흔히 볼 수 있는 종이컵 디스펜서를 떠올리면 된다.

비트코인에도 큐가 존재한다. 이를 메모리풀 혹은 트랜잭션풀, 줄여서 멤풀이라 부른다. 비트코인 네트워크에 전송된 거래들 중 노드들이 유효성 검증은 했지만, 아직 채굴자들이 선택하지 않아 새롭게 생겨난 블록에 포함되지 않은(이제 확인은 받지 못한) 거래들이 대기하는 공간이다. 평시에는, 즉 거래 과부하가 없는 경우에는 선입선출 방식으로 거래의 이체확인이 이뤄진다. 거래량이 급증하면 비트코인 멤풀에 두 가지 변화가 생긴다. 먼저, 늘어난 거래량에 비례해 일정 수준까지 멤풀 사이즈가 증가한다. 두 번째는 멤풀에 과부하가 걸리기 직전 자체적으로 멤풀에 이체 확인에 필요한 최소 거래 수수료 기준이 생겨나고, 이 기준을 충족하는 거래들 순으로 거래가 재배치된다. 다시 말해, 수수료가 싼 거래는 이체 확인 순서가 뒤로 밀린다. 만약 72시간 동안 블록에 포함되지 못하면 해당 거래는 멤풀에서 삭제되고, 비트코인은 거래 당사자들의 지갑으로 되돌아간다. 수수료가 높은 것들부터 거래를 처리해 멤풀 사이즈가 줄어들면, 최소 거래 수수료 기준은 사라진다. 다시 선입선출 방식으로 거래들은 이체 확인을 받는다. 멤풀은 노드들이 블록체인에 전송된 거래들을 효율적으로 추적할 수 있게 해주며, 채굴자들이 수수료 순서대로 거래를 블록에 담을 수 있게 도와줘 채굴의 효율성을 높여준다.

2018년 1월 12일, 멤풀에 시련이 닥쳐온다. 이날 비트코인 멤풀 사이즈는 321MB를 기록한다. 멤풀 사이즈가 보통 1~5MB 수준이

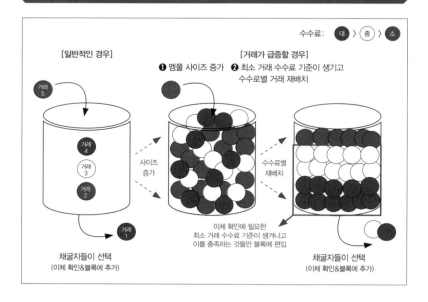

비트코인 멤풀의 구조

수수료: 대 〉 중 〉 소

[일반적인 경우]

거래 5

거래 4
거래 3
거래 2

거래 1

채굴자들이 선택
(이체 확인&블록에 추가)

사이즈 증가

[거래가 급증할 경우]

❶ 멤풀 사이즈 증가　❷ 최소 거래 수수료 기준이 생기고
　　　　　　　　　　　 수수료별 거래 재배치

이체 확인에 필요한
최소 거래 수수료 기준이 생겨나고
이를 충족하는 것들만 블록에 편입

수수료별 재배치

채굴자들이 선택
(이체 확인&블록에 추가)

었던 것과 비교하면 가히 경이적인 상승세다. 2017년 말부터 비트
코인 가격이 급등하면서 덩달아 거래량이 많아졌고, 멤풀에 추가되
는 거래 수가 이체 확인을 받아 블록에 담겨지는 거래 수보다 훨씬
많아졌기 때문이다. 멤풀은 개별 노드의 성능RAM에 따라 그 사이즈
가 정해지는데, 2017년 말~2018년 초에는 평균적으로 멤풀 사이
즈가 300MB를 넘었다. 멤풀 사이즈와 이체 확인 속도의 관계는 대
략 이렇다. 예를 들어 멤풀이 3MB일 경우 평균적으로 이체 확인에
필요한 블록이 세 개(블록당 1MB)이고 한 개의 블록에 생성되는 시
간이 10분이니, 거래를 전송한 지 30분이 지나면 대부분 이체 확인
을 받을 수 있다. 그런데 2018년 1월에는 멤풀 사이즈가 평균적으로

300MB가 넘었다. 300개의 블록이 생성돼야 하고, 따라서 이체 확인에 약 50시간 이상이 필요했다. 심각한 정체 현상이 빚어진 것이 당연하다.

앞서 2017년 5~6월에도 멤풀 사이즈가 팽창했다. 2017년 4월 약 1100달러였던 비트코인은 계속 내달려 세그윗2X 합의가 이뤄진 뉴욕 협약 이후인 5월 25일엔 2800달러 고지를 밟았다. 가격이 오르면 대개 거래량도 증가한다. 가격이 오르는 구간에서는 멤풀 사이즈도 증가하기 마련이다. 이때가 딱 그런 시기였고, 팽창한 멤풀 사이즈는 블록 사이즈 논쟁에 있어서 핵심 쟁점으로 떠올랐다. 멤풀이 팽창하고 있다는 건 비트코인 네트워크가 수용할 수 있는 거래량을 넘어 거래 정체 현상Transaction Traffic이 일어나고 있다는 의미다. 비트코인이 새로운 시대의 화폐로 기능할 수 있느냐에 대한 의구심을 자아낸다. 이런 의심은 각종 루머를 생산해 내고, 투자 심리를 얼어붙게 만들며, 결과적으로 비트코인 가격 급락으로 이어진다. 가격 급락은 비트코인 생태계의 근간을 위협하는 위험 요소다.

◇ 저렴한 수수료로 '은행 없는 은행'을 꿈꾸다

멤풀의 거대화를 막기 위해서는 병목현상Bottleneck Phenomenon을 해결하면 된다. 빅 블로커들은 블록 사이즈를 늘려 이 문제를 해결하려고 했다. 멤풀에 거래가 쌓이기 전에 큰 블록에 최대한 많은 거래를 담자는 생각이다(스몰 블로커들은 같은 문제를 세그윗과 같은 오프체인 솔루션으로 풀기를 원했다). 이 방법은 상대적으로 직관적이고 안전했다. 2017년 8월 1일, 비아BTC를 통해 탄생한 비트코인캐시는 빅 블로커들의 그간의 노력과 염원이 투영된 산물이다. 나아가 2017년 11월 비트코인 진영에서 세그윗2X 하드포크가 무산된 이후, 비트코인캐시는 빅 블로커들을 상징하는 암호화폐가 됐다.

비트코인캐시의 가장 큰 특징이자 경쟁력은 저렴한 거래 수수료다. 수수료는 멤풀에 대기하고 있는 거래의 개수가 가장 많은 시점에 가장 비싸다. 비트코인은 2017년 12월 22일 멤풀에서 대기하는 거래 개수가 가장 많았다. 비트코인의 거래 수수료가 가장 비쌌던 날짜도 바로 2017년 12월 22일이었고, 이때 평균 거래 수수료는 55.16달러를 달했다. 반면, 비트코인캐시는 2017년 12월 20일에 거래 수수료 최고치를 기록했는데도 0.904달러에 불과했다. 이날 용재가 10만 원 상당의 비트코인과 비트코인캐시를 각각 란이에게 보냈다면, 용재는 약 5만 9000원과 970원을 수수료로 내야만 했다. 똑같이 10만 원을 보내는데도 어떤 암호화폐를 이용하느냐에 따라 란이가 손에 쥐게 될 돈은 약 4만 1000원과 9만 9230원으로 크게 차이 났다.

거래 수수료가 싸다는 건 비트코인 정신을 구현하기 위한 핵심 요소다. 은행들이 전 세계 20억 명의 금융소외 계층에게 금융 서비스를 제공하지 않는 이유는 뭘까. '돈'이 안 되기 때문이다. 설사 비트코인이 영리를 추구하는 사기업이 아니더라도 이체 거래 한 건에 55달러를 내야 한다면 비트코인을 사용할 금융소외 계층은 거의 없을 것이다. 아프리카 동부에 위치한 국가 말라위에서는 전체 인구(1900만 명)의 절반 정도가 하루 1달러도 안 되는 돈으로 생활하고 있다. 거래 수수료가 이렇게 비싸서는 금융소외 계층이 비트코인을 사용할 수도, 사용할 이유도 없다. 이런 측면에서 보자면, 비트코인캐시가 진정한 의미의 '은행 없는 은행'에 더 적합한 암호화폐다.

2017년 8월 1일 비트코인캐시가 처음 나왔을 때만 해도, 트위터를 포함한 각종 SNS에는 비트코인캐시를 맹목적으로 비난하는 글이 넘쳐났다. 많은 사람들이 비트코인캐시의 기호인 BCH를 '비트코인 차이나'로 불렀다. 스몰 블로커들은 자신들의 블로그나 유튜브 채널을 통해 비트코인캐시를 '가치 없는 사기Scam 코인'이라 폄하했다. 지급받자마자 모두 팔아치울 것이라 떠들며, 비트코인캐시의 미래 가치를 부정했다. 시장은 마치 1초라도 먼저 비트코인캐시를 파는 사람이 승자가 되는 분위기였다. 이변은 없었다. 비트코인캐시를 지급받은 이들이 물량을 던지면서 비트코인캐시 가격은 탄생 직후부터 꾸준히 하락했다. 더 이상 나올 매물이 없다고 판단될 즈음 300달러 초반에서 가격이 유지됐다.

비트코인캐시 가격이 큰 폭으로 오른 건 2017년 8월과 11월이다(모든 암호화폐 가격이 일제히 오른 2017년 12월은 제외했다). 8월엔 비트메인의 우지한이 트위터를 통해 "앤트풀(비트메인이 운영하는 세계 최대 마이닝풀) 역시 비트코인캐시 채굴에 참여하겠다"고 밝히면서 3일 만에 가격이 세 배 가까이 폭등했다. 11월에는 세그윗2X 하드포크 취소로 앞으로는 빅 블로커들이 비트코인캐시에 역량을 집중하게 될 거란 기대감에 역시 3일 만에 세 배 가까이 폭등했다.

　전문가들의 우려(혹은 비트코인 코어 개발자들의 비난)와 달리 비트코인캐시는 시장에 성공적으로 안착했다. 비트코인캐시가 비트코인의 아류작이 아니라, 비트코인과는 다른 명확한 가치관이 있는 암호화폐이기 때문이다. 이름에 붙어 있는 '현금'이라는 단어가 이를 상징한다. 비트코인캐시는 블록체인과 암호화폐가 열어갈 새로운 시대에 비트코인으로는 불가능한, 진정한 화폐의 역할을 하겠다는 이상을 품고 있다. 이는 빅 블로커들의 이념과 정확히 맞아 떨어진다. 확장성이 해결되지 않은 암호화폐는 법정화폐를 대체할 수 없다는 신념 아래, 빅 블로커들은 거래 속도 개선에 주력했다. 급등한 비트코인의 거래 수수료를 낮추기 어렵다는 판단을 한 시점에서부터, 스몰 블로커들은 디지털 화폐보다 '가치 저장 수단Store of Value, Digital Gold'으로서의 비트코인을 홍보하기 시작했다. 반면 빅 블로커들은 새로운 빅 블록 비트코인을 구상했다. 비트코인캐시는 사토시가 그렸던 '개인 간 거래에 기반한 전자화폐A Peer to Peer Elctronic Cash'라는 최종 목적지에 가장 먼저 도달할 암호화폐다.

　비트코인캐시의 장밋빛 미래를 점치는 가장 큰 이유 중 하나는 든든한 후원자들이다. 빅 블로커들이 비트코인캐시라는 이름 아래 결집해 있다. 예전에 비트코인 언리미티드와 비트코인XT 등으로 갈라졌던 빅 블로커들이 비트코인캐시의 발전을 위해 뭉쳤다. 여기에 암호화폐 전체 생태계에서 가장 큰 영향력을 행사하는 비트메인의 우지한이 공식적인 후원자로 활동 중이다. '비트코인 예수'라고 불리는 로저 버 역시 열렬한 비트코인캐시 후원자다. 재밌는 사실은 우지한은 비트코인 백서를 중국어로 처음 번역한 사람이고, 버는 비트코인 백서를 일본어로 처음 번역한 사람이라는 점이다. 이 둘은 현재 비트코인캐시 진영에서 가장 영향력 있는 인물로 꼽힌다. 거래소를 포함한 다양한 서비스 제공자들도 비트코인캐시를 사용해 비즈니스 활동을 펼치고 있다. 현재 거의 대부분의 메이저 거래소에서 비트코인캐시를 거래할 수 있다. 2018년 1월에는 코인베이스가 운영하는 GDAX도 비트코인캐시를 상장했다. 낮은 수수료와 빠른 화폐 유통 속도를 자랑하는 비트코인캐시는 암호화폐를 이용해 비즈니스를 하려는 기업들에 가장 적합한 결제 솔루션이 될 수 있다. 비트코인과는 차별화되는 비트코인캐시만의 강력한 경쟁력이다.

◈ 비트코인캐시의 미래, 기가 블록 프로젝트

비트코인에 세그윗과 라이트닝 네트워크라는 오프체인 솔루션이 있다면, 비트코인캐시에는 '기가 블록 프로젝트Giga Block Project'가 있다. 말 그대로 블록의 크기를 GB까지 늘려 더 많은 거래를 한 번에 처리하고자 하는 솔루션이다. 2017년 9월 비트코인 언리미티드, 엔체인nCahin, 그리고 캐나다 브리티시컬럼비아대학교 등이 주축이 돼 진행한 프로젝트다. 2017년 11월 '스케일링 비트코인 스탠포드'에서 두 달 간의 연구 성과를 발표하는 프레젠테이션이 프로젝트 리더이자 비트코인 언리미티드 소속인 피터 라이즌Peter Rizun과 앤드류 스톤에 의해 공개됐다.

　이들은 비트코인의 거래 정체 현상이 프로토콜이나 블록체인 인 프라스트럭처에서 발생하는 것이 아니라 프로토콜을 실행하는 단계 에서 발생하는 것이며, 이는 2008년 사토시 나카모토가 처음 작성 한 코드의 비효율성에 기인한다고 주장했다. 그래서 프로토콜 실행 단계에서 가장 중요한 멤풀을 업그레이드하면 상당한 수준으로 확 장성을 개선할 수 있다고 강조했다. 라이즌은 해당 프로젝트를 진행 하는데, 일반인들이 쉽게 구할 수 있는 수준 사양의 컴퓨터를 이용했 다. 온체인 솔루션이 고사양의 컴퓨터를 필요로 하기 때문에 노드의 집중화를 불러올 것이라는 비난을 잠재우기 위해서다. 쿼드코어(4코 어) 중앙처리장치, 초당 30MB 수준의 전송 속도, 16GB 램, SSD를 장착한 높지도 낮지도 않은 수준의 컴퓨터를 사용해서 테스트를 진 행했다. 100만 원 전후의 게임 노트북 정도의 사양이다. 열여덟 개 의 노드를 작동시켰으며, 4~6개의 노드로는 채굴을, 열두 개의 노드 로는 계속해서 거래를 발생시켰다.

　라이즌은 자체 테스트를 통해 초당 100개 수준의 거래를 전송했 을 때, 비트코인 블록체인에 병목현상이 발생하기 시작했고, 이 병 목 현상의 원인은 바로 멤풀의 과부하 때문이라고 설명했다. 아래 그래프 오른쪽을 보면 멤풀의 거래 수용률Mempool Acceptance Rate이 초 당 100개의 거래를 전송했을 때부터 처지는 것을 볼 수 있다. 이러 한 병목 현상을 발생시키는 원인은 CPU가 아니라 싱글 스레드Single-Thread로 구성된 멤풀 때문이며, 멤풀의 구조를 병렬로 바꿀 경우 병

거래 정체 현상의 주요 원인은 CPU가 아닌 멤풀

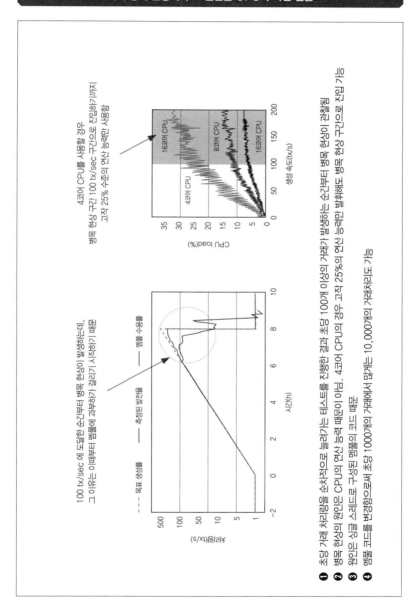

100 tx/sec 에 도달한 순간부터 병목 현상이 발생하는데, 그 이유는 이때부터 멤풀에 과부하가 걸리기 시작하기 때문

4코어 CPU를 사용할 경우 병목 현상 구간 100 tx/sec 구간으로 진입하기까지) 고작 25% 수준의 연산 능력만 사용함

❶ 초당 거래 처리량을 순차적으로 늘려가는 테스트를 진행한 결과 초당 100개 이상의 거래가 발생하는 순간부터 병목 현상이 관찰됨

❷ 병목 현상의 원인은 CPU의 연산 능력 때문이 아님. 4코어 CPU의 경우 고작 25의 연산 능력만 발휘해도 병목 현상 구간으로 진입 가능

❸ 원인은 싱글 스레드로 구성된 멤풀의 코드 때문

❹ 멤풀 코드를 변경함으로써 초당 1000개의 거래에서 많게는 10,000개의 거래처리도 가능

목 현상이 사라지게 돼 초당 1000개에서 많게는 1만 개까지의 거래가 가능하다고 봤다. 물론 1GB의 블록을 채굴하고 전파하는데 걸리는 시간은 기존의 10분과 동일하다. 라이즌은 이를 멤풀 매직**Mempool Magic**이라고 표현했다.

멤풀 매직을 설명하기에 앞서, 먼저 '스레드**Thread**'의 개념을 짚고 넘어가자. 스레드는 CPU가 독립적으로 처리하는 하나의 작업 단위를 말한다. 컴퓨터 사양을 확인하는데 흔히 접하는 단어가 듀얼코어, 쿼드코어와 같은 단어다. 이는 CPU가 한 번에 몇 가지의 독립적인 작업을 처리할 수 있는지를 의미한다. 듀얼코어일 경우 두 개, 쿼드코어일 경우 네 개의 작업을 독립적으로 수행할 수 있다는 얘기다. 요즘에는 헥사코어(6), 옥타코어(8) CPU도 나온다. 비유해 설명하자면 창구가 두 개인 은행 지점과 네 개·여섯 개·여덟 개인 지점의 업무 수행 능력 차이라고 보면 된다. 창구가 두 개인 지점보다 여덟 개인 지점이 당연히 업무 시간당 훨씬 많은 손님을 처리할 수 있다. 지점이 멤풀, 창구는 스레드, 손님은 거래, 은행 직원이 채굴자라고 보면 된다.

멤풀 매직은 싱글 스레드로 이뤄진 멤풀의 코드를 바꿔 '병렬 멀티 스레드**Parallelized Multi Thread**' 구조로 만들겠다는 것이다. 멤풀에 다수의 스레드를 병렬로 배치해 쏟아지는 거래들을 동시에 가능한 한 많이 처리하겠다는 전략이다. 병렬 멀티 스레드 구조의 멤풀과 1GB의 블록 사이즈를 적용할 경우, 앞에서 말한 중간 사양의 컴퓨터를 통해서도 충분히 비자 레벨, 즉 초당 2000개의 거래를 처리할 수 있다고 한다. 기가블록 프로젝트는 온체인 솔루션을 활용해 비자 수준의 확장성을 갖는 것이 이론적으로 가능하다는 걸 설명한다. 비트코인 캐시의 장기 로드맵에는 코드를 일부 수정해 스마트 콘트랙트 기능까지 가능하게 하는 업그레이드가 포함돼 있다. 일각에서는 테라바이트^{TB} 수준의 블록 사이즈 연구까지 진행 중이다. 당장 2018년 5월 15일, 비트코인캐시는 블록 사이즈를 최대 32MB로 확장하는 하드포크를 진행했다.

기관이 움직인다, 판이 달라진다

2018년 2월 9일, 글로벌 최대 투자은행인 JP모건체이스는 71페이지 분량의 보고서를 발간한다. 제목은 「암호화폐 해독: 기술, 적용, 그리고 도전Decrypting Cryptocurrencies: Technology, Applications and Challenges」. 핵심은 암호화폐가 조만간 글로벌 채권과 주식으로 이뤄진 포트폴리오에 다양성을 부여하는 역할을 할 수도 있을 것이라는 전망이다. 직전 2017년, 이 금융그룹의 수장 다이먼 회장은 "비트코인은 사기"라고 주장했다. 이 보고서는 회장의 말을 180도 뒤집었다. 앞서 다이먼 회장도 이미 여러 매체에 "비트코인은 사기라는 발언을 후회한다"고 말했다. 이 보고서는 암호화폐에 대한 JP모건의 입장에 중대한 변화가 생겼음을 의미한다. JP모건은 '엔터프라이즈 이더리움 얼라이언스EEA, Enterprise Ethereum Alliance'의 초창기 멤버일 정도로, 블록체인과 암호화폐에 관심이 많은 기업이다. JP모건은 이더리움 플랫폼을 기반으로 한 자체 프라이빗 블록체인^{Private Blockchain} 플랫폼인 '쿼럼^{Quorum}'을 연구하고 있다.

골드만삭스는 더 적극적이다. 다이먼 회장이 비트코인에 대한 극단적 발언을 쏟아낼 때에도, 골드만삭스의 로이드 블랭크페인 회장은 신중한 태도를 견지했다. 그는 금본위제에서 벗어난 법정화폐가 그러했듯 비트코인 역시 훗날 다시 한 번 화폐 혁명을 일으킬 가능성이 있다고 말했다. 골드만삭스는 돈 냄새를 잘 맡는 회사로 유명하다. 2007년 금융위기의 그림자가 드리우던 당시에도 리먼 브러더스와 베어스턴스 같은 투자은행들은 모기지 파생상품 판매에 열을 올렸지만, 골드만삭스는 주택시장 붕괴를 예측하고 대규모 숏 포지션에 베팅해 금융위기 손실을 최소화했다. 이를 모티브로 한 영화가 케빈 스페이시 주연의 「마진콜」이다. 2018년 2월에는 골드만삭스가 투자한 스타트업 서클^{Circle}이 글로벌 메이저 암호화폐 거래소인 폴로닉스^{Poloniex}를 4억 달러에 인수했다. 4월에는 암호화폐 전문 트레이더인 저스틴 슈미트를 유가증권본부 내 디지털자산시장부문 대표(부사장)로 영입했다. 6월에는 대형 투자은행 가운데 처음으로 암호화폐 전담 투자 본부를 신설한다.

◈ 투자 역사에 전례가 없었다… 개인을 쫓는 기관

투자의 핵심은 정보다. 정보의 생성과 전파는 초기에는 폐쇄적인 루트를 통해 이뤄진다. 접근성의 차이는 수익률의 차이로 이어진다. 각종 정보가 흐르는 강의 상류에 위치한 집단들, 즉 정보를 가장 먼저 접하는 자들일 수록 정보를 활용해 막대한 유형의 가치를 만들어낸다. 주식이든, 채권이든, 부동산이든, 유형을 막론하고 전통자산 투자 시장에서 기관이 개인보다 높은 수익률을 올리는 이유다. 그런데 암호화폐 투자시장에서는 조금 다른 상황이 연출되고 있다. 2009년 1월 비트코인이 탄생한 이후, 암호화폐 투자의 가장 큰 비중을 차지한 주체는 단연코 개인이다(어쩌면 당연한 현상인지 모르겠다. 암호화폐의 정신이 탈중앙화 아닌가. 중앙집권적인 국가나 대기업과는 맞지 않아 보인다). 여기서 말하는 기관은 전통시장에서 대기업을 의미한다. 블록체인과 암호화폐 관련 스타트업이나 마이닝풀은 기관이라기보다는 개인으로 보는 것이 맞다. 투자시장에서 전례가 없을 정도로, 암호화폐시장에서는 정보가 개인에서 기관으로 흐른다. 정확히 말하면 이제야 초기 투자자들이나 개발자들, 일부 스타트업에 한정된 정보가 본격적으로 기관으로 흘러 들어가기 시작한 단계라고 볼 수 있다.

넷스케이프를 설립한 마크 앤드리슨**Mark Andreessen**은 2014년 초 《뉴욕타임스》와의 인터뷰에서 이렇게 말했다. 그는 앤드리슨 호로위츠**Andreessen Horowitz** 벤처캐피털 회사를 설립해 페이스북, 트위터, 인스타그램, 에어비앤비, 그루폰, 스카이프, 오큘러스VR, 깃허브, 포스퀘어 등 수많은 벤처기업을 육성한 사업가다.

난데없이 등장한 것만 같은 미스터리한 새로운 기술은 사실 익명의 개발자들이 수십 년 동안 치열하게 연구한 결과다. 정치적 이상주의자들은 해방과 혁명의 비전을 거기에 투영한다. 기득권 엘리트들은 그것을 무시하고 경멸한다. 반면 기술자들, 흔히 말하는 컴퓨터에 푹 빠진 괴짜들은 그것에 사로잡힌다. 이들은 이 기술이 내포한 가공할만한 잠재력을 알아보고 밤낮을 모두 투자해 이 기술을 발전시킨다. 마침내 이 기술을 상업화하는 회사들이 생겨난다. 이 기술은 사회에 엄청난 영향력을 주게 되며, 그제야 많은 사람들은 이런 가공할만한 기술이 왜 탄생 초기 단계에서는 그 윤곽이 명확히 드러나지 않았는지 의아해 한다. 지금 어떤 기술을 얘기하고 있냐고? 1975년의 개인용 컴퓨터, 1993년의 인터넷, 2014년의 비트코인이 이런 기술이다.

개인용 컴퓨터 시장이 열리면서 IBM, 마이크로소프트, 애플, 인텔 Intel 등이 탄생했다. 인터넷 세상이 도래하면서는 페이스북, 아마존, 구글 등 현재 전 세계 시가총액 상위 5대 IT 공룡 기업이 생겨났다. 앤드리슨의 말이 맞다면, 비트코인과 블록체인을 통해 새로운 대기업이 탄생할 순간이 머지않았다. 넥스트 'FANG(페이스북, 아마존, 넷플릭스, 구글)'이 될 수 있는 기회가 블록체인과 암호화폐에 존재할지 모른다. 기존의 제도권 대기업들이 블록체인과 암호화폐시장에 뛰어드는 시기는 2018년 하반기, 혹은 2019년부터일 것으로 예상된다. 각국 정부의 제도화 및 규제와 관련한 밑그림이 구체화되면 기업들이 본격적으로 뛰어들 것이다. 기업들은 이미 사전포석을 깔고 있다. 특히 전 세계에서 규제가 가장 심한 중국 기업들의 행보가 눈에 띈다.

인코팻incoPat이라는 중국 뉴스 사이트에 따르면, 2017년 한 해 동안 가장 활발하게 블록체인 특허를 출원한 상위 열 개 기업(단체) 가운데, 중국 국적이 일곱 개나 된다. 알리바바그룹이 가장 많은 마흔 세 개의 블록체인 특허를 출원했다. 중국 인민은행 산하 디지털화폐연구소는 서른세 개를 출원해 3위에 올랐다. 인코팻은 상위 100개 리스트를 공개했는데, 이 가운데 중국 국적이 마흔아홉 개다. 미국이 스물 세개로 2위를 기록했고, 일본 국적은 다섯 곳이 이름을 올렸다. 리스트에서 한국 국적은 찾아볼 수 없었다.

◇ 사이즈가 문제다… 시장 뒤흔들 기관 자금

2017년 12월 세계 최대 선물거래소인 미국 시카고옵션거래소Chicago Board Option Exchange(이하 CBOE)가 최초의 '비트코인 선물Bitcoin Futures'을 런칭했다. 일주일 뒤, 미 시카고상품거래소Chicago Mercantile Exchange, (이하 CME)도 비트코인 선물을 선보였다. 선물 상품을 런칭하기 위해서는 미 상품선물거래위원회Commodity Futures Trading Commission(이하 CFTC)의 승인이 필요하다.

비트코인 선물이 나왔다는 건 CFTC에서 비트코인을 공식적인 상품으로 인정했다는 의미다. 비트코인이 제도권 금융 산업으로 공식 인정받은 첫 사례다. 비트코인이 제도권 투자시장으로 편입된다는 건 지금까지와는 판이 다른 수준의 자금이 유입된다는 의미다. 가격 상승은 정해진 수순이다. 비트코인 선물 출시가 발표된 2017년 11

월 1일, 6700달러 수준이던 비트코인 가격은 무섭게 올랐다. 한 달여 뒤인 12월 7일엔 1만 7000달러 수준까지 급등했다.

비트코인에 투자하고 있는 기존 금융회사들도 비트코인 선물 상품 출시의 수혜를 입게 됐다. 홍콩은 아시아 금융 허브이자 암호화폐와 비트코인 투자 분야에서도 가장 개방적이고 적극적인 국가다. 홍콩에서는 2015년부터 금융회사들이 비트코인을 비롯한 다양한 암호화폐에 투자해 왔다. 비트코인을 기초자산으로 하는 구조화 상품들까지 선보이고 있다. 비교적 느슨한 규제를 받는 헤지펀드도 이미 적지 않은 금액을 비트코인에 투자하고 있다. 이들은 CBOE나 CME의 비트코인 선물을 활용해 높은 변동성을 효과적으로 헤지할 수 있게 됐다. 주요 국가들에서 비트코인을 제도의 틀 안으로 끌어들인다면, 제도권 금융회사들은 이런 선물 상품을 통해 변동성을 낮춘 다양한 비트코인 관련 파생상품을 만들어낼 수 있다. 특히 상장지수펀드^{ETF}가 출시되면, 판은 완전히 달라진다. 2000년대 초반까지만 해도 온스$^{31.1g}$당 300달러 선에서 거래되던 금값이 급등한 건 2003년 금ETF가 상장되면서다. 2011년엔 금값이 온스당 1900달러 선까지 올랐다. 비트코인ETF가 출시되면 비트코인으로 유입되는 자금 규모의 레벨 자체가 달라진다.

비트코인 직접 투자를 원하지만, 해킹 등이 우려되는 기관 투자자를 위한 암호화폐 보관 서비스도 생겨났다. 2017년 11월 암호화폐 관련 유니콘(자산가치 1조 원 이상) 기업인 코인베이스는 기관 투자자들의 안전한 디지털 자산 보관을 위해 코인베이스 커스터디^{Coinbase}

Custody라는 회사를 설립했다. 코인베이스는 이미 약 90억 달러에 달하는 고객들의 암호화폐를 안전하게 보관하는 솔루션을 제공하고 있다. 90억 달러는 대부분 개인들의 암호화폐 자산이다. 앞으로 새로 유입될 기관들의 대규모 투자자금을 위해 기관 투자자들을 위한 특별한 보관 솔루션을 제공하겠다는 얘기다.

코인베이스 조사에 따르면, 현재 각국 정부의 투자 관련 가이드라인이 발표될 경우 즉시 비트코인 및 암호화폐에 유입될 기관 자금이 약 100억 달러 수준에 이른다. 코인베이스는 이뿐 아니라 보험, 외부 회계감사 서비스 등 주식·채권 등과 같은 전통자산에서 넘어올 개인 및 기관의 스마트 머니를 겨냥해 꼭 필요한 서비스를 사전에 제공할 계획이다.

PART 3

멋진 신세계,
이더리움의 탄생

스스로 플랫폼이 된 화폐

Next Money

"비트코인이 새로운 시대의 디지털 금이라면,
이더리움은 새로운 시대의 디지털 석유다."

CHAPTER 08
월드 컴퓨터를 꿈꾸다

지구에 불시착한 외계인, 비트코인에 빠져들다

현대 전기 문명을 완성한 천재 과학자 니콜라 테슬라[1856~1943년]의 별칭은 외계인이다. 그는 현대 전기 문명의 근간이 되는 교류[AC]를 발명했다. 교류는 전기가 흐르는 방향이 주기적으로 바뀌는 전기다. 직류(토머스 에디슨 발명)에 비해 적은 손실로 전류를 보낼 수 있다. 원천 기술이다. 테슬라의 교류 발명이 없었다면 현대 문명 탄생은 없었거나 최소한 수십 년 지연됐을지 모른다. 1891년에는 간단한 장치로 수십만 볼트의 전압을 만들어 내는 영화에서 '테슬라 코일'을 제작했다. 전기가 번쩍이면서 외계인이 등장하거나 순간 이동을 하는 모습 등이 테슬라 코일에서 영감을 얻어 만들어졌다. 형광등이나 겨우 볼 수 있던 시절의 사람들에게 전기가 뿜어져 나오는 테슬라 코일 한가운데 서 있는 테슬라의 모습은 외계인과 다름없었을 것이다. 당시로서는 상상하기 어려운 과학적 아이디어를 쏟아낸 덕(?)에 (테슬라가) 외계인이나 미래에서 온 인간이 아니고선 도저히 설명이 불가능하다는 말이 돌았다.

"인류는 그동안 외계인을 찾기 위해 천문학적인 돈을 써왔잖아요. 그런데 오늘 이 자리에 외계인 한 명이 와 있습니다."

2017년 9월 18일, 미국 IT 매체 테크크런치가 주최한 '디스럽트 샌프란시스코 2017' 행사에서 사회자가 비탈릭 부테린을 소개하면서 한 말이다. 러시아계 캐나다인인 부테린은 시가총액 기준 세계 2위 암호화폐 이더리움을 만든 1994년생 청년이다. IT업계에선 그를 외계인이라고 부른다. 20세기에 테슬라가 있었다면 21세기 외계인은 부테린인 셈이다. 그가 만든 이더리움은 외계인의 이름 아니면 이들이 살던 행성이라는 우스갯소리까지 나올 정도다. 깡마른 체구에 움푹 들어간 눈부터 외계인을 연상시킨다. 그는 러시아 모스크바주 콜롬나에서 태어났다. 여섯 살 때, 컴퓨터 공학자인 아버지 드미트리 부테린Dmitry Buterin이 조금 더 나은 취업 기회를 찾고자 캐나다로 이민을 가면서 자연스레 캐나다에서 학창 시절을 보냈다. 어려서부터 남다른 두뇌로 주변의 이목을 집중시켰다. 초등학교 3학년 때는 영재반에 편입돼 수학, 프로그래밍, 경제학 등에 관심을 뒀다. 일례로 부테린은 세 자릿수 암산을 또래 영재들보다 두 배나 빠른 속도로 계산할 수 있었다고 한다. 10세 때부터 자신이 직접 코딩을 해 온라인 게임을 만들었다. 17세 때 아버지를 통해 비트코인을 처음 접했다. 인터넷으로 비트코인에 대한 개념을 찾아본 후 더 깊게 알아봐야겠다는 호기심이 생겼다고 한다.

부테린은 이후 자신의 블로그에 비트코인과 관련한 내용을 포스팅하기 시작했다. 이 블로그를 본 미하이 앨리시Mihai Alisie는 그에게 비트코인을 전문으로 다루는 잡지를 만들자고 제안한다. 부테린이 이 제안을 수락하면서 《비트코인 매거진》이 탄생한다. 이 잡지는 세계 각지의 비트코인 마니아들의 참여로 운영됐는데, 이들은 양질의 기사를 기고하고 보상으로 비트코인을 받았다(부테린 역시 이때 받은 비트코인을 가지고 티셔츠를 샀다고 한다). 이 잡지가 온라인으로 제공하던 기사를 모아 종이책 형태로 출판했는데, 이는 비트코인 관련 첫 공식 출간물이다. 참고로 잡지 창간을 제안한 앨리시는 잡지의 최고 편집장 역할을 맡았고, 이후 부테린과 함께 이더리움 프로젝트를 연구했다. 2017년에는 이더리움 블록체인을 활용한 소셜미디어 및 출판 관련 디앱DApp, Decentralized Application을 개발하기 시작했는데, 그것이 바로 '아카샤 프로젝트AKASHA Project'다.

비트코인 관련 활동과는 별개로, 부테린은 2012년 고등학생 때 국제 올림피아드 정보 부문에서 동메달을 땄다. 이후 캐나다 워털루대학교 컴퓨터공학과에 진학했다. 정보통신기술 분야에서 세계적으로 인정받는 학교다. 온타리오주에는 워털루대를 중심으로 한 ICT

클러스터가 형성돼 있다. 사이퍼펑크의 역사에서 1995년 넷스케이프가 1000달러 상금을 걸고 출제한 암호를 학교 컴퓨터를 활용해서 3시간 만에 해독한 이안 골드버그 역시 워털루대 출신이며, 현재 이 대학 교수로 재직 중이다.

부테린은 그러나, 입학한 지 1년도 안 돼 학교를 그만뒀다. 2013년 이미 그는 다양한 국가를 여행하며, 각기 다른 사회적·문화적 배경을 가진 개발자들과의 만남을 통해 새로운 암호화폐에 대한 영감을 얻었다. 2013년 11월 이를 바탕으로 이더리움의 원리를 담은 '이더리움 백서Ethereum Whitepaper'를 발표했다. 학교를 중퇴한 뒤 부테린은 2014년 틸 장학금Thiel Fellowship 10만 달러를 받는다. 틸 장학금은 페이팔의 공동 창업자인 피터 틸Peter Thiel이 만들었다. 틸은 대학교 4년은 너무 길며, 1학년 때 배운 것은 2학년이 되면 무용지물이 될 수 있고, 학교는 새로운 것을 가르쳐주는 것이 아니라 새로운 것을 못하도록 막는 곳이라며 장학금을 만들어 장학생으로 선정된 학생에게 대학교를 중퇴하고 창업하는 조건으로 10만 달러를 지원한다. 10만 달러를 밑천으로 부테린은 이더리움 개발에 주력, 그해 7~8월 비트코인을 활용해 크라우드펀딩을 진행했다(이른바, ICO다). 12시간 만에 3700개의 비트코인을 모았다. 총 42일간의 크라우드펀딩을 진행한 결과 이더리움 프로젝트는 최종적으로 3만 159한 개의 비트코인을 모집했다. 당시 시세로 약 1840만 달러(약 200억 원)에 해당하는 금액이다.

⬡ 살아 있는 외계인을 만나다

부테린이 서울 삼성동 코엑스에서 2017년 9월 25일 열린 '서울 이더리움 밋업' 강연을 위해서 방한했다. 강연 참석자는 1000명이 넘었으며, 글로벌 이더리움 밋업 가운데 가장 큰 규모를 기록했다. 행사장 입장을 위한 본인 확인 줄은 꼬리에 꼬리를 물고 길게 늘어져 놀이동산을 연상케 했다. 참가자들도 이제 막 대학에 들어간 신입생들부터 머리가 희끗한 중년까지 다양했다. 아래에 행사 시작 전날(24일) 이뤄진 필자의 부테린 독점 인터뷰를 전한다. 그는 인터뷰 시작 전 (비행기) 이코노미를 타고 왔는데 추가로 돈을 내고 다리를 뻗을 수 있는 자리에 앉았다고 웃으며 말했다. 참고로, 그가 보유하고 있다고 공개한 이더리움만 50만 개(약 3500억 원, 1ETH=70만 원)로 알려졌다. 이날 인터뷰 장소에도 이더리움 로고가 들어간 분홍색 티셔츠에 고무줄 바지를 입고 나타났다.

비트코인의 열렬한 지지자로 출발했으면서 비트코인 내부에서 그것을 개선하는 대신, 새로운 블록체인과 프로토콜을 만든 이유는 무엇인가?
비트코인 내부에서 시스템을 개선하려면 기존 개발팀의 허락을 받아야 한다. 그런데 2013년 당시 그들 중 상당수가 비트코인 블록체인을 금융 부문 외에 사용하는 것을 굉장히 꺼린다는 걸 알게 됐다(초기 비트코인 개발자들은 블록에 지불·결제와 관련 없는 데이터가 들어가는 걸 꺼렸다. 비트코인의 개발 목적 자체가 지불·결제 기능에 집중한 암호화폐였기 때문이다. 그런데 불필요한 지불과 상관없는 데이터가 들어가면 블록 사이즈가 커진다. 그래서 비트코인 개발자들은 비지불 데이터의 한도를 40B로 제한했다). 이런 상황에선 변화를 이끄는 데 시간이 너무 오래 걸린다. 그래서 아예 독립적인 플랫폼인 이더리움을 만들기로 결심했다.

(비트코인 코어 개발자 지미 송은 2018년 3월 필자와의 인터뷰에서 컬러드 코인 프로젝트를 진행할 때 비탈릭 부테린이 백서를 쓴다고 자청해서 맡겼더니 그간 팀에서 얘기했던 것과는 다른 자기만의 생각을 적어왔다며 그가 프로젝트에서 나가 만든 게 이더리움이라고 말했다.)

러시아어와 영어는 물론이고 중국어까지 구사한다고 들었다. 몇 개 국어를 하는가. 외국어를 잘하는 비결은 뭔가?

프랑스어, 독일어도 한다. 뭐 독일어는 조금 하는 정도지만. 외국어를 배우기 시작할 때 팟캐스트를 활용한다. 그러고선 그 외국어를 쓰는 사람들이 모인 곳에 가거나 그 나라로 간다. 지금 러시아어, 영어, 중국어를 쓰는 사람은 주변에 많지만 독일어와 프랑스어는 그렇지 않다. 그래서 비행기 탈 때면 독일어, 프랑스어로 된 영화만 본다. 영어로 된 영화는 안 본다.

어린 나이에 엄청난 부를 이뤘다. 당신에게 부는 어떤 의미인가?

일반인들처럼 살 수 없는 게 때론 불편하다. 그렇지만 생계를 위해 일을 하는 게 아니라 하고 싶은 일을 할 수 있게 돼서 좋다.

다이먼 회장은 암호화폐가 사기라고 말했다(그러나 2018년 1월, 그는 그 발언에 대해 "후회한다"고 말했다). 월가가 암호화폐에 대해 비판 의견을 쏟아내는 이유가 무엇인가?

전통 은행 산업에 있는 사람들은 은행이나 법정화폐를 블록체인이나 비트코인이 대체한다고 생각하는데 그건 아니다. 법정화폐는 가격 안정성이 있는 반면, 암호화폐는 가격 변동성이 너무 크다. 월급을 비트코인으로 받으면 내 월급이 매달 달라지는데 어떻게 생활할 수 있겠나. 물론 암호화폐시장이 지금보다 커지면 변동성은 줄어들 것이다. 마치 주식시장처럼. 분명히 법정화폐는 교환의 매개로서의 가치가 있다. 다만, 인터넷 프로토콜 상에서는 법정화폐가 하기 어려운 역할이 있다. 예를 들어 사물인터넷에서는 사물이 은행 계좌를 가질 수 없기 때문에 법정화폐로는 지불·결제에 한계가 있다. 이런 상황에서 암호화폐가 매개가 될 수 있다. 전통 금융 시스템은 계속 존재할 것이다. 암호화폐가 전통 은행 산업을 완전히 대체할 것이라는 주장에 동의하지 않는다.

블록체인 생태계 발전을 위해 ICO가 반드시 필요한가?

소스가 개방된 소프트웨어 개발은 돈을 벌기가 쉽지 않다. ICO는 그런 면에서 개방 소스 프로토콜 개발자에게 강력한 인센티브 수단이 되고 있다. 다만 암호화폐는 탈중앙화가 생명인데 ICO는 본질상 탈중앙화와 반대로 간다는 게 문제. 중기적으로는 규제와 상관없이 ICO를 통해 자금을 모집하는 게 더 어려워질 것으로 본다. 앞으론 자금을 모집할 때도 탈중앙화된 해법이 뭘까 고민해야 한다.

2017년 9월 24일, 서울 이더리움 밋업을 위해 방한한 비탈릭 부테린(가운데)과 이용재(왼쪽), 고란.
제공: 조문규 중앙일보 기자

탈중앙화란 관점에서 보면 비트코인은 완벽한 모델인데 이더리움은
당신이 세운 이더리움재단의 영향력이 막강해 민주적이라기보다는, 플
라톤이 말한 철인 정치 시스템에 더 가깝다는 생각이 든다.

확장성과 관련해 벌어진 논쟁을 보면 비트코인도 민주적이라고 보기
어렵지 않나(2017년 8월 1일 중국 채굴업자들의 세력이 너무 강해 이들이
지지하는 비트코인캐시라는 암호화폐가 새로 탄생했다). 현재 이더리움재
단은 (이더리움) 생태계에 개발 리소스를 일차적으로 공급하는 아주 중
요한 역할을 하고 있다. 지금은 이더리움재단 멤버가 대부분의 프로토
콜 변화를 이뤄내고 있지만, 시간이 지날수록 커뮤니티의 다양한 사람

들이 이더리움 발전에 기여할 것이다. 이미 이더리움재단 외의 조직들이 이뤄낸 성취가 많다. 커뮤니티가 커지면서 더 많은 사람이 이더리움을 깊이 이해하게 돼 이더리움 발전에 기여할 것이다.

비트코인을 넘어선 한 걸음, 이더리움의 탄생

'문송파 유시민, 공학파 정재승과 거래소파 김진화를 압도하다'. 한 인터넷 매체(슬로우뉴스)가 한 마디로 정리한 2018년 1월 18일 벌어졌던 「JTBC 가상통화 긴급 토론」의 결과다. 토론에 승자와 패자가 있겠냐마는, 이날 토론이 끝나고 인터넷에서는 "유작가 압승"이라는 댓글이 줄을 이었다. 사실, 이날 토론의 성패는 시작부터 예견됐다. 유시민 작가(전 보건복지부 장관)는 토론을 시작하면서 이날 토론을 암호화폐 전반이 아니라 비트코인으로만 주제를 한정했다.

비트코인이 장래의 화폐가 될 수 있는가라는 점을 중심으로 토론을 하면 쉽게 합의에 도달할 수 있다고 봐요. 미래의 화폐가 될 수 있느냐, 비트코인이. 추상적인 암호화폐가 아니고요. 비트코인 하나만 정의를 하고 싶어요. 물론 이더리움은 결제 시스템이 달라요.

그의 프레임대로 이날 토론은 비트코인을 중심으로 전개됐다. '결제 시스템이 다른' 이더리움에 대해선 전혀 이야기가 되지 않았다.

그 결과, 비트코인의 한계는 블록체인과 암호화폐 전체의 한계가 됐다. 과연 유 작가의 주장처럼, 미래 화폐가 될 수 없으니 암호화폐 전체가 사기이고 엔지니어가 만든 장난감에 불과할까.

2017년 9월 25일, 서울 삼성동 코엑스에서 열린 서울 이더리움 밋업에 이더리움 창시자인 비탈릭 부테린이 연사로 나섰다. 그가 강연을 위해 띄운 프레젠테이션 화면에는 계산기와 스마트폰이 등장했다. 부테린은 비트코인이 계산기라면 이더리움은 스마트폰이라고 말했다. 계산기로는 계산밖에 할 수 없다. 그러나 스마트폰에 걷기 애플리케이션을 깔면 스마트폰은 만보기가 되고, 통역 앱을 깔면 통역기가 된다. 어떤 앱을 까느냐에 따라 기능이 달라진다. 비트코인이 가치의 전송에만 특화됐다면, 이더리움은 그 위에 어떤 애플리케이션을 얹느냐에 따라 기능이 달라지는 플랫폼이다.

부테린은 열입곱 살 때 아버지로부터 비트코인을 처음 접한 순간부터 개방 금융 시스템에 대한 아이디어를 떠올렸다. 비트코인과 그것의 작동 원리인 블록체인의 개념을 접하자마자, 그 이후 펼쳐질 세상에 대한 그림을 그린 셈이다. 시스템이 의미하는 것은 플랫폼이다. 부테린은 블록체인 기술을 활용한 새로운 형태의 플랫폼을 만들고, 누구나 그 위에서 다양한 형태의 가치 창출 행위를 통해 블록체인 기술의 수혜를 받기를 원했다. 문제는 비트코인에 대해 연구하면 할수록 비트코인이 플랫폼 역할을 하기에는 역부족이라는 사실이다. 그가 보기에 비트코인은 계산기 같았다. 하나의 목적만을 위해 설계된 심플하고 직관적 프로그램이었다. 계산기가 계산을 할 때만 필요하듯, 비트코인 역시 '개인 간 거래 전자화폐'의 용도로 쓸 때만 필요했다.

부테린 이전에도 거래 장부를 공유하고 위변조가 불가능한 비트코인의 블록체인 기술을 다른 용도에 접목시키려는 움직임이 있었다. 블록체인 기술 자체의 확장성이 뛰어나기 때문에 비트코인 개발자들 사이에서도 블록체인을 활용한 다양한 연구가 진행됐다. 대표적인 연구가 비트코인 블록체인에 개인 간의 UTXO 이동 이외의 다른 데이터 출력값을 포함하는 것이다. 즉, 비트코인 거래 출력값에 UTXO와 직접적인 관련이 없는 다른 출력값^{OP_Return}(비지블 데이터)을 추가시켜 지불 용도로만 사용되던 비트코인에 새로운 기능을 부여하자는 시도였다.

개발자들의 찬반양론이 이어졌다. 찬성하는 쪽은 블록체인 기술의 발전을 위해서는 이런 실험 정신이 꼭 필요하다고 주장했다. 불가능한 개념도 아니었고, 이를 통해 비트코인의 범용성은 커질 수 있다고 생각했다. 반대하는 쪽은 UTXO와 직접적인 관련이 없는, 즉 결제와 직접 관련이 없는 출력값이 블록에 포함될 경우 블록체인의 팽창Blockchain Bloat이 일어나 다양한 문제가 생길 수 있다고 반박했다. 불필요한 데이터가 블록에 저장될 경우 블록체인이 길어지게 되는데, 이는 모든 거래 장부를 전부 저장해야 하는 풀노드 운영자들에게는 부담이다. 데이터 보관 비용을 추가로 더 내야 할 수 있기 때문이다. 비트코인의 가치는 네트워크의 확산과 직결된다. 풀노드의 비용 부담이 늘면 풀노드의 확산을 저해할 수 있다. 2013년 당시 비트코인은 장기적으로 법정화폐의 대체재가 되는 것이 가장 큰 목표였다. 때문에 화폐와는 관련 없는 비지불 데이터를 포함해서 범용성을 증가시키는 것보다는, 이로 인해 발생할 수 있는 부작용에 더 민감했다. 아쉽게도(?) 반대하는 쪽이 개발자들의 다수였다.

부테린 또한, 비트코인이 내포한 태생적 한계점에 대해 연구하고 그 결과를 바탕으로 다양한 개선안을 제시하려 했다. 하지만 2013년 비트코인에는 이미 거대한 개발자 네트워크가 형성돼 있었다. 비트코인은 민주적인, 너무나 민주적인 구조다. 부테린이 떠올린 아이디어를 비트코인 프로토콜에 반영하려면 개발자들 다수의 지지를 얻어야 한다. 너무 오래 걸리는 일이다. 그는 차라리 독립적인 블록체인 플랫폼을 만드는 게 낫다고 생각했다. 2014년 1월 미국 마이애미에서 열린 '북미 비트코인 콘퍼런스'를 통해 이더리움 프로젝트를 공식 발표했다.

이건희 삼성전자 회장은 천재 한 명이 10만 명을 먹여 살린다고 믿었다. 역사를 되짚어 보면 알겠지만, 모두 다 같이 멀리 볼 수는 없다. 다 같이 멀리 볼 필요도 없다. 누군가가 남들이 보지 못하는 것을 보면 된다. 그렇게 인류는 전진했다. 2009년 사토시 나카모토가 비트코인을 처음 만들었을 때 다들 비웃었지만, 2018년 비트코인은 비싸서 쉽게 살 수 없는 존재가 돼 버렸다. 2014년 부테린은 당시 비트코인 개발자들의 반대에도, 비트코인 그 너머에 있는 것을 세상에 선보이고 싶었다. 그는 화폐의 발행 및 소비의 기능에만 치우쳤던 블록체인을 플랫폼으로 진화시켰다. 부테린은 모든 사람들이 이더리움이라는 플랫폼 위에서 새로운 형태의 가치 창출 활동을 하길 바랐다.

⬡ 인터넷 시대엔 페이팔 마피아, 블록체인 시대엔 이더리움 마피아

거칠게 말해, 미국 실리콘밸리에는 두 종류의 거물이 있다. 페이팔 Paypal 출신이거나 아니거나. 2003년 전자상거래 프로그램인 페이팔 을 이베이에 매각해 마련한 자금으로 벤처기업을 설립하거나 벤처 업체에 투자한 페이팔 출신 인사들을 '페이팔 마피아Paypal Mafia'라고 부른다. 2007년 미 경제전문지 《포춘》에서 처음 등장했다. 이들이 마피아로 불리는 건, 그만큼 자주 모여 서로의 아이디어를 공유하고 즉석에서 투자를 진행하기도 해서다.

　이들은 창업, 벤처투자 등을 통해 실리콘밸리에서 큰 영향력을 행 사한다. 대표적인 멤버로 페이팔의 창업자이자 벤처 투자자이며 베 스트셀러 『제로 투 원』의 저자이기도 한 피터 틸, 페이팔의 최고경영 자를 역임하고 현재 테슬라와 스페이스X를 이끌고 있는 일론 머스 크, 링크드인Linkedin을 창업해 마이크로소프트에 3조 원에 매각한 리 드 호프먼, 누구나 손쉽게 인터넷을 통해 사진 슬라이드쇼를 만들 수 있게끔 도와주는 슬라이드닷컴Slide.com을 창업해 구글에 2300억 원 에 매각한 맥스 레브친, 전 세계에서 가장 유명한 스타트업 엑셀러레 이터인 500스타트업500startup의 설립자인 데이브 맥클루어, 설명이 필요 없는 유튜브를 창업하고 구글에 2조 원에 매각한 스티브 챈, 기 업가치 3조 원이 넘는 옐프Yelp라는 온라인 리뷰 업체를 이끄는 제레

미 스토플만, 기업형 SNS 회사인 야머^{Yammer}를 창립하고 마이크로소 프트에 1조 4000억 원에 매각한 데이비드 삭스^{David Sacks} 등이 있다.

페이팔 마피아들은 항상 새로운 것을 갈구했고, 아무리 황당한 아 이디어라도 서로 공유하고 구체화하는 것을 즐겼다. 전 세계 2억 명 이 넘는 인구가 즐겨 사용하는 신개념 지불 수단인 페이팔 역시 새 로운 변화를 갈구하는 그들의 열정에서 탄생했다. 이들 가운데 틸과 삭스는 암호화폐와 밀접한 인연을 맺고 있다. 틸은 자신의 벤처캐피 탈 펀드인 파운더스펀드를 통해 2017년 약 2000만 달러에 달하는 비트코인을 매수했다. 또한 그는 자신의 이름을 딴 장학금을 통해 부 테린의 이더리움 프로젝트를 후원했다. 삭스 역시 벤처투자가이자 열렬한 암호화폐 지지자다. 트위터에 자신을 '크립토 캐피탈리스트 ^{Cypto Capitalist}'라고 소개할 정도다.

2000년대 초반 인터넷 부흥기에 페이팔 마피아가 있었다면, 화폐 혁명을 목전에 둔 지금은 '이더리움 마피아^{Ethereum Mafia}'가 있다. 초 기 부테린과 이더리움 프로젝트를 함께한 이들은 현재 암호화폐 및 블록체인 업계에서 가장 영향력 있는 인물이 됐다. 부테린은 2012 년 캐나다 토론토 비트코인 밋업에서 만난 사업가 앤서니 디오리오 ^{Anthony Di lorio}와 미국 수학자 찰스 호스킨슨^{Charles Hoskinson}, 비트코인 매거진을 공동 설립한 미하이 앨리시 등과 함께 이더리움 프로젝트 에 착수했다. 이후 영국 프로그래머 개빈 우드^{Gavin Wood}, 골드만삭스 출신인 조셉 루빈^{Joseph Lubin} 등이 합류했다. 디오리오는 이후 디센트 럴^{Decentral}이라는 회사를 설립하고, 가장 유명한 지갑 소프트웨어 중 하나인 잭스Jaxx를 런칭했다. 퀀텀Qtum과 지캐시의 초기 투자자이기도 하다. 호스킨슨은 이더리움 프로젝트의 지배 구조에 관한 부테린과의 의견 차이로 이더리움 프로젝트를 떠났다. 그는 이더리움을 영리추구 단체로 만들길 원했고, 비탈릭은 비영리 조직으로 남길 원했다. 이후 호스킨슨은 IOHK라는 회사를 설립하고, 기업을 위한 암호화폐와 블록체인 솔루션을 연구하고 있다. 현재 IOHK의 핵심 프로젝트는 '블록체인3.0'을 모토로 런칭한 카르다노Cardano다. 국내에는 에이다ADA라는 토큰으로 더 유명하다. 우드는 이더리움의 스마트 계약 작성을 위한 언어인 솔리디티Solidity를 개발했으며, 이더리움 플랫폼의 엔진인 '이더리움 가상 머신EVM, Ethereum Virtual Machine'을 구체화한 '이더리움 황서Yellow Paper'를 집필했다. 그는 현재 '패리티 테크놀로지스Parity Technologies'라는 블록체인 기술 개발 회사의 회장을 역임하고 있으며, 블록체인 간 호환성을 연구하는 인터블록체인Inter-Blockchain 프로젝트인 폴카닷Polkadot을 이끌고 있다. 루빈은 이더리움 프로젝트 초창기에 공동 설립자 겸 최고운영책임자를 맡았다. 이후 이더리움 확장성 프로젝트를 비롯해 다양한 블록체인과 탈중앙화 소트프웨어를 개발하는 회사인 컨센시스Consensys를 설립했다. 2018년 2월 유럽연합은 자체적으로 블록체인 연구개발을 위한 단체EU Blockchain Observatory and Forum를 설립했는데, 컨센시스가 공동 파트너를 맡고 있다.

이더리움재단과 데브콘

2014년 6월, 스위스의 작은 도시 주크에 비영리단체가 하나 설립된다. 이 단체는 이 도시 전체를 암호화폐의 천국, 이른바 '크립토밸리Crypto Vally'로 만들었다. 이더리움재단Ethereum Foundation 얘기다. 비탈릭 부테린은 플랫폼으로서의 비트코인의 한계를 극복하고 싶었다. 하지만 비트코인 개발팀 안에서 개발자들을 하나하나 설득하는 데에는 너무 많은 시간이 걸렸다. 아예 그곳을 나와 자신의 아이디어에 흥미를 보인 몇몇과 함께 이더리움 프로젝트를 준비했다. 특히, 개빈 우드와 플랫폼 구축을 위한 기술적 논의를 자주 했다. 우드는 이를 바탕으로 이더리움의 기술적 이슈에 대한 바이블인 '이더리움 황서'를 발표했다. 새로운 기술과 이를 개발할 역량은 충분했지만, 돈이 문제였다. 아울러 비트코인을 능가하는 거대한 블록체인 네트워크 개발을 위해서는 소프트웨어 개발자들, 채굴자들, 그리고 초기 투자자들과의 조직적이고 유기적인 협력이 절실했다. 그래서 택한 선택이 재단 설립이다.

이더리움재단은 설립 초기 자금 모집에 필요한 모든 법적 업무를 전담했다. 재단 설립 후 한 달 뒤인 2014년 7월, 42일간의 크라우드펀딩을 통해 이더리움 프로젝트는 3만 1591개의 비트코인을 모집했다. 당시 시세로 약 1800만 달러에 해당하는 금액이었다. 이는 6000만 개의 이더Ether(이더리움 플랫폼에서 쓰이는 코인)로 교환됐다. 모집된 자금의 일부는 프로젝트 진행을 위해 불가피하게 졌던 빚을 갚는 데 사용했고, 일부는 개발자들에게 보상으로 지급됐다. 그러나 투자받은 금액 중 대부분은 여전히 재단이 관리하고 있다. 이더리움 생태계의 발전을 위해 다양한 탈중앙화 오픈소스 기술들과 이더리움 플랫폼을 활용해 탈중앙화 애플리케이션을 개발하는 개발자들을 후원하는 데 사용하고 있다.

크라우드펀딩이 끝나고 두 달 후, 부테린과 이더리움재단은 전 세계에서 자발적으로 이더리움 개발에 기여하고 있는 개발자들을 한데 모았다. 현재까지 매년 진행되고 있는 이더리움 생태계의 가장 큰 콘퍼런스이자 축제인 이더리움 데브콘DEVCON, Developers Conference이 탄생한 순간이다. 2014년 11월 주요 이더리움 프로젝트 팀들이 독일 베를린에 한데 모였는데, 이것이 바로 초대 데브콘인 데브콘 제로DEVCON0다. 베를린에 모인 부테린과 개발팀들은 이더리움을 주제로 다양한 의견을 나눴다. 데브콘 제로에서 진행된 논의는 이더리움 클라이언트 개발 및 플랫폼 보안 기술에 지대한 영향을 미쳤다. 여기서 논의된 재밌는 아이디어들은 디앱DApp으로 발전하기도 했다. 디앱은 이더리움이란 플랫폼을 활용해 다양한 서비스를 제공하는 하나의 회사라고 이해하면 된다. 디앱들은 대부분 ICO를 통해서 자금을 모집하고 저마다의 토큰을 발행한다.

2014년 말부터 2015년 초까지 부테린은 이더리움의 개념을 블록체인에 임시로 구현한 일명 테스트 버전인 올림픽 테스트넷Olympic testnet을 런칭했다. 부테린을 포함한 전 세계의 개발자들은 테스트넷을 통해 이더리움 소프트웨어 개발에 기여하거나 자신만의 아이디어를 코드화해 테스트넷에서 시험할 수 있었다. 경제적 보상, 합의 체계가 확정돼 참여자들이 본격적인 활동을 시작하는 것을 메인넷 Mainnet, 메인넷을 런칭하기 전 각종 실험을 목적으로 선별적인 참여자들을 임의로 구성해 폐쇄적인 블록체인을 임의로 만드는데 이를 테스트넷Testnet이라고 부른다. 일종의 테스트 버전이다. 그런데 개발 초기 모든 프로그램에 문제가 있듯, 이더리움 소프트웨어에도 때때로 악성 버그가 나타났다. 이더리움재단은 이런 문제를 해결하기 위해 '이더리움 포상금 프로그램Ethereum Bounty Program'을 시행했다. 이더리움 버그를 발견하는 사람에게 비트코인으로 보상해주는 프로그램이 이 프로그램을 통해 많은 개발자들이 이더리움에 존재하는 버그를 잡기 위해 노력했고, 이로써 이더리움은 더욱 견고한 플랫폼으로 발전했다.

이더리움 보상금 프로그램 등을 통해 다양한 문제점을 해결한 부테린은 2015년 7월 30일, 이더리움 프론티어Frontier 단계로 이름 붙인 메인넷을 런칭한다. 제네시스 블록, 즉 최초 블록이 형성되고 노드들이 참여하기 시작하고 채굴이 이뤄지면서 이더리움 블록체인이 본격적으로 작동하기 시작했다. 프론티어 단계는 이더리움재단이 제시한 4단계의 발전 로드맵 중 가장 첫 번째 단계다. 이더리움의 발전 로드맵 4단계는 '프론티어-홈스테드Homestead-메트로폴리스Metropolis-세레니티Serenity'다. 프론티어는 가장 첫 번째 단계인 만큼 이더리움의 모든 기능이 전부 공개된 것도 아니고 조악한 부분도 많았지만, 당시 개발자들의 기대치를 훨씬 웃도는 수준의 퀄리티를 자랑했다. 프론티어 단계, 즉 베타 버전의 이더리움만 갖고도 여태껏 상상하지 못했던 다양한 서비스가 탄생할 수 있다는 가능성이 확인됐다.

프론티어를 런칭하고 석 달 정도 뒤인 2015년 11월, 영국 런던에서 데브콘1^{DEVCON1}이 열렸다. 프론티어 런칭을 통해 베이퍼웨어^{Vaporware}의 의혹을 떨쳐버린 이더리움의 행보는 거침없었다. 베이퍼웨어란 개발 단계부터 요란하게 선전하지만 실제로는 완성될 가능성이 없는 프로젝트를 의미한다(베이퍼^{vaper}의 사전적 뜻은 '증기'다). 데브콘1의 참석자는 400명이 넘었고, 80여 개의 주제에 대한 심도 있는 토론이 이어졌다. 데브콘 제로가 개발자들이 모인 것이라면, 데브콘1에는 다양한 분야의 사람들이 한데 모였다. 이 행사에는 '스마트 계약'의 개념을 창시한 닉 사보^{Nick Szabo}를 비롯해, IBM, 마이크로소프트, 인텔, 딜로이트 등 블록체인과 이더리움 프로젝트에 흥미를 보인 글로벌 기업들도 참석했다.

부테린과 이더리움 팀은 2016년 3월 15일 4단계 로드맵의 두 번째 단계인 홈스테드 하드포크를 진행했다. 홈스테드는 우리말로 대지 위에 지어진 주택을 의미한다. 이는 이더리움 플랫폼이 런칭되고, 이 플랫폼 위에 앞서 말한 디앱들이 하나둘씩 생겨나는 단계다. 이 때문에 홈스테드 하드포크에는 디앱들의 활성화를 위한 다양한 기능이 추가됐다. 2016년 9월에는 중국 상하이에서 데브콘2, 2017년 11월에는 멕시코 칸쿤에서 데브콘3가 개최됐다. 매년 개최되는 데브콘은 블록체인 업계에서 가장 주목해야 할 콘퍼런스로 자리 잡았다.

이더리움은 새로운 시대의 디지털 석유

컴퓨터의 탄생에 가장 큰 영향을 준 사람은 영국의 수학자 앨런 튜링이다. 영화 「이미테이션 게임」에서 베네딕트 컴버배치가 역할을 맡았던 인물이다. 그가 고안한 튜링 머신이 오늘날 컴퓨터의 시초가 됐다. IBM의 컴퓨터 엔지니어인 에릭 브라운은 튜링의 업적에 대해 이렇게까지 말했다.

> 튜링의 업적은 컴퓨터 공학에 있어서 너무나 근본적이기 때문에 그의 업적에 영향을 받지 않은 컴퓨터로는 아무것도 할 수 없다.

튜링 머신이라고 해서 오늘날과 같은 컴퓨터를 떠올리면 곤란하다. 튜링 머신은 1930년 그의 논문에서 다뤄진 'A-머신A-Machine'을 말하는데, 추상적인 개념이다. 무한히 확장 가능한 저장 공간(튜링은 이를 두루마리 휴지 같은 테이프로 묘사했다)과 그것을 읽을 수 있는 기계로 구성돼 있으며, 하나의 튜링 머신은 하나의 기능을 가질 수 있다. 튜링은 저장 공간을 무한히 늘릴 수 있고 다양한 기호를 무한히 추가할 수 있다면, 튜링 머신으로 풀지 못하는 문제는 없다고 가정했다. 이와 같은 특성을 '튜링 완전성Turing Completeness'이라고 부른다. 현재의 컴퓨터는 (기술이 발전한다는 가정하에) 저장 공간과 다양한 알고리즘이 계속 계발될 것이기 때문에 '느슨한 의미의 튜링 완전성Loose Turing Completeness'을 갖고 있다고 표현한다.

튜링 완전성의 특성을 가진 언어, 곧 '튜링 완전한 언어'가 되기 위해선 두 가지 특징이 필요하다(여기서 언어는 컴퓨터 언어를 의미한다). 첫째, 언어가 전달하는 메시지를 굉장히 작은 단위까지 분할할 수 있어야 한다. 궁극적으로는 무한에 가깝게 분할 가능해야 완벽한 튜링 완전성을 가질 수 있다. 컴퓨터 언어는 코드로 표현된다. 분절을 통해 메시지를 모두 코드화할 수 있어야 의미를 제대로 전달할 수 있다. 둘째는 조건문If과 반복문For, While을 표현할 수 있어야 한다. 다양한 조건을 표현할 수 있고, 해당 조건의 충족 여부에 따라 반복 실행을 지시할 수 있어야 한다. 앞서 무한히 늘어날 수 있는 저장 공간과 그것을 읽어낼 수 있는 기계인 튜링 머신은 이론상 풀지 못할 문제가 없다고 했다. 따라서 튜링 머신이 문제의 답을 찾아낼 때까지 머신을 작동시켜야 하는데, 조건문과 반복문을 설정할 수 없다면 답을 찾을 수 없다. 쉽게 말해 튜링 머신은 문제의 답을 찾을 때까지 '노가다'를 반복적으로 지시할 수 있는 명령어다.

이런 두 가지 특징을 결합시켜보자. 특정 작업을 수행하는 과정을 무한히 분할할 수 있고 조건문과 반복문을 무한히 설정할 수 있다면, 아주 세분화된 모듈을 만들 수 있다. 이렇게 탄생한 모듈은 다양한 조합을 통해 무한에 가까운 응용 작업을 수행할 수 있다. 셀 수 없는 모듈을 가지고 시의적절하게 사용할 수 있는 기계, 그것이 바로 비탈릭 부테린이 고안해낸 튜링 완전한 프로그래밍 언어를 내장한, 블록체인 기반의 분산 컴퓨팅 플랫폼인 이더리움이다.

◇ 비트코인은 튜링 불완전성, 이더리움은 튜링 완전성

비트코인은 튜링 불완전한 언어를 사용한다. 비트코인의 한계점이자 이더리움의 탄생 원인이기도 하다. 비트코인은 자체적으로 개발한 '스크립트' 언어를 사용한다. 연극 대본을 지칭하는 스크립트라는 단어를 차용해서 이름 붙인 스크립트 언어는 주로 빠른 코딩 작업을 위해 사용하는 간단한 언어다. 비트코인의 스크립트 언어는 기본적인 조건문만 지원하기 때문에, 비트코인의 활용도는 굉장히 낮다. 이더리움은 튜링 완전한 언어를 지원한다. 비트코인보다 훨씬 더 구체적으로 다양한 조건을 설정해 활용도를 극대화할 수 있다.

예를 들어, 용재가 란이에게 주방 인테리어 작업을 맡겼다고 해보자. 용재는 란이에게 인테리어 보수로 비트코인 한 개를 주기로 했다. 인테리어 작업이 끝나면 란이는 용재에게 1BTC를 받는다. 만약, 용재가 란이의 작업 결과에 만족하지 않으면 상황이 복잡해진다. 용재는 란이에게 돈(1BTC)을 주기 싫다. 하지만 란이는 일을 마쳤으니 돈을 받고 싶다. 튜링 불완전 언어인 자체 스크립트 언어를 사용하는 비트코인으로 거래하면, 비트코인의 이동 이외의 부가적인 기능을 구현하기가 현실적으로 어렵다.

이번에는 용재와 란이가 튜링 완전한 언어를 지원하는 이더리움으로 거래한다고 가정해보자. 용재는 란이에게 인테리어 보수로 10ETH를 주기로 한다. 단, 하나의 조건을 걸었다. 작업 결과가 마음에 들어야 10ETH를 준다는 조건이다. 작업 결과에 만족하지 않

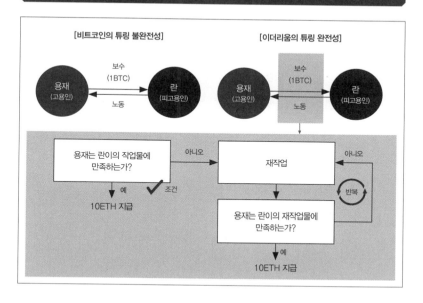

이더리움의 튜링 완전성(비트코인과 비교)

[비트코인의 튜링 불완전성]

[이더리움의 튜링 완전성]

용재
(고용인)

보수
(1BTC)

노동

란
(피고용인)

용재
(고용인)

보수
(1BTC)

노동

란
(피고용인)

용재는 란이의 작업물에
만족하는가?

아니오

재작업

아니오

예   조건

10ETH 지급

반복

용재는 란이의 재작업물에
만족하는가?

예

10ETH 지급

을 경우엔, 다시 작업을 해야 한다. 만약, 다시 작업하지 않으면 란이는 보수를 받지 못한다. 다시 한 작업에 대해 용재가 만족한다면 10ETH가 란이의 지갑으로 전송된다. 다시 작업했는데도 용재가 만족하지 못하면 란이는 또 다시 작업해야 한다. 용재가 만족할 때까지 이 과정이 반복된다. 비트코인 거래와 달리 용재와 란이의 이더리움 거래에는 란이가 용재에게 작업 결과를 확인받는 과정까지 포함됐다. 이러한 확인 과정은 다른 거래에도 동일하게 사용할 수 있으며, 금전 거래가 아닌 다른 형태의 거래에도 사용할 수 있다. 확인 과정이 하나의 모듈 역할을 하기 때문에 많은 곳에 응용할 수 있다. 이렇게 튜링 완전한 언어를 사용하는 플랫폼은 실생활에서 활용도가 훨씬 높다. 용재와 란이의 거래 경우, 조건문 두 개와 반복문 한 개가 사용됐다. 이론적으로는 무한에 가깝게 조건문과 반복문을 사용해 코드를 작성할 수 있다.

이런 이더리움의 범용성과 관련해 부테린은 스마트폰의 운영체제[OS]인 안드로이드를 메타포로 즐겨 사용한다. 안드로이드 바탕 위에 스마트폰의 다양한 앱이 탄생하고 작동한다. 마찬가지로 이더리움 플랫폼을 통해 다양한 스마트 계약을 사용하는 탈중앙화 앱이 구현된다. 이것이 가능하려면 이더리움은 튜링 완전한 언어여야 한다. 이더리움의 탄생에 수많은 개발자들이 열광한 이유다. 앞서 예로 든 용재와 란이의 거래는 아주 단순한 스마트 계약일 뿐이다. 개발자들은 훨씬 고도화된 스마트 계약을 이더리움 플랫폼 위에서 구현할 수 있다. 부테린의 말처럼(2017년 9월 24일 필자 인터뷰), "비트코인이 새로운 시대의 디지털 금이라면, 이더리움은 새로운 시대의 디지털 석유"다.

비트코인이 자체 개발한 단순한 형태의 스크립트 언어를 사용하는 것에는 이유가 있다. 디지털 화폐를 목적으로 탄생한 비트코인의 경우, 애초에 고도의 복잡화된 거래를 염두에 두지 않았다. 비트코인을 소유한 사람들의 전체 장부를 공정하게 공유하고, 소유권 이전 거래가 원활히 이뤄지는 것으로도 충분했다. 무엇보다 반복 명령어를 탑재할 경우 도스 공격에 취약해진다. 당시에는 이를 극복할만한 대안이 고려되지 않아, 무한 루프 공격을 차단하기 위해 아예 반복 명령어를 지원하지 않는 방향을 선택했다.

이더리움은 그러나, 튜링 완전성을 지향한다. 즉, 조건과 반복 명령어를 얼마든지 추가할 수 있다. 이더리움 플랫폼은 이더를 전송할 때뿐만 아니라 이더리움 플랫폼을 활용하는 모든 종류의 명령어(연산 능력, 저장 공간, 네트워크 사용량 등)에 수수료를 부과한다. 이 수수료를 가스^{Gas}라고 부른다. 악의적인 공격자가 이더리움 플랫폼에 의미 없는 반복 명령어를 무한으로 실행해 도스 공격을 감행하려 할 경우, 공격자는 수많은 반복문을 작성해 이더리움 플랫폼에 전송하는 과정에서 기하급수적으로 불어난 가스(수수료)를 부담해야 한다. 공격자는 가스비를 지불하기 위해 더욱 많은 이더리움(이더)를 구매해야 하고, 이는 이더리움의 수요를 폭발적으로 증가시켜 이더리움 가격 상승을 이끈다. 이더리움 가격이 오르면 가스비는 더욱 올라가고, 채굴자들의 수수료 수입은 폭발적으로 증가한다. 채산성이 좋아지면 채굴자들은 더 많은 컴퓨팅 파워를 투입할 수 있게 되고, 높아진 컴퓨팅 파워는 이더리움 플랫폼의 작업 처리 능력을 향상시키고, 결과적으로 더 많은 공격을 처리할 수 있게 한다. 곧, 튜링 완전성이 갖는 구조적 단점을 활용해 플랫폼을 마비시키기 위한 공격을 계획하면 할수록, 이더리움 플랫폼의 작업 처리 속도는 더 빨라지고, 이더리움 가격은 상승하며, 결과적으로 공격 비용이 기하급수적으로 늘어나 공격을 무력화시키는 선순환 구조가 일어난다.

이런 수수료 부과 정책에는 단점도 있다. 개발자들이 코드를 개발할 때 항상 최적화된 코드를 구현해야 한다는 부담감을 가질 수 있다. 코드를 느슨하게 작성하면 이더리움 플랫폼의 활용 빈도가 증가하게 되고, 이는 곧 지불해야 할 가스비의 증가로 이어져 불필요한 지출이 늘어나게 된다. 그러나 반대로 생각하면, 이 때문에 개발자들은 항상 코드의 최적화를 추구하게 된다. 부테린은 이더리움 백서를 통해 불필요한 컴퓨팅 파워 소모는 지양해야 한다고 언급했다. 가스비 구조를 통해 이더리움은 튜링 완전한 프로그래밍 언어를 효과적으로 지원할 수 있게 됐다. 이로써 전 세계 모든 사람들을 위한 튜링 머신, 즉 월드 컴퓨터World Computer라는 목표에 한 발짝 더 다가섰다.

CHAPTER 09

이더리움은 화폐가 아니다, 플랫폼이다

월드 컴퓨터 이더리움, 스마트 계약을 소환하다

법체계는 크게 두 가지로 나뉜다. 영미법과 대륙법이다. 영미법은 영국에서 발생해 영어를 쓰는 나라와 영국 식민지 국가로 퍼져나갔다. 오로지 판례 분석을 통해 법률적 판단 기준을 만든다. 미국의 저명한 법학자 올리버 웬들 홈스 주니어는 법의 생명은 논리에 있는 것이 아니라 경험에 있다고 말했다. 반면, 대륙법은 로마법에 기원을 둔다. 성문화돼 있다. 나폴레옹 법전을 통해서 현대 대륙법의 체계가 정립됐다. 성문화된 법전 속에서 논리를 찾고, 판사에 의해 적용되고 해석된다. 한국은 대륙법을 따른다.

계약이란 무엇일까. 위키피디아에 따르면, '영미법계에서 계약은 약속이라고 정의를 내리며, 대륙법계인 독일 및 한국에서 계약은 합의라고 정의한다'. 어떤 법체계 아래에서건 계약의 본질적 정의는 같다. 약속이란 행위를 통해서 합의가 이뤄지고, 서로 약속을 어길 경우 합의가 깨진다. 약속과 합의는 불가분의 관계다. 계약의 본질적 정의에 법적 성격이 가미되면 우리가 흔히 떠올리는, 법적 효력이 있는 계약의 개념이 성립된다. 계약 당사자가 서로에게 지게 될 의무나 갖게 될 권리에 대해 글이나 말로 약속하고, 법적 구속력을 부여하는 행위다. 계약은 사회 질서를 구현하는 도구다. 자동차, 부동산 매매 계약이나 두 회사의 합병 계약 등에서부터 특정 서비스와 재화를 목적으로 하는 일상적인 지불 행위(예를 들어 돈을 내고 지하철을 타거나 신용카드로 밥을 사 먹는 행위 등)에 이르기까지, 계약은 우리 생활의 자연스럽고 일상적인 행동 중 하나다.

◈ 인터넷이 낳은 스마트 계약

1995년 8월 9일, 넷스케이프가 미국 나스닥에 상장됐다. 공모가는 주당 28달러. 거래 시작을 알리는 종이 울리자마자 주가가 치솟았다. 당일 종가는 58달러. 하루 만에 40% 넘게 올랐다. 탄생 16개월밖에 안 된 신생 인터넷 브라우저 개발 회사는 3조 원(2018년 5월 기준 한화·금호석유 시가총액과 비슷)의 기업 가치를 갖는 거대 회사로 탈

바꿈했다. 그해 말 주가는 174달러를 넘어섰다. 넷스케이프를 필두로 다른 IT 기업들도 폭발적으로 성장했다. 1995년 나스닥 지수는 30% 넘게 올랐다. 다우존스지수 상승률의 두 배가 넘는다. 인터넷 시대의 도래를 화려하게 알렸다.

이듬해인 1996년, 미국의 법학자이자 컴퓨터 과학자였던 닉 사보는 이제 막 열린 인터넷 시대의 첨단 기술이 우리 삶에 미치는 영향과 이로 인해 변화될 세상에 대한 글을 《엑스트로피Extropy》란 매체에 기고했다. 스마트 계약Smart Contract의 시초다. 사보는 유명한 암호학자이기도 하다. 사보는 특히, 데이비드 차움의 디지캐시로부터 많은 영감을 얻었다. 그 가운데서도 암호화된 프로토콜을 사용하는 전자화폐, 디지털 보안 기술, 그리고 그 안에 탑재돼 있는 명확한 논리와 그것을 구현하는 알고리즘에 매료됐다. 이는 그가 고안한 스마트 계약에 지대한 영향을 줬다. 곧, 법학자의 관점에서 보던 계약이란 행위를 암호학과 프로그래밍의 관점에서 볼 수 있는 혜안을 얻게 됐다.

사보는 영미법을 전공한 법학자답게 계약을 약속들의 집합체로 정의했다. 즉, 계약의 구성 요소는 거래 당사자들끼리의 약속이란 의미다. 이러한 약속들은 관계를 구성하는 전통적인 방법이라고 여겼다. 사보는 비즈니스에 관련된 계약이나 정치뿐만 아니라, 결혼·연애 같은 사적인 관계까지 계약의 일종으로 봤다. 그는 인터넷이 생겨나면서 삶의 근본적인 변화가 일어나듯 관계를 형성하는 과정, 즉 계약도 시대의 흐름에 맞춰 진화할 것이라고 예상했다. 계약과 합의는 합리적인 논리를 따르는데, 이는 컴퓨터 프로그래밍에 사용하는 코드와 굉장히 유사하다. 예를 들어, 아파트 매매 계약에서 매수자가 중도금과 잔금을 치르지 않으면 사려고 하는 아파트를 소유할 수 없는데, 이는 프로그래밍의 관점에서 본다면 굉장히 단순한 '조건문'으로 표현된다. '매수자가 돈을 지불하지 않으면 소유권의 이전은 없다, 혹은 아무런 상태의 변화도 일어나지 않는다'와 같은 간단한 코드로 구현할 수 있다. 사보는 컴퓨터의 발전과 인터넷 등 네트워크의 성장으로 굉장히 복잡한 수준의 메시지를 빠르게 주고받을 수 있게 됐고, 이에 따라 현존하는 종이 계약들이 디지털 계약들로 대체될 것으로 예상했다. 이를 스마트 계약이라고 불렀다.

⬡ 스마트 계약의 시초는 자동판매기

스마트 계약의 기본 아이디어는 이렇다. 다양한 종류의 법적 조항들(자산의 소유권, 유치권 등)은 우리가 쓰는 하드웨어와 소프트웨어에 탑재될 수 있다. 논리적인 코드를 활용해 계약을 위반한 사람들은 더 비싼 비용을 치러야 한다. 때문에 계약 위반을 방지할 수 있다. 사보는 스마트 계약의 초기 형태로 자동판매기를 예로 든다. 자동판매기는 굉장히 단순하면서도 명확한 코드로 작성돼 있다.

- 사용자가 투입한 금액은 얼마인가
- 투입한 금액이 선택한 물품의 단가보다 같거나 많은가
- 같거나 많다면 선택한 물품을 잔돈과 함께 방출한다(잔돈은 0과 같거

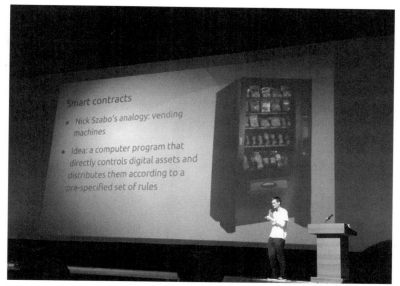

2017년 9월 25일, 서울 삼성동 코엑스에서 열린 서울 이더리움 밋업에서 비탈릭 부테린이 스마트 계약을 자동판매기에 빗대 설명하고 있다.

제공: 이용재

나 큼)

자동판매기를 통해 물건을 구입하는 것도 계약의 일종이다. 이런 계약 내용은 몇 줄의 코드로 쉽게 구현할 수 있다. 신속하게 분쟁 없이 이뤄진다. 자동판매기를 대상으로 어느 누구도 소송을 걸지는 않는다(물론, 고장이 날 경우엔 얘기가 다르겠다). 사보는 인터넷 시대에는 가치 있는 모든 재산의 소유권이 디지털 방식으로 진화한 계약에 의해 통제될 것으로 봤다. 분쟁의 가능성은 줄어들고 효율적으로 계약 이행 여부를 감독할 수 있게 되며, 막대한 법적 비용이 절감되는 스마트 계약의 시대가 열릴 것으로 예상했다. 스마트 계약은 그러나, 몇 가지 장애물을 극복하지 못하고 오랫동안 세상의 관심에서 멀어졌다.

당시 제기된 스마트 계약의 한계점을 자동판매기를 이용해 설명해보자. 용재는 1년간 월급을 저축해 2000만 원을 모았다. 이 돈으로 골드바를 사려고 한다. 마침, 골드바 자동판매기가 있다. 이 자동판매기에 2000만 원을 투입하고 골드바 버튼을 누르면, 용재는 골드바를 가질 수 있다. 시중에서 흔히 보는 콜라 자동판매기와 알고리즘은 정확히 같다. 하지만 콜라를 뽑아 먹을 때와는 달리 용재의 머릿속은 복잡하다. 2000만 원을 넣기 전 의심이 꼬리를 물고 이어진다.

1) 자동판매기에 골드바가 확실히 들어 있을까

2) 골드바는 진품이 맞을까

3) 자동판매기는 제대로 작동할까

4) 자동판매기에서 받은 골드바에 대한 소유권은 누가 인정해줄까

용재는 즉, 자동판매기로 금을 구입하는 절차를 완전히 신뢰하지 못한다. 위 네 개 질문에 대한 답이 하나라도 부정적으로 나올 경우 용재는 1년 동안 모은 2000만 원을 날릴 수 있다. 이번엔, 질문을 조금 바꿔보자.

1), 2) 거래 상대방을 믿을 수 있나

3) 스마트 계약의 코드가 제대로 작동하는가

4) 스마트 계약의 법적 효력은 누가 증명해주나

인터넷의 발달과 거래 상대방의 신뢰도는 관계가 없다. 전자상거래가 아무리 활성화된다고 한들 거래 상대방이 믿을 만한 존재라는 것을 누군가로부터 확인받아야 한다. 즉, 믿을 만한 제3의 중개자가 필요하다. 그리고 그 대가로 수수료를 지불해야 한다. 또, 코드로 작성된 스마트 계약은 해킹 공격에 취약하다. 코드가 공격을 받아 위변조될 경우, 여기 연계된 모든 자산의 소유권이 엉켜버린다. 이렇게 중요한 코드를 어디에 보관할 것인지, 보관법을 100% 신뢰할 수 있는지 등을 확신하지 못한다. 그리고 스마트 계약으로 발생한 자산의 소유권 이동을 누가 검증할 것인가의 문제도 있다. 거래 당사자들끼리 검증하는 것은 의미가 없다. 앞서 말했듯, 계약은 당사자들 간의 행위이지만 그것이 모여 사회의 질서를 이룬다. 법적 효력과 같은 부가적인 기능을 활용해 사회 구성원들의 합의를 도출해내야 한다. 코드를 당사자들끼리 작성하고 보관하는 스마트 계약은 사회적 합의의 기능이 전혀 없는 반쪽짜리 계약에 불과하다. 세상에는 수많은 종류의 계약이 존재한다. 콜라 한 캔을 사는 계약에서 수천억 원짜리 회사 간 합병 계약까지. 스마트 계약이 보편화되려면 그 어떤 계약이라 하더라도 신뢰의 문제를 완벽하게 해결해야 한다. 불행히도, 당시에는 이런 문제를 해결할 방법이 없었다. 그렇게 사보가 창안한 스마트 계약은 사라지는가 싶었다.

◈ 블록체인과 이더리움으로 부활하다

인터넷이 지고, 블록체인의 시대가 왔다. 사토시 나카모토가 2009년 비트코인을 세상에 내놓으면서 전파한 블록체인 기술은 인터넷이 극복하지 못했던 스마트 계약의 신뢰 문제를 완전히 다른 방식으로 접근했다. 계약에 있어서 신뢰라는 개념 자체를 빼버렸다. 온갖 방법으로도 상대방을 100% 신뢰할 수 없고 부작용만 낳게 되니, 차라리 신뢰가 필요 없는 새로운 계약 프로토콜을 만들어버렸다. '신뢰할 수 없다면 신뢰하지 말자'는 발상의 전환이다. 블록체인은 신뢰에 기반하지 않는 거래 프로토콜이다. 블록체인은 스마트 계약의 난제를 어떻게 해결했을까.

1), 2) 거래 상대방을 믿을 수 있나? → 믿을 필요가 없다.

3) 스마트 계약의 코드가 제대로 작동하는가? → 스마트 계약의 코드는 오픈소스로 거래 당사자들을 포함한 누구나 검증할 수 있으며 코드는 블록체인에 전송돼 해킹으로부터 안전하다.

4) 스마트 계약의 법적 효력은 누가 증명해주나? → 스마트 계약이 활성화되면 기존의 법적 효력을 대체할만한 새로운 서비스가 생겨날 것이고(이미 논의 중이다), 거래 내역은 블록체인의 모든 노드에 전파돼 사회적으로도 법적으로도 합당하게 소유권이 인정될 수 있는 조건을 충족한다.

비트코인과 블록체인은 스마트 계약 상용화의 열쇠를 쥐고 있었다. 하지만 정작 열쇠를 사용해 새로운 세상의 문을 여는 시도에는 소극적이었다. 스케일링(확장성) 이슈 해결을 통한 진정한 디지털 화폐로 거듭나기만을 원했다. 하지만, 그 문이 오랫동안 닫혀 있지는 않았다. 2014년 비탈릭 부테린과 이더리움 프로젝트가 문을 활짝 열었다. 이더리움 플랫폼을 활용해 누구나 스마트 계약을 만들 수 있고, 코드를 이더리움 블록체인에 전송할 수 있게 됐다. 나아가 이더리움 플랫폼 위에서 탈중앙화 애플리케이션을 만들 수도 있다. 스마트 계약을 기반으로 한 디앱은, 산업 전반에 걸쳐 새로운 방식의 서비스를 제공하거나 기존 방식의 비용을 절감하고 효율성을 극대화하기 위한 목적으로 생겨난 일종의 회사다. 향후에는 법인의 기능 대부분이 스마트 계약을 통한 자동화로 대체될지 모른다. 그렇다면, 구체적으로 스마트 계약의 장점은 무엇일까.

• 보장되는 자주성: 스마트 계약에서는 당사자들이 직접 합의해 코드를 작성한다. 프로그래머처럼 코드를 만들라는 얘기가 아니다. 코드 작성을 도와주는 다양한 소프트웨어가 등장할 것이다. 중요한 건 이 과정에 그 누구의 개입도 없다는 점이다. 부동산 중개인이나 변호사 등과 같은 불필요한 제3자의 개입은 일차적으로 배제된다. 상대방을 신뢰할 필요도 없기 때문에, 믿을만한 제3자의 보증도 필요 없다. 그리고 이들 제3자의 부주의로 발생하는 위험도 없어진다. 계약의 이행은 작성된 코드에 의해서 자동으로 실행된다. 네트워크를 통해 모두가 검증할 수

있고, 누가 잘못했는지 자동으로 가려진다.

• 보안: 스마트 계약의 내용은 암호화돼 블록체인에 전송된다. 대응하는 개인키나 서명이 없는 한, 그 누구도 암호화된 내용을 열람할 수 없다. 프라이버시가 보장된다. 블록체인에 타임스탬프가 찍혀 보관되기 때문에 계약서가 분실될 위험도 없다. 자동으로 복사본이 블록체인 네트워크의 모든 풀노드에 전파돼 백업에 대한 걱정도 사라진다. 당연히, 해킹은 불가능하다.

• 신속성: 계약서를 작성할 때에는 많은 시간과 에너지가 소모된다. 자동차 매매 계약만 하더라도 주민등록등본, 인감증명서, 재직증명서, 월급명세서 등 다양한 증빙 서류를 준비해야 하고 전시장을 방문해 계약서를 작성해야 한다. 스마트 계약에서는 이 모든 과정이 소프트웨어상에서 간단한 트랜잭션을 일으키는 것으로 대체된다. 신원 확인에 대한 서비스를 제공하는 디앱도 생기고 있다. 조만간 신원 인증부터 자동차 구매까지 클릭 몇 번으로 신속하게 할 수 있게 될 것이다.

• 낮은 비용과 정확성: 불필요한 제3자의 개입이 배제되기 때문에 비용이 절감된다. 입력된 코드에 의해 계약이 이행되기 때문에 계약 당사자들의 자의적, 타의적 계약 불이행은 원천적으로 불가능하다.

스마트 계약의 다양한 장점에도 불구하고, 스마트 계약이 일상에 뿌리내리기 위해서는 아직 넘어야 할 산이 많다. 일단, 코드의 정확성에 대해 100% 신뢰할 수 없다. 오픈소스라고 해도 코드를 검증할 수 있는 일부 개발자들이나 전문 집단을 신뢰해야 하는 문제가 생긴다. 많은 사람이 확인했다고 버그가 없는 것은 아니다. 스마트 계약을 올바르게 체결하기 위해서는 예측 가능한 시나리오를 전부 반영해서 코드를 작성해야 한다. 즉, 예상치 못한 상황에 처할 경우 불합리하게 일방적으로 계약이 이행될 가능성이 있다.

스마트 계약이 아무리 완벽하게 작성됐다 하더라도 그 완벽성은 블록체인상에서만 유효할 뿐, 현실 세계에서는 다른 문제다. 다시 말해, 완벽한 스마트 계약에 현실 세계의 정보를 제공하는 그 누군가가 있어야 한다는 얘기다. 예를 들어, 용재와 란이가 스마트 계약을 작성하고 2018 평창 동계 올림픽에서 한국의 최종 순위를 가장 비슷하게 맞추는 사람에게 한 개의 이더를 주기로 했다고 가정해보자. 스마트 계약 코드가 완벽히 작성돼 이더리움 블록체인에 전송됐다고 하더라도, 실제 한국 순위를 확인하고 정보를 입력해줄 누군가가 필요하다. 그 누군가를 보통 오라클Oracle이라고 부른다. 오라클에 대한 신뢰의 문제는 여전히 풀리지 않는 숙제다. 지금의 법조 인력들이 대체하는 방향으로 가지 않을까 싶다. 현실 세계에서 법을 집행하는 것과 스마트 계약에서 오라클의 역할이 비슷하기 때문이다.

거인의 어깨 위에서 펼쳐질
새로운 서비스, DApp

비트코인과 이더리움의 원천 기술이 아무리 발전한다고 한들, 사람들이 그 효용성을 피부로 느끼기 어려운 것은 비트코인과 이더리움이 프로토콜이기 때문이다. 비유하자면 비트코인과 이더리움은 도로, 공항, 항만 등과 같은 인프라다. 도로가 아무리 많이 생겨도 자동차를 이용하지 않으면 효용을 느끼기 어렵다. 사람들이 비트코인과 이더리움의 장점을 피부로 느끼기 위해서는 자동차와 같은 존재가 필요하다. 이를 애플리케이션이라고 부른다. 익숙한 단어다. 스마트폰에 앱을 설치하고 사용한다. 다만, 앞으로 얘기할 앱은 단어 앞에 블록체인 기술의 핵심 가치관을 나타내는 '탈중앙화'를 붙여 탈중앙화 애플리케이션, 줄여서 디앱 혹은 댑이라고 부른다. 조만간 구글 플레이스토어나 애플 앱스토어에서 디앱을 다운받아 사용하게 되는 날이 올지 모른다.

오른쪽 그림은 블록체인 공급 생태계 구성 요소를 정리한 그림이다. 가장 밑단은 '프로토콜Protocol'이다. 프로토콜이란 보통 컴퓨터 간 정보를 주고받을 때의 통신 방법에 대한 규칙과 약속을 의미한다. 블록체인 생태계에서는 '암호경제학적' 특성을 보유한 블록체인 자체를 의미한다. 쉽게 말해 프로토콜은 인터넷의 역할을 한다.

프로토콜 위에는 '보조 프로토콜Add-on Protocol'이 존재한다. 블록체인 플랫폼을 활용해 특정 기능 수행에 초점을 맞춘 프로토콜이다. 일

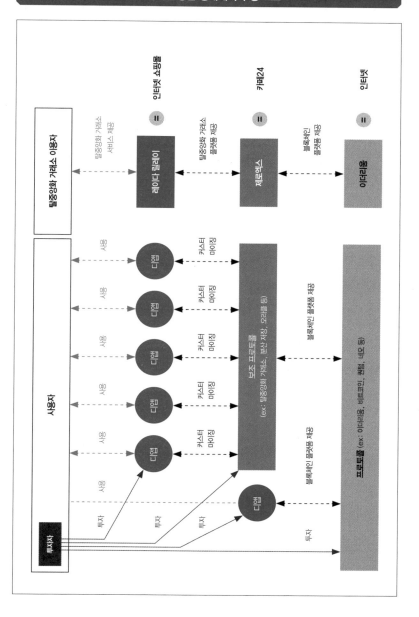

차적인 플랫폼을 조금 더 잘 활용할 수 있도록 기능별로 특화시킨 부수적인 플랫폼이다. 예를 들어, 란이가 인터넷 쇼핑몰을 창업한다고 가정해보자. 인터넷을 무작정 활용해 쇼핑몰을 만들기는 쉽지 않다. 그런데 카페24와 같이 인터넷 쇼핑몰을 위한 플랫폼 제공 업체를 이용한다면 작업은 훨씬 간단해진다. 여기에서 카페24는 인터넷이란 플랫폼에서 범위를 좁혀 쇼핑몰 창업과 관련된 특정 기능만을 중점적으로 제공하는 보조 플랫폼에 해당한다. 블록체인 세계에서는 이를 보조 프로토콜이라고 부른다. 대표적으로 탈중앙화 거래소 프로토콜, 분산 저장 프로토콜, 네트워크 프로토콜, 스마트 계약 오라클 프로토콜 등이 있다.

보조 프로토콜 위에는 디앱이 위치한다. 디앱은 프로토콜과 보조 프로토콜을 선택적으로 활용해 최종 사용자들에게 제공할 다양한 서비스와 재화를 만들어낸다. 디앱이 의무적으로 보조 프로토콜을 사용해야 하는 것은 아니다. 인터넷 개발자들이 카페24의 도움 없이도 인터넷 쇼핑몰을 만들 수도 있다. 현실에서 블록체인 기술의 혁신성을 직접 경험하는 창구가 디앱이다. 블록체인 기술이 뜬구름 잡는 데서 그치지 않고 보편화되기 위해서는 최종 사용자들과 맞닿는 디앱의 역할이 매우 중요하다.

2018년 본격적으로 상용화될 서비스(일부는 상용화됨) 중 하나는 탈중앙화 거래소DEX, Decentralized Exchange 서비스다. 기존의 모든 거래소는 중앙화된 거래소다. 사용자들의 자산을 모두 중앙화된 서버에서 일괄적으로 관리하는 시스템이다. 거래 처리 속도가 빠르다는 장점이 있지만, 치명적인 단점이 있다. 보안이 취약하다. 중앙 서버가 공격받으면 이용자들의 자산이 위험해진다. 마운트곡스 파산 이후 있었던 수많은 거래소 해킹 사고를 떠올려보라. 탈중앙화 거래소는 이용자들의 자산을 보관하지 않는다. 사려는 사람과 팔려는 사람을 이어주는 역할만 한다. 거래가 성사될 경우 거래 내역은 이더리움 블록체인에 보관된다. 수수료도 저렴하며 이용자들이 개인키를 갖고 각자 자산을 안전하게 지킬 수 있다. 탈중앙화 거래소 플랫폼을 제공하는 보조 프로토콜으로는 제로엑스0x protocol와 카이버네트워크Kyber Network 등이 있다. 그리고 이 프로토콜을 활용해 실제 탈중앙화 거래소 서비스를 제공하는 디앱들이 속속 런칭되고 있다. 대표적으로 레이다 릴레이Radar Relay와 디오션XThe Ocean X 등이다.

◈ 디앱과 암호경제학의 전성시대

디앱의 특징은 크게 다섯 가지다. 첫째, 오픈소스Open Source를 지향한다. 이더리움이나 보조 프로토콜을 사용해 작성한 스마트 계약 코드를 모두에게 공개한다. 주로 소프트웨어 공유 플랫폼인 깃허브Github에 자신들의 코드를 올려놓는다. 디앱을 만들고 싶은 사람은 누구나 이미 런칭한 디앱의 소스코드를 참조할 수 있다. 블록체인 세상에서는 상생을 추구한다. 코드는 누군가가 독점할 수 있는 소유물이 아니라, 커뮤니케이션의 도구다. 언어를 독점하는 집단이 없듯이, 코드 또한 누구에게나 오픈돼 있다. 후발 주자가 코드를 베껴서 똑같은 디앱을 만든다고 해도 어쩔 수 없다. 단순 복제한 코드로 만든 그저 그런 디앱은 시장에서 가치를 인정받지 못할 것이다. 후발 주자가 기존의 코드를 활용해 더 나은 디앱을 만들어 강력한 경쟁자가 될 수도 있다. 후발 주자가 뛰는 사이 선발 주자도 가만히 있지는 않을 것이다. 개발자들이 선의의 경쟁을 하는 가운데 최종 사용자들은 더 나은 디앱을 사용할 수 있게 된다. 독점 시장에서는 볼 수 없는 새로운 비즈니스 문화의 탄생이다.

둘째, 디앱의 모든 데이터와 운영 프로세스는 암호화돼 상위 프로토콜 블록체인에 보관된다. 블록체인의 기본 가치관은 탈중앙화, 불필요한 중간자 배제, 맹목적인 신뢰에 기반하지 않는 거래, 위변조 방지 등이다. 따라서 블록체인 플랫폼을 사용하는 디앱에도 블록체인의 가치관과 특징이 그대로 반영돼 있다. 디앱이 발행하는 토큰을 구매할 때(이를 보통 토큰 세일즈 혹은 ICO에 참여한다고 말한다), 해당 특징이 잘 구현되고 있는지 반드시 살펴야 한다. 소위 무늬만 블록체인인 경우, 디앱은 블록체인 커뮤니티로부터 가치를 인정받을 수 없다. 커뮤니티로부터 가치를 인정받지 못한 디앱은 투자 가치가 없다.

셋째, 디앱은 사전에 정해진 혹은 공표한 알고리즘에 따라 정확하게 토큰을 생성하고 분배해야 한다. 토큰은 토큰 보유자가 해당 디앱에 접근할 권한을 부여하는 일종의 암호화 증표다.

넷째, 개발자 집단이 디앱 개발을 주도하지만 디앱의 성격이나 개발 방향에 중대한 변화가 생길 경우엔 토큰 보유자들 혹은 해당 네트워크 참여자들이 반드시 합의해야 한다. 합의의 과정은 디앱에 따라 다를 수 있지만, 중요한 건 투표나 시그널링 등 민주적인 절차를 거쳐야 한다는 점이다. 디앱은 중앙집권적 독점 집단이 없다.

다섯째, 디앱은 토큰 보유자들과 해당 토큰을 사용해 디앱의 작동과 발전에 기여한 참여자들에게 사전에 정해진 규칙에 의거해 보상해줘야 한다. 민감한 부분이다. 디앱의 전체 수익을 토큰 보유자들에게 분배할 경우, 대부분의 국가에서 이를 증권으로 간주하고 있어 주의가 필요하다. 그밖에 토큰을 분배하거나 디앱 내에서 특별한 권한을 부여하는 방식으로 참여자들의 기여도에 따라 차등 보상해야 한다.

최근 블록체인과 암호화폐에 대한 사회적 관심이 커지면서 암호경제학이 부상하고 있다. 그런데 이름이 주는 느낌 때문인지 암호경제학을 경제학이란 학문의 하위 카테고리로 잘못 인식하는 사람들이 많다. 경제학과 관련이 있긴 하지만, 하위 개념은 아니다. 암호경제학이란 암호학과 경제적 인센티브 개념을 활용해 지속적으로 가치를 생산해낼 수 있는 시스템, 네트워크, 애플리케이션을 디자인하는 것이다. 다시 말해, 블록체인 프로토콜을 개발하기 위해 근본적인 밑그림, 혹은 설계도를 그리는 것을 의미한다. 이더리움 개발 과정에서 비탈릭 부테린이 맡았던 역할과 비슷하다. 암호학, 경제학, 심리학, 수학, 경영학, 프로그래밍 등 다양한 역량이 종합적으로 발휘돼야 한다.

암호경제학의 특징은 크게 세 가지다. 첫째, 추구하고자 하는, 혹은 새롭게 창조하고자 하는 핵심 가치가 명확히 정립돼 있어야 한다.

둘째, 핵심 가치의 이동과 생성에 암호학 알고리즘이 사용돼야 한다. 셋째, 경제적 인센티브를 통해 참여자(서로 알지 못하는 임의의 수많은 사람)들의 올바른 행동을 유도해 해당 프로토콜이 지속적으로 제 기능을 할 수 있어야 한다. 어디서 많이 본 특징 아닌가. 블록체인이 작동하는 메커니즘과 정확히 일치한다. 따라서 암호경제학적 특징이 있는 애플리케이션은 모두 프로토콜이다. 자체 블록체인 플랫폼이 있다. 비트코인, 이더리움, 퀀텀, 네오NEO, 카르다노, 라이트코인 등이 여기에 해당한다. 블록체인 세상의 기둥을 떠받치고 있는 이와 같은 프로토콜이 계속해서 다양한 기능을 제공해야 이 위에 형성되는 보조 프로토콜이나 디앱들이 장기적인 경쟁력을 갖출 수 있다. 투자 관점에서도 프로토콜은 보조 프로토콜이나 디앱에 비해 상대적으로 가격 변동성이 작다. 암호화폐 투자시장에서 그나마 변동성을 줄이고 싶다면 프로토콜만으로 포트폴리오를 구성하면 된다.

토큰화, 화폐와 자본의 한계를 뛰어넘다

버스라는 단어와 함께 쓰였을 법한 '토큰'이란 단어가, 최근엔 블록체인을 얘기할 때 빈번하게 등장한다. 토큰 런칭, 토큰 세일, 토큰 투자 등. 토큰은 뭐고, 암호화폐는 뭘까. 일반적인 의미의 토큰은 구체적인 혹은 사전에 약속된 재화 및 서비스에 대한 권리를 나타내는 증표다. 일종의 '채권-채무 증표'다. 토큰 발행자는 토큰 구매자에게

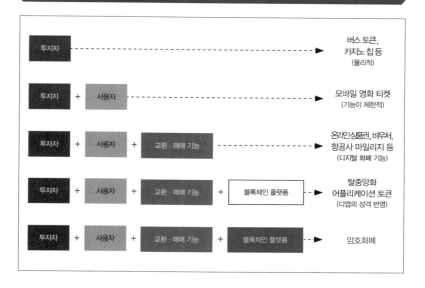

토큰과 암호화폐의 관계

투자자				→	버스 토큰, 카지노 칩 등 (물리적)
투자자 + 사용자				→	모바일 영화 티켓 (기능이 제한적)
투자자 + 사용자 + 교환·매매 기능				→	온라인상품권, 바우처, 항공사 마일리지 등 (디지털 화폐 기능)
투자자 + 사용자 + 교환·매매 기능 + 블록체인 플랫폼				→	탈중앙화 어플리케이션 토큰 (디앱의 성격 반영)
투자자 + 사용자 + 교환·매매 기능 + 블록체인 플랫폼				→	암호화폐

사전에 약속된 재화 및 서비스를 제공할 의무가 있다. 예를 들어, 버스 토큰 구매자는 해당 토큰을 사용해 토큰 발행자가 제공하는 이동수단인 버스에 탑승할 수 있다. 토큰에는 사전에 약속된 재화 및 서비스에 대한 이용 권한이 내재돼 있기 때문에 그 자체로 경제적 가치를 지니는 교환권 역할을 한다.

예전에 사용됐던 버스 토큰이나 카지노 칩이 그 예다. 카지노 칩을 보유한 사람만이 카지노에서 제공하는 모든 종류의 게임에 참여할 자격을 갖는다. 또, 물리적인 방법으로 소유권이 이전되기 때문에 '물리적 토큰Physical Token'으로도 불린다. 물리적 토큰에 디지털 수단이 더해지면 '디지털 토큰Digital Token'이 된다. 디지털 토큰은 디지털 기술을 매개체로 토큰이 전송된다는 점을 빼곤 물리적 토큰과 크게 다르지 않다. 기능이 제한적인 디지털 티켓이 여기에 해당한다. 모바일 영화 티켓은 영화라는 서비스를 이용할 수 있는 권한 외에 거의 아무런 기능이 없다. 영화 티켓이라는 일종의 물리적 토큰이 디지털화돼 모바일로 전송되는 형태가 됐다.

디지털 토큰에 교환·매매의 기능이 추가되면 디지털 화폐다. 디지털 토큰은 사전에 약속된 재화 및 서비스로만 교환되는 반면, 디지털 화폐는 상대적으로 넓은 범위의 교환매매 기능을 수행한다. 예를 들어 신용카드사가 제공하는 온라인 바우처는 다양하게 사용할 수 있다. 특정 장소에서는 현금처럼 사용할 수 있으며, 오프라인 마켓을 통해 법정화폐와 교환할 수도 있다. 항공사 마일리지 역시 마찬가지다. 항공사가 제공하는 서비스를 사용할 때 현금처럼 사용할 수 있고, 다양한 재화나 서비스로 교환할 수 있다. 온라인 상품권 역시 대표적인 디지털 화폐다.

이더리움과 같은 블록체인 플랫폼 위에서 디지털 토큰이 생성되면, 우리는 이를 탈중앙화 애플리케이션 토큰DApp Token, Decentralized Application Token이라고 부른다. 이는 다시 '기능형 토큰Utility Token'과 '증권형 토큰Security Token'으로 구분된다. 먼저, 기능형 토큰은 단어 그대로 디앱이 제공하는 다양한 서비스와 네트워크에 접근할 권한을 부여하는 토큰이다. 증권형 토큰은 주식과 마찬가지로 디앱에 대한 소유권을 의미하며, 해당 디앱의 수익을 배당 형태로 분배받는다. 수많은 디앱들이 기능형 토큰과 증권형 토큰을 판매해 프로젝트 착수를 위한 자본을 조달하는데, 이를 ICO 혹은 토큰 세일^{Token Sale}이라고 부른다. 특히, 증권형 토큰은 주식과 기능이 유사해 투자자들이 직관적으로 이해하기 쉽고 유망한 투자 상품으로 인식해서 수요가 많다. 하지만 토큰 판매에는 각별한 주의가 필요하다. 현재 미국을 포함한 많은 국가에서 증권형 토큰의 경우 증권법을 준수하도록 규제하고 있기 때문이다. 법적 이슈에 대한 검토 없이 무작정 증권형 토큰을 발행해 판매할 경우 법적 불이익을 당할 수 있다.

디지털 토큰과 암호경제학적 특성이 접목될 경우 우리는 이를 '암호화폐'라고 부른다. 암호경제학은 핵심 가치와 암호학 그리고 경제적 인센티브라는 세 가지 구성 요소를 갖고 있다. 이는 곧 블록체인 프로토콜을 의미한다. 따라서 암호화폐는 자체 블록체인 프로토콜을 보유한 디지털 토큰이라고 볼 수 있다. 이 점에서 디앱 토큰과는 구분된다. 개인키를 통한 완벽한 소유권 인정, 위변조가 불가한 분산원장 기술, 낮은 수수료, 국경을 초월한 거래 등이 암호화폐의 핵심 가치다. 이를 구현하기 위한 기술로 암호학이 사용되는데 해시 알고리즘, 공개키 암호화 방식, 디지털 서명, 작업증명 알고리즘 등이 대표적이다. 그리고 프로토콜 참여자들의 올바른 행동을 유도하기 위한 경제적 인센티브에는 자체 토큰(이더리움의 경우 이더)을 통한 보상(채굴), 노드들의 의사결정권 및 채굴자들의 전송 수수료와 같은 특권이 있다. 그리고 올바른 행동을 한 참여자에겐 보상을, 악의적인 행동을 한 참여자에게는 불이익을 준다. 정리하자면, 자체 블록체인 프로토콜을 보유하고 있는 이더리움, 비트코인, 네오, 퀀텀 등이 대표적인 암호화폐다. 이더리움의 튜링 완전성은 스마트 계약을 블록체인 플랫폼에서 구현할 수 있게 해줬고, 이는 보조 프로토콜을 탄생시켰다. 즉, 이더리움이 제공하는 스마트 계약이 일종의 프로토콜의 기능을 하고, 보조 프로토콜 토큰Add-on Protocol Token이란 개념이 생겨났다. 보조 프로토콜을 사용하기 위해 필요한 토큰이다.

이런 분류법은 스캠(사기)을 구별하는 데도 유용하다. 2018년 초 베네수엘라에서 발행된 '페트로'라는 코인(?)을 보자. 페트로가 만들어내는 생태계는 극도로 중앙집권적이다. 완벽한 소유권을 보장해주지도 않을 뿐더러, 가장 기본적인 참여자들 간의 합의 알고리즘조차 밝혀진 게 없다. 참여자들의 경제적 인센티브조차도 불분명하다. 페트로에 담보된 석유만이 페트로의 가치를 설명해주는 유일한 요소다. 하지만 베네수엘라 정부는 페트로와 석유의 교환을 보장해준다고 이야기한 적 없다. 페트로는 암호경제학적 특성을 찾기 어렵다는 점에서 암호화폐라고 부르기 어렵다. 뉴이코노믹무브먼트NEM 플랫폼을 활용해 런칭될 페트로는 블록체인 플랫폼을 활용한다는 측면에서는 디앱 토큰으로 볼 수 있겠지만, 디앱의 성격을 갖고 있지 않기 때문에 여기에도 해당되지 않는다. 결국, 망한 자국의 화폐 볼리바르의 디지털 버전과 다를 바 없다. 게다가 페트로는 자국민들이 소유할 수도 없다. 결론적으로 말해, 페트로는 미국의 경제 제재에 저항하기 위한 우회적인 자금 조달 수단에 불과하다. 그나마 2018년 8월 도널드 트럼프 미국 대통령은 페트로의 미국 내 거래와 사용을 전면 금지하는 내용의 행정명령을 내렸다.

◇ 자산의 토큰화, 자산의 형질변경

토큰은 경제적 가치를 지닌 하나의 단위다. 따라서 '토큰화^{Tokenization}'
란 특정 대상을 경제적 가치를 지닌 하나의 단위로 치환하는 것을
의미한다. 여기서 말하는 특정 대상이란 유무형의 모든 것이 해당된
다. 유형의 제품도, 무형의 서비스도 토큰화의 대상이다. 블록체인
기술의 발전은 토큰화를 더욱 가속화하고 있다. 더욱 안전하고 빠르
게 토큰을 주고받을 수 있기 때문이다. 현재 토큰화는 일단 주식, 부
동산, 금 등과 같은 전통자산 위주로 빠르게 진행되고 있다. 머지않
아 예술, 미디어, 저작권 등 다양한 산업으로까지 진행될 것이다. 그
야말로, '토큰 경제의 시대'가 열리게 되는 것이다.

토큰화는 어떠한 자산이든 높은 유동성과 거래의 편리함을 제공한
다는 장점이 있다. 부동산은 일반적으로 유동화하기 까다로운 자산
이다. 거래가 복잡하고 번거롭다. 부동산 자산을 토큰화하면 이런 단
점을 개선할 수 있다. 예를 들어, 여의도 63빌딩을 토큰화한다고 가
정해보자. 63빌딩을 담보로 63토큰을 1000개 발행한다. 이 경우 63
빌딩의 1000분의 1 단위부터 소유가 가능해진다. 해당 토큰은 암호
화돼 이더리움 블록체인에 전송된다. 소유권은 철저히 보장되며, 실
물 담보도 존재하기 때문에 분쟁의 소지가 생길 가능성이 적다. 매수
자는 형편에 따라 1~1000개의 63토큰을 구매할 수 있다. 1000개
를 모두 사면 63빌딩의 1인 소유주가 된다. 매도할 때에도 당장 필
요한 돈만큼만 팔면 된다. 발행된 63토큰은 개인 간 거래 혹은 전문

토큰 거래소를 통해 24시간 거래할 수 있다. 거래 대금은 실시간으로 정산된다. 기존 부동산 펀드나 리츠REITs보다 훨씬 편리하다.

토큰화에 따라 거래가 편리해지면 거래 상대의 폭도 넓어진다. 블록체인 플랫폼을 활용한 토큰 거래에는 국경이 없다. 즉각적인 전송과 저렴한 수수료 덕에 전 세계 누구나 63토큰을 살 수 있다. 아프리카에서도 클릭 몇 번만으로 63토큰을 구매해 63빌딩의 소유권을 가질 수 있다. 국경과 지정학적 특수성에 따른 가치의 프리미엄이나 디스카운트가 점차 사라진다. 언제 어디서든 공정하게 시장 가치를 평가받을 수 있다. 거래 비용이 높은 자산은 토큰화를 통해 낮은 수수료로 손쉽게 거래할 수 있다. 아파트 매매 계약을 떠올려보자. 중계수수료나 등기비용을 낼 필요 없이, 토큰 전송 수수료만 부담하면 된다.

토큰화는 또한, 창조자 중심의 독자적 가치 생태계를 가능하게 해준다. KT경제경영연구소의 분석에 따르면, 2016년 웹툰시장 규모는 5480억 원으로 3년 만에 네 배 가까이 성장했다. 2020년에는 시장 규모가 1조 원을 넘어설 것으로 보인다. 하지만 『미생』의 작가이자 만화가협회장직을 맡고 있는 윤태호 작가는 그런 이야기를 들을 때마다 허망하고 허무하다고 했다. 웹툰 업계의 불공정한 관행과 그로 인한 폐단들 때문이다. 유료 웹툰 플랫폼인 레진코믹스는 일방적인 콘텐츠 종료, 해외 서비스 고료 미정산, 지각비 등으로 여론의 질타를 받았다. 블랙리스트를 만들어 자사에 비판적인 작가들을 의도적으로 프로모션에서 배제했다는 의심까지 받고 있다. 불공정한 플랫폼 운영자들이 콘텐츠 창작자를 착취하는 기형적인 비즈니스 구조가 웹툰 업계를 잠식했다. 토큰화와 블록체인 기술이 저작권에 적용되면 이러한 폐단은 사라질 것이다. 웹툰과 같은 저작물 자체가 토큰화된다고 상상해보자. 작가들은 본인의 창작물이 갖고 있는, 혹은 미래에 갖게 될 경쟁력을 시장을 통해 평가받을 수 있다. 이러한 평가를 통해 창작 활동에 필요한 자본 유치가 가능하다. 수익 배분 역시 공정하게 스마트 계약과 토큰을 매개로 정산된다. 이런 기록은 블록체인 플랫폼에 전송돼 투명하게 관리·보관된다.

웹툰이 토큰화된다면 웹툰 플랫폼을 제공하는 플랫폼 회사들은 사라질까. 아니다. 아무리 창작물의 경쟁력이 뛰어나다 해도, 전문 회사의 마케팅 활동과 비즈니스 전략은 흥행을 위한 필수 요소다. 작가들과 공정한 계약을 맺고 투명한 마케팅 서비스를 제공하는 플랫폼 회사들만이 살아남을 것이다. 그리고 이들은 종전보다 더 많은 수익을 거두게 될 것이다. 다시 말해, 토큰화의 시대에는 작가와 플랫폼 제공자가 기존의 갑을 관계에서 벗어나 선의의 파트너 관계로 바뀔 수 있다. 해외에서는 이런 움직임이 벌써 나타나고 있다. 다양한 저작권 관련 디앱들이 속속 등장하고 있다. 대부분 성황리에 ICO를 마쳤다. 스팀잇Steemit과 같은 곳은 이미 베타 버전을 제공했다. 전 세계 사람들이 스팀잇을 활용해 자신의 저작물에 부여된 합당한 가치를 보상받고 있다.

웹툰과 블로그 뿐만 아니라 음원이나 영화, 심지어 기업의 프로젝트까지 머지않은 미래에는 가치가 있다면 전부 토큰화의 대상이 될

것이다. 토큰화는 대기업들 사이에서도 화제다. 텔레그램^{Telegram}은
2018년 초 비공개 토큰 세일(프리 세일)을 통해 17억 달러의 자본금
을 유치했다. 이와 같이 새로운 디앱이 아닌 기존 기업들이 진행하는
프로젝트 단위의 ICO를 '리버스^{Riverse} ICO'라고 부른다. 앞으로는
기업들이 신규 프로젝트를 진행할 때, 회사의 자기자본을 사용하거
나 채권을 발행할 필요가 없어질지 모른다. 프로젝트 단위로 ICO를
하면 자금 조달 과정이 간소화되고 프로젝트 착수에 따른 리스크를
줄일 수 있다. 기업의 소위 전략기획실의 주요 업무는 프로젝트 발굴
및 암호경제학적 토큰 스트럭처링^{Token Structuring}이 될 것이다. 카카오
가 자사의 결제 플랫폼 비즈니스인 카카오페이에 암호화폐 결제 기
능을 추가하고, 향후 자체 코인인 '카카오 코인'을 발행할 계획이라
는 소문이 돌았다. 2018년 5월 현재 한국에서는 ICO가 금지돼 있기
때문에, 카카오 측은 이런 소문은 사실이 아니라고 밝혔다. 하지만,
업계에서는 시간문제로 보고 있다. 규제가 풀리면 여러 국내 기업들
이 리버스 ICO나 디앱 제작을 통한 ICO에 동참할 것으로 전망된다.
버블이 아닌, 패러다임의 변화다.

지금까지 진행된 ICO의 대부분은 이더리움 플랫폼을 사용했다.
토큰화가 진행될수록 이더리움 블록체인의 사용 빈도는 늘어날 것
이다. 결과적으로 블록체인과 디앱의 시대가 가까워질수록 이더리움
의 플랫폼 선점 효과는 극대화될 것이다. 아직 갈 길은 멀다. 토큰화
가 전례 없던 개념이기 때문에 다양한 현실적 한계가 있다. 규제 문
제가 제일 걸린다. 토큰화된 자산의 소유권을 어떠한 형태로 인정할

것인가에 대한 문제, 이에 관한 법률 제정 및 정비가 시급하다. 토큰화돼 공동 소유하는 자산의 경우, 관리 및 유지 보수에 대한 책임을 공정하게 분담할 수 있는 방안이 필요하다. 이는 일종의 관리비와 비슷한 개념으로 63토큰 500개를 보유한 사람과 한 개를 보유한 사람이 지불하고자 하는 관리비의 범위는 분명히 다를 것이기 때문이다. 또한 토큰화와 토큰 거래량은 관련이 없다. 토큰화 했다고 해서 모든 토큰이 활발히 거래되는 것은 아니다. 토큰의 거래량이 적을 경우 유동성은 여전히 문제다.

ICO의 시대

ICO란 특정 프로젝트를 진행하는 단체에서 프로젝트 개발 자금을 모으기 위해 투자자들에게 토큰을 판매하는 행위다. 이런 과정이 마치 주식공개IPO, Initial Public Offering와 비슷하다고 해서 ICO로 불린다. 지금은 고유명사처럼 사용한다. 구글 트렌드 분석에 따르면, 2017년 12월부터는 ICO를 검색하는 빈도가 IPO보다 잦아졌다.

  ICO는 투자자와 개발자 사이에 불필요한 중재자가 없다. 보통 블록체인 플랫폼을 활용하거나 해당 플랫폼에 간단한 스마트 계약 코드를 덧붙여 진행한다. 개발자들은 우선 자신들의 프로젝트를 소개한 백서Whitepaper를 홈페이지를 비롯한 각종 SNS 채널을 통해 공개한다. 이후 다양한 SNS 마케팅 활동을 펼치고, ICO 기간을 안내한다.

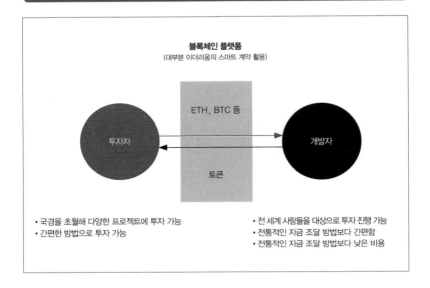

블록체인 플랫폼
(대부분 이더리움의 스마트 계약 활용)

ETH, BTC 등

투자자

개발자

토큰

• 국경을 초월해 다양한 프로젝트에 투자 가능
• 간편한 방법으로 투자 가능

• 전 세계 사람들을 대상으로 투자 진행 가능
• 전통적인 자금 조달 방법보다 간편함
• 전통적인 자금 조달 방법보다 낮은 비용

투자자들은 백서를 통해 투자 결정을 내리고, ICO 기간 내 원하는 투자 금액에 해당하는 이더리움 혹은 비트코인을 프로젝트가 개설한 지갑 주소로 전송한다. 이후 ICO가 종료되면, 개발자들은 투자받은 금액에 해당하는 토큰을 생성하고, 투자자들에게 전송한다. 이 모든 과정이 블록체인 플랫폼을 통해 이뤄지기 때문에 분쟁의 여지가 없다. 모든 거래 내역은 블록체인에 기록된다.

개발자들은 이더리움이나 비트코인을 통해 조달받은 암호화폐를 토큰으로 바꿔준다. 백서를 통해 토큰 분배 계획을 알린다. 보통 60~70% 수준이 공개 세일을 통해 분배되며, 나머지 30~40%는 기관 및 초기 투자자들을 위한 비공개 세일, 개발자 및 어드바이저들에 대한 보상, 향후 합류할 멤버들을 위한 적립, 각각의 프로젝트 생태계 조성 및 기능 유지를 위한 리저브 등으로 구성된다. 조달된 자금은 대부분 프로젝트 개발에 직접적으로 관련된 비용으로 지출되며, 나머지는 조직운영비, 마케팅, 세일즈, 홍보 비용 등으로 지출된다.

2017년 비트코인, 이더리움을 비롯한 다양한 암호화폐와 탈중앙화 애플리케이션(디앱) 토큰들의 가격이 급상승했다. 이런 관심은 자연스레 ICO로 넘어갔다. ICO를 통해 초기에 배분받은 토큰이 적게는 몇 배에서 많게는 수십 배 오르면서 더욱 많은 사람이 ICO 시장으로 몰려갔다. 암호화폐 관련 리서치 사이트인 스미스플러스크라운**Smith+Crown**에 따르면, 2017년 한 해 동안 525개가 넘는 프로젝트가 ICO를 통해 2만 5000달러 이상의 자금을 조달했다. 전체 프로젝트가 조달한 자금은 약 7조 원에 달한다. 프로젝트당 평균 조달 금액은 150억 원 수준이며, 조달 금액의 중간값은 60억 원이다. 2016년 전체 ICO 조달 금액은 1000억 원 수준으로, 2017년 열다섯 개 프로젝트가 모집한 금액보다 적다. 2017년 전체 모집 금액은 2014~2016년 모집금액을 다 합친 것의 몇 배에 달한다.

암호화폐 전문매체 코인데스크에 따르면, 2017년 4분기 블록체인 스타트업들이 ICO를 통해 조달한 자금은 약 3조 5000억 원으로 같은 기간 벤처캐피탈**VC**을 통해 조달한 자금(약 2100억 원)보다 월등히 많다. 2018년 ICO 열기는 더 뜨겁다. 2018년 1분기가 채 지나지 않은 시점에서 ICO를 통해 조달된 자금은 이미 2017년 한 해 동안 조달된 자금의 57%를 넘어섰다. 많은 개발자들과 실리콘밸리의 VC들이 전통적인 주식 교환 방식의 투자보다 ICO를 통한 투자 방법을 고려하고 있다.

◇ 가치 창조자 우호적 플랫폼, 그리고 투자의 민주화

전 세계가 ICO에 열광하는 이유는 무엇일까. 무엇보다 ICO는 가치 창조자에게 우호적인 플랫폼이다. 이는 토큰화에서 파생된 개념이다. ICO는 토큰화된 프로젝트에 자금을 조달하는 구체적인 방법이다. ICO는 의결권이 내재된 주식 교환을 매개로 자금을 유치하는 전통적인 자금 모집 방식과는 다르다. 프로젝트의 향후 경제적 가치와 애플리케이션 이용 권한이 내재된 토큰을 생성하고 분배하기 때문에 회사의 소유권(의결권)에 영향을 주지 않는다. 많은 스타트업 창업자들은 회사를 키우기 위해 투자자금을 유치하는데, 투자유치를 거듭해 회사 가치가 커질수록 창업주의 지분은 적어질 수밖에 없다. 투자자들의 입김에 휘둘려 창업주가 애초 의도한 핵심 가치가 변질되곤 한다. 배가 커지는 속도보다 사공이 많아지는 속도가 빨라져 배가 산으로 가게 되는 상황이 벌어진다. 창업주가 회사에서 쫓겨나는 일까지 벌어질 수 있다.

ICO를 통한 토큰 세일은 이런 문제를 해결해줄 수 있다. 회사 지분을 넘기는 방식의 투자가 아니기 때문에, 아무리 많은 투자자금을 유치한다고 해도 경영권에 영향을 주지 않는다. 비공개 토큰 세일을 통해 아무리 많은 VC들의 초기 투자자금을 받는다고 해도, 이는 생

성한 토큰의 소유권 이전일 뿐 회사의 주식과는 관련이 없다. ICO
에 대한 의사결정은 당연히 창업주들의 몫이다. 빠른 의사결정과 저
렴한 ICO 비용은 초기 스타트업의 재무적, 시간적 부담을 상당 부분
덜어준다. VC들도 손해 보는 장사가 아니다. 주식 취득을 통해 경영
권을 행사하는 것도 상당한 리스크를 떠안는 행위이다. 수많은 서류
작업과 복잡한 법적 절차, 이로 인해 드는 오랜 시간은 VC에도 부담
이다. 모든 투자는 타이밍이다. 2017년 기록한 놀라운 ICO 투자 수
익률도 VC들의 발상 전환에 큰 영향을 미쳤다.

2018년 5월 기준 시가총액이 약 1조 5000억 원에 달하는 오미세
고^{OmiseGo}의 창업자 준 하세가와^{Jun Hasegawa}는 블룸버그와의 인터뷰
에서 자금 조달 방법으로 ICO를 택한 이유를 이렇게 설명했다.

ICO는 투자를 유치하는 대가로 회사의 주식을 포기하지 않아도 된다
는 측면에서 훨씬 쉬운 결정이었습니다. 사람들은 오미세고 토큰^{OMG}을
사는 것이지 오미세^{Omise}란 회사의 주식을 사는 게 아니니까요. 그들
은 우리가 만들어갈 네트워크에 사용될 수 있는 일종의 화폐를 구매한
셈입니다. 사실 몇몇 오미세 주주들은 ICO 추진을 꺼렸습니다. 하지만
주식을 파는 것도 아니니 ICO를 진행하는 데 주주들의 허락을 받을 필
요가 없습니다. ICO를 통해 300억 원을 모았고, 나중에 이 사실을 주
주들에게 보고했죠. 다들 '뭐라고?' 하면서 자기 귀를 의심하더군요.

ICO를 통해 개발 자금 유치에 성공한 오미세는 이후 이더리움재

단과의 긴밀한 협업을 통해 '블록체인 플랫폼을 활용한 탈중앙화 은행 설립'에 박차를 가하고 있다. 오미세고 토큰을 갖고 있는 사람은 누구나 오미세 네트워크를 통해 자유롭게 송금과 같은 은행 서비스를 이용할 수 있다. 불필요한 수수료는 배제되고, 국경의 장벽도 없다. 암호화폐 결제 서비스도 제공할 계획이다. 2017년 9월 오미세는 태국의 맥도날드와 온라인 및 모바일 결제 시스템에 관한 업무 협약을 체결했다.

다음으로, ICO는 투자의 민주화를 가능하게 한다. 법정화폐 시스템에서 투자의 성패를 좌우하는 것은 정보다. 이러한 정보는 숨겨져 있을수록 가치가 더 높다. 기득권은 폐쇄적인 네트워크를 활용해 유망 스타트업을 자신들의 이너 서클에만 소개했다. 고수익 투자는 항상 소수 기관들 차지였다. 개인들은 대박 신화를 기사로만 접할 뿐이었다. 정보의 선택적 전파와 폐쇄적인 투자 네트워크가 만들어낸 폐해다. ICO의 시대는 다르다. 전 세계가 블록체인으로 연결돼 있고, 많은 사람이 이더리움이나 비트코인과 같은 암호화폐를 보유하고 있다. 이들 자체가 엄청난 투자 풀이다. 이들은 폐쇄적인 네트워크를 점유한 기득권들만이 얻을 수 있었던 정보를 프로젝트 창조자들이 제공하는 백서나 각종 SNS 채널을 통해 차별 없이 접할 수 있다. 유망한 스타트업들이 ICO를 많이 진행하면 할수록 기존의 폐쇄적인 네트워크에 기반한 투자 기회는 줄어들고, 개방적인 네트워크에 기반한 양질의 투자 기회는 늘어날 것이다. 이를 암호화폐 스텔라의 공동 창업자인 조이스 김^{Joyce Kim}은 '투자의 민주화'라고 표현했다.

◇ ICO 열기가 뜨거울수록 이더리움은 하락한다?

2017년 한 해 동안 진행된 ICO 중 최소 90% 이상의 프로젝트가 이더리움 플랫폼 위에서 진행됐다. 이더리움의 튜링 완전성 언어를 통해 고도화된 스마트 계약을 구현할 수 있고, 이더리움 자체가 플랫폼이기 때문이다. 추가로 플랫폼 구축 및 선점에 결정적인 역할을 한 개념이 있으니, 바로 'ERC-20**Ethereum Request for Comments 20**'이다. ERC-20는 이더리움 스마트 계약에서 사용되는 토큰들의 프로토콜이다. 프로토콜은 규칙과 약속을 의미한다. 따라서 ERC-20는 이더리움 플랫폼 안에서 생성되고 사용될 토큰들에 대한 규칙과 약속이다. 토큰을 생성할 때 준수해야 할 이더리움 플랫폼상에서의 기준이다. ERC-20 프로토콜을 사용할 경우, 토큰 생성 과정이 불과 몇 줄의 코드만으로 끝난다. 또한 ERC-20 토큰들끼리는 서로 같은 규칙을 준수하고 있기 때문에, 상호 호환에 문제가 없다. 다양한 디앱 토큰들이 이더리움 플랫폼 안에서 자유롭게 호환될 수 있다. 막대한 시너지 효과가 기대된다.

이 같은 이유로 이더리움이 ICO의 기축통화로 자리 잡게 됐다. 2017년에만 수백 개의 디앱들이 이더리움을 통해 개발 자금을 조달했다. 일부에선 이것이 이더리움 가격에 부정적인 영향을 줄 것으로 본다. 이더리움으로 자금을 조달한 디앱들이 당장 필요한 돈을 쓰기 위해 모금한 이더리움을 시장에 매물로 내놓으면 이더리움 가격은 하락할 수밖에 없다는 논리다. 이는 반은 맞고 반은 틀린 해석이다.

ICO와 이더리움 가격과의 관계는, 거칠게 말해 '단기적으론 공급 초과-장기적으론 수요 초과'다. 단기적으로는 위의 논리처럼 부정적이다. 시장에 수천, 수만 개의 이더리움이 매도 물량으로 쏟아져 나오면 단기적으로 가격은 떨어질 것이다. 그러나 장기로 보면 얘기가 다르다. 현재 ICO는 2017년에만 500건 넘게 진행됐고, 2018년에도 그 열기가 지속되고 있다. 향후 제도권에서 ICO를 인정하면 시장 규모는 상상할 수 없을 정도로 커질 것이다. ICO에 참여하려면 이더리움이 필요하다. 곧, 장기로 보면 이더리움의 수요는 더 크게 늘어날 것이다.

그럼에도 단기적으로는 디앱들이 ICO로 조달한 이더리움을 시장에 쏟아내지 않을까 걱정이다. 대부분의 정상적인 프로젝트는 최소한 필요한 경비를 제외하고는 법정화폐로 쉽게 환전하지 않는다. 최근에는 최소량을 제외하고는 의무적으로 특정 기간(보통 1년) 동안, 모집한 이더리움을 환전하지 않겠다고 발표하는 프로젝트들이 대부분이다. 설령, 디앱들이 모집한 이더리움을 법정화폐로 바꾸고 싶어 한다 해도, 한꺼번에 물량을 쏟아내지는 않을 것이다. 그렇게 할 경우 이더리움 가격은 급락할 것이고, 이는 암호화폐시장 전체의 투자심리를 악화시켜 자신들이 발행한 토큰의 가치 또한 떨어트리게 될 것이기 때문이다. 누가 자신의 발등에 칼을 꽂겠나. 총량으로 따지면, 법정화폐로 환전한 이더리움보다 ICO를 통해 모집한 이더리움이 항상 많다. ICO가 활성화될수록 이더리움의 장기 수요는 더 늘고, 가치 또한 오를 것이다.

새로운 기술이 뿌리내리는 과정에는 항상 마찰이 있었다. 관련 법률과 제도적 뒷받침이 부재한 탓이다. 그리고 이런 틈새를 공략한 범죄가 기승을 부린다. ICO시장에서도 마찬가지다. 창조자 우호적인 플랫폼이란 특성을 악용하는 세력들이 증가하고 있다. 스캠이 판친다. 스캠 세력들은 ICO 열풍을 악용한다. 역량 미달의 개발자들이 현실 가능성 없는 프로젝트를 그럴듯하게 포장만 해서 내놓는다. 암호화폐에 대한 지식이 부족한 투자자들의 눈먼 돈이 몰린다. 이들은 투자자들의 이더리움이나 비트코인만 가로채고 잠적한다. 이들은 개발자들의 이력을 위조하고 업계 저명한 인사들의 사진을 무단 도용해 어드바이저로 올려놓는다. 전혀 관련이 없는데도 기존 대기업의 명성에 기대 투자자를 유치한다. 프로젝트의 현실 가능성 여부를 판단하기 어렵다는 단점을 이용한 사기다. 향후 시장이 성숙되는 단계에서 ICO 프로젝트 평가 전문회사나 각종 암호화폐 전문 매체들이 생겨나면 해소되긴 하겠지만, 현재로서는 피해자를 양산하는 심각한 문제다. 보안도 문제다. 투자자들이 이더리움이나 비트코인을 개발자들의 지갑 주소에 전송하는 과정에서 각종 피싱 범죄가 극성을 부리고 있다. 주목받고 있는 프로젝트의 개발자를 사칭해 가짜 지갑주소를 퍼뜨리거나, 자칭 토큰 브로커라고 사칭해 투자자들의 이더리움이나 비트코인을 횡령한다. 프로젝트의 마케팅 · 홍보 담당자들은 올바른 정보를 전달하려고 노력해야 한다. 투자자들 역시 고수익에 현혹돼 덮어놓고 ICO에 투자하는 일은 없어야겠다.

기업을 블록체인 무대로 불러 모으다

2017년 5월 들어 이더리움은 10만 원 선에서 횡보했다. 4월 초 5만 원 수준에서 한 달 사이 두 배 올랐다. 상승 뒤 숨고르기는 자연스러운 가격 흐름이다. 그런데 19일부터 가격이 꿈틀대기 시작했다. 22일 하루 동안 36% 급등했다. 25일에는 39만 원까지 올랐다. 일주일 새 네 배 가까이 됐다. 삼성SDS가 국내 기업으로는 처음으로 22일 '엔터프라이즈 이더리움 얼라이언스EEA, Enterprise Ethereum Alliance'에 참여한다고 알려졌다. 이날 EEA 홈페이지를 통해 참여 사실이 공개되기 전 알음알음 퍼진 소식이 이더리움 가격을 밀어 올린 셈이다.

2017년 6월 말, 암호화폐 커뮤니티에 소문이 하나 돌았다. 이더리움의 창시자이자 핵심 개발자인 비탈릭 부테린이 교통사고로 죽었다는 내용이었다. 확인되지 않았지만, SNS를 통해 무섭게 퍼져나갔다. 동시에 이더리움 가격도 20% 넘게 하락했다. 사망'설'이 사실로 굳어지는 분위기였다. 이튿날 부테린이 직접 나섰다. 자신이 멀쩡하다는 사진을 트위터에 올렸다. 그럼에도 시장 분위기를 돌리기엔 역부족이었다. 7월 16일에는 이더리움 가격이 13만 원까지 추락했다. 그런데 이를 저점으로 이틀 만에 31만 원까지 급등했다. 18일 세계 2위 신용카드 결제 회사인 마스터카드와 글로벌 정보통신 회사인 시스코Cisco가 EEA에 합류했다는 소식이 전해지면서다.

EEA가 뭐 길래 이더리움 가격을 좌지우지할까. 왜 전 세계 유수의 기업들이 EEA에 합류할까.

◇ '퍼블릭' 이더리움이 '프라이빗' 동맹을 만든 까닭은

EEA는 포춘500 리스트에 이름이 올라 있는 글로벌 대기업들뿐 아니라 스타트업, 대학교 및 연구기관, IT 회사들과 이더리움 전문가들의 적극적인 교류를 주선한다. 스마트 계약을 구현할 수 있는 튜링 완전한 이더리움 플랫폼을 함께 연구한다. 다양한 비즈니스 모델이 이더리움 플랫폼 위에서 구현될 수 있도록 각종 솔루션과 기술을 공동 개발하는 비영리 단체다. EEA는 당장 돈을 벌기 위한 상품 개발이 아니라 오픈소스에 기반한 기업형 블록체인의 기준을 정립하고, 기업들이 블록체인을 효율적으로 사용할 수 있는 환경을 조성하며, 장기적으로 퍼블릭 블록체인인 이더리움과의 호혜적 발전 관계를 위해 노력한다는 것을 비전으로 삼고 있다. EEA에 합류한 기업들은 이더리움재단이나 컨센시스 등의 이더리움 솔루션 개발 회사로부터 자문을 받거나 노하우를 공유할 수 있다. 또, EEA에 속한 기업들끼리 새로운 서비스를 런칭할 때 시너지를 도모할 수 있다.

최근에는 EEA처럼 기업형 블록체인 연구를 위한 컨소시엄이 활발하게 생겨나는 추세다. 개인용 컴퓨터 공개 운영체제로 유명한 리눅스Linux에서 주도하는 하이퍼레저Hyperledger가 대표적이다. 하이퍼레저는 현재 100개가 넘는 회사로 구성돼 있다. 바이두Baidu · 샤오

구분	퍼블릭 블록체인	프라이빗 블록체인
노드 자격 (참여 자격)	누구나	허가받은 참여자
참여자들 간의 익명성	익명성 보장	익명성 보장 X 참여자들의 신원 확인이 반드시 필요 (허가)
데이터(장부) 열람	누구나	허가받은 참여자
거래 전송 (데이터 저장, Write)	누구나	허가받은 참여자
블록 생성 메커니즘	연산 능력 경쟁 방식	연산 능력 경쟁 유발 X 참여자들 중 선택된 특정 주체가 블록 생성, 나머지 노드들은 확인 및 검증
합의 알고리즘	작업증명 지분증명	PBFT, 텐더민트 등 (혹은 자체 개발)
거래 속도(블록 생성 주기)	느림	빠름
자체 토큰 존재 여부	있음 (필수)	선택적 (개별 구조에 따라 다름)

미Xiaomi · 보쉬BOSCH · IBM · 인텔 등이 주요 소속 기업이다. 블록체인을 활용한 전통 금융 시스템 개선에 초점을 맞춘 R3에도 엑센츄어Accenture · 베인앤컴퍼니Bain&Company · 아마존웹서비스Amazon web services · KPMG 및 LG CNS 등 100개 이상의 기업들이 이름을 올리고 있다.

블록체인은 퍼블릭 블록체인Public Blockchain과 프라이빗 블록체인Private Blockchain으로 나뉜다. 분류의 기준은 네트워크 접근 권한이다. 접근 권한이란 블록체인을 사용할 수 있는 권한이다. 보통 데이터를 읽고, 쓰는 기능을 말한다. 접근 권한이 누구에게나 주어진다면 퍼블릭 블록체인, 사전에 허가를 받은 소수의 참여자들에게만 주어진다면 프라이빗 블록체인이다. 프라이빗 블록체인은 '허가'의 의미를 강조해 허가형 블록체인Permissioned Blockchain으로도 불린다. 퍼블릭 블록체인은 노드로서 참여할 권리를 누구에게나 부여한다. 프라이빗 블록체인은 허가받은 참여자들에게만 노드의 자격을 부여한다. 허가받은 노드가 다수일 경우, 컨소시엄을 이루고 있다고 해서 '컨소시엄 블록체인Consortium Blockchain'이라고도 부른다. 곧, 프라이빗, 허가형, 컨소시엄 등은 모두 같다고 봐도 된다.

　퍼블릭 블록체인은 참여자들의 익명성이 보장된다. 참여자들의 신원이 드러날 이유가 없다. 익명성, 정확히 말해 가명성은 퍼블릭 블록체인이 갖는 가장 큰 특징 중 하나다. 프라이빗 블록체인에서는 참여자들의 신원이 완벽히 드러나야 한다. 네트워크에서의 신원은 물론, 현실 세계에서의 신원 증명까지 반드시 필요하다. 참여 허가를 받기 위해 당연히 알아야 되는 정보일 뿐더러, 향후 블록 생성 및 검증 과정에서 잘잘못을 정확히 가려내야 하기 때문이다.

　블록에 저장된 데이터를 열람하는 권한 역시 퍼블릭 블록체인은 모든 참여자에게 열려 있다. 노드로 참여할 경우 누구나 블록의 데이터를 읽을 수 있다. 프라이빗 블록체인의 경우엔 선택된 참여자들만 데이터를 열람할 수 있다. 거래 전송, 즉 데이터를 블록에 저장하는 권한 역시 퍼블릭 블록체인은 제한이 없지만, 프라이빗 블록체인은 선택된 참여자들로 엄격히 제한된다. 퍼블릭 블록체인에서는 전 세계의 수많은 채굴자들이 연산 능력 경쟁을 통해 블록을 생성하고 거래를 검증하는 반면, 프라이빗 블록체인에서는 소수의 참여자들 중 선택된 주체만 블록 생성의 권한을 갖고 나머지 참여자들은 이를 성실히 검증하고 전파한다.

퍼블릭 블록체인의 경우 다수의 익명 노드들이 거래를 검증하기 위해 작업증명이나 지분증명PoS, Proof of Stake 알고리즘을 사용하는 반면, 프라이빗 블록체인은 신원이 확실한 소수의 노드들이 거래를 검증하기 때문에 악의적인 노드를 가려내는 것에 초점을 맞춘 합의 알고리즘을 사용한다. PBFTPractical Byzantine Fault Tolerance나 텐더민트Tendermint 방식 등이 그 예다. 모두 정족수定足數의 원리나 투표 방식을 사용해 결과적으로 노드들의 올바른 행동을 유도하고 잘못된 노드들에게 페널티를 부과한다.

무엇보다, 퍼블릭 블록체인의 경우 자체적인 프로토콜 토큰Native Protocol Token이 존재한다. 해당 토큰의 가장 큰 역할은 익명의 참여자들에 대한 보상이다. 다수의 익명 참여자들은 노드로서 혹은 채굴자로서 네트워크에 기여하는데, 이에 대한 보상을 자체 토큰으로 준다. 이더리움 플랫폼 역시 자체 프로토콜 토큰인 이더를 통해 경제적 인센티브를 제공한다. 반면, 프라이빗 블록체인에는 자체 토큰이 없다. 같은 목적을 가진 소수의 참여자들만이 네트워크에 존재하기 때문에 이들에게 올바른 행동과 연산 능력을 제공하도록 유인하는 과정에서 토큰을 활용할 필요가 없다. 누구라도 잘못된 행동을 통해 네트워크에 해를 끼치면, 애초 의도했던 공동의 이익은 심각하게 훼손된다. 즉, 토큰 제공을 통해 올바른 행동을 유도할 필요 없이, 잘못 행동하는 노드만 가려내면 된다.

◈ 블록체인, 퍼블릭과 프라이빗 양 날개로 날다

현재 기업들이 주목하는 것은 단연, 프라이빗 블록체인이다. 모든 사람들이 열람할 수 있는 퍼블릭 블록체인은 기업의 비즈니스 도구로 적합하지 않다는 판단에서다. 고객들의 신상정보나 투자내역 등의 데이터는 법률상 공개돼서는 안 된다. 또, 프랜차이즈 회사의 인테리어 정보나 음식료품 회사의 레시피 등 기업 경쟁력에 직결되는 정보가 공개될 경우 해당 기업에 심각한 피해를 야기할 수 있다. 각종 민감한 내부자 정보가 엄격한 통제 없이 외부에 유출될 경우 금융시장에 심각한 혼란을 야기할 수 있다.

하지만 블록체인 기술의 올바른 발전을 위해서는 퍼블릭과 프라이빗으로 선을 긋는 이분법적인 접근에서 벗어나야 한다. 다음 장 그림의 왼쪽은 퍼블릭과 프라이빗 블록체인이 상호 호환 없이 무작위로 생겨나는 상황을 도식화한 것이다. 오른쪽은 상호운용성Interoperability을 염두에 둔 상생 관계를 도식화했다. 상호운용성을 염두에 둔 프라이빗 블록체인 컨소시엄이 EEA다. EEA는 다양한 산업에서 이더리움 플랫폼을 활용한 기업형 블록체인 솔루션을 개발하는 것을 미션으로 삼고 있다. 프라이빗 블록체인은 적게는 열 개 미만, 많게는 수십 개의 기업이 컨소시엄을 이룬다. 동종 업계 기업들끼리 전략적 동맹을 맺거나, 이종 업계 기업들끼리 융합 서비스를 런칭하거나, 혹은 규모의 경제Economic of Scak를 이루거나 불필요한 중재자를 배제시켜 비용 절감 효과를 누리기 위해서다.

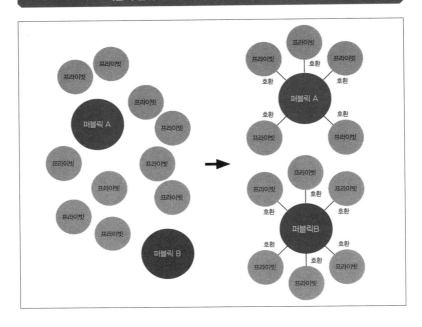

퍼블릭 블록체인과 프라이빗 블록체인 상호운용성

스카이팀Skyteam이나 스타얼라이언스StarAlliance 등과 같은 여객항공연합을 예로 들어보자. 회원사들의 인프라와 서비스를 모아 고객에게 제공함으로써, 연합 전체의 이익뿐만 아니라 개별 회원사들의 이익 증대를 도모한다. 스카이팀에는 대한항공이, 스타얼라이언스에는 아시아나항공이 소속돼 있다. 만약 스카이팀이 회원사들만 참여할 수 있는 프라이빗 블록체인을 만들었다고 해보자. 이들은 공동으로 자본을 출자해 블록체인 기술을 개발하고 네트워크를 형성할 것이다. 개발이 완료되면 블록체인 기술을 항공기 부품 추적 및 관리, 항공 스케줄 최적화, 실시간 화물 추적, 항공기 유지보수 기록 관리,

마일리지 토큰화 등에 적용할 수 있다. 스카이팀에서 발행한 토큰은 항공 서비스를 이용하는 측면에서 신용카드나 법정화폐보다 편리하고 폭넓은 서비스가 보장돼 법정화폐보다 가치가 높아질 수도 있다. 수요가 많으면 암호화폐 거래소에 상장돼 거래가 될 수도 있다.

여기까지는 괜찮다. 문제는 다음이다. 고객들은 스카이팀의 프라이빗 블록체인이 제대로 돌아가는지 확인할 길이 없다. 블록체인 기술을 활용해 항공기 유지보수 기록을 불변의 장부에 기록해 안전성을 극대화한다고는 하지만 미심쩍다. 더군다나 스카이팀 토큰을 거래소에서 비싼 가격에 샀지만, 이 토큰이 어떻게 얼마나 만들어지는지는 모른다. 만약 스카이팀이 토큰을 무한정 발행할 수 있다면? 마치 달러를 마음대로 찍어낼 수 있는 권한을 준 것과 같다. 한마디로 말해, '신뢰'의 문제에 봉착한다.

기업 친화적인 프라이빗 블록체인도 그 자체로만은 불완전하다. 퍼블릭 블록체인의 특성인 '신뢰에 기반하지 않는 거래Trustless Transaction'를 구축할 수 없기 때문이다. 신뢰 문제를 효과적으로 해결하지 못하는 이상, 프라이빗 블록체인은 '지속가능한 경제적 가치'를 갖지 못한다. 이런 한계점을 극복하기 위한 다양한 연구가 진행 중인데, 대안 중 하나가 하이브리드 블록체인Hybrid Blockchain이다. 퍼블릭과 프라이빗 블록체인이 상호운용성을 갖고 있는 형태로, 거래는 프라이빗 블록체인상에서 이뤄지지만 해당 거래의 유효성 검증을 퍼블릭 블록체인상에서 하는 식이다. 이 경우 앞서 말한 프라이빗 블록체인의 신뢰 문제를 해결할 수 있다. 퍼블릭 블록체인의 토큰을 활용해 프라이빗 블록체인을 구성할 경우, 토큰 발행의 신뢰성 문제도 해결된다. 예를 들어, 스카이팀은 이더리움 플랫폼과 연동 가능한 프라이빗 블록체인을 구성하고 이더를 토큰으로 활용한다. 퍼블릭 블록체인 역시, 프라이빗 블록체인과의 소통을 통해 다양한 이점을 얻을수 있다. 화폐 및 거래소에 국한된 적용 사례에서 벗어나 기업들과의적극적인 교류를 통해 다양한 비즈니스 모델을 만들 수 있다. 결국우리 삶을 바꿔놓을 혁신적인 서비스는 퍼블릭과 프라이빗 블록체인이 상생 관계를 맺을 때 나올 것이다. 이것이 바로 EEA가 지속적으로 퍼블릭과 프라이빗 블록체인의 상호운용성을 전제로 한 발전을 강조하는 이유다.

CHAPTER 10
탈중앙화 자율조직의 탄생

모두가 주목한 역사적인 ICO

크라우드펀딩은 2000년대 이후 IT과 SNS 발달의 산물인 것만 같다. 세계 최초의 크라우드펀딩 사이트가 2008년 1월 문을 연 인디고고 Indigogo라는 건 일종의 상식이 됐다. 크라우드펀딩의 사전적 정의는 '군중으로부터 자금 조달을 받는다'이다. 정의를 놓고 보자니, 크라우드펀딩 자체의 역사는 시대를 더 거슬러 올라가야 할 것 같다. 천재 음악가 모차르트는 1783년 크라우드펀딩을 이용했다. 새로 쓴 곡을 비엔나 콘서트홀에서 세 차례 연주하고 싶었지만 돈이 부족했다. 그는 돈을 보내주면 악보에 이름을 넣어주겠다고 광고했다. 총 176명이 돈을 댔고, 이들의 이름은 원조 악보의 뒷면에서 찾을 수 있다.

1874년에는 미국 뉴욕의 랜드마크 '자유의 여신상' 건립을 위한 크라우드펀딩이 진행됐다. 완성까지 돈이 모자랐던 건립 담당위원회는 당시 뉴욕 주지사였던 그로버 클리브랜드에게 지원을 요청했지만 거절당했다. 결국 시민을 대상으로 자금 모집 캠페인을 벌였다. 5개월 만에 16만 명이 넘는 이들이 약 10만 달러를 기부했다.

크라우드펀딩이 언제 시작됐는지를 따지기는 어렵지만, 자금 모집 규모로 줄을 세우면 2000년대 후반 이뤄진 크라우드펀딩이 앞 자리를 차지한다. 인터넷 백과사전 위키피디아에 따르면, 최근까지 100억 원 이상의 투자금을 모집한 프로젝트는 서른여덟 개인데, 그중 스물세 개가 블록체인과 관련됐다.

상위 열 개만 놓고 보면 여덟 개가 블록체인 프로젝트다. 크라우드펀딩에 있어 암호화폐를 활용하는 방법, 곧 ICO가 시장을 주도하고 있다는 의미다. 가장 많은 돈을 모은 프로젝트는 파일코인^{Filecoin}이다. 탈중앙화 데이터 저장 애플리케이션으로 2억 5700만 달러를 모집했다. 이어 블록체인 프로토콜 프로젝트 테조스^{Tezos}에는 2억 3200만 달러가 모였다. 둘은 모두 2017년 ICO를 진행한 프로젝트다. 2017년은 ICO 붐이 시작된 해다. 눈에 띄는 건 톱 10 가운데 6위에 오른 'The DAO' 프로젝트다. ICO 가운데 유일하게 2016년에 진행됐고 1억 5000만 달러를 모았다. 2016년 전체 ICO 투자 금액(약 2억 5000만 달러)의 58%에 달한다. 투자자들은 왜 그렇게 The DAO에 열광했을까.

◇ 최초의 탈중앙화 자율 조직, The DAO

DAO는 '탈중앙화 자율 조직Decentralized Autonomous Organization'을 의미한다. DAO는 튜링 완전한 이더리움 플랫폼과 스마트 계약이 만나서 가능해지리라 예상되는 큰 변화 중 하나다. 전통 조직은 권한이 한 곳에 집중된 중앙화된 구조다. 그런데 스마트 계약을 지원하는 이더리움 플랫폼 위에서는 구성원들 간의 사전 합의된 코드에 의해 중앙의 통제 없이 자율적으로 조직이 굴러갈 수 있다. 단순히 말해, DAO는 의사결정 권한이 최고경영자를 비롯한 몇몇 책임자들에 국한되지 않았다. 조직의 일원은 누구나 투표권 행사를 통해 의사결정에 참여할 수 있다. 이런 투표 결과를 바탕으로 DAO는 자율적으로 운영된다. 'The DAO'는 DAO 개념을 실체화하고자 했던 최초의 프로젝트다.

The DAO는 개발자, 계약자, 토큰 보유자, 중재자 등으로 구성된다. 이들은 중앙화된 관리감독기구 없이 각각 제안, 투표, 개발, 사업전개 등에 유기적으로 참여한다. 개발자는 The DAO의 시스템을 이루는 스마트 계약 코드를 작성하는 집단이다. 탈중앙화 자율 조직이라는 무대를 만드는 역할과 같다. 이 무대 위에서 The DAO 토큰 보유자들은 토큰 보유량에 비례하는 투표권을 부여받는다. 이를

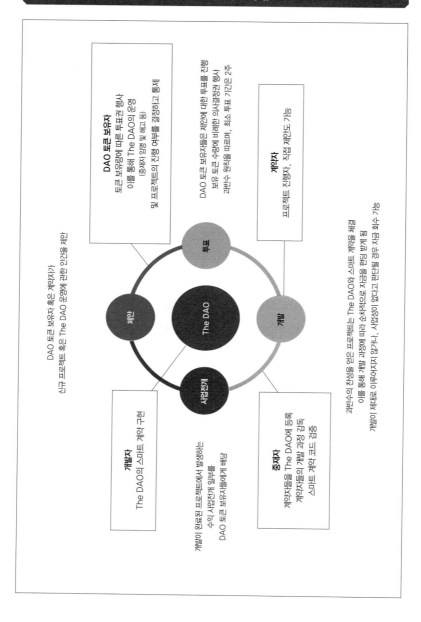

DAO 토큰 보유자 혹은 계약자가
신규 프로젝트 혹은 The DAO 운영에 관한 안건을 제안

DAO 토큰 보유자
토큰 보유량에 따른 투표권 행사
이를 통해 The DAO의 운영
(중재자 임명 및 해고 등)
및 프로젝트의 진행 여부를 결정하고 통제

DAO 토큰 보유자들은 제안에 대한 투표를 진행
보유 토큰 수량에 비례한 의사결정권 행사
과반수 원칙을 따르며, 최소 투표 기간은 2주

계약자
프로젝트 진행자, 직접 제안도 가능

개발자
The DAO의 스마트 계약 구현

개발이 완료된 프로젝트에서 발생하는
수익 시원건개 일부를
DAO 토큰 보유자들에게 배당

중재자
계약자들을 The DAO에 등록
계약자들의 개발 과정 감독
스마트 계약 코드 검증

과반수의 찬성을 얻은 프로젝트는 The DAO와 스마트 계약을 체결처럼
이를 통해 개발 과정에 따라 순차적으로 자금을 편입 받게 됨
개발이 제대로 이루어지지 않거나, 사업성이 없다고 판단될 경우 자금 회수 가능

투표
개발
사업전개
제안
The DAO

활용해 The DAO 운영 및 다양한 프로젝트에 관한 제안을 검토하고 투표한다. 프로젝트에 관한 제안은 토큰 보유자들을 비롯해 계약자들도 가능하다. The DAO 운영에 관한 사항은 중재자 선임 및 해고, The DAO 스마트 계약의 변경 등과 같은 안건들이다. 계약자는 The DAO에 프로젝트를 제안하기도 하고, 투표 결과 과반수를 기록한 프로젝트를 직접 진행하는 그룹이다. 프로젝트 진행은 스마트 계약으로 이뤄지며, 개발 과정이나 예상 결과물이 만족스럽지 못할 경우 토큰 보유자들에 의해 해고당하기도 한다. 중재자는 일종의 '오라클' 역할을 한다.

The DAO 스마트 계약 외부에 존재하는 다양한 프로젝트들과 계약자들을 The DAO 무대로 불러 모은다. 또한 이들은 토큰 보유자들과 계약자 간의 프로젝트 진행을 위해 작성한 스마트 계약의 코드를 검증하고, 해당 계약이 문제없이 이행되고 있는지를 감독한다. 이들 역시 역할을 잘 수행하지 못할 경우, 토큰 보유자들에 의해 해고될 수 있다. 중재자로는 비탈릭 부테린, 개빈 우드와 같은 이더리움 메인 개발자들이 주로 이름을 올렸다(개빈 우드는 얼마 안가 중재자 역할을 내려놓았다).

중재자는 먼저 외부의 신규 프로젝트들을 검토하고 선별해 The DAO의 프로젝트 리스트를 작성한다. 해당 리스트에 포함된 프로젝트 계약자들은, 정식으로 프로젝트 진행을 위한 제안을 할 수 있다. 제안은 계약자들뿐만 아니라 토큰 보유자들도 가능하다. 정식으로 프로젝트가 The DAO 커뮤니티에 제안되면 이에 대한 투표가 진행된다. 투표는 The DAO 운영의 근간이다. 모든 것은 과반수의 원칙을 따르며, 투표 결과에 따라 The DAO 운영방식이 바뀌거나, 신규 프로젝트 진행 여부가 판가름 난다. 보통 투표 기간은 2주이고, 프로젝트의 경우 최소 의결 정족수는 진행 예산의 20%다. 때문에 최소 의결 정족수는 프로젝트의 규모에 따라 다르다. 투표를 통해 특정 프로젝트의 진행이 확정되면, 해당 프로젝트의 계약자는 토큰 보유자들과 스마트 계약을 작성한다. 이때 작성된 스마트 계약을 중재자가 검증하며, 이상이 없을 경우 투자자금이 개발 과정에 맞춰 순차적으로 지급된다. 개발 과정에서 투자금을 회수하고 싶은 토큰 보유자들은 언제든지 자신의 투자금을 자DAO^{Child DAO} 계정으로 회수할 수 있다. 이를 The DAO에서는 분할이라고 표현한다. 스마트 계약이 잘 이행돼 프로젝트가 완료되면, 해당 프로젝트에서 발생한 수익의 일부를 토큰 보유자들에게 배당한다.

The DAO의 비전과 초기 개념은 2015년 11월 영국 런던에서 개최된 '이더리움 데브콘1'에서 소개됐다. 400명이 넘는 참석자들은 The DAO가 제시한 탈중앙화 자율 조직이란 개념에 환호했다. 개발팀은 The DAO의 구체적인 내용을 담은 백서를 발표했고, 해당 코드를 오픈소스로 공개했다. 부테린과 우드 같은 이더리움 메인 개발자들이 The DAO의 큐레이터로 이름을 올리자, The DAO의 열기는 더욱 달아올랐다. 2016년 5월 ICO를 통해 전 세계 1만 8000명이 넘는 사람들로부터 약 1200만 개의 이더를 모금했다. 당시 시세로 약 1억 5000만 달러에 달한다. 그런데, 1200만 개가 넘는 투자자들의 이더가 The DAO의 스마트 계약에 보관돼 있다 보니 보안 이슈가 문제가 됐다. 일부는 The DAO의 스마트 계약 코드가 지나치게 단순하게 작성됐다고 걱정했다. The DAO 개발자들은 코드 역시 토큰 보유자들의 투표로 언제든지 개선할 수 있는 문제이며, 'DAO 개선 요청 프로그램DAO Improvement Request Program'을 통해 보완할 것이라고 설명했다.

The DAO의 구조 자체가 한계라는 우려도 나왔다. 프로젝트에 대한 토큰 보유자들의 투표율이 저조했다. 토큰 보유자들 대부분은 The DAO의 운영보다는 토큰 가격 상승에 더 관심이 많았다. 탈중앙화 자율 조직의 특성상 프로젝트 개발 시 발생하는 돌발 상황에 대한 대처가 기민하게 이뤄지기도 어려웠다. 일면식 하나 없는 전 세계 수만 명의 토큰 보유자들끼리 각종 돌발 상황을 매끄럽게 해결하기란 쉬운 일이 아니다. 그리고 탈중앙화 자율 조직이라고 하지만 The DAO의 운영이 잘 되면 될수록 프로젝트를 The DAO에 등록하고 개발 상황을 감독하는 중재자들의 권한이 불가피하게 커질 것이란 우려도 존재했다.

토큰 보유자들은 중재자들을 해임할 수 있지만, 중앙 집권화된 회사에서 내리는 인사 조치보다 훨씬 까다로운 합의 절차를 거쳐야 한다. 그럼에도 전문가들 대부분은 낙관했다. 토큰 보유자들의 합의를 통해 The DAO의 스마트 계약 코드를 바꾸면 대부분 해결할 수 있는 문제였기 때문이다. The DAO를 둘러싼 잡음은 성장통에 불과한 듯 보였다. 보안 문제가 터지기 전까지는.

해킹으로 존폐 위기에 처하다

일이 너무 잘 풀리면 불안하다. 불행은 환희 뒤에, 어깨동무를 하고
온다. 1억 5000만 달러라는 당시로서는 천문학적인 투자금을 모았
다. The DAO의 ICO는 동화 속 해피 엔딩이 되는가 싶었다. ICO가
끝난 지 며칠 뒤인 2016년 6월 5일이다. 이더리움재단의 코드 개발
자인 크리스티안 라이트와이츠너가 이더리움 플랫폼의 스마트 계
약 작성 언어인 솔리디티 내부에 심각한 결함을 발견했다. 주로 이더
를 전송하는 기능에서 발견된 취약점이다. 악용될 경우 상당히 위험
한 결과를 초래할 수 있는 문제였다. 일주일 뒤인 6월 12일에는 The
DAO의 보상 관련 코드에 또 다른 취약점이 발견됐다. 이는 '재귀호
출Recursive Call' 기능과 관련된 것인데, 재귀호출이란 특정 조건이 완
료될 때까지 계속해서 지정한 함수를 호출하는 명령어다. 보통 지정
된 함수가 자기 자신(최초 명령)이기 때문에 '재귀'라는 단어를 사용
한다.

　The DAO의 메인 개발자인 스테판 투얼은 아직 The DAO 내부
에서 진행된 프로젝트가 없기 때문에 보상 관련 기능이 활성화되지
않았고, 따라서 해당 취약점을 보완하는 업데이트를 진행했다고 발
표했다. 이더리움 플랫폼에서 스마트 계약을 작성하는 언어인 솔리
디티는 당시 생겨난 지 2년이 채 안 됐던 때라 다양한 취약점이 많이
발견됐다. 솔리디티를 사용해 스마트 계약을 작성한 The DAO 역시
해당 취약점에 그대로 노출된 셈이었다.

2016년 6월 17일, 재귀호출 기능의 문제점이 알려진 지 5일 만에 해커의 공격을 받았다. 이날 이더리움 커뮤니티는 The DAO의 스마트 계약에 존재하던 이더 중 일부가 불법적으로 인출됐다는 사실을 알게 됐다. 총 360만 개의 이더가 The DAO의 스마트 계약에서 해커의 자DAO 계좌로 옮겨졌다. 당시 시세로 7000만 달러에 달하는 금액이었다. 해커는 재귀호출 기능의 취약점을 The DAO의 환불 기능에 적용해 공격했다. The DAO는 토큰 보유자들의 결정에 따라 프로젝트 중간에 투자금을 회수할 수 있는 기능이 있다. 분할 계정인 자DAO 계정을 통해 투자한 이더를 환불받는 구조다. 환불받은 이더는 28일 동안 자DAO 스마트 계약에 묶인다.

해커는 재귀호출 취약점을 악용해 The DAO의 스마트 계약에 계속해서 환불 요청을 했다. 환불 요청을 통해 이더를 환불받은 해커는 The DAO 스마트 계약이 전체 잔고를 조정하기 전에 계속해서 환불 함수를 호출했다. 해커는 동일한 DAO 토큰을 사용해 계속해서 이더를 환불받았고, 불과 몇 시간 만에 360만 개의 이더를 악의적으로 빼냈다. 이와 같은 공격이 가능했던 이유는 재귀호출뿐만 아니라 The DAO 스마트 계약도 구조적으로 취약했기 때문이다. The DAO 스마트 계약은 애초에 재귀호출 악용 가능성을 파악하지 못한 채 작성되기도 했지만, 환불 시 이더를 먼저 돌려주고 전체 토큰 밸런스를 맞추는 방법을 사용했다.

당시 The DAO의 스마트 계약에 보관되어 있는 이더는 약 1200만 개였다. 전체 이더 발행량의 약 15%(당시 전체 발행량은 약 8100만 개)에 달하는 규모다. The DAO 뿐만 아니라 이더리움 생태계의 근간을 뒤흔들 수 있는 사건이 벌어진 셈이다. 비트코인이 가지 않은 새로운 길을 개척해가던 이더리움은 The DAO 해킹 사건이라는 일대 난관에 부닥치게 됐다.

The DAO의 퇴장, 이더리움클래식의 탄생

신은 퇴로를 열어놓는다. 불행 중 다행이다. 해커가 탈취해 간 360만 개의 이더는 아직 해커의 자DAO 계정에 묶여 있다. The DAO 스마트 계약은 환불된 이더를 28일 동안 사용할 수 없게 코드화돼 있다. 바꿔 말하면, 이더리움 커뮤니티는 28일 안에 해결책을 찾아야 한다. The DAO 해킹 사건은 이더리움 네트워크만의 문제가 아니다. 암호화폐의 발전을 저해할 수 있는 중대한 사안이다. 이더리움 커뮤니티는 악의적으로 탈취당한 이더를 사용할 수 없게 만들 수 있는 방법을 고민했다. 크게 두 가지 해법으로 의견이 모아졌다.

먼저, 소프트포크를 통한 해결이다. 소프트포크는 하드포크와 비교했을 때 돌발 상황이 발생할 가능성이 매우 적다. 소프트포크를 통한 해결은 해커의 자DAO 계정을 포함해 The DAO에서 생성되는 거래를 전부 거절하는 방법이다. 이를 위해서는 이더리움 플랫폼 자체의 코드를 바꿔야 한다. 변경된 코드가 반영된 클라이언트를 전체 노드에 전파해 The DAO에서 나오는 거래를 자동으로 거절하게 만드는 식이다. 이더리움 블록체인 장부를 직접 수정하는 것이 아니라, 향후 거래를 금지시키는 방법이다. 블록체인의 기본 가치관인 불변성에 위배되지 않는다. 문제는 해커가 탈취해간 이더를 원래 주인에게 돌려줄 수 있는 방법이 없다는 점이다. 추가 논의가 필요하지만, 시간이 없다. 이더리움 커뮤니티는 일단, 소프트포크를 통해 해결하기로 합의했다. 그런데, 준비 과정에서 소프트포크를 하면 도스 공격의 우려가 발생해 더 큰 혼란을 야기할 수 있다는 사실이 드러났다. 소프트포크 해법은 없던 일이 됐다.

🔷 독이 든 성배, 하드포크

시간은 흘러만 갔다. 28일이 얼마 남지 않았다. 이더리움 커뮤니티는 결단을 내려야만 했다. 결국, 하드포크라는 카드를 집었다. 하드포크를 통한 해결책은 다음과 같다. 출금 기능만을 가진 새로운 계약을 작성해 해커가 The DAO를 공격하기 이전 시점으로 거슬러 올라가, The DAO 스마트 계약에 존재하던 이더 전량을 원주인에게 돌려준다.

곧, 특정 시점에서 인위적으로 분기를 일으켜 해커가 탈취해간 이더를 무용지물로 만들어버리는 방법이다. 이를 위해서는 특정 시점에, 모든 노드들이, 일시에, 프로그램을 업데이트해야 한다. 모든 노드들이 정확하게 업데이트를 마칠 경우, 해커가 탈취해간 이더는 이더리움 블록체인상에서는 유효하지 않은 토큰으로 간주돼 무용지물이 되고, DAO 토큰 보유자들의 이더 잔고는 원상 복구된다. 가장 확실한 해결책이다. 문제는 블록체인의 탄생 배경과 핵심 원칙에 위배한다는 점이다. 현실 세계에 빗대 보자면, 헌법을 초월해 특정 집단의 손해를 배상해주는 행위와 같다. 이더리움 커뮤니티는 극심한 찬반양론에 휩싸인다.

하드포크를 반대하는 쪽은 원칙론자다. 스마트 계약에 있어서 코드는 곧 법과 같다. 함부로 수정될 수 없다. 매번 문제 상황이 발생할 때마다 코드를 수정한다면, 스마트 계약으로 이뤄지는 사회는 어떻게 될까. 블록체인은 스마트 계약으로 이뤄진 사회에서 헌법과 같은 역할을 해야 한다. 블록체인이 갖고 있는 불변성이라는 대전제를 훼손하면서 하드포크를 하는 것은 블록체인의 근간을 뒤흔드는 심각한 문제다. 이는 나아가 미끄러운 경사면의 오류를 범하는 선택일 수 있다. 미끄러운 경사면의 오류는 일단 시작되면 중단하기 어렵고 결국 파국으로 치닫게 되는 오류를 의미한다. 일종의 도미노 오류다. 즉, 블록체인을 수정해 The DAO 피해자를 구제해줄 경우, 장기적으로 블록체인의 유효성을 심하게 훼손시켜 생태계 전체가 붕괴될 수 있다는 논리다. The DAO 피해자를 구제하는 것은 굉장히 근시안적인 행위이며, 장기적으로 이더리움의 가치를 훼손시킬 수 있다. 무엇보다 이는 미국 연준 같은 부조리한 중앙집권 단체가 문제 상황이 발생할 때마다 달러를 찍어내 위기를 모면하는, 이른바 구조조정과 다를 바 없으며 대마불사의 부조리함을 답습하는 것이라는 주장이다.

하드포크를 찬성하는 진영은 현실론자다. 코드는 곧 법이라는 말에 동의하지만, 이는 너무 급진적이다. 올바른 스마트 계약이 사회에 뿌리내리기 위해서라도 당장은 인간의 개입을 전적으로 배제할 수 없다. 해커가 부당하게 탈취해간 이더로 막대한 수익을 올리는 것은 막아야 한다. 이를 위해 커뮤니티가 개입하는 것은 어쩔 수 없는 측면이 있다. 미끄러운 경사면의 오류는 지나친 확대 해석일 뿐이다. The DAO 스마트 계약에는 총 발행량의 10%에 해당하는 1200만 개의 이더가 있고, 이중 360만 개는 이미 해커에게 탈취당했다. 나머지 900만 개 역시 언제 탈취당해도 이상할 것 없는 위기 상황이다. 이를 그대로 두는 게 이더리움의 가치를 더욱 훼손시킬 수 있다. 게다가 하드포크를 통한 해결책이 DAO 토큰 보유자들의 손해를 보전해주기 위해 나머지 이더리움 커뮤니티에 경제적 부담을 지우지도 않는다. 원래의 주인에게 돌려주는 행위일 뿐이다. 연준이 국가 채무를 담보로 달러를 마음대로 찍어내 문제를 해결하는 구조조정과는 명백히 다르다. 나아가 커뮤니티가 적극적으로 대응하는 태도를 보여야만, 이더리움 플랫폼에 구현된 스마트 계약을 해킹하려는 악의적인 집단들이 조금이나마 의지를 꺾을 수 있다. 하드포크로 인한 원상 복구는 규제나 법적인 문제를 떠나, 명백한 코드의 오류이기 때문에 바로잡아야 한다. 법은 완전무결하지 않다. 법이 잘못됐다면 수정해야 한다는 주장이다.

🔷 가보지 않은 길을 가다

문제는 시간이었다. 논쟁하다가 28일을 넘길 순 없다. 이더리움 커뮤니티는 이더 토큰 보유자들을 대상으로 하드포크에 대한 투표를 진행했다. 89%가 하드포크를 찬성했다. 2016년 7월 20일, 192만 번째 블록을 기점으로 이더리움의 첫 하드포크가 이뤄졌다.

그런데, 예상과 달리 구^舊 체인에 대한 하드포크 반대파의 지지가 너무 강력했다. 정당한 이더리움 블록체인에서 분기돼 사라질 것으로 봤던 옛날 체인은 '블록체인은 불변하다'라는 가치를 믿는 사람들에 의해 '이더리움클래식'으로 재탄생했다. 이더 토큰 보유자들은 2016년 7월 20일, 보유한 이더와 동일한 수량의 이더리움클래식 토큰을 받았다. 이후 이더리움클래식은 거래소에 상장됐다. 독자적인 발전 로드맵을 제시하는 등 이더리움과는 완전히 다른 노선을 걷게 된다. 이더리움클래식은 이더리움재단과 아무 관련이 없다.

비트코인이 걸어온 길의 끝에 선 이더리움은 그 누구도 가보지 않은 길을 개척하고 있다. 블록체인 플랫폼과 스마트 계약을 활용한 탈중앙화 애플리케이션의 세상이 바로 그것이다. 2018년 현재는 당연하게 보일지 모르지만, 2016년만 해도 굉장히 급진적인 개념이었다. 그중에서도 완전히 탈중앙화된 자율 조직을 표방한 The DAO의 개념은 혁신적이었고 동시에 파괴적이었다. 이더리움 메인넷이 출범한 지 얼마 안 된 시점에서 The DAO와 같은 급진적 혁신은 필연적으로 부작용을 초래할 수밖에 없었다.

아픈 만큼 성숙해지는 법이다. The DAO 해킹 사건은 이더리움 커뮤니티에 상처와 함께 교훈도 남겼다. 첫째, 이더리움 플랫폼 자체의 불완전성을 확인했다. 튜링 완전성이 갖는 장점뿐만 아니라 튜링 완전성을 위한 복잡한 코드가 갖는 취약성을 실감했다. 이더리움 커뮤니티가 향후 이더리움 플랫폼의 발전을 위해 가장 많은 역량을 쏟아부어야 할 포인트를 발견한 셈이다.

둘째, 점진적 혁신을 통한 급진적 혁신만이 진정한 의미를 갖는다는 사실을 깨달았다. The DAO는 당시에는 너무나도 급진적인 개념이었다. 탈중앙화 자율 조직에 대한 심도 있는 연구가 전무한 상황에서 몇백 줄의 코드로 이를 완벽하게 구현하겠다는 The DAO의 목표는 허황된 것이었다. 필연적으로 코드에 각종 취약점들이 발견됐고, 이는 결국 해커의 악의적인 공격의 표적이 됐다.

셋째, 코드의 중요성을 실감했다. 이는 하드포크에 관해 이더리움 커뮤니티가 벌였던 열띤 토론에 잘 나타나 있다. 스마트 계약으로 이뤄진 회사들, 그리고 이러한 회사들이 모여서 조성하는 탈중앙화 산업 사회에서 코드는 너무 중요하다. 사회를 지탱하는 유일무이한 중심축 역할을 할 것이기 때문이다.

마지막으로, The DAO를 통해 탈중앙화 자율 조직이란 개념에 더욱 현실적으로 다가갈 수 있게 됐다. 예를 들어, 개발자들의 애초 의도와는 달리 DAO 토큰 보유자들은 회사를 경영할 목적보다는 토큰 가격의 단기 상승 차익을 우선시했다. 이 때문에 참여율이 굉장히 저조했다는 점 등은 탈중앙화 자율 조직을 직접 만들어보지 않으면 알

수가 없는 사실이다. 이에 더해 스마트 계약의 코드 검증, 외부 공격에 대한 유연한 대응의 필요성 등은 The DAO가 남긴 소중한 자산이다.

CHAPTER 11

미래 플랫폼은 이더리움이다

대중화 단계에 들어서다 : 메트로폴리스 하드포크

인류의 역사와 함께 수많은 종류의 화폐가 등장하고 사라졌다. 조개 껍데기와 같은 원시 화폐는 귀금속으로, 귀금속과 같은 실물 화폐는 담보 영수증(지폐)으로, 그리고 다시 실체가 없는 불태환 화폐인 법정 화폐로 바뀌었다. 지금은 달러가 영원할 것 같지만, 언제 운명을 달 리할지 모른다. "법정화폐의 평균 수명은 26년에 불과"(비트코인 코 어 개발자 지미 송)하다. 그런데 2009년 1월, 화폐 역사에 기념비적인 일이 생겼다. 첫 번째 암호화폐 비트코인 탄생했다. 암호화폐는 그간 인류가 경험해왔던 화폐와는 본질적으로 다른 특성이 있다. 바로, '진화한다'는 점이다. 암호화폐는 물리적 실체가 없는 디지털 소프트웨어라는 측면에서 무한한 업그레이드가 가능하다. 빠르게 변화하는 미래 사회에서 사라지기보다는, 다른 어떤 화폐보다 변화한 사회에 맞게 진화해 살아남을 가능성이 크다. 암호화폐의 진화(업그레이드)는 앞서 살펴봤듯이, 소프트포크와 하드포크를 통해 이뤄진다.

시가총액 2위 암호화폐 이더리움도 당연히 진화한다. 창시자가 홀연히 사라진 비트코인과는 달리, 개발자 비탈릭 부테린과 이더리움 재단이 진화를 주도한다. 백서 수준에서부터 4단계 발전 로드맵을 제시했다. 4단계는 프론티어, 홈스테드, 메트로폴리스, 세레니티 등으로 구성된다. 메트로폴리스는 다시 비잔티움Byzantium과 콘스탄티노플Constantinople로 나눠진다. 곧, 프론티어 → 홈스테드 → 비잔티움 (메트로폴리스1) → 콘스탄티노플(메트로폴리스2) → 세레니티 순으로 발전한다. 이더리움의 진화는 하드포크를 통해 이뤄진다. 이때 하드포크는 2017년 8월 비트코인에서 비트코인캐시가 갈라져 나오는 하드포크와는 성격이 다르다. 이더리움 생태계의 모두가 새로운 규칙을 받아들여 진행되는 하드포크이기 때문에 체인 분리가 일어날 가능성은 거의 없다. 오히려 대규모 업그레이드에 대한 기대감에 이더 가격은 상승 쪽으로 반응한다. 2017년 9월 25일, 이더리움재단은 437만 번째 블록에서 비잔티움 하드포크를 진행할 것이라고 발표했다. 이날 32만 원 수준이던 이더 가격은 이후 꾸준히 올라 하드포크가 일어나기 전날인 10월 14일에는 39만 원 선에 도달했다.

⬡ 이더리움 대지 위에 커가는 디앱

이더리움의 4단계 발전 로드맵에 포함돼 있지는 않지만, 테스트넷 시절을 올림픽이라 부른다. 테스트넷을 통해 이더리움의 다양한 기능을 실험했던 단계다. 2015년 7월, 이더리움재단은 메인넷을 런칭하고 이를 '프론티어' 단계로 명명했다. 프론티어는 '최첨단', '새로운 분야', '미개척 영역' 등을 뜻한다. 1세대 암호화폐인 비트코인이 보지 못한 새로운 길에 2세대 암호화폐인 이더리움이 첫발을 내딛는다는 의미가 들어 있다. 작업증명 합의 알고리즘을 사용해 채굴 작업이 시작됐고, 각종 기능을 개선하고 버그를 수정했으며, 개발자들은 이더리움 플랫폼을 활용해 탈중앙화 애플리케이션(디앱)을 제작할 수 있게 됐다. 이어 2016년 3월에는 홈스테드 하드포크를 진행했다. 홈스테드는 '집과 대지', '농장', '도시 정주 장려 정책에 의해 주어지는 주택'을 의미한다. 프론티어 업그레이드가 디앱이 구현될 수 있는 인프라를 조성하는 데 집중했다면, 홈스테드 업그레이드는 잘 정비한 플랫폼(대지) 위에 실제로 디앱(주택)이 잘 자리 잡을 수 있도록 거래 처리 속도 및 플랫폼 안정성에 관한 다양한 개선 방안을 반영했다. 홈스테드 업그레이드 실시 두 달 후, 역사적인 The DAO ICO가 진행됐다.

메트로폴리스는 '대도시', '중심지'를 의미한다. 마치 고층 빌딩이 빼곡히 들어찬 대도시처럼, 이더리움 플랫폼 역시 삶을 변화시킬 다양한 디앱들로 가득 찰 수 있도록 다양한 기능적 업그레이드를 진행하는 단계다. 프론티어 및 홈스테드 단계를 거치면서 The DAO 사태를 비롯한 다양한 문제점이 발견됐다. EIP^{Ethereum Improvement Proposal}라고 불리는 다양한 개선안들이 자율적으로 제안됐다. 메트로폴리스 업그레이드 단계는 디앱들의 근간인 스마트 계약을 작성하고 구현하는 과정에서 발생하는 기능적 EIP들이 대거 수용되는 과정이라고 보면 된다. 메트로폴리스 하드포크는 두 단계로 나눠 진행될 계획이다. 1단계 업그레이드인 비잔티움은 2017년 10월 437만 번째 블록에서 활성화됐다. 2단계 업그레이드인 콘스탄티노플과 관련한 일정은 아직 공식 발표되지 않았다. 지분증명 합의 알고리즘 도입과 데스크탑이 아닌 다양한 휴대용 디지털 기기에서도 노드를 운영할 수 있는 '노드의 경량화'를 염두에 두거나, 확장성 확보를 위한 다양한 EIP들이 반영될 것으로 예상된다.

💠 지식이 없는데 증명은 할 수 있다?

2018년 5월 현재 이더리움은 비잔티움(메트로폴리스1) 단계에 와 있다. 이 단계에서 반드시 이해하고 넘어가야 할 개념이 '영지식 증명 Zero-Knowledge Proof'이다. 이더리움 플랫폼의 보안성을 획기적으로 높여줄 수 있는 기술이다.

타임머신을 타고 일제강점기로 돌아가보자. 만주에서 조직된 의열단 소속인 용재와 중국 상하이의 한인애국단 소속인 란이는 합동작전을 통해 조선총독부에 감금된 동포들을 구출하라는 지령을 받왔다. 용재와 란이는 서로 한 번도 본 적이 없다. 각각 소속된 단체를 통해 전달받은 접선 장소와 암구호(사토시-나카모토)를 통해서만 서로의 신원을 확인할 수 있다. 접선 장소인 서울 조선총독부 근처의 한 식당에 도착한 용재는 안을 둘러보던 중 란이와 눈이 마주쳤다. 둘은 직감적으로 동지라는 것을 깨닫는다. 용재는 란이에게 다가가 "사토시"라고 말했고, 란이는 "나카모토"라고 답했다. 이로써 둘의 신원 확인은 끝났고, 둘은 접선에 성공했다. 둘은 은밀하게 서로의 신원을 확인했을까. 오늘날 정보보안 관점에서 보면, 용재와 란이의 신원 확인 절차에서 오고간 것은 암구호인 '사토시'와 '나카모토' 두 단어만이 아니다. 용재가 속한 의열단의 누군가는 접선을 기획하면서 암구호를 만들었을 것이다. 그리고 누군가는 이 정보를 상하이에 있는 한인애국단의 누군가에게 전달했을 것이다. 이를 전달받은 한인애국단의 누군가는 란이에게 접선 장소와 암구호를 알려줬을 것이다. 아무리 주의를 기울인다고 해도 이 과정에서 얼마나 많은 사람이 접선 내용을 알게 됐는지 아무도 모른다. 즉, 용재와 란이가 정보를 주고받는 과정에서 둘뿐만 아니라 다양한 제3자들에 의해 많은 상호작용 Interaction이 이뤄졌다는 얘기다.

정보의 상호작용을 최대한 줄이면서 특정 정보를 알고 있다는 사실을 증명하는 방법은 없을까. 이 물음에 대한 답이 바로 영지식 증명이다. 영지식은 증명하는 자와 확인하는 자 사이에 오가는 정보의 상호작용을 '0'에 가깝게 줄이는 것을 의미한다. 오가는 정보의 양을 극도로 최소화하면서 입증과 확인, 즉 증명을 가능하게 하는 것이 영지식 증명이다. 간단히 말해, 특정 내용을 공개하지 않고도 해당 내용을 알고 있다는 사실을 상대방에게 증명하는 방법이다.

영지식 증명은 1985년 미국 매사추세츠 공과대학교 출신의 샤피 골드바세르, 실비오 미칼리, 그리고 찰스 라코프 등 세 명의 연구원에 의해 탄생됐다. 영지식 증명은 반드시 만족해야 하는 세 가지 성질이 있다. 첫 번째는 완전성이다. 어떤 사실 혹은 문장이 참이면, 정직한 증명자는 정직한 검증자에게 이 사실을 납득시킬 수 있어야 한다. 완전성이 없다면 증명 자체가 불가능하다. 두 번째는 건실성이다. 어떤 사실 혹은 문장이 거짓이면, 어떠한 악의적인 증명자라도 정직한 검증자에게 해당 내용을 사실이라고 납득시킬 수 없어야 한다. 건실성이 없다면 거짓 증명이 가능하기 때문에 영지식 증명을 사용할 이유가 없다. 마지막으로 영지식이다. 어떤 사실 혹은 문장이 참이면, 검증자는 해당 내용의 참·거짓 이외에는 아무것도 알 수 없어야 한다. 위의 세 가지 특성 중 어느 한 가지라도 결핍되면 영지식 증명은 성립할 수 없게 된다.

영지식 증명을 설명하는 데 가장 많이 드는 비유는 동굴 이야기다. 프랑스 암호학자인 장 자크 키스케다가 쓴 「어린이를 위한 영지식 증명」이라는 논문에 나온 얘기다. 입구에서 몇 발짝 들어가면 두 갈래(A, B)로 갈라지는 동굴이 있다. 갈림 길 반대편은 서로 이어졌다. 그 가운데에는 비밀의 문이 있다. 이 문은 열쇠가 있어야만 열 수 있다. 란이는 비밀 문의 키를 가지고 있다. 하지만 란이는 자신에게 키가 있다는 걸 남들에게 보여주고 싶지 않다. 용재는 란이를 완전히

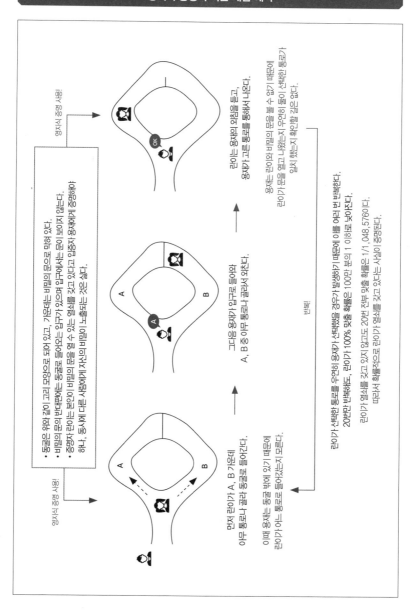

영지식 증명 사용!

먼저 란이가 A, B 가운데
아무 통로나 골라 동굴로 들어간다.

이때 용재는 동굴 밖에 있기 때문에
란이가 어느 통로로 들어갔는지 모른다.

A, B 중 아무 통로나 골라서 와친다.

그럼 용재가 입구로 들어와
A, B 중 아무 통로나 골라서 와친다.

· 동굴은 위와 같이 고리 모양으로 되어 있고, 가운데는 비밀의 문으로 막혀 있다.
· 비밀의 문이 반대편에는 통로로 들어오는 입구가 있으며 입구에서는 문이 보이지 않는다.
· 증명자 란이는 본인이 비밀의 문을 열 수 있는 열쇠를 갖고 있다고 입증자 용재에게 증명하려
하나, 동시에 다른 사람에게 자신의 비밀이 노출되는 것을 원하는 것은 싫다.

영지식 증명 사용!

란이는 용재의 외침을 듣고,
용재가 고른 통로를 통해서 나온다.

용재는 란이가 비밀의 문을 열 수 없기 때문에
란이가 문을 열고 나왔는지 우연히 맞는 통로가 선택된 통로가
였는지 했는지 확인할 길이 없다.

반복

란이가 선택한 통로를 우연히 용재가 선택했을 경우가 발생하기 때문에 이를 여러 번 반복한다.
20번만 반복해도, 란이가 100% 맞출 확률은 100만 분의 1 이하로 낮아진다.

란이가 열쇠를 갖고 있지 않고도 20번 전부 맞출 확률은 1/1,048,576이다.
따라서 확률적으로 란이가 열쇠를 갖고 있다는 사실이 증명된다.

믿지 못한다. 검증을 통해 란이가 정말 키를 가지고 있는지 확인하고 싶다. 란이는 동굴 A와 B 중 어느 한쪽을 골라 걸어 들어간다. 그리고 동굴 바깥에서 용재가 란이에게 "통로A"라고 외친다. 얼마 후 란이는 통로A에서 걸어 나온다. 확률은 반반이다. 란이가 애초 A를 선택해 들어가 A로 나올 수 있었는지, B로 들어갔지만 비밀 문의 키가 있어서 A로 나올 수 있었는지 모른다. 용재는 이 검증 과정을 한 번 더 해본다. 이번에도 란이는 용재가 외친 길에서 걸어 나왔다. 한 번 더 했다. 이번에도 란이는 맞췄다. 3번 연속 맞출 확률은 12.5%다. 진짜 운이 좋아 비밀 문의 키가 없는데도 란이가 길을 맞췄을 수 있다. 용재는 검증 과정을 20번 반복한다. 란이가 20번 모두 맞는 길을 선택할 확률은 0.000095%다. 이 정도면 현실에서 발생할 수 없는 상황을 의미한다. 용재는 란이가 비밀 문의 키를 갖고 있다는 사실을 믿게 된다.

란이는 자신이 키를 갖고 있다는 사실이 참이었기 때문에, 선의의 검증자인 용재에게 해당 사실을 납득시킬 수 있었다(완전성). 만약 란이가 거짓 사실을 증명하려고 했다면 20번의 검증 과정을 통과하지 못했을 것이며(건실성), 해당 과정에서 키를 직접 보여주지 않았기 때문에 둘 사이에 직접적인 정보가 오간 것은 없었다(영지식). 그리고 무엇보다 해당 검증 내용은 용재에게만 의미 있다. 용재와 란이의 검증 과정을 캠코더로 녹화해 다른 제3자를 설득하기는 힘들다. 왜냐하면 제3자는 용재가 통로를 임의로 선택했다는 사실을 믿지 않을 것이기 때문이다. 다시 말해, 용재와 란이가 미리 짜고 순서를 정했다고 합리적으로 의심할 수 있다. 통로를 임의로 선택했다는 건 용재만이 아는 사실이기 때문에, 해당 검증 과정은 용재에게만 유효한 검증이 된다.

영지식 증명을 통해 검증하는 행위는 참·거짓을 구분하는 수학적 증명과는 성격이 다르다. 수학적 증명은 누구도 부정할 수 없는 진리를 도출하는 과정이다. 반면, 영지식 증명에서 사용되는 검증 방법은 확률적 증명이다. 앞서 용재와 란이의 사례에서 보듯, 한 번만 검증해봐서는 사실을 확신할 수 없다. 여러 번 검증을 반복해야 한다. 검증 과정은 정보의 이동이고, 블록체인상에서는 개별 거래에 해당한다. 블록체인상에서 반복적인 거래를 많이 일으키면 일으킬수록 많은 수수료가 부과된다. 이더리움 플랫폼에서는 특히 가스의 소비가 심해지며, 프로토콜을 구성하는 코드가 길어지게 돼 결국 프로토콜의 용량이 커진다. 무엇보다 입증자와 검증자가 지속적인 상호작용을 해야 하기 때문에 모두가 정해진 시간에 온라인 상태여야 한다.

상호작용이 전제되는 영지식 증명은 비효율적이다. 그래서 최근에는 '비상호적 영지식 증명 프로토콜ZK-SNARKS'에 대한 연구가 활발하다. 앞서 용재와 란이가 영지식 증명을 위해 해야 했던 번거로운 반복 검증 행위를 수학적 알고리즘을 통해 구현함으로써, 훨씬 더 빠르고 간편하게 영지식 증명을 수행할 수 있도록 만든 프로토콜이다. 이더리움은 지속적인 업그레이드를 통해 비상호적 영지식 증명 프로토콜을 단계적으로 도입할 계획이다. 이에 대한 사전 정비를 비잔티움 하드포크를 통해 진행했다. 비상호적 영지식 증명 프로토콜이 이더리움에 성공적으로 탑재될 경우, 개인의 프라이버시와 관련된 민감한 정보나 기업의 기밀 정보가 유출되지 않고 원활하게 거래될 수 있다. 이더리움 플랫폼의 보안성 및 활용도는 기하급수적으로 커질 것이다.

◈ '난이도 폭탄'은 아직 터지지 않았다

그밖에 비잔티움 하드포크를 통해 채굴 방식이 바뀌었다. 이더리움은 현재 비트코인과 마찬가지로 작업증명 방식의 채굴 알고리즘을 사용한다. 이를 점진적으로 지분증명 방식으로 전환할 계획인데, 이를 위해 이더리움 플랫폼에는 지분증명 방식 전환을 유도하기 위한 '난이도 폭탄Difficulty Bomb'이란 것이 들어 있다. 채굴자들은 목푯값을 찾아야 블록을 생성할 수 있다. 난이도 폭탄은 목표값을 기하급수적으로 낮게 설정해버리는 코드다. 난이도 폭탄이 활성화되면 채굴자들은 작업증명 방식을 통해서는 더 이상 이더를 채굴하기 어려워진다. 이를 통해 작업증명에서 지분증명으로의 전환을 유도하겠다는 것이 이더리움재단의 계획이다. 부테린은 2017년 9월 필자와의 인터뷰에서 1년 뒤면 이더리움 채굴업자는 도태될 것이라고 말했다. 하지만 현재 급진적인 지분증명 도입은 오히려 이더리움 생태계의 발전을 저해할 수 있다. 그래서 하이브리드 형태의 채굴 알고리즘을 도입할 계획이다. 현 작업증명 채굴 생태계를 어느 정도 유지하기 위해 이번 비잔티움 하드포크에서는 난이도 폭탄 작동을 1년 연기시키는 업그레이드와 블록당 채굴 보상을 5이더에서 3이더로 줄이는 업그레이드를 진행했다. 난이도 폭탄 활성화 연기로 이더리움의 블록 생성 주기는 30초대에서 14초대로 짧아졌다. 블록당 채굴 보상은 줄었지만 짧아진 블록 생성 주기로 인해 하루에 채굴할 수 있는 이더의 양은 오히려 조금 늘었다.

스마트 계약을 활용해 디앱을 구현하는 데 필요한 다양한 기능적 업그레이드도 이뤄졌다. '되돌아가기Revert'라는 명령어 코드를 추가해 사전에 소비하기로 설정된 가스를 전부 소비하지 않고도 스마트 계약의 실행을 중단하고 상태를 되돌릴 수 있게 됐다. 이를 통해 개발자들은 효율적으로 스마트 계약을 작성할 수 있게 됐다. 또, EVME의 효율적 작동을 위한 업데이트도 이뤄졌다. EVM이란 코드로 구현된 스마트 계약을 직접적으로 실행하는 일종의 분산 컴퓨터다. 맥북에는 맥OS가 있고 일반 컴퓨터에는 윈도우OS가 있듯, 이더리움이라는 블록체인 플랫폼에는 EVM이라는 운영체제가 있다고 생각하면 된다. 이더리움 플랫폼의 모든 상태 변화, 즉 이더의 전송 및 스마트 계약의 실행 등은 전부 EVM이 관장한다. 기존에는 거래 발생 시 거래 영수증만 발급됐는데, 거래의 성공 여부에 대한 상태값을 추가했다. 또한 EVM이 거래를 병렬적으로 처리할 수 있도록 하는 업데이트도 이뤄졌다. 참고로, 2017년 10월 진행된 비잔티움 하드포크에는 총 아홉 개의 EIP가 반영됐다(EIP100, EIP140, EIP196, EIP197, EIP198, EIP211, EIP214, EIP649, EIP658).

초당 2000건, 비자를 넘어라 : 라이덴 네트워크

국경 없는 화폐의 대명사는 비자다. 전 세계 어디서나 쓸 수 있는 신용 화폐다. 2018년 1분기 결제액만 2조 달러에 육박한다. 초당 2000개의 거래를 처리할 수 있다. 인터넷 결제 서비스 페이팔도 초당 처리 가능한 거래 건수가 200개가 넘는다. 이더리움은 초당 스무 개 수준의 거래만 처리할 수 있다. 초당 몇 건 정도밖에 처리할 수 없는 비트코인보다는 낫지만, '디지털 오일Digital Oil' 혹은 '월드 컴퓨터'라기엔 결제 처리 속도가 너무 떨어진다. 역시, 확장성이 문제다. 현재 이더리움의 거래 처리 속도로는 그들이 꿈꾸는 세상을 만들기 어렵다. 일례로 2017년 11월 말, 이더리움 블록체인을 활용한 고양이 수집 게임인 '크립토키티Cryptokitties'라는 애플리케이션 때문에 이더리움 전체 네트워크에 과부하가 걸리기도 했다.

앞서 암호화폐 발전의 열쇠는 확장성에 있으며, 이에 대한 효과적인 해결 방안으로 비트코인의 '라이트닝 네트워크'에 대해 알아봤다. 라이트닝 네트워크는 오프체인 확장성 솔루션이다. 라이트닝 네트워크가 활성화하면 할수록 대부분의 거래는 비트코인의 메인 블록체인에서 빠져나와 라이트닝 네트워크 안에서 이뤄진다. 이렇게 되면 블록 사이즈와 블록 채굴 시간이라는 제약 조건에서 완전히 벗어날 수 있다. 1초에 수백만 개의 거래가 가능하다.

◇ 비트코인은 라이트닝, 이더리움은 라이덴

크립토키티로 인한 네트워크 과부하는 이더리움 커뮤니티 전체에 큰 과제를 안겼다. 이더리움은 플랫폼을 지향한다. 앞으로 생겨날 수 많은 탈중앙화 애플리케이션(디앱)들의 플랫폼이 되려면 현재와는 비교도 되지 않는 수준의 확장성을 가져야 한다. 다양한 확장성 솔루션 가운데 대표적인 것이 이더리움의 라이트닝 네트워크로 불리는 '라이덴 네트워크Raiden Network'다. 재밌는 사실은 라이트닝 네트워크처럼 라이덴 네트워크 역시 이름의 모티브를 '번개'에서 가져왔다. 번개는 '빠르다'라는 이미지를 형상화하기에 가장 적합한 자연 현상이다. 번개는 초속 10만km 수준으로, 1초에 지구 두 바퀴 반을 돌 수 있다. 빛은 초속 30만km 수준이니, 번개가 빛보다는 세 배 정도 느리다. 그럼에도 사람들은 빠르다는 개념을 설명할 때 빛보다는 번개를 자주 인용한다. 아마도 빛과 달리 번개의 움직임은 눈에 보이기 때문일 것이다. '라이덴'은 일본의 '라이진'에서 유래했다. 라이진은 일본어로 번개를 의미하는 '라이'와 신을 의미하는 '신'의 합성어로, 고대 일본 신화에 등장하는 '천둥의 신'을 의미한다. 즉, 번개같이 빠른 이더리움의 결제 솔루션이 라이덴 네트워크다. 라이트닝 네트워크와 마찬가지로 오프체인 결제 채널을 활용한 확장성 솔루션이다. 이를 통해 사용자들은 높은 수준의 보안을 유지하고, 획기적으로 낮은 수수료를 지불하면서, 초당 수백만 건의 거래를 일으킬 수 있다. 라이덴 네트워크와 라이트닝 네트워크의 핵심 기술은 거의 같다고

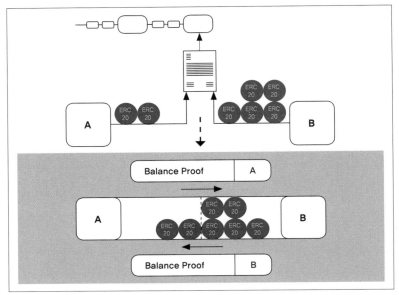

라이덴 네트워크의 결제 채널 작동 원리

출처: 라이덴네트워크

위의 그림은 라이덴 네트워크의 결제 채널 작동 원리를 시각화한 것이다. 제일 위에 있는 체인이 이더리움 블록체인이다. 바로 밑에 있는 증서와 같이 생긴 그림이 A와 B 사이의 거래 잔고를 적어놓은 장부다. A와 B는 해당 장부에 자신들의 거래를 기입하고 새로운 거래가 생길 때마다 해당 장부를 업데이트한다. 라이트닝 네트워크와 마찬가지로 결제 채널을 열고 닫을 때에만 이더리움 블록체인에 거래를 전송하고, 이 경우에만 이더리움 블록체인 사용 요금인 가스를 지불한다. A와 B는 서로 합의하에 둘만의 결제 채널을 개설하고 여기에 일정량의 이더를 예치금으로 쌓는다. 향후 발생하는 다양한 거래들은 둘만의 결제 채널에서 이뤄지고, 둘의 거래 내역과 잔고가 기입된 장부는 서로 나눠 갖는다. 물론, 둘의 예치금을 초과하는 수준의 이더 거래는 불가능하다. 라이트닝 네트워크와 마찬가지로, 라이덴 네트워크 역시 암호화된 키를 사용해 거래 당사자의 악의적인 행동을 견제하고, 부정행위자의 예치금을 몰수한다.

라이덴 네트워크 역시 거래 당사자들의 결제 채널 라우팅을 통해 다양한 간접적인 결제 경로를 제공한다. 즉, 결제 채널들의 네트워크를 형성해 직접적인 결제 채널이 없는 경우에도 라이덴 네트워크를 활용해 거래를 할 수 있게 만들어준다. 물론, 이 과정에서 중개자 역할을 하는 참여자들은 수수료를 받는다. 채널 라우팅 기술을 통해 광범위한 결제 네트워크 형성이 가능하고, 이를 활용해 사용자들은 획기적으로 낮은 수수료를 지불하면서, 높은 수준의 프라이버시가 유지되는, 즉각적인 거래를 할 수 있다. 또한 라이덴 네트워크는 이미 '마이크로 라이덴μRaiden'이라는 서비스를 이더리움 메인넷에 런칭했다. 라이덴 네트워크를 활용하는 일방향성 결제 채널 솔루션이다. 라이덴 네트워크가 다대다라면, 마이크로 라이덴은 다대일 거래다. 예를 들어, 비디오 스트리밍 업체가 마이크로 라이덴 솔루션을 사용해 다수의 고객들로부터 빠르고 편리하게 서비스 요금을 받는 경우가 이에 해당한다.

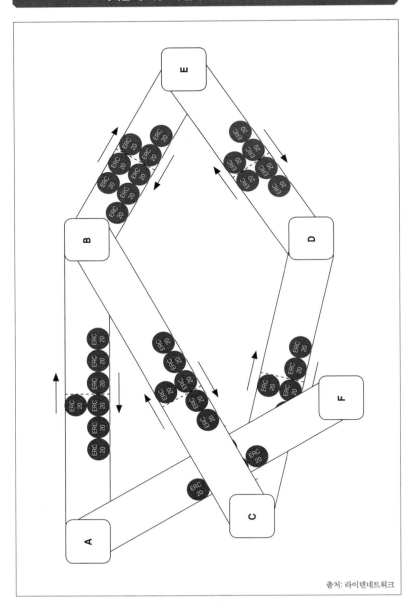

출처: 라이덴네트워크

◈ 라이덴 네트워크가 특별한 몇 가지 이유

라이덴 네트워크와 비트코인의 라이트닝 네트워크는 상당히 닮았다. 일부는 그래서, 라이덴 네트워크를 이더리움의 라이트닝 네트워크라고도 부른다. 하지만 라이덴 네트워크는 그 자체의 고유한 특징이 있다.

무엇보다 라이덴 네트워크는 ERC-20 토큰을 지원한다. 곧, ERC-20 기준을 충족하는 토큰들은 전부 라이덴 네트워크를 통해 거래할 수 있다. 이렇게 되면 이더 뿐만 아니라 이더리움 플랫폼에서 ICO를 진행해 생겨난 수많은 ERC-20 토큰들까지 자유롭게 라이덴 네트워크가 제공하는 오프체인 결제 채널 및 채널 라우팅 서비스를 통해 주고받을 수 있다. 이더리움은 플랫폼이다. 따라서 자체 토큰인 이더의 순환도 중요하지만, 생태계를 구축하고 있는 보조 프로토콜이나 디앱들의 토큰 순환 역시 중요하다. 이더리움 플랫폼의 확장성 솔루션은 이더는 물론이고, 이더리움 생태계를 순환하는 수많은 토큰들의 안전하고 저렴하고 빠른 거래까지 지원해야 하는 숙제를 안고 있다. 라이덴 네트워크는 이 숙제를 효과적으로 풀 수 있는 오프체인 확장성 프로토콜이다.

아울러, 라이덴 네트워크는 애플리케이션이 아니라 이더리움 프로토콜 위에 존재하는 하나의 보조 프로토콜이다. 라이덴 네트워크 프로토콜 위에 애플리케이션들이 존재한다. 라이덴 네트워크는 오프체인 결제 채널 거래 등과 같은 기본 기능을 무료로 제공한다. 하지만 개발자들이 만든 다양한 애플리케이션 혹은 풀노드 운영자들이 제공하는 추가적인 서비스는 유료로 제공한다. 사용자들은 무료와 유료 서비스를 선택적으로 사용할 수 있다. 이때, 유료 서비스의 사용료는 라이덴 네트워크 토큰^{RDN}으로 지불한다.

예를 들어, 서울에 있는 용재가 미국 뉴욕에 있는 란이에게 열 개의 이더를 보내려고 한다. 용재는 라이덴 네트워크를 사용하려 하지만, 란이와 직접적으로 결제 채널이 오픈돼 있지 않다. 그래서 기본적으로 제공되는 '패스파인딩 서비스$^{Pathfinding\ Service}$'를 사용한다. 용재와 란이를 이어주는 결제 채널들을 검색해 최적의 결제 경로를 알려주는 서비스다. 그런데 용재가 우연히 최단 경로의 결제 루트를 실시간으로 제공하고, 거래 상황에 따라 자동으로 경로가 재조정되며, 정확한 전송 시간까지 알려주고, 알림 서비스까지 해주는 애플리케이션을 발견한다. 수수료가 붙지만 최단 경로 결제 루트로 아끼는 수수료를 감안하면 기본 기능과 크게 차이 나지 않았다. 용재는 보유하고 있던 RDN으로 수수료를 지불하고 해당 기능을 사용하기로 한다. 용재가 지불한 애플리케이션 사용료는 해당 애플리케이션을 개발한 성훈에게 전달된다. 성훈은 이 자금을 활용해 애플리케이션을 업그레이드하거나, 새로운 애플리케이션 개발 비용으로 활용한다.

옆의 그림은 라이덴 네트워크 프로토콜의 생태계가 유지되는 구조다. RDN은 라이덴 네트워크 프로토콜 생태계를 유지시켜 주는 단일 화폐다. 라이트닝 네트워크는 자체 토큰이 필요 없는데, 왜 라이덴 네트워크는 자체 토큰을 발행했을까? 이 질문에 답하려면 비트코인

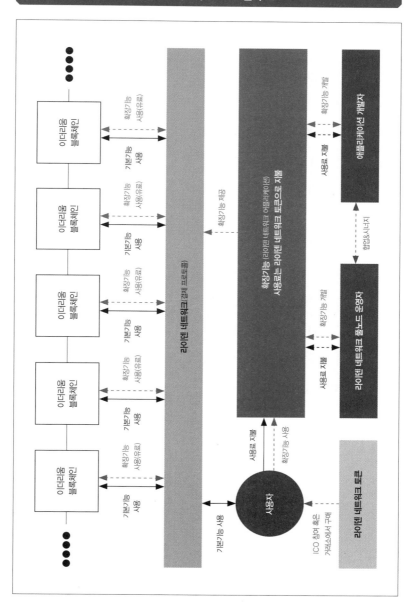

라이덴 네트워크 프로토콜 구조

과 이더리움의 차이를 알아야 한다. 비트코인은 디지털 화폐다. 탄생 이후 변하지 않는, 비트코인의 가장 큰 목표다. 비트코인 거래만 가능한 라이트닝 네트워크는 비트코인의 확장성을 높여주는 결제 애플리케이션에 가깝다. 하지만 이더리움은 다르다. 이더리움은 화폐가 아니라 월드 컴퓨터를 지향하는 분산 컴퓨팅 프로토콜이다. 디지털 골드가 아니라 디지털 오일을 꿈꾼다. 따라서 라이덴 네트워크는 애플리케이션의 수준을 넘어서 결제 프로토콜을 개발해야만 했다. 앞에서 언급했듯, 이더의 거래만을 위한 애플리케이션은 이더리움 프로토콜에 아무런 긍정적인 효과를 주지 못한다. 그래서 라이덴 네트워크는 이더리움 프로토콜 위에서 오프체인 결제 채널 및 라우팅 기능을 제공하는 보조 프로토콜을 만들었다. 프로토콜을 디자인하기 위해서는 암호경제학이 필요하다. 즉, 1) 핵심 가치를 만들고, 2) 암호학 기술을 사용해 보안을 철저히 하며, 3) 경제적 인센티브를 활용해 프로토콜 참여자들의 올바른 행동을 유도하고 프로토콜이 지속적으로 유지될 수 있도록 해야 한다.

이 가운데 3)은 이더리움의 고유한 특성에서 출발했다. 라이덴 네트워크가 선보여야할 핵심 기술이다. 라이덴 네트워크는 자신들의 프로토콜 구축을 위해 경제적 인센티브가 꼭 필요했고 이를 효과적으로 제공하기 위해 자체 토큰, 즉 RDN을 ICO를 통해 발행했다. 토큰 세일을 통해 프로토콜 개발 자금을 모집했고, 프로토콜의 확장 서비스에 참여하는 제3의 개발자들이 RDN을 통해 보상받음으로써 라이덴 네트워크만의 생태계를 구축해갔다. 이와 같은 보상 체계는 개발자들로 하여금 선의의 경쟁을 유발하고, 그 수혜자는 프로토콜 참여자 모두의 몫이 될 것이다. 또 단일 토큰을 사용하면 라이덴 네트워크에 존재하는 다양한 애플리케이션 간의 호환이나 협업을 효과적으로 수행할 수 있다.

스마트 계약, 두 마리 토끼를 잡아라 : 플라즈마 프로젝트

오미세고는 탈중앙화 블록체인 은행을 목표로 하는 블록체인 프로토콜(보조 프로토콜)이다. 이 프로젝트가 특히 주목을 받는 건 화려한 어드바이저(고문)들 때문이다. 이더리움의 창시자 비탈릭 부테린과 라이트닝 네트워크의 창시자 조셉 푼이 나란히 어드바이저 맨 윗줄에 이름을 올렸다. 비트코인 예수로 불리는 로저 버 비트코인닷컴 대표의 이름도 눈에 띈다. 오미세고는 2017년 7월 ICO를 진행했다. 그런데 2017년 8월 11일, 전 세계 블록체인과 암호화폐 커뮤니티를 떠들썩하게 만든 사건이 일어났다. 부테린과 푼이 공동 프로젝트인 플라즈마Plasma를 발표했다. 오미세고 어드바이저로 함께 일한 것을 계기로 한 달 만에 이런 저작물을 완성했을 리 만무하다. 암호화폐 커뮤니티에서 가장 영향력 있는 두 사람은 이미 몇 개월 전부터 플라즈마 프로젝트에 착수했을 것이다. 둘의 협업이 가져온 파급력은 대단했다. 플라즈마 발표 당일 이더리움 가격은 8% 급등했다. 그해 9월 중국발 암호화폐 규제 이슈가 터지기 전까지 이더리움 가격은 꾸준히 올라 40만 원을 돌파했다.

플라즈마의 근간을 이루고 있는 기술은 오프체인 다중참여 상태 채널Off-Chain Multi-Party State Channel이다. 오프체인 결제 채널Off-Cahin Payment Channel은 라이트닝 네트워크를 설명할 때 등장한 개념이다. 여기서 한 발 더 나아가 '라이트닝 네트워크 방식을 스마트 계약의 상태 변화에도 활용할 수 있을까'라고 물으면 이게 플라즈마다. 마치 비트코인에서 한 걸음 더 나아간 이더리움과 같다. 플라즈마는 라이트닝 네트워크와 어떻게 다를까.

◇ 블록체인 안의 블록체인

플라즈마와 라이트닝 네트워크 모두 오프체인 솔루션이다. 하지만 개념적인 차이점이 존재한다. 오프체인으로 생성한 채널의 성격이 다르다. 라이트닝 네트워크는 블록체인 외부에 결제 채널을 만든다. 해당 결제 채널은 양방향 거래가 가능하고, 결제 채널 라우팅 기능을 통해 다자간 거래를 할 수 있다. 단순 결제 채널 역할만 하기 때문에 합의 알고리즘이나 경제적 인센티브와 같은 특성은 구현되지 않는다. 단순 결제 및 장부 교환의 역할로 끝난다.

플라즈마는 다양한 체인들, 즉 블록체인들이 이더리움 블록체인 위에서 수직적인 구조를 이루고 있다(옆 그림의 네모 박스는 블록이 아니라 블록체인이다). 쉽게 말해 이더리움 블록체인 안에 또 다른 블록체

라이트닝 네트워크 구조와 플라즈마 구조

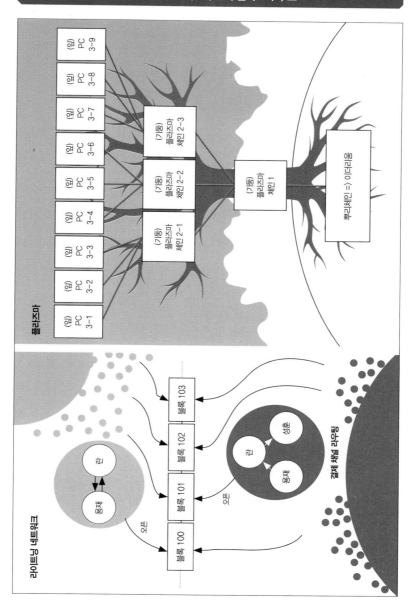

플라즈마

(잎) PC 3-1
(잎) PC 3-2
(잎) PC 3-3
(잎) PC 3-4
(잎) PC 3-5
(잎) PC 3-6
(잎) PC 3-7
(잎) PC 3-8
(잎) PC 3-9

(가지) 플라즈마 체인 2-1
(가지) 플라즈마 체인 2-2
(가지) 플라즈마 체인 2-3

(가지) 플라즈마 체인 1

뿌리(체인 => 이더리움)

라이트닝 네트워크

블록 100
블록 101
블록 102
블록 103

관
영채

결제 채널 라우팅

관
송금
송신자

인이 존재하는 구조다. 부테린과 푼은 이를 블록체인 안의 블록체인 Blockchains in Blockchains 으로 표현했다. 개별 블록체인들에는 합의 알고리즘과 경제적 인센티브가 존재한다. 이더리움 블록체인을 뿌리 삼아 위에 다양한 계층의 플라즈마 체인들을 구현할 수 있다. 플라즈마 체인들은 독립적인 블록체인 기능을 수행한다. 해당 체인에서 이뤄지는 연산 작업과 거래들은 머클 루트 메커니즘을 활용해 주기적으로 상위 체인에 전송된다. 또한 특정 플라즈마 체인에서 문제가 생길 경우 상위 플라즈마 체인 혹은 루트 체인인 이더리움 블록체인에서 바로잡을 수 있다. 따라서 스마트 계약 실행에 필요한 연산 작업과 토큰 거래들을 매번 이더리움 블록체인에 전송할 필요가 없어져 이론적으로 굉장한 수준의 확장성을 가질 수 있다. 이더리움 블록체인으로 전송된 아주 작은 해시값(플라즈마 체인들의 블록헤더 해시)만으로도 셀 수 없이 많은 보조 프로토콜 및 탈중앙화 애플리케이션(디앱)들의 작동과 오류 검증을 수행할 수 있다.

거래 당사자 간의 결제 채널인 라이트닝 네트워크와는 달리 플라즈마는 개별 블록체인들을 생성하기 때문에 다수의 참여자가 존재한다. 플라즈마 체인에 참여하기 위해서는 루트 체인인 이더리움 블록체인에 존재하는 스마트 계약에 일종의 담보를 예치해야 한다. 사실 플라즈마 체인들은 이더리움 블록체인에 존재하는 일종의 스마트 계약들이다. 이를 플라즈마 계약Plasma Contract이라고 부른다. 공동의 목적을 공유하는 참여자들이 스마트 계약을 통해 이더리움 외부에 또 하나의 블록체인을 만드는 셈이다. 플라즈마 계약은 이더리움

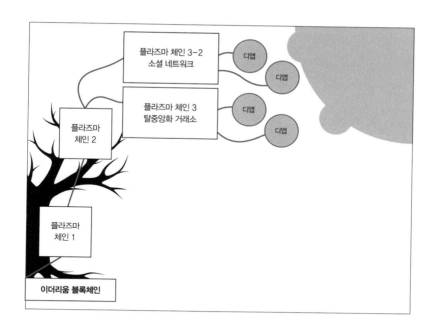

블록체인뿐만 아니라 상위 플라즈마 체인에 심어놓을 수도 있다.

플라즈마 체인을 생성하기 위해 참여자들은 이더리움 블록체인 상에 존재하는 스마트 계약에 일정 금액의 담보를 예치한다. 용재와 란, 그리고 성훈은 각각 열 개의 이더를 예치하고 플라즈마 체인을 생성한다. 예치금이 참여자별로 같을 필요는 없다. 이들의 예치금은 이더리움 블록체인에 존재하며, 이에 대한 장부는 새롭게 생성된 플라즈마 체인에 존재한다. 플라즈마 체인에서는 비트코인의 UTXO 메커니즘이 사용된다. UTXO 방식은 사용 가능한 비트코인들의 집합체다. 선행된 거래들에 의해 잘게 쪼개진 UTXO들로 개별 거래가 이뤄지는데, 거래하려는 금액과 UTXO의 조각들이 항상 일치

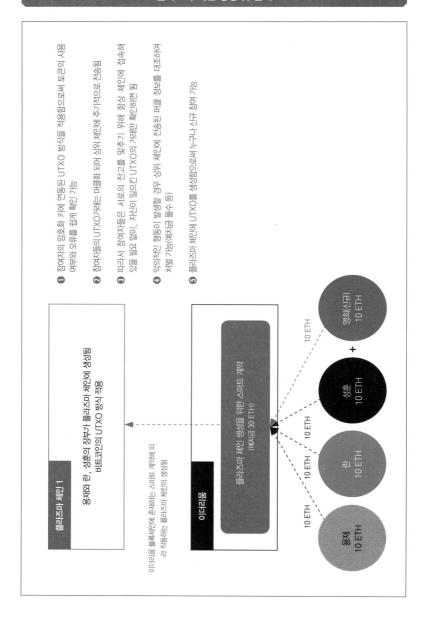

플라즈마 체인 1

용재와 린, 성훈이 정부가 플라즈마 체인에 생성됨
비트코인의 UTXO 방식 작용

이더리움 블록체인에 존재하는 스마트 계약에 따
라 작동하는 플라즈마 체인이 생성됨

이더리움

플라즈마 체인 생성을 위한 스마트 계약
(예치금 30 ETH)

영희(신규)
10 ETH

+

성훈
10 ETH

린
10 ETH

용재
10 ETH

10 ETH
10 ETH
10 ETH
10 ETH

① 참여자의 암호화 키에 연동된 UTXO 방식을 작용함으로써 토큰의 사용
여부와 오류를 쉽게 확인 가능

② 참여자들이 UTXO가래는 머클화 되어 상위 체인에 주기적으로 전송됨

③ 따라서 참여자들은 서로의 잔고를 맞추기 위해 항상 체인에 접속해
있을 필요 없이, 자신이 일으킨 UTXO의 거래만 확인하면 됨

④ 악의적인 행동이 발생할 경우 상위 체인에 전송된 머클 정보를 대조하여
처벌 가능(예치금 몰수 등)

⑤ 플라즈마 체인에 UTXO을 생성함으로써 누구나 신규 참여 가능

하지 않는 문제가 발생한다. 따라서 하나의 거래에 두 개 이상의 출력값들이 생성되는데, 하나는 거래 금액이고 다른 하나는 송금인에게 되돌아오는 잔돈이다. 이더리움에서는 단순 토큰의 거래 이외에도 다양한 명령어들을 실행해야 하는 복잡성 때문에 출력값이 다수 생성되는 UTXO 방식을 사용하지 않는다. 이더리움의 모든 거래에는 출력값이 하나만 존재한다. 다만, UTXO 방식은 사용 가능한 토큰들을 통합해 관리하기 때문에 해당 거래의 입력값들이 사용 가능한지에 대한 여부를 확인하기에는 편리하다. 따라서 플라즈마 체인에서는 비트코인의 UTXO 방식을 차용하는데, 이 경우 최종 소유권과 장부의 위치가 다른(최종 소유권-이더리움 블록체인, 장부-플라즈마 체인) 토큰의 거래를 손쉽게 추적하고 검증할 수 있다. 비트코인의 모든 UTXO거래를 거래 당사자들이 일일이 확인하지 않듯, 플라즈마 체인에서도 참여자들은 자신들의 거래만 확인하고, 악의적인 행동이 감지될 경우 누구나 상위 체인에 해당 내용을 통보할 수 있다. 이 경우 악의적인 행동을 한 참여자는 불이익을 당한다. 또한 누구든지 플라즈마 체인에 참여를 원하면 플라즈마 체인에 토큰(플라즈마 체인 전용 UTXO)을 생성하면 된다. 신규 참여를 원하는 영희는 열 개의 이더를 플라즈마 체인에 생성함으로써 참여가 가능해진다.

◈ 3심제 닮은 블록체인 나무

플라즈마 블록체인에는 검증자들이 존재한다. 이들은 플라즈마 블록체인에서 이뤄지는 거래들을 담아 블록을 형성하고 전파한다. 그리고 플라즈마 블록체인에 참여하는 누구나 전파된 블록의 데이터를 열람할 수 있으며, 해당 체인의 모든 상태(연산 작업 및 토큰의 거래 기록 등의 머클 정보를 담은 블록헤더 해시)가 주기적으로 상위 체인에 전송된다. 누구나 플라즈마 체인과 상위 플라즈마 체인들의 블록 데이터를 열람할 수 있기 때문에 상위 체인의 블록헤더 해시값과 플라즈마 체인의 해시값을 비교해 문제 발생 여부를 확인할 수 있고, 이를 상위 체인에 고발할 수 있다. 이를 부정행위 증명Fraud Proof이라고 부른다.

예를 들어, 란이는 플라즈마 블록#3에 열 개의 이더를 가지고 있었다. 이 중 다섯 개를 용재에게 보냈다. 이후 특정 검증자는 란이와 용재의 거래를 플라즈마 블록#4에 담고, 해당 블록의 블록헤더는 상위 체인(오른쪽 그림에서는 루트체인인 이더리움 블록체인)에 전송된다. 란이와 용재는 이더리움 블록체인에서 플라즈마 블록#4의 블록헤더가 전송되는지 확인하고, 문제가 없으면 디지털 서명을 통해 해당 거래를 확인한다. 거래 당사자의 서명이 담긴 거래가 플라즈마 블록#4에 담기면 거래는 완료된다.

그런데 란이가 플라즈마 블록#3에 열 개의 이더를 가지고 있었고, 이후 특정 검증자에 의해 플라즈마 블록#4가 전파됐는데, 란이가 해당 블록을 열람하던 중 자신의 이더 개수가 아홉 개로 줄어 있는 것을 발견했다. 이 경우 란이는 해당 블록의 부정행위 증명을 이더리움 블록체인에 전송할 수 있다. 이더리움 블록체인은 플라즈마 블록#3의 UTXO에 대한 정보와 새롭게 전송된 블록#4의 UTXO정보를 둘

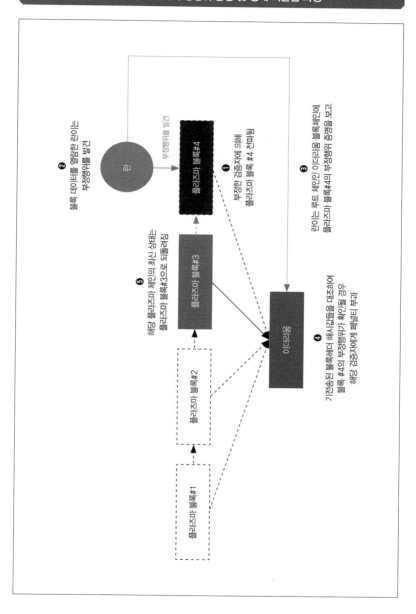

플라즈마 체인의 부정행위 증명 및 상태 되돌림 과정

2
블록 데이터를 열람한 란이는
부정행위를 발견

란

부정행위를 발견

플라즈마 블록#4

1
부정한 검증자에 의해
플라즈마 블록 #4 전파됨

3
란이는 루트 체인인 이더리움 블록체인에
플라즈마 블록#4의 부정행위 증명을 보고

이더리움

5
해당 플라즈마 체인의 최신 상태는
플라즈마 블록#3으로 되돌려짐

플라즈마 블록#3

플라즈마 블록#2

4
기전송된 블록체다 해시값들을 대조하여
블록 #4의 부정행위가 확인될 경우
해당 검증자에게 페널티 부과

플라즈마 블록#1

다 갖고 있기 때문에 대조를 통해 잘못된 내용을 확인할 수 있다. 따라서 사용하지 않았는데도 줄어버린 란이의 UTXO에 문제가 생겼다는 걸 바로 알 수 있으며, 플라즈마 블록#3을 최신 상태로 인정(란이의 UTXO는 다시 10 이더로 복구)하고 플라즈마 블록#4를 폐기한다. 이후 블록#4를 전파한 검증자에게 페널티를 부과한다. 이와 같은 부정행위 증명 프로세스는 개별 플라즈마 체인의 상위 체인에서 모두 이뤄질 수 있다. 따라서 굳이 루트체인인 이더리움 블록체인까지 부정행위 증명이 보고될 필요가 없으며, 이는 곧 굉장히 높은 수준의 확장성을 보장해준다.

　라이트닝 네트워크에서 결제 채널들은 수평적 구조를 갖는다. 무수히 생겨나는 결제 채널들은 거래 당사자들만 다를 뿐, 결제 채널들 간의 수직적 계급은 없다. 결제 채널들에서 생겨나는 악의적 행동들을 심판하는 블록체인은 딱 한 개만 존재한다. 바로 비트코인 블록체인이다. 즉, 비트코인 블록체인을 제외한 나머지 결제 채널들은 모두 동등한 지위를 갖는다. 반면 플라즈마는 다양한 플라즈마 체인들이 수직적 위계를 이루고 있다. 이를 플라즈마 블록체인 나무^{Plasma} ^{Blockchain Tree}라고 표현한다. 이더리움 블록체인 위에 여러 계층의 블록체인들이 수직적 계급을 형성하고 있으며, 상위 체인은 하위 체인의 부정행위 증명을 확인하고 상태를 되돌릴 권한을 부여받는다. 구조가 이렇게 형성된 것은 무수히 많이 생겨나는 플라즈마 블록체인들의 유효성을 효율적으로 검증하고, 개별 플라즈마 블록체인 참여자들로 하여금 올바른 행동을 장려하기 위해서다. 마치 지방법원-고

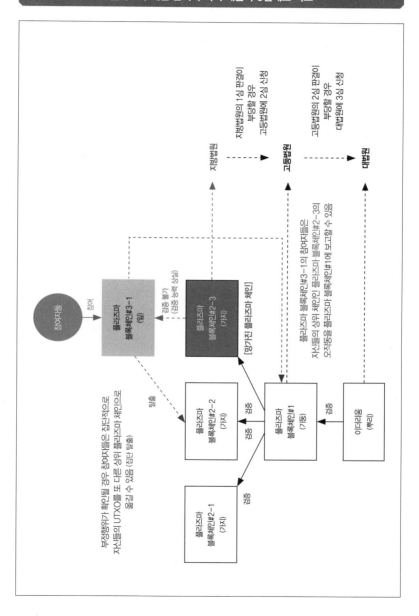

등법원-대법원으로 이뤄져 있는 3심제도와 비슷하다. 모든 사건이 대법원의 판결을 필요로 하지 않듯, 플라즈마 체인은 각각의 상위 체인에 검증을 받는 것만으로도 부정행위에 대한 처벌과 복구가 가능하다. 따라서 이더리움 블록체인에 전송되는 거래량을 최소화하면서도 굉장한 수준의 확장성과 신뢰성을 확보할 수 있다.

◇ 확장성 극대화를 위한 지분증명

다수의 참여자들을 위한 블록체인을 생성하는 플라즈마의 경우, 생성된 플라즈마 체인을 유지시켜주는 합의 알고리즘과 경제적 인센티브가 존재한다. 합의 알고리즘과 경제적 인센티브를 효율적으로 탑재하기 위해 플라즈마 체인에는 지분증명 합의 알고리즘이 사용된다. 현재 이더리움은 작업증명 방식을 사용하고 있기 때문에, 플라즈마가 상용화될 경우 작업증명(이더리움 블록체인)-지분증명(플라즈마 체인) 방식의 2중 구조로 이뤄지게 된다. 지분구조 증명은 거래를 담아 블록을 생성하는 자격을 얻기 위해 지분을 증명해야 하는 메커니즘이다. 현재 이더리움에서는 비트코인과 마찬가지로 블록을 생성하는 정당한 자격을 얻기 위해서 특정 작업을 수행했다는 사실을 증명해야 한다(작업증명). 특정 작업이란 채굴자들이 자신들의 시간, 노동력, 자본을 투입해 체인에서 형성된 목푯값보다 작은 해시값을 찾아내는 과정을 말한다. 이를 보통 '어려운 수학 문제를 푼다'라고 표현한다. 이러한 방법은 확장성의 극대화를 목표로 하는 플라즈마 체인에서는 적절치 않다. 수없이 많이 생겨나게 될 플라즈마 체인에 일일이 채굴자들이 붙어서 작업을 증명하고 블록을 생성하게 되면, 오히려 거래 속도가 느려지기 때문이다. 또한, 무수히 생겨난 플라즈마 체인에 일일이 채굴자들을 유인해서 참여시키는 것도 사실상 불가능하다.

따라서 플라즈마 체인에서는 목표 해시값을 찾는 연산 작업을 생략하고, 대신에 체인에서 통용되는 토큰을 보유하고 있는 참여자들 중에서 검증자들을 선발하고, 이들이 블록을 생성하고 전파하는 지분증명 방식을 사용한다. 검증자들은 참여자들의 토큰을 할당받아서 선출되며, 특정 기간 동안 검증자로 활동한다. 플라즈마 체인 참여자들은 모두 블록의 데이터를 열람할 수 있다. 이를 통해 부정행위 증명을 수행한다. 블록을 전파한 검증자들은 거래 수수료를 보상으로 받는다. 거래 수수료는 검증자들이 할당받은 토큰에 비례해서 지급된다. 예를 들어, 용재가 플라즈마 체인 A에서 통용되는 토큰의 3%를 할당받은 검증자라면 해당 체인에서 지난 100개의 블록 생성을 통해 발생하는 거래 수수료의 3%를 보상으로 받는다. 정확하게 지분에 비례한 거래 수수료만을 받을 수 있고, 초과분에 해당하는 거래 수수료는 가져갈 수 없다. 따라서 다수의 검증자들에게 가장 좋은 상황은 할당받은 토큰의 비중만큼 정확히 거래 수수료를 배분해서 나눠 갖는 것이다. 이는 다수의 검증자들이 활발하게 블록 생성 과정에 참여할만한 동기부여가 된다. 그리고 복수의 검증자들이 동시에 블록 생성 작업을 진행할 수 있기 때문에 플라즈마 체인의 분기가 생길 수 있다. 이때 정당한 체인으로 인정받는 것은 체인의 거래 수수료의 합이 가장 큰 체인이다. 악의적인 행동, 즉 부정한 블록을 전파하는 참여자들은 페널티를 부과받는다. 참여자들은 플라즈마 체인을 생성할 때 이미 일정량의 토큰을 이더리움 스마트 계약에 예치해두기 때문에, 악의적인 참여자들은 자신의 예치금이 몰수되는 불이익을 받는다.

참여자들은 플라즈마 체인에서 통용되는 토큰의 경제적 가치를 높이고자 하는 공동의 목표를 갖는다. 토큰 본연의 경제적 가치는 미래에 발생할 거래 수수료의 할인된 현재 가치로 표현될 수 있는데, 해당 플라즈마 체인이 작동을 멈추면 거래 수수료가 발생하지 않는다. 참여자들이 사용하는 토큰의 경제적 가치가 심하게 훼손될 수밖에 없다. 또한, 토큰의 활용성 증가로 인한 가치 상승 역시 해당 블록체인이 원활하게 유지된다는 전제 조건 아래에서다. 이와 같은 경제적 유인책, 즉 토큰의 경제적 가치가 플라즈마 체인의 올바른 작동 및 유지에 달려 있기 때문에 참여자들의 악의적인 공격 감행 가능성은 낮아진다.

⬡ 맵리듀스 방식의 데이터 처리

애초에 결제 처리 개수 극대화를 목적으로 고안된 라이트닝 네트워크의 오프체인 결제 채널은 HTLC 기능을 응용해 다양한 서비스를 구현할 수 있지만, 해당 서비스의 범위가 결제 기능을 넘어설 수 없다. 반면, 플라즈마는 오프체인에서 블록체인을 형성하는 기술이기 때문에 블록체인의 높은 범용성을 그대로 갖는다. 플라즈마를 활용해 다양한 층의 블록체인을 구현할 경우, 해당 체인들이 갖고 있는 총체적인 연산 능력을 보다 효율적으로 활용할 수 있는 길이 열린다. 대용량의 데이터를 다양한 플라즈마 체인들에 할당해 처리하고, 처리 결과를 상위 체인에 머클화된 정보로 전송하는 구조를 만들 수 있다. 이를 맵리듀스^{Map-Reduce} 프로그래밍 모델이라고 부른다. 하나의 큰 데이터 덩어리를 나눠 개별 노드들에 전송하고, 노드들은 전송받은 데이터를 가지고 사전에 입력된 동일한 연산을 수행한다. 여기까지의 과정을 맵핑^{Mapping}이라고 한다. 이후 노드들은 각각의 연산 결과를 보고하고 이를 합쳐 하나의 가공된 결과 값을 도출해내는데 이를 리듀싱^{Reducing}이라고 한다.

다음의 그림은 맵리듀스 데이터 처리 모델을 도식화한 것이다. 용재, 고란, 성훈, 이더리움이란 단어가 무작위로 뒤섞인 데이터 덩어리가 입력값으로 투입되면, 이를 노드 A, B, C에 분배한다. 개별 노드들은 이름을 확인하는 연산 작업을 한다. 이후 이름별로 데이터를 나누고 분류하고 취합해 잘 정리된 출력값을 도출해낸다.

맵리듀스는 빅데이터를 효과적으로 처리하기 위해 구글에서 고안해낸 기술이다. 구글은 이 모델을 개발하고 이를 오픈소스로 공개했다. 이후 야후에서 맵리듀스 모델을 보다 효율적으로 구현할 수 있는 프레임워크인 하둡^{Hadoop}을 개발했다. 하둡의 탄생을 시발점으로 빅데이터에 대한 기업들의 다양한 연구가 시작됐으며, 빅데이터 소프

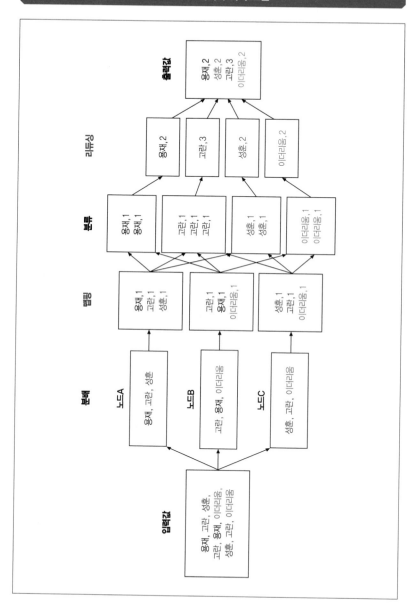

트웨어 산업이 오늘날과 같이 발전하게 된다. 소프트웨어의 오픈소스 비즈니스 모델이 점차 그 가치를 인정받으면서, 다양한 개발자들이 한데 모여 효율적으로 소스코드를 개발하고. 소프트웨어에 반영하는 기술의 필요성이 대두됐다. 중앙화된 서버에 저장된 코드를 다양한 개발자들의 컴퓨터에 분산시키고, 개별 작업물을 효율적으로 병합할 수 있는 깃Git이라는 시스템이 개발됐다. 이를 웹에서 편리하게 구현한 것이 바로 깃허브다(2018년 6월 마이크로소프트가 75억 달러에 인수했다). 이더리움을 비롯한 다양한 블록체인 프로젝트들이 깃허브를 사용하는 이유다. 부테린과 푼은 백서를 통해 플라즈마에서 맵리듀스 방식의 분산 컴퓨팅 데이터 처리 모델을 구현할 수 있다고 밝혔다. 백서에서는 이를 다음과 같이 표현했다.

블록체인 : 깃 = 플라즈마 : 하둡

블록체인은 깃과 같은 분산코드 관리 시스템 역할을 하고, 플라즈마는 해당 시스템을 효율적으로 사용할 수 있는 프레임워크인 하둡에 해당한다. 앞의 맵리듀스 그림에서는 세 개의 노드를 예시로 들었지만, 플라즈마 체인에 참여하는 수천 개의 노드가 맵리듀스 방식의 연산을 수행할 경우 굉장히 높은 수준의 연산 능력 확장성을 도모할 수 있다. 다만, 수천 개의 다양한 노드들이 수행한 연산 작업이 옳다는 증명이 필요하다. 이를 플라즈마 백서에서는 연산 능력 증명Proof of Computation이라고 표현했다. 연산 능력 증명은 플라즈마 체인의 부

플라즈마에서의 맵리듀스 데이터 처리 모델 응용

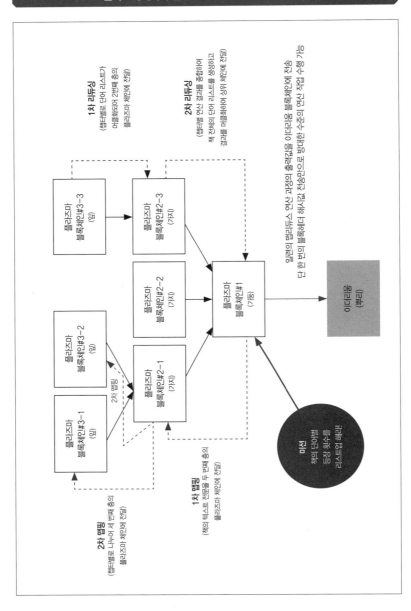

466

정행위 증명을 통해서 해결할 수 있다. 즉, 모든 체인은 할당된 연산 결과를 머클화해 상위 체인에 보고하고, 부정한 연산 결과를 보고하는 체인에는 페널티를 부과한다.

플라즈마 백서에서도 예시로 나온, 특정 책에 등장하는 단어의 개수를 세고 단어별로 출현 빈도를 정리하는 작업을 진행해보자. 먼저, 첫 번째 층에 있는 플라즈마 체인은 두 번째 층의 플라즈마 체인들에 텍스트 전문을 전달한다. 두 번째 층의 플라즈마 체인은 자신의 하위 체인인 세 번째 계층의 플라즈마 체인에 책의 텍스트를 챕터별로 분류해 하나씩 전달한다. 더 많은 층의 체인이 형성돼 있다면, 책의 텍스트를 챕터별이 아닌 더 자세하게 분할해 전달할 수도 있다. 데이터를 전달받은 세 번째 층의 플라즈마 체인들은 전달받은 챕터 안에서 사전에 입력된 단어 카운팅 작업을 진행한다. 여기까지를 맵핑 단계로 볼 수 있다. 그러고 나서, 챕터별 단어 카운팅 작업 결과를 분류해 상위 체인인 두 번째 층의 플라즈마 체인에 머클화해 전송한다. 챕터별 분류 결과값의 머클 정보들을 전달받은 두 번째 층의 플라즈마 체인은, 해당 정보를 통합해 책 전체의 분류 결과값(출력값)에 해당하는 머클 정보를 생성해 첫 번째 층의 플라즈마 체인에 전송한다. 첫 번째 플라즈마 체인은 해당 결과값을 해싱해 이더리움 블록체인에 전송하고, 해당 정보는 블록체인에 저장된다. 이 경우 이더리움 블록체인에 최종 결과값을 단 한 번만 전송하는데도 상당한 수준의 연산 능력 확장성이 생겨난다. 플라즈마는 이론적으로 생성할 수 있는 층과 체인의 개수에 제한이 없다. 향후 플라즈마를 통해 이더리움 블록체인의 범용성이 더욱 극대화될 수 있다는 의미다.

플라즈마를 통해 이더리움 블록체인 위에 여러 층의 다양한 블록체인을 생성할 수 있기 때문에, 이더리움 위에서 다양한 보조 프로토콜은 물론 프라이빗 블록체인까지 구현할 수 있다. 플라즈마를 통해 구현된 프라이빗 블록체인에서는 해당 체인에서 통용되는 별도의 토큰 발행도 가능하고, 이더를 해당 체인의 토큰으로 사용할 수도 있다. 따라서 퍼블릭 블록체인과의 상호운용성을 고려할 경우, 이더리움 플라즈마 체인에 프라이빗 체인을 구현하는 것도 효과적인 방법이다.

한편, 부테린은 2018년 3월 파리에서 개최된 이더리움 커뮤니티 컨퍼런스ETHcc에서 플라즈마 캐시에 대한 개념을 소개했다. 플라즈마 캐시는 이더리움 스마트 계약에 예치한 이더와 동일한 가치의 플라즈마 토큰이 생성되고, 해당 토큰들은 저마다 소유권을 나타내는 고유의 ID가 부여되는 구조다. 따라서 플라즈마 체인상에서 악의적인 해킹을 당한다 하더라도 고유의 ID를 통해 소유권을 증명할 수 있다. 소유권이 증명될 경우 조정 과정을 통해 이더리움 스마트 계약에 존재하는 이더를 돌려받을 수 있다. 부테린은 이에 대해 플라즈마 캐시는 무능력한 개발자들의 실수로 해킹을 당해 자산을 잃게 되는 문제를 해결해 줄 것이라고 밝혔다.

얼마 후, 이더리움재단은 플라즈마 MVP를 공식 발표했다. MVP란 'Minimal Viable Product'의 줄임말로, 가장 단순한 형태의 플라즈마 체인이라고 보면 된다. 현재 플라즈마 MVP는 단순 지불 기능만 구현할 수 있지만, 향후 이를 기반으로 다양한 형태의 플라즈마 체인이 생겨날 것으로 예상된다.

채굴자들의 호환마마 : 캐스퍼 프로젝트

블록체인에는 다양한 합의 알고리즘이 존재한다. 가장 널리 알려진 것은 비트코인의 작업증명 방식이다. 비트코인 네트워크에서 채굴자들이 블록을 생성하기 위해 엄청난 양의 연산 능력, 시간, 노동력, 자본을 투입한다. 이와 같은 일련의 과정을 작업이라고 부른다(시쳇말로 노가다라고 하면 이해가 빠르겠다). 작업을 수행했다는 것을 증명해야 블록을 생성할 수 있고, 이에 대한 보상으로 신규 발행되는 비트코인을 받을 수 있다. 최근에는 작업증명 방식 대신에 지분증명 방식이 대세다. 지분증명 방식은 블록을 생성하기 위한 자격 검증을 작업이 아닌 지분의 투입 유무로 판단한다. 채굴자는 검증자로 대체되고, 검증자들은 자신들의 지분, 즉 검증 활동을 하고자하는 블록체인의 토큰을 공통으로 예치하고 예치한 토큰 비중만큼의 투표권을 행사한다. 검증자들은 블록을 생성하고 검증하며 블록체인을 유지시켜 나가고, 예치한 토큰의 비중에 따라 이러한 기여를 보상한다. 즉, 신규 생성되는 토큰 및 거래 수수료가 검증자들이 예치한 담보 토큰의 비중에 따라 분배된다.

◇ 작업증명 방식에서 지분증명 방식으로: 정치적으로 올바른 블록체인

이더리움은 작업증명 방식에서 지분증명 방식으로의 전환을 계획하고 있다. 이는 이더리움의 4단계 발전 로드맵에도 명시된 내용이다. 지분증명 방식을 도입하면 어떤 이점이 있을까.

■ 마이닝풀 독점화 막는다

작업증명 방식을 사용하는 암호화폐들이 공통으로 직면한 문제는 막대한 연산 능력을 보유한 대형 마이닝풀에 권력이 집중되고 있다는 점이다. 비트코인 확장성 전쟁의 양상을 보면 알 수 있듯이 채굴자들은 비트코인 생태계의 구성원이라기보다는 상위 포식자에 가까운 행동도 서슴지 않는다. 블록체인 유지를 위한 핵심 기능인 블록 생성을 전담하는 채굴자들이 집단화, 권력화 되는 것은 블록체인의 안전성을 위협하는 요소다. 상위 다섯 개 마이닝풀의 점유율은 비트코인이 74%, 이더리움이 82%다. 전체 네트워크 연산 능력의 대부분이 상위 대형 마이닝풀에 집중돼 있다. 이러한 독점화 현상은 비트코인과 이더리움 생태계의 건전한 발전을 저해하는 위험 요소다. 비트코인의 경우 이미 확장성 전쟁이란 큰 출혈을 겪었다. 세그윗 도입에 수년이 걸린 것도 비대해진 권력들의 이권 다툼 때문이었다.

또한 작업증명 알고리즘 환경에서는 '규모의 경제' 논리가 작동한다. 영세한 마이닝풀이나 개인 채굴자들은 대형 마이닝풀과의 원가 경쟁력에서 밀린다. 대형 업체들은 협상력을 행사하며, 투입 자본의 효용성을 극대화한다. 채굴 하드웨어를 대량으로 저렴하게 구입하거나, 넘치는 현금을 바탕으로 직접 '특수목적주문형반도체'를 탑재한 채굴 장비를 제작한다. 조직적인 채굴 장비 관리, 값싼 전력 조달 등과 같은 요인도 한계비용을 낮추는 비결이다. 이와 같은 현상이 지속되면 대형 마이닝풀 몇 곳을 빼곤 아무도 채굴하지 않을지 모른다. 이런 상황이라면 51% 공격이 벌어질 수도 있겠다.

하지만 지분증명 합의 알고리즘이라면 얘기가 다르다. 모든 검증자는 동일하게 자신이 보유한 지분만큼의 수익만 가져간다. 얼핏 부익부 빈익빈을 조장하는 것 같다. 그러나 이더리움재단의 한국인 개발자 존 최는 지분증명 합의 알고리즘하에서는 규모의 경제를 구축할 수 없기 때문에 작업증명보다 더 평등한 알고리즘이라고 말했다. 즉, 전 세계 누구나 규모가 크든 작든 간에 정확하게 예치한 지분만큼의 수익만 받아간다. 동일하게 열 개의 이더를 담보로 예치했다면, 재벌 2세든 비정규직이든 똑같은 수익을 받는다. 지분이 많다고 받는 특혜는 없다. 게다가 검증자 역할을 수행하는 기간을 조절하고, 검증자 자격을 순차적으로 부여한다면 대형 검증자풀Validator Pool이 탄생할 가능성도 적어진다. 블록체인의 정신인 탈중앙화된 생태계에 더 가까워진다.

■ 전기 덜 써 환경오염 막는다

2018년 4월 19일 기준으로 비트코인 채굴에 사용된 전력이 시간당 61.7테라와트TWh를 넘어섰다. 시간당 61.7TWH는 스위스(시간당 62.1TWH)의 연간 평균 전력 소비량과 비슷한 수준이다. 모건 스탠리에 따르면, 2018년 연간 비트코인의 전력 소모량은 시간당 128TWH로 아르헨티나와 비슷해질 전망이다. 비트코인 거래 하나를 처리하는데 드는 전력은 비자카드 10만 개의 거래를 처리하는데 필요한 전력 소모량과 같다. 전력 낭비에 뒤따르는 환경오염은 더 심각하다. 현재 다수의 비트코인 채굴장은 화석 연료를 사용해 만든 전력을 사용한다. 지분증명 방식을 사용하면 막대한 연산 능력이 필요한 채굴 과정이 생략된다. 전력 소모량이 급감할 것이다.

■ 나쁜 짓은 반드시 처벌한다

작업증명 합의 알고리즘은 선의의 행동에 대한 보상을 통해 네트워크를 유지한다. 채굴자들이 신규 블록을 생성하면 그 대가로 비트코인을 지급한다. 이론적으로는 누구든지 네트워크를 공격할 수 있다. 공격한다고 해도 마땅히 처벌할 수 있는 방법이 없다. 다만, 공격해서 얻을 수 있는 부당한 일회성 수익보다 선의의 행동을 통해 얻을 수 있는 비트코인의 미래 가치의 합이 더 크기 때문에 공격을 하지 않을 뿐이다. 반면, 지분증명 합의 알고리즘하에서는 검증자들이 악의적인 공격을 감행할 경우 해당 검증자들이 예치한 담보 토큰을 태워버린다. 프로토콜 레벨에서 확실한 처벌 대책이 존재한다. 또한, 악의적인 공격을 위해 들어가는 비용이 매번 동일하다. 여러 번 공격한다고 해서 한계비용이 줄지 않는다. 반복 공격을 하기 어렵다. 때문에 전체 네트워크의 경제적 가치를 보전하는 데 굉장히 용이하다.

472

◇ 혁명을 위한 개선의 한 걸음, 하이브리드형 캐스퍼FFG

캐스퍼Casper는 이더리움의 지분증명 합의 알고리즘 프로젝트를 총칭하는 말이다. 도입 시기와 세부적인 프로그래밍 모델에 따라, 부테린의 캐스퍼FFGCasper Friendly Finality Gadget와 블라드 장피르Vlad Zamfir의 캐스퍼CBCCorrect-by-Construction로 나뉜다. 장피르 역시 이더리움의 핵심 개발자이며, 현재 캐스퍼와 더불어 샤딩Sharding 프로젝트를 주도하고 있다. 현재 도입을 앞두고 있는 것은 부테린이 제안한 캐스퍼FFG다.

캐스퍼FFG의 도입이 더 임박한 이유는 작업증명과 지분증명 방식을 혼용하는 하이브리드 형태의 알고리즘이기 때문이다. 현존하는 작업증명 방식의 이더리움 체인 위에 지분증명 방식의 알고리즘을 붙이는 형태다. 채굴자들이 작업증명 방식을 통해 블록을 채굴하고, 50개 블록마다 검증자들이 최종 확인을 한다. 50개의 블록마다 체크포인트Check-point를 설정한다. 체크포인트에서 참여자들은 정당한 이더리움 블록체인 여부를 확인할 수 있다. 체크포인트 사이의 간격을 이포크Epoch라고 부르며, 현재는 블록 50개로 설정돼 있다. 채굴자들은 정당한 이더리움 체인에 블록을 붙여나가야 한다.

뒤의 그림은 캐스퍼FFG 합의 알고리즘하에서 블록이 뻗어나가는 과정을 도식화한 것이다. 작업증명 알고리즘을 사용하는 채굴자들이 블록을 생성하고, 50개의 작업증명 블록마다 하나의 체크포인트를 둔다. 검증자는 체크포인트 단위로 투표를 하고, 검증자의 3분

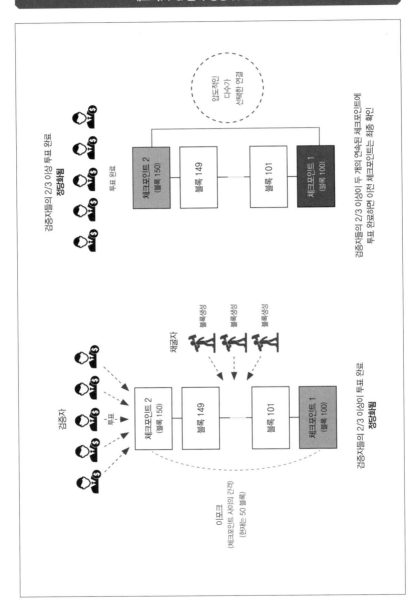

캐스퍼FFG 블록 생성 및 컨펌 구조

474

의 2 이상이 투표를 완료할 경우 해당 체크포인트는 정당화된다. 정당화 단계는 최종 확인을 위한 준비 단계다. 투표는 검증자들이 해당 블록을 정당하다고 생각하는 것에 대한 의사표시로, 자신들의 디지털 서명이 들어 있는 메시지를 블록에 전송하는 행위다. 모든 검증자는 동일한 높이의 체크포인트에 동시에 투표할 수 없다. 즉, 중복 투표가 불가능하다. 결과적으로 불필요한 체인 분기를 제한한다. 이후 채굴자들이 다시 블록을 생성해 50개의 블록이 쌓이면, 두 번째 체크포인트(체크포인트2)가 생성된다. 검증자들은 해당 체크포인트에서 앞의 과정과 동일하게 투표를 진행한다. 검증자의 3분의 2 이상이 투표를 완료함과 동시에 이전 체크포인트(체크포인트1)는 최종 확인된다. 최종 확인된 체크포인트 이전의 모든 데이터는 원칙적으로 변경될 수 없다. 또한 최종 확인된 체크포인트에서부터 정당화된 다음 체크포인트까지의 연결을 '압도적인 다수가 선택한 연결Super Majority Link'이라고 부른다. 이와 같은 일련의 블록 생성 과정에서 부정 투표를 한 검증자의 담보금은 몰수된다. 캐스퍼FFG에서는 정당화된 가장 긴 체인을 메인 체인으로 간주한다. 즉, 채굴자들은 다양한 분기가 발생했을 경우 정당화된 가장 긴(높은) 체인의 마지막 블록에 신규 블록을 붙여야 한다.

캐스퍼FFG는 점차 작업증명의 비중을 줄여나갈 계획이다. 즉, 이 포크 사이에 존재하는 블록 개수(현재는 50개)를 점차 줄여 작업증명 채굴자들의 영향력을 약화시킬 예정이다. 비트코인에서 블록의 최종 확인은, 생성된 블록 위에 여섯 개의 신규 블록이 쌓여야 이뤄진다. 이를 줄여서 '여섯 개의 이체 확인이 필요하다'고 표현한다. 확률적으로 특정 블록 위에 여섯 개의 블록이 쌓일 경우, 해당 블록의 데이터를 되돌릴 수 있는 가능성이 현저히 줄어든다. 확률적으로 가능성이 거의 없지만 불가능한 것도 아니다(예를 들어 51% 공격). 따라서 작업증명 방식에서 블록의 최종 확인은 향후 블록 데이터의 수정 및 위변조가 불가능하다고 봐도 무방할 정도의 낮은 확률을 통한 암묵적 합의라고 보는 것이 맞다. 반면, 지분증명에서는 검증자들의 합의만으로 즉각적인 최종 확인을 만들어낼 수 있다. 최종 확인이 완료된 체크포인트 이전의 모든 블록 히스토리는 원칙적으로 되돌릴 수 없기 때문에, 악의적인 공격자가 높은 연산 능력을 바탕으로 블록을 임의로 생성한다고 하더라도 선의의 검증자들의 투표를 받지 못하면 의미가 없다. 결과적으로 공격의 효과는 제한된다.

물론 채굴자 위험이 줄어든 만큼, 검증자 위험Validator Risk이라는 새로운 개념이 등장한다. 검증자들이 단합해 악의적인 공격을 할 수도 있다. 공격의 유형은 두 가지다. 과거로 돌아가 새롭게 '최종 확인'을 다시 하는 경우와, 3분의 1 이상의 검증자들이 맡은 바 역할을 제대로 안 하는 경우다. 현재 캐스퍼FFG는 이런 공격을 1) 항상 최초로 최종 확인된 체크포인트만 인정, 2) 게으른 노드들의 예치금을 지속적으로 차감 등과 같은 조치를 통해 해결하려고 한다. 감소한(혹은 제한된) 악의적 공격의 미래 수익과 공격자들의 경제적 손실(예치금 몰수), 그리고 전체 네트워크의 막대한 경제적 손실(이더리움의 가치 하락) 등은 악의적 공격의 가능성을 줄인다. 그리고, 지분증명을 활용한 간편하면서도 견고한 최종 확인 과정은 샤딩의 효율적인 도입을 위해서 필수다. 캐스퍼FFG에서 한 발 더 나아가, 100% 지분증명 방식을 도입하면 굉장히 높은 수준의 확장성을 갖게 된다. 플라즈마 체인에서 지분증명 방식을 사용하는 이유도 여기에 있다.

다만, 채굴자들 역시 엄연한 이더리움 생태계의 일원이다. 하루아침에 지분증명 방식으로 합의 알고리즘을 전환하는 것은 665억 달러(2018년 5월 1일 기준)에 달하는 시가총액을 보유한 이더리움 생태계 전체에 혼란을 초래할 수 있다. 이를 최소화하기 위해 이더리움재단은 점진적으로 지분증명 방식을 도입하는 캐스퍼FFG를 선택했다. 따라서 현재까지 나와 있는 캐스퍼 알고리즘 역시 완벽하지 않다. 개념적으로 모호한 부분, 확실하게 밝히지 않은 부분, 현재 고려 중인 부분들이 산재해 있다. 사실 캐스퍼FFG 도입은 완벽한 PoW-PoS 하이브리드 시스템을 이식한다기보다는, 100% 지분증명 방식으로의 전환 과정에서 생겨날 수 있는 다양한 문제점을 분석하고 개선하고자 하는 의도가 더욱 강하다. 이더리움 캐스퍼 프로젝트는 현재 진행형이다.

이더리움 빅픽처의 마지막 퍼즐 : 샤딩

블록체인의 진행 방식은 직렬이다. 단 하나의 정당한 체인만이 존재하고 여기에 일정 주기마다 생성되는 신규 블록이 일차원적으로 추가된다. 한 줄기의 체인이 감당해야 할 짐이 너무 무겁다. 이와 같은 구조에서는 노드가 아무리 많아진다고 한들, 블록체인의 거래 처리 속도는 빨라지지 않는다. 모든 노드들이 같은 데이터를 갖고 있고, 동일한 연산을 하기 때문이다. 오히려 노드 간 동일한 장부를 갖기 위한 싱크로 작업에 소요되는 시간만 늘어날 뿐이다. 그럼에도 이런 비효율적인 시스템을 사용하는 이유는 탈중앙화 때문이다. 탈중앙화에서 파생된 다양한 장점들(위변조 및 검열 불가, 보안 등)이 훨씬 많다. 이더리움이 도입하려는 샤딩은 블록체인을 구성하는 노드들 사이에 최초로 분업을 가능하게 한다. 곧, 샤딩은 탈중앙화라는 가치관을 지키면서 효율성을 높일 수 있는, 지금까지와는 차원이 다른 확장성 솔루션이다.

샤딩은 대량의 데이터를 처리하기 위해 데이터베이스 테이블을 수평 분할해 물리적으로 서로 다른 곳에 분산 저장 및 조회하는 기술이다. 쉽게 말해, 데이터를 분할하고 동일한 연산을 수행하는 컴퓨터에 할당함으로써 데이터 처리 속도를 높이는 방법이다.

샤딩은 옆에 있는 그림처럼 데이터 테이블을 수평으로 분할해 복수의 노드에 할당한다. 노드들은 할당받은 데이터 테이블을 통해 개별적으로 분할 전의 기능을 수행할 수 있다. 그림의 오른쪽에서 보는 것처럼 데이터 테이블을 수직 분할할 경우, 데이터 테이블의 로직도 같이 쪼개진다. 쪼개진 두 개의 데이터 테이블은 그 자체로 의미를 갖기 어렵다. 샤딩을 통해 분할된 개별 주체들을 '샤드Shard'라고 부르며, 원칙적으로 샤드 간의 커뮤니케이션은 별도의 중재 기능이 필

샤딩의 기본 개념

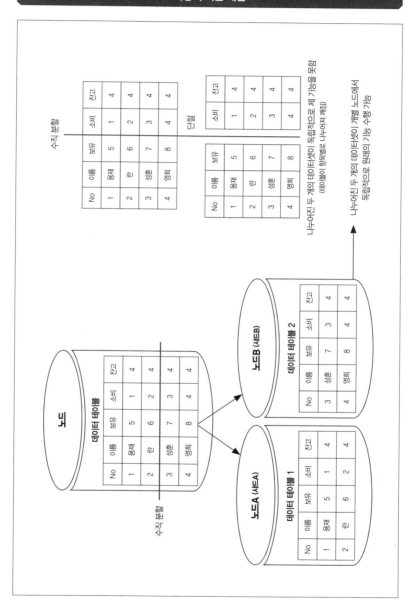

요하다. 수직 분할된 두 개의 데이터가 각각 개별 샤드에 보관돼 있을 경우, 매번 유의미한 데이터를 도출하기 위해서는 샤드끼리 연결하는 과정이 필요하다. 따라서 수직 분할은 데이터 용량이 너무 방대해 한곳에 관리하기 어려울 때, 데이터 테이블을 항목별로 쪼개 분산 보관하기 위해 주로 사용된다.

현재 이더리움 블록체인은 약 1만 4000개가 넘는 노드가 네트워크를 구축하고 있는데도 연산 속도가 형편없다. 초당 20건에 불과하다. 비자(초당 2000건)는 물론이고 페이팔(초당 200건)과도 비교할 바 못 된다. 1만 개가 넘는 노드들이 같은 연산을 수행하고, 그 연산을 가장 먼저 한 노드가 결과값을 다른 노드에 전파한다. 결국, 1만 개가 넘는 노드가 구축하는 네트워크도 컴퓨터 한 대 수준의 성능을 갖게 될 뿐이다. 샤딩을 적용하면 얘기가 달라진다. 1만 4000여 개의 노드가 그룹을 이뤄 일사분란하게 역할을 분담한다. 이 경우 이더리움 네트워크로 전송되는 수없이 많은 거래들은 수많은 노드 그룹들에게 분할, 할당된다. 즉, 다양한 노드 그룹들이 각기 다른 거래를 검증하고 전파할 수 있게 된다.

현재까지 밝혀진 샤딩 관련 논문에는 초기에 노드 그룹, 즉 샤드 개수를 100개로 한다고 나와 있다. 즉 100개의 노드 그룹이 100개의 각기 다른 거래를 처리한다는 말이다. 독립적으로 기존 이더리움의 기능을 구현할 수 있는 100개의 미니 이더리움 네트워크가 탄생한 것으로도 볼 수 있다. 기존의 직렬 구조에서 다수의 노드 그룹이 병렬적으로 체인을 확장시켜 나갈 수 있다. 또한 지속적으로 늘어나

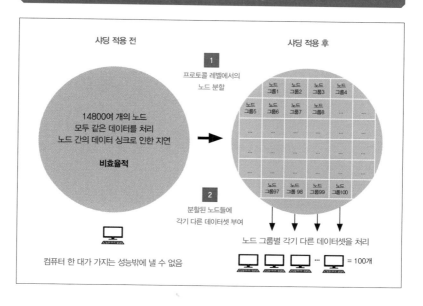

이더리움 블록체인과 샤딩

샤딩 적용 전

148000여 개의 노드
모두 같은 데이터를 처리
노드 간의 데이터 싱크로 인한 지연

비효율적

컴퓨터 한 대가 가지는 성능밖에 낼 수 없음

샤딩 적용 후

1
프로토콜 레벨에서의
노드 분할

노드 그룹1	노드 그룹2	노드 그룹3	노드 그룹4
노드 그룹5	노드 그룹6	노드 그룹7	노드 그룹8	...	...
...	...	...	...	...	...
...	...	...	...	...	...
...	...	...	...	...	...
노드 그룹97	노드 그룹 98	노드 그룹99	노드 그룹100

2
분할된 노드들에
각기 다른 데이터셋 부여

노드 그룹별 각기 다른 데이터셋을 처리

... = 100개

는 노드들을 통해 추가 샤드를 구성할 경우, 효율적으로 블록체인의 처리 용량을 늘릴 수 있다.

이더리움에서 구현될 샤드 체인을 설명하기 위해, 먼저 몇 가지 용어를 정리하고 가자. 일단, 샤드 체인의 기본 구성단위는 정렬 단위다. 적당한 말이 없어 정렬 단위, 혹은 컬레이션으로 부른다. 개별 샤드에 전송된 거래들은 일단 컬레이션에 담기고, 컬레이션들이 모여 샤드 체인을 이룬다. 컬레이션에도 기존 블록과 마찬가지로 요약 정보가 위치한 컬레이션 헤더가 존재한다. 여기에는 샤드 ID(총 N개의 샤드 중 M번째를 의미, 예를 들어 '샤드34'는 34번째 샤드를 의미), 담긴 거래

구분	이더리움 블록체인	샤드 체인
구성단위	거래 -> 블록 -> 체인	거래 -> 정렬 단위 -> 샤드 *정렬 단위는 샤드 체인에서의 블록을 의미
요약 정보 위치	블록 헤더	컬레이션 헤더
합의 알고리즘	작업증명 *추후 작업증명과 지분증명의 하이브리드 방식으로 바뀔 예정	지분증명
블록 생성 담당자	채굴자 *하이브리드 방식에서는 검증자 추가	교정자, 대조자 *지분증명 방식에서의 검증자 역할

의 해시값으로 이루어진 트리(머클 트리), 거래 영수증들의 해시값으로 이루어진 트리, 디지털 서명 등이 들어간다. 샤드 체인에서는 거래를 일으킬 때마다 영수증이 발급되는데, 이러한 영수증 발행 메커니즘을 통해 나중에는 샤드 간의 거래도 가능하게 만들 계획이다. 샤드 체인에서의 합의 알고리즘은 지분증명 방식을 사용하며, 블록을 생성하고 이어 붙여가는 역할은 교정자 혹은 대조자라 불리는 컬레이터가 담당한다.

　사실, 이더리움의 확장성 솔루션 가운데 라이덴 네트워크를 제외하고는 아직 갈 길이 멀다. 특히 샤딩은 '끝판왕' 확장성 솔루션이다. 가장 갈 길이 멀다. 현재는 대략적인 밑그림 정도만 발표됐다고 보는 게 맞다. 대략적인 구조만 이해해보자.

먼저, 샤드 체인은 이더리움 메인 체인의 '검증자 관리 계약VMC, Validator Management Contract'이라는 스마트 계약을 실행시킴으로써 생성되고, 이더리움의 전체 노드들은 생성된 샤드들로 편입된다. 이 스마트 계약은 샤드 체인들을 검증하고, 개별 샤드 체인들의 상태를 모니터링하고 업데이트하며, 컬레이터 선정을 위한 풀을 조성하고, 그 안에서 컬레이터를 무작위로 선정한다. 그리고 샤드 간의 거래들을 중개하는 역할을 하기도 한다. 한마디로, 샤딩이 구현되기 위해 가장 중요한 기능을 한다. 검증자 관리 계약에 문제가 생기면 샤드 체인들은 제 기능을 할 수 없다.

지분증명에 검증자가 있다면, 샤드 체인에는 교정자 혹은 대조자라고 불리는 컬레이터들이 있다. 이들은 컬레이션을 구성하고 검증하며 전파한다. 물론 이 과정에서 부정한 행위를 하는 컬레이터들은 페널티를 받는다. 페널티의 형태는 지분증명 합의 알고리즘을 사용하기 때문에 예치금 몰수 방식이 될 것이다. 예상 가능한 특정 로직에 의해 컬레이터를 선정할 경우 샤드 체인의 보안성이 현저히 떨어지기 때문에 컬레이터 선정은 '난수 생성을 통한 무작위 추출 방식 Pseudorandomness Sampling'으로 이뤄진다. 이더리움 메인 체인의 경우 51% 공격이 존재한다. 전체 연산 능력의 51%를 소유하게 되면 블록 데이터를 임의로 조작할 수 있다는 개념인데, 샤드 체인의 경우 현재 100개의 샤드가 독립적으로 생겨난다고 가정하면, 한 개의 샤드를 공격해 데이터를 조작하는 것은 전체 연산 능력의 1%만 보유해도 가능하다는 의미다. 이를 1% 공격이라고 한다. 미리 컬레이터

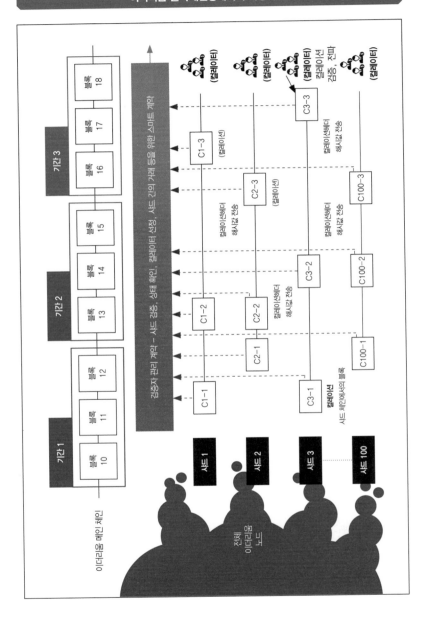

로 선정될 것을 예측한 악의적인 참여자들 몇몇이 모여 공격을 감행하면 샤드 체인 전체가 위험에 빠질 수 있다. 따라서 컬레이터의 무작위 난수 추첨 선정은 샤드 체인 보안 유지의 핵심이다.

컬레이터로 활동하는 기간은 사전에 정해진다. 이를 피리어드^{Period}라고 하는데 보통 블록 생성 단위로 측정한다. 즉 컬레이터 피리어드가 3일 경우, 옆의 그림처럼 이더리움 메인 체인에서 세 개의 블록이 생성되는 동안을 의미한다. 개별 피리어드에는 샤드별로 한 개의 컬레이션만 생성할 수 있다. 컬레이션 헤더의 거래 정보들의 해시값들은 머클화돼 검증자 관리 계약으로 전송된다.

샤딩은 현재 가장 주목받는 프로토콜 레벨에서의 확장성 솔루션이다. 이더리움은 월드 컴퓨터를 목표로 하고 있다. 이더리움 네트워크 안에서 향후에는 현존하는 글로벌 기업들 수준의 '메가 디앱^{Mega DApp}'들이 구현될 수 있어야 한다. 지금과는 비교할 수 없을 정도의 거래 처리 속도와 용량이 필수적이다. 이를 위해 이더리움재단은 라이덴 네트워크를 통한 결제 처리 속도 증가, 플라즈마를 활용한 연산 능력 확장, 샤딩을 통한 처리 용량 증가 등과 같은 빅 픽처를 그리고 있다. 이런 시도가 성공한다면 블록체인으로 바뀐 세상의 중심엔 이더리움 네트워크가 존재할 가능성이 크다.

PART 4

암호화폐는 진화 중

블록체인 혁명이 우리 삶에 미치는 영향

Next Money

"규제와 감독, 민간 영역의 혁신,
그리고 신기술이 건전한 균형을 이룬다면
우리는 보다 나은 성장과 번영을 누릴 수 있을 것이다."

CHAPTER 12

거인을 꿈꾸는 암호화폐 5형제

디지털 자산, 스위프트 2.0 : 리플

홈페이지 https://ripple.com

트위터 https://twitter.com/Ripple

페이스북 https://www.facebook.com/ripplepay

텔레그램 https://t.me/Ripple

2001년 9·11 테러 이후 미국이 벌인 테러와의 전쟁은 금융 제재를 기본으로 깔고 있다. 미국은 테러 직후 '의심스러운 돈' 일체를 동결했다. 장기전은 병참 싸움이다. 테러 조직을 직접적으로 척결하기 어렵다면 자금줄을 끊어 고사시키면 된다. 미국은 그러나, 자금줄을 완전히 차단하지 못했다. 빈 라덴의 자금 네트워크는 서구적인 금융 시스템과는 전혀 다른 체계였기 때문이다. 이들은 자금을 이동할 때 공식 금융기관을 이용하지 않는다. 이슬람권에서 생겨난 사적 송금 시스템IFT, Informal Funds Transfer인 '하왈라Hawala'를 이용한다. 하왈라는 아랍어로 신뢰라는 뜻이다. 신뢰를 기반으로 가치를 이전시킬 수 있는 시스템이다. 고대 상인들이 지리적으로 멀리 떨어진 곳과 상거래를 할 때, 결제 수단인 금이나 귀금속을 직접 가지고 다니면 발생할 수 있는 리스크를 피하기 위해 고안됐다.

예를 들어, 한국에 있는 용재가 미국에 있는 란이에게 100만 원을 송금한다고 해보자. 용재는 근처 하왈라 영업장에 들러 송금액과 수수료를 낸다. 그 하왈라 영업장에서는 용재에게 비밀번호를 부여한다. 용재는 란이에게 국제전화로 비밀번호를 알려준다. 란이는 미국 집 근처에 있는 하왈라 영업장에 가서 비밀번호를 알려주고 100만 원을 찾는다. 보통 하루, 길게는 일주일까지 걸리는 국제 송금이지만 하왈라를 이용하면 비밀번호를 부여받는 순간, 미국에 돈이 도착한 것으로 간주할 수 있다(물론, 실제 돈이 오간 건 아니다. 하왈라 시스템은 '돈의 이동 없는 돈의 이전money transfer without money movement'이다. 하왈라 영업점은 일정 기간 단위로 돈의 최종 수령액만 정산한다). 은행 간 네트워크인 스위프트망을 이용하지 않아 수수료도 훨씬 저렴하다. 세계은행에서 제공하는 세계송금가격에 따르면, 2017년 4분기 기준으로 200달러를 송금했을 때 호주에서 바누아투공화국으로 보내는 경우 26.67달러 13.35%에 해당하는 수수료로 내야 한다.

하왈라는 여전히 유효한 사적 금융 네트워크다. 금융거래의 핵심인 '신뢰'는 어떻게 확보할까. 이슬람 문화권이 아닌 한국인들 입장에서는 하왈라 영업장이 돈을 떼먹지 않을까 걱정이다. 하왈라 네트워크는 이슬람이라는 강한 공동체 의식을 기반으로, 역사적으로 형성된 신용거래다. 공동체가 신뢰를 담보한다. 최근에는 특히, 유럽, 북미 등으로 이주한 이슬람권 노동자들의 송금 수단으로 부활해 각광받고 있다. 선진국에서 일하는 노동자들은 은행 시스템을 이용한다고 쳐도, 저개발 국가에 남아 있는 이들은 은행 시스템에서 소외된 계층인 경우가 많다. 이 경우 선진국의 노동자들은 하왈라를 통해 가족에게 송금할 수밖에 없다. 국내에서도 국내 체류 중인 3만여 명의 네팔 근로자 중 약 70%가 하왈라를 이용하는 것으로 알려졌다. 규모도 상당하다. 2015~2017년간 경기남부지역에서만 하왈라를 이용한 환치기 범죄가 9건, 5000억 원에 달했다.

◇ 하왈라의 블록체인 버전

시가총액 3위 암호화폐 리플은 은행 간 결제를 위한 블록체인 프로토콜(플랫폼)이다. 리플 플랫폼 안에서 거래(트랜잭션)가 일어날 경우 수수료를 지불하는데, 이때 사용되는 코인이 XRP다. 국내에서는 '리플=XRP'이지만, 엄밀히 말하면 다르다. 리플은 네트워크이자 이 네트워크를 만든 회사의 이름이고, XRP는 이 네트워크에서 쓰이는 코인의 이름이다(글에서 회사를 의미하는 경우엔 리플사로 표기한다).

리플 네트워크의 작동 원리는 'IOU^I Owe You'다. '나는 당신에게 빚을 졌다'는 의미의 차용 지불 개념이다. 예를 들어 용재, 란, 성훈 세 명이 있다. 용재는 란이에게 100만 원을 빌려줬다. 란이는 성훈에게 100만 원을 빌려줬다. 성훈은 용재에게 100만 원을 빌려줬다. 그럼, 란이는 용재에게 빌린 돈을 갚기 위해 따로 100만 원을 준비해야 할까. 굳이 그럴 필요가 없다. 란이는 용재에게 성훈이한테 100만 원을 받으라고 하면 된다. 용재는 어차피 성훈에게 100만 원을 갚아야 하기 때문에, 당초 란이가 성훈에게서 받을 돈 100만 원과 상계하면 된다. 이 과정에서 직접적인 지불은 일어나지 않았지만 거래가 성사됐다. 돈을 갚는 과정에서 100만 원이 실제 오가지 않았지만 돈을 갚는 결과를 가져왔다는 의미다. 하왈라와 비슷한, '가치의 이동 없는 가치의 이전'이 일어났다.

실제로 많은 지불 플랫폼이 이와 같은 방식을 쓰고 있다. 다만, 차용을 공여할 수 있는 금융기관이 제한적일 뿐이다. 리플의 IOU 네트워크는 거대하다. 리플 네트워크에서 노드A가 노드B로 차용을 요청할 경우, 노드B가 노드A에게 직접 차용을 허용하지 않더라도, 리플 네트워크가 노드A에서 다른 중간 노드들을 통한 노드1, 노드2… 등 노드B의 차용 고리를 빠르게 찾아준다. 예를 들어, 한국에서 용재가 100만 원에 상당하는 돈을 베트남에 있는 란이에게 보내고 싶다. 리플 네트워크에서 100만 원에 상당하는 달러를 차용해줄 수 있는 중개자를 섭외하고, 달러 차용 중개자는 엔화 차용 중개자를 섭외하고, 엔화 차용 중개자는 동화 차용 중개자를 섭외한다. 원화-달러-엔화-동화를 거쳐 최종적으로 란이가 돈을 받게 된다.

리플 네트워크가 작동하는 외양은 하왈라와 매우 유사하다. 하왈라의 블록체인 버전쯤으로 리플을 이해하면 편하다. 하왈라는 이슬람인들이 거주하는 곳이라면 전 세계 어느 곳이든 휴일 없이 송금이 가능하다. 리플 네트워크 역시 온라인으로 24시간 휴무 없이 운영된다. 거래 속도도 빠르다. 하왈라에서는 송금하는 사람이 하왈라 영업장에 송금을 접수하고 비밀번호를 발급받는 순간, 반대편 송금받는 사람이 비밀번호만 말하면 돈을 인출할 수 있다. 리플 네트워크를 활용하면 단 몇 초면 국제 송금이 가능하다. 기존의 스위프트망을 활용할 때는 3~5일은 걸렸다. 수수료 역시 싸다. 세계은행에 따르면, 2016년 기준으로 국제 송금 규모는 5750억 달러다. 송금하는 과정에서 국내 송금 은행, 현지 은행에 수수료를 이중으로 부담해야 하고, 환전 수수료에 더해, 수수료가 비싼 스위프트망을 이용해야 한다. 2017년 4분기 기준으로, 국제 송금 평균 수수료는 송금액의 7.09%다. 하왈라를 이용하면 중개인들에게 약간의 수수료만 내면 된다. 마찬가지로 리플 네트워크를 활용하는 경우엔 기존 국제 송금 수수료의 3분의 1 수준이면 된다고 한다. 하왈라가 강력한 이슬람 공동체에 기반해 거래 안정성을 확보하는 것처럼, 리플 네트워크는 블록체인 기술에 기반해 원장 위변조나 해킹의 위험에서 자유롭다. 하왈라에선 담보나 일체의 서류를 만들지 않고 거래 정보는 상대가 자금을 받는 순간 폐기한다. 익명성을 보장한다. 리플 네트워크에서도 거래자들의 개인적인 금융정보는 금융기관만이 알 수 있다.

◈ 디지털 자산… 제도권과 해법 찾는다

리플(정확히는 XRP)은 한국인들이 '최애'하는 코인이다. 암호화폐 정보업체 크립토컴페어에 따르면, 전 세계 리플 거래에서 원화가 차지하는 비중은 40% 안팎에 이른다(리플 가격 급등기엔 50%를 웃돌았다). 국내 암호화폐 거래소 빗썸의 거래량만 전 세계 거래량의 20%를 차지한다. 일방적인 구애에도 2017년 11월까지 리플은 반응(가격 상승)하지 않았다. 그래서 붙은 별칭이 '리또속'. '리플에 또 속았다', 또는 '리플이 또 속였다'는 의미다. 오죽했으면 가수 송대관의 노래 '유행가'의 한 구절('유행가 유행가 신나는 노래 나도 한번 불러본다')를 빗대 '리또속 리또속 신나는 거래 나도 한번 물려본다'는 우스갯소리가 떠돌 정도였다. 인터넷 암호화폐 커뮤니티에선 '마음이 힘들 때는, 리플을 900에 물린 사람도 있다는 걸 기억해!'라는 '짤'이 하락장마다 등장했다. 그랬던 리플이 '존버(끝까지 팔지 않고 버틴다는 의미의 속어)'의 아이콘이 됐다. 2018년 1월 4일엔 4925원(업비트 기준)까지 치솟았다. 이후 규제 리스크로 다른 모든 암호화폐와 함께 하락해 2018년 5월 현재는 1000원 안팎에서 거래되고 있다.

'골수' 블록체인 지지자들은 리플을 '짝퉁'이라고 폄훼한다. 리플은 블록체인의 기본 정신인 탈중앙화와 거리가 멀기 때문이다. 채굴에 의해 암호화폐가 새로 생성되는 비트코인 등과 달리, 리플사가 애초 1000억 개의 XRP 토큰을 발행했다. 거래를 검증하는 노드는 리플사가 정한 노드 리스트에 의해 채택된다. 2017년 말 기준으로 스물다섯 개 정도의 노드가 검증에 참여하고 있다. 노드 숫자를 점진적으로 늘려 탈중앙화를 추구한다는 게 리플사의 목표이지만 아직 갈 길이 멀다.

처음부터 1000억 개의 XRP 토큰이 발행됐고, 그중 200억 개를 창업자가, 800억 개를 회사가 보유하면서 '스캠'이라는 말도 나왔다. 현재도 600억 개는 회사가 소유하고 있다. 집중화된 소유 구조는 이들 '고래'가 시장에 매물을 쏟아내면 가격이 폭락할 것이라는 우려를 불러왔다. 이런 우려를 불식시키기 위해 2017년 회사 측은 550억 개의 XRP 토큰을 일종의 에스크로 계좌에 넣고 한 달에 최대 10억 개씩만 팔 수 있도록 하겠다는 계획을 발표했다. 실제로 공급량을 통제하겠다는 계획을 발표하자 리플 가격이 단기 랠리를 펼치기도 했다. 리플이 다른 암호화폐와는 결이 다르다는 건 리플사의 최고경영자 브래드 갈링하우스**Brad Garlinghouse**도 인정하는 사실이다. 갈링하우스는 국내 암호화폐 커뮤니티에서는 빵형 혹은 마늘빵형으로 통한다. 2018년 3월 방한한 그는 기자간담회 내내 리플을 가리켜 암호화폐가 아니라 디지털 자산이라는 표현을 썼다. 리플은 암호화폐가 아니기 때문에 법정화폐(원화, 달러 등)와 경쟁하지 않는다. 갈링하우스는 블록체인 업계 내에서도 우리(리플사)는 이단아라며 무정부적이고 체제에 반대하는 게 암호화폐와 비트코인의 문화지만 우리는 처음부터 정부, 금융기관 등 제도권과 함께 해법을 찾으려는 역발상의 입장이었다고 말했다. 실제로 국내에서 리플이 인기 있는 이유 가운데 하나는, 금융 기득권과 타협하는 선에서 블록체인 기술을 구현한, 가장 상용화 가능성이 높은 암호화폐이기 때문이다.

리플사가 주목하는 사업 역영은 국제 송금이다. 현재는 스위프트망이 이 시장을 장악하고 있다. 그래서 리플을 '스위프트 2.0'이라고도 부른다. 스위프트는 전 세계 1만 개 이상의 중앙은행 및 주요 금융회사들이 가입돼 있는 네트워크다. 송금 시스템의 표준화를 통해 비용 절감을 이뤄냈다. 지금까지의 국제 송금은 국제 송금을 담당하는 금융회사들(중개 은행)이 세계 곳곳에 계좌를 마련하고 계좌에 돈을 넣어두는 구조였다. 이런 식으로 국제 송금을 위해 잠자는 유동성이 2017년 말 기준으로 10조 달러에 이른다. 여러 은행을 거치기 때문 보통 송금이 완료될 때까지 3~5일 걸리며, 신뢰성도 떨어진다. 갈링하우스에 따르면, 송금 에러율은 6%에 이른다. 비트코인은 법정화폐와 금융 시스템을 대체하는 방식으로 국제 송금 문제를 해결하려 한다. 그 과정에서 익명성 등이 문제가 되고, 기득권(정부 당국, 금융권 등)의 반발에 직면하고 있다(참고로, 2018년 5월 현재 국내의 해외소액 송금 스타트업은 비트코인 등 암호화폐를 사용해 국제 송금을 하면 안 된다). 반면, 리플사는 금융당국과 당국의 규제를 받는 금융회사들과 함께 블록체인 기술을 활용해 국제 송금 문제를 해결한다.

갈링하우스는 비트코인은 디지털 자산의 냅스터가 될 것이라고 전망했다. 냅스터는 컴퓨터 저장장치에 개인별로 보유한 MP3 파일을 공유·교환해주는 무료 소프트웨어다. 우리로 치면 소리바다쯤 된다. 1999년 혁명적으로 등장해 디지털 음원의 가능성을 보여줬지만 사업적으로 성공하지 못했다. 기존의 법과 제도의 틀인 저작권 문제를 무시했기 때문이다. 디지털 음원 비즈니스는 저작권 문제를 해결한 아이튠즈 등에서 꽃피웠다. 갈링하우스는 리플사는 은행과 함께 (국제 송금이라는) 문제의 해법을 찾는다며 영란은행, 사우디아라비아 중앙은행 등 각국 중앙은행이 우리의 고객이라고 말했다. 그는 국제 송금 분야의 아이튠즈는 리플사가 될 것이라고 주장했다.

◇ 네트워크가 커지면 리플이 오를까

리플사가 은행에 제공하는 서비스는 크게 두 가지다. 먼저, X커런트. 기존 송금 시스템의 효율화를 위해 사용되는 기본 소프트웨어다. 한 은행에서 다른 은행까지의 국제 송금 과정을 청산까지 원스톱으로 서비스한다. 2018년 5월 현재 100여 개의 글로벌 유수 은행들이 X커런트를 도입, 테스트를 진행하고 있다. 2017년 말, 우리은행과 신한은행이 '리플을 사용한 국제 송금 테스트를 성공적으로 마쳤다'는 뉴스가 나왔다. 일부 국내 암호화폐 투자자들은 이들 은행이 리플에 투자했다고 오해했다. 아니다. 리플사의 X커런트 서비스를 도입했다는 의미다. 이 서비스 시스템에서는 리플이 아니라 법정화폐를 사용한다. X커런트 서비스는 일종의 지불증서(IOU)를 교환하는 식으로 국제 송금이 이뤄지기 때문에 상대 은행에 계좌가 있어야 하고, 사전에 자금이 예치돼 있어야 한다. 스위프트망을 이용할 때만큼은 아니지만, 어느 정도 돈이 묶인다는 의미다.

X래피드는 X커런트에서 한 발 더 나아간 서비스다. 송금의 매개체로 리플을 사용한다. 곧, 리플이 X커런트 서비스에 유동성을 공급해 준다. 상대 은행에 계좌를 만들어 미리 돈을 넣어둘 필요가 없다. 쓸데없이 돈을 묶어두지 않아도 된다. X래피드 서비스를 도입한 곳은 웨스트유니언, 머니그램 등 손으로 꼽을 정도로 적다.

리플사가 제공하는 서비스 가운데 X래피드를 도입하는 금융회사가 많아야 리플의 가치가 오른다. X커런트에 가입하는 금융회사가 많아져도, 이는 리플 가격은 직접적인 관련이 없다. 보수적인 은행들 입장에서는 가격 변동성이 큰, 그리고 아직은 낯선 리플과 같은 암호화폐 자산에 접근하는 게 쉽지 않다. 무엇보다 블록체인은 장려하지만 암호화폐에 대해서는 부정적인, 형용모순적인 정부의 스탠스에 은행들이 서비스(X커런트)가 아니라 코인(XRP)을 직접 활용하는 것은 부담이다. 비관론자들은 그래서 리플 가격이 오를 이유가 없다고 단언한다.

낙관론자들은 그러나, 초기 단계라 그렇지 자금 예치 등에 따른 기회비용 상실 등을 감안하면 금융회사들이 머지않아 X래피드에 가입할 것으로 전망한다. 그래서 리플이 광범위하게 쓰이면 자연스레 가격이 오를 것으로 본다. 갈링하우스 역시 X래피드는 국제 송금을 위해 잠자는 10조 달러에 달하는 유동성 문제를 해결해 줄 수 있는 서비스라며 이 서비스를 성공적으로 키워 나간다면 리플 가치는 자연스럽게 오르지 않을까 생각한다고 말했다. 그는 특히 지급결제망의 핵심 가치인 네트워크 효과를 강조했다. 갈링하우스는 세상에서 가장 처음 전화기를 산 사람은 전화기의 가치를 모른다며 전화기의 가치는 전화기를 가진 사람이 많아질수록 높아진다고 비유했다. 곧, 리플사가 국제 송금 네트워크를 선점했기 때문에 리플사가 국제 송금 분야에서 가장 경쟁력 있는 업체라는 주장이다.

◇ 금융은 인터넷과 같은 공공재, 스텔라 같은 비영리단체가 맡아야

1985년 4월 11일, 애플의 이사회. 창업자 스티브 잡스와 존 스컬리 최고경영자가 서로 얼굴을 붉혔다. 스컬리는 천문학적 개발 비용만 잡아먹고 정작 흥행에는 실패한 매킨토시를 포기하자고 했다. 그는 펩시콜라 재직 때, 소비자의 눈을 안대로 가리고 콜라 맛을 비교하도록 한 이벤트를 통해 획기적인 매출 신장을 이끌어낸 펩시 챌린지의 기획자다. 잡스 자신이 "남은 인생 동안 계속 설탕물만 팔고 살 거요?"라는 한마디로 설득해 영입한 인물이다. 자신이 데려오긴 했지만 이상주의자 잡스에게 현실주의자 스컬리가 방해물이 됐다. 잡스는 이사회에서 스컬리를 해고하려고 했다. 그러나 정작, 결과는 반대였다. 이사회는 독선적이고 회사 수익을 갉아먹는 잡스가 눈엣가시였다. 그에게서 모든 실권을 빼앗았다. 그해 말, 잡스는 애플을 떠났다. 넥스트를 만들어 재기를 노렸고, 픽사를 세계 최고 애니메이션 회사로 키워냈다. 1997년 12월, 망해가는 애플의 구원투수로 다시 돌아왔다. 2011년 세상을 뜨기 전까지 애플을 세계 최고 회사로 키워냈다(2018년 1월 초 기준, 애플의 시가총액은 약 8900억 달러로 세계 최대 기업이다).

시가총액 3위(2018년 1월 초 한때 이더리움을 누르고 2위에 올랐다) 암호화폐 리플을 만든 사람은 제드 매케일럽이다. 2001년 개인 간 거래 프로그램의 원조라 할 수 있는 '당나귀'를 개발한 프로그래머다. 세계 최초, 최대 거래소였지만 해킹 사건으로 파산한 마운트곡스의 창업자다(2011년 마운트곡스를 마크 카펠레스에게 넘겼다. 2014년 벌어진 마운트곡스에 대한 해킹이나 횡령 의혹과 매케일럽은 무관하다).

매케일럽은 비트코인의 가능성에 주목했지만 그 한계 또한 인식했다. 지불·결제 목적의 화폐로서 기능하기엔 10분에 한 번씩 블록이 생성, 거래를 확인하는 구조로는 부족했다. 쉽고 간편하고, 안전하고 효율적으로 돈을 이동시켜주는, 플랫폼 역할을 하는 새로운 암호화폐가 필요하다고 봤다. 2011년 금융 전문가 크리스 라슨^{Chris Larsen}과 함께 리플을 설립했다. 라슨은 개인 대부업체인 'E-론'을 만들어 1999년 기업공개에 성공해 2005년 매각으로 대규모 실탄을 갖췄다. 여기에 매케일럽의 기술을 더했다. 국경 없는 지불·결제 플랫폼으로서의 리플이 탄생했다.

리플은 그러나, 매케일럽의 이상과 달리 은행과의 공존을 통해 사익을 추구하는 영리기업의 모습으로 변모했다. 금융 혜택을 못 받는 제3세계의 시민들을 위한 서비스를 제공하겠다는 당초 취지에서 벗어났다. 매케일럽은 회사에서 라슨을 내보내려고 했다. 그러나 잡스와 마찬가지로 이사회는 수익 구조가 분명한 사업 모델을 추구하는 라슨의 손을 들어줬다.

2013년 리플을 나와 2014년 조이스 김 스파크체인캐피탈 SparkChain Capital 공동창립자 겸 운영파트너와 함께 스텔라 네트워크를 설립했다. 매케일럽은 잡스처럼 애플로 복귀해 자신의 이상을 실현하는 대신, 새로 회사(스텔라)를 세워 꿈을 키워가고 있다.

2017년 12월 7일, 서울 강남구 삼성동 코엑스에서 열린 글로벌 스타트업 액셀러레이터 스파크랩의 '제 10기 데모데이'에 참석차 방한한 매케일럽을 만나 스텔라의 비전에 대해 물었다.

스텔라는 리플과 비슷해 보인다. 차이점이 뭔가?

간단히 말해, 스텔라는 리플의 진화된 버전이다. 2014년 리플에서 포크됐지만, 지금은 코드가 전혀 다르다. 특히 데이비드 마지어스 스탠포드대학교 컴퓨터공학과 교수가 개발한 '스텔라 콘센서스 프로토콜SCP, Stellar Consensus Protocol'을 사용한다. 더 안전하고 확장성도 뛰어나다. 리플보다 훨씬 더 탈중앙화됐다. 사용하기 훨씬 쉽다. 근본적으로 리플은 영리를 추구하는 기업인 반면, 스텔라는 비영리 단체다. 우리는 금융이 인터넷과 같은 공공재라고 생각한다. 인터넷을 어떻게 특정 영리 기업이 운영할 수 있겠나.

스텔라의 강점은 무엇인가?

다국적 결제 시스템 부문에 특히 강하다. 스텔라의 플랫폼을 이용하면

세계 어디든 5초 안에 송금이 가능하다. 다른 암호화폐보다 훨씬 빠른 전송속도와 저렴한 수수료를 기반으로 해외 송금할 수 있도록 하는 게 목표다. 기존 금융회사들은 해외 송금할 때, 게이트키퍼와 같은 역할을 하면서 수수료를 받는다. 이들의 이익이 줄면 소비자 편익은 높아질 것이다. 우리는 특히, 나이지리아, 필리핀, 인도 등 국민 대부분이 은행 서비스의 혜택을 못 받는 개발도상국에 중점을 둔다. 사실 미국, 유럽, 그리고 한국 등과 같은 국가에서는 돈을 송금하는 데 별 불편함을 못 느낄 거다. 그러나 개발도상국에서는 국민의 절반 이상이 은행 계좌가 없다. 이들에게 스텔라는 큰 편익을 제공할 것이다. 이를 위해 지난(2017년) 10월 IBM과 파트너십을 체결했다.

스텔라루멘(XLM, 스텔라 네트워크에서 사용하는 암호화폐)을 비트코인과 리플 소지들에게 에어드랍(신생 암호화폐가 공짜로 암호화폐를 배분하는 행위)했다. 이유는?

회사를 시작할 때부터 계획된 일이다. 4년 전 암호화폐 세계는 정말 작았다. 블록체인이 뭔지 이해하는 사람도 드물었다. 그들에게 에어드랍은 스텔라를 알리기 위한 좋은 기회라고 봤다(이미 배분은 2017년 6월 27일 기준 스냅샷을 통해 이뤄졌다). 스텔라는 채굴할 수 없다(리플처럼 재단이 1000억 개를 초기 발행하는 구조다). 에어드랍은 더 많은 사람들이 스텔라를 사용하고 이들이 스텔라의 생태계를 만드는 데 기여한 것에 대한 인센티브.

최근엔 모두 블록체인을 도입하는데 어떤 산업에는 블록체인이 비효
율적인 것 같다.

블록체인이 세상의 모든 것을 바꿀 거라고 생각하지는 않는다. 탈중앙
화에는 비용이 든다. 때로는 중앙화된 인프라를 가지는 것이 서비스로
서 더 좋을 수 있다. 예를 들어, 어떤 데이터를 추적해야 하는 비즈니스
에서는 데이터베이스를 가지는 게 훨씬 낫다. 그렇지만 지불·결제 분
야는 탈중앙화가 맞다. 블록체인 결제 네트워크에서는 많은 새로운 것
이 가능하다.

암호화폐 종류가 상당히 많다(2018년 5월, 코인마켓캡 기준 1400개가
넘는다). 앞으로 이들은 어떻게 될까. 스텔라의 운명은?

시장에서 모두 살아남을 수는 없다. 닷컴 버블 때를 떠올려보라. 얼마
나 살아남았나. 지금 아마존, 구글처럼 선도적인 암호화폐들이 살아
남을 것이다. 암호화폐 세계는 너무 빨리 움직인다. 이미 블록체인 네
트워크상에서 국제 송금이 이뤄진다. 미래의 일이 아니라 현실이다.
2018년엔 이런 변화가 폭발할 거다. (스텔라가) 삶에 깊이 파고들 것이
다. 이메일을 쓰듯이 블록체인을 쓰게 될 것이다.

암호화폐는 법정화폐와 어떤 관계를 맺을까. 공존할까, 혹은 대체할까?

(스텔라와 같은) 공공 금융 생태계가 작동하기 위해서는 은행이나 정부
같은 어떤 권위가 항상 필요하다. 예를 들어, 돈을 빌리려면 은행이 있
어야 하지 않나. 가까운 미래에 암호화폐가 법정화폐를 대체하는 일은

없을 거라고 본다. 두 가지(암호화폐와 법정화폐)는 공존할 수 있고, 두 가지가 상호보완적이라고 생각한다.

암호화폐를 활용한 크라우드펀딩 및 암호화폐 거래소에 대한 규제가 속속 도입되고 있다. 심지어 한국 금융당국(금융위)은 '암호화폐=유사 수신(폰지 사기)'로 규정했다. 이런 규제에 대한 개인적인 견해는?
어느 정도의 규제는 반드시 필요하다고 생각한다. 자금세탁 방지나 소비자 보호를 위한 규제 말이다. 그러나 그런 규제가 블록체인 혁명을 막는 방해물이 돼서는 안 된다. 새로운 산업의 혁신을 위해, 각국의 규제 당국이 유연한 입장을 취해야 한다.

형보다 나은 동생을 꿈꾸다 : 라이트코인

홈페이지 https://www.litecoin.org
포럼 https://litecointalk.io
텔레그램 https://t.me/litecoin
트위터 https://twitter.com/SatoshiLite(찰리 리)

'브라질에서 나비가 날갯짓을 하면 미국 텍사스에서 토네이도가 일어난다.'
'나비효과'를 설명하는 고전적 비유다. 나비의 날갯짓처럼 작은 변화가 폭풍우와 같은 커다란 변화를 유발할 수 있다는 의미다. 인생은 수많은 나비효과의 조합으로 이뤄졌다. 미국 매사추세츠 공과대학교에서 컴퓨터 과학을 전공한 찰리 리Charlie Lee의 인생에선 2011년 4월의 어느 날이 그랬다. 2007년부터 구글에서 소프트웨어 엔지니어로 일했다. 열정이나 도전 같은 단어보다는 익숙함이나 편안함이 일상을 지배할 즈음이었다. 한 잡지를 펼쳐들었다. '실크로드'라는 주로 마약 등 밀수품을 거래하는 익명의 인터넷, 일명 다크웹에 관련된 기사가 눈에 들어왔다. 리 인생에서 그 기사는 나비의 날갯짓이었다.

리는 금 투자에 관심이 많았다. 금이야말로 인류 최고의 투자 대상이라고 믿었다. 컴퓨터 과학을 전공했지만 경제학도 주요 관심사였다. 경제학을 공부할수록 미 연준이 구축한 화폐 시스템에 대한 불신은 커져 갔다. 리의 가슴을 뛰게 만든 건, 마약이 아니라 그 사이트에서 지급결제 수단으로 쓰인다는 비트코인이라는 화폐였다. 그리고 비트코인의 기반이 되는 블록체인 기술에 매료됐다. 대부분의 초기 비트코인 개발자들이 그러했듯, 리도 당장 비트코인 채굴을 시작했다. 우연한 기회에 비트코인 코어 개발자인 마이크 헌을 만나, 그로부터 비트코인을 직접 사기도 했다. 리는 2017년 《인터내셔널 비즈니스 타임스》와의 인터뷰에서 비트코인과 사랑에 빠졌고, 금보다 더 좋은 돈이라는 것을 알게 됐다고 말했다.

채굴과 매매로는 뭔가 부족했다. 자신만의 비트코인을 만들고 싶었다. 당시엔 제2의 비트코인을 만드는 게 유행이었고, 이미 비트코인을 모방한 여러 개의 코인이 세상에 선보였다. 리는 2011년 9월

페어빅스^{Fairbix}를 만들었다. 그해 초 만들어진 테네브릭스^{Tenebrix}라는 암호화폐를 참조했다. 테네브릭스의 소스코드를 가져와 몇 가지만 수정했다. 페어빅스는 스크립트 언어에 기반한 작업증명해시 프로토콜을 사용했다(나중에 라이트코인을 만들 때 이 방법을 차용한다). 페어빅스는 그러나, 첫 단추부터 잘못 꿰었다. 리를 비롯한 개발팀이 페어빅스를 정식 배포하기 전에 700만 개를 사전 채굴하면서 '스캠' 논란을 자초했다. 51% 공격에 취약한 치명적인 소프트웨어 결함도 발견됐다.

리의 첫 번째 시도는 실패로 끝났다. 하지만 한 달 뒤인 2011년 10월, 리는 실패를 교훈 삼아 소스코드 공유 사이트인 깃허브에 '라이트코인'이라는 오픈소스를 공개한다. 이 같은 방식으로 소스코드가 공개됐기 때문에 라이트코인은 백서가 따로 없다.

◇ 라이트코인은 비트코인의 동생이다

리는 페어빅스의 실패 원인부터 따져봤다. 이유가 뭘까. 원조(비트코인)를 어설프게 참조한 모조품(테네브릭스) 소스코드를 사용한 게 문제라는 결론을 내렸다. 그래서 이번에는 원조 비트코인 소스코드를 기반으로 새로운 코인을 설계하기로 했다. 리도 비트코인 전송 시간이 너무 오래 걸리는 건 문제라고 생각했다. 하지만 그 해법이 우지한이나 로저 버 등 빅 블로커 진영이 주장하는 블록 사이즈 증가는 아니라고 봤다. 리는 비트코인 코어 진영에 속한 스몰 블로커(작은 블록 사이즈를 지향)다. 빅 블로커들이 사토시 정신을 훼손한다고 의심한다(빅 블로커들은 2017년 8월, 비트코인에서 블록 사이즈가 늘어난 비트코인캐시를 하드포크했다. 이들은 "비트코인캐시가 비트코인이다"(로저 버) 등과 같은 말을 하고 다닌다).

리가 보기에 사토시 나카모토가 개발한 비트코인은 정말 대단한 발명품이다. 그는 2013년 8월 미국 정보통신 전문매체 《와이어드》와의 인터뷰에서 비트코인이 금이라면 라이트코인은 은이라고 말했다. 비트코인은 가치 저장의 수단이다. 거래 승인까지 오랜 시간이 걸리더라도 보안만큼은 완벽해 가격이 비싼 부동산이나 자동차 등의 거래에 적합하다. 반면, 식료품, 일용품 등 일상적인 거래에 전송 시간이 오래 걸리는 비트코인은 적합하지 않다. 이런 문제를 극복하기 위해 내놓은 것이 라이트코인이다. 비트코인캐시가 비트코인을 대체하길 바라는 빅 블로커들과는 달리, 리는 비트코인과 라이트코인의 공존을 꿈꾼다. 라이트코인은 다음의 세 가지 측면에서 비트코인과는 다르다.

- 속도: 비트코인의 블록 생성 속도는 10분이지만, 라이트코인은 2분 30초다. 라이트코인의 전송 속도가 비트코인보다 네 배 빠르다. 빈번한 일상 거래에 적합하다.

- 유동성: 라이트코인의 총 발행량은 8400만 개다. 비트코인 총 발행량(2100만 개)의 네 배다. 가격은 수요와 공급에 의해 결정된다. 공

급이 제한적이면 가격은 오르기 마련이다. 리는 암호화폐가 부족해 너무 비싸지는 것을 막기 위해 라이트코인의 채굴량을 비트코인의 네 배로 늘렸다고 말했다.

- 공정성: 비트코인을 채굴하려면 네트워크에서 제시하는 목표 해시값 보다 작은 해시값을 찾아야 하는데, 이를 위해 논스를 일일이 변경 해가면서 대입한다. 시쳇말로 '노가다' 작업을 반복해야 한다. 이를 위해선 성능이 뛰어난 고가의 컴퓨터가 필요하다. 비트코인 생태계 가 커지고 가격이 오를수록(채굴 경쟁이 심화할수록), 장비 성능이 뛰 어난 채굴업체의 독점은 더 강화된다. 라이트코인은 스크립트 암호 화 알고리즘을 쓴다. SHA-256 알고리즘보다는 복잡하지 않아 일반 컴퓨터로도 채굴이 가능하다.

라이트코인은 비트코인처럼 교환의 매개나 가치 저장의 수단이라 는 화폐의 역할에 충실하다(라이트코인 쪽이 교환의 매개 기능에 중점을 뒀 다). 플랫폼을 지향하는 이더리움과는 결이 다르다. 커뮤니티에서는 비트코인과 라이트코인은 본질적으로 거의 같다고 평가한다. 리는 비트코인을 사용할 수 있는 사이트가 있다면, 한두 개의 코드를 변경 하는 것만으로 라이트코인을 결제 수단으로 쓸 수 있다고 말했다. 즉 각 결제 승인이 이뤄지지 않는 비트코인으로 어떻게 커피를 사 먹느 냐고 비판하기 전에, 커피를 사 먹을 때 골드바를 쓰지 않는 것처럼 비트코인이 아닌 라이트코인을 쓰면 되지 않겠느냐고 반박한다.

리는 2017년 12월 말, 자신이 보유한 라이트코인을 전부 매각한다고 밝혔다. 리는 미국 온라인 커뮤니티 사이트 레딧에 사람들은 내가 라이트코인 가격이나 라이트코인 관련 소식을 트윗할 때마다 개인적인 이익을 위한 것이라고 비난했다며 라이트코인이 부를 축적하는데 도움을 줬지만, 이제는 라이트코인의 성공과 나의 재정을 연결할 필요가 없기에 전량 매각한 뒤 기부할 계획이라고 밝혔다.

◇ 라이트코인은 비트코인의 미래다

2018년 4월 서울에서 열린 분산경제포럼에 참가한 로저 버 비트코인닷컴 대표는 라이트코인과 비트코인의 특수(?) 관계에 대해 비트코인 코어 개발자들은 라이트코인을 뺀 다른 모든 알트코인을 무시한다고 말했다. 라이트코인은 비트코인의 소스코드를 참조해 만든, 둘은 일종의 형제 관계다. 다만, 이름처럼 라이트코인은 비트코인보다 가볍다. 비트코인은 원조 암호화폐답게 현존하는 암호화폐 중 탈중앙화 정도가 가장 뛰어나다. 화폐의 운명을 결정하는 의사결정 구조가 가장 민주적이다. 이 때문에 변화가 어렵다는 한계도 있다. 모든 참여자들의 합의를 이끌어내기가 만만치 않다.

확장성을 둘러싼 수년간의 논쟁이 그렇다. 2015년부터 확장성은 비트코인 커뮤니티의 화두였다. 빅 블로커 진영은 블록 사이즈 자체를 늘리자고 했다. 스몰 블로커 진영은 블록에서 서명을 분리해 사이즈를 늘린 것과 같은 효과를 볼 수 있는 '세그윗'을 도입하자고 주장했다. 두 진영은 합의에 이르지 못했다. 2017년 8월, 비트코인에서 비트코인캐시가 떨어져 나왔다. 세그윗을 통해 확장성을 확보한 비트코인 코어 진영은, 당초 그해 11월에 예정된 블록 사이즈를 두 배로 늘리는 하드포크를 취소했다. 마지못해 합의했지만, 그 합의를 먼저 어긴 건 빅 블로커 진영이다. 비트코인 코어 진영도 세그윗에 이은 블록 사이즈 증가 약속을 지킬 필요가 없었다. 비트코인 코어 진영이 세그윗의 성공을 자신한 것은 라이트코인 때문이다. 비트코인에 앞서 2017년 5월 세그윗이 성공적으로 적용됐다. 비트코인과 본질적으로 성질은 같지만 몸집이 가벼운 덕에 비트코인이 시도하는 갖가지 실험을 현실에서 구현해낼 수 있다.

라이트닝 네트워크도 마찬가지다. 현재 비트코인 진영에서 가장 활발히 논의하고 있는 오프체인 솔루션이다. 거래 당사자 간에 사적인 결제 채널을 오픈하고, 해당 채널 안에서 거래를 할 수 있다. 이들 채널을 연결해 네트워크를 만들면 이 네트워크를 통해 번개같이 빠르게 결제가 가능하다. 결제에 10분이 걸리는 비트코인의 전송 속도 문제를 극복할 수 있다. 라이트닝 네트워크에서는 이론적으로 무한에 가까운 거래를 처리할 수 있다. 보수적으로 보는 이들도 1초에 수백만 건은 처리할 수 있을 걸로 본다. 비자카드의 초당 거래 처리 건수가 2000건, 많아야 6만 5000건이다. 2017년 9월, 라이트코인을 라이트닝 네트워크 기반으로 전송하는 데 성공했다. 성공 소식에 7만 원 선이던 라이트코인 가격이 순간 10만 원 선까지 급등했다.

'아토믹 스왑Atomic Swap'도 도입했다. 각각의 블록체인을 사용하는 암호화폐끼리 거래소 같은 중개기관의 도움 없이도 거래할 수 있게 만드는 기술이다. 라이트닝 네트워크 내 양방향 결제 채널을 서로 다른 블록체인으로 확장했다. 아토믹 스왑이 상용화되면 다른 암호화폐를 사용하는 사람들끼리도 손쉽게 교환이 가능하다. 예를 들어, 그간 베트남동이나 신용카드만을 결제 수단으로 받아왔던 하롱베이 휴양지 식당이 아토믹 스왑 도입으로 미국달러나 한국원화도 결제 통화로 받게 됐다는 의미다. 지난해 11월, 라이트코인은 비트코인과의 아토믹 스왑에 처음으로 성공했다.

CT^Confidential Transaction 기능도 2018년 2분기 안에 추가될 예정이다. 익명성 화폐인 모네로^Monero에 사용되는 세 가지 기술 중 하나다. 얼마를 보내는지, 그리고 받는지 알지 못하게 해서 거래량을 숨기는, 지갑의 보안성을 높이는 방법이다. 익명성 특징까지 추가되면 라이트코인은 현존하는 암호화폐 가운데 현금, 그중에서도 가장 호환이 자유로운 달러를 닮았다고 볼 수 있다. 다만, 라이트코인은 달러와 달리 진화하는 화폐다.

이더리움을 넘어라, 블록체인 3.0 : 카르다노

홈페이지 https://www.cardano.org
https://iohk.io (IOHK 사이트)
포럼 https://forum.cardano.org

시대를 잘못 태어난 천재의 다른 이름은 미치광이다. 궤도 잃은 유성과 같은 존재(체자레 롬브로조, 『미쳤거나 천재거나』)다. 천재의 광기가 시대적 분위기와 맞아떨어지면 역사 속에 편입되는 운명을 맞이한다. 아니라면, 정신병원으로 가는 신세가 된다. 영화 「뷰티풀 마인드」의 실제 모델인 수학자 존 내쉬는 1994년 노벨 경제학상을 수상한 게임이론의 완성자다. 하지만 정신분열을 오랫동안 앓다 교통사고로 죽었다. 실존주의의 선구자인 철학자 니체는 말년에 광기에 휩싸여 정신병원에서 생을 마감했다.

찰스 호스킨슨 IOHK 최고경영자는 시대를 잘 타고난 편이다. 미국 덴버의 메트로폴리탄주립대와 콜로라도대에서 수학을 공부했다. 특히 해석적 정수론에 정통했다(오픈 인터넷 백과사전 나무위키는 해석적 정수론을 '정수론을 연구하는 데 미적분학, 복소해석학, 푸리에해석 등을 이용하는 정수론의 한 분야. 처음 보는 사람은 도대체 어떻게 하는 건지 신기할 수도 있지만, 막상 하다 보면 그냥 계산의 천국이라고 느껴진다'고 정의했다. 수포자들은 절대 이해할 수 없는 영역이겠다). 호스킨슨은 2018년 3월 국내 암호화폐 전문 매체인 블록체인뉴스와의 인터뷰에서 2011년부터 암호화폐의 신봉자였다고 고백했다. 그는 처음 비트코인 밋업(오프라인 모임)

에 참가했을 때 단 세 명이 모였는데 그 중 하나가 나였다며 블록체인의 신비에 매료됐다고 말했다.

2013년 4월엔 일을 그만두고 본격적으로 암호화폐 세계에 뛰어들었다. 비트코인 교육 프로젝트Bitcoin Education Project라는 온라인 강의를 시작했다. 부모는 그를 미쳤다고 생각했다. 주변의 모두가 그렇게 반응했다. 지금 뭘 하고 있는지, 뭘 하고 싶은지를 확신하는 사람은 호스킨슨 자신이 유일했다. 인생은 나비효과의 집합체다. 그렇게 시작한 온라인 강의를 통해 이더리움의 창시자인 비탈릭 부테린을 만났다. 그들은 비트코인을 넘어서는 플랫폼을 만들고 싶었다. 호스킨슨은 초기 이더리움 프로젝트에 관여했던 핵심 멤버다. 2014년 1월 23일 이더리움 블로그에 게재된 '이더리움: 이제 대중 속으로 Ethereum: Now Going Public'라는 글에는 부테린, 미하이 앨리시(비트코인 매거진 창시자), 안토니 디 이오리오Anthony Di Iorio(캐나다 비트코인연합 대표이사)와 함께 호스킨슨 등 네 명의 이름과 경력이 언급돼 있다.

하늘 아래 두 개의 태양은 있을 수 없는 법이다. 천재 두 명이 만났다. 각자의 생각과 주장이 너무 뚜렷하다. 이상주의자 부테린은 이더리움을 오픈소스 기반의 비영리 재단 형태로 운영하고 싶었다. 호스킨슨의 생각은 달랐다. 기술 발전을 위해서는 외부 자본투자가 필요하다고 봤고, 이를 위해선 주식회사 등의 법인 형태로 이더리움을 만들어야 했다.

"회의실에서 (부테린과) 큰 싸움이 벌어졌죠. 정말 화가 많이 났어요."

（《포브스》, 2018년 2월 7일)

호스킨슨은 2014년 6월 이더리움을 떠났다(일부에서는 이더리움 발전에 호스킨슨이 기여한 역할은 거의 없다고 폄하한다. 초기 마케팅 부문에 일부 관여했을 뿐인데, 호스킨슨이 이더리움 경력을 악용해 마치 천재적 개발자인 양 부풀린다는 비난이다. 2018년 초 카르다노 가격이 급락했는데도 호스킨슨의 트위터에 지속적으로 전 세계 '먹방' 사진이 올라오면서 투자자들의 분노는 더 커졌다. 이와 함께 '스캠 코인'이라는 논란도 불거졌다).

화를 삭이며 다시 수학 분야로 돌아갈까 마음먹었던 와중, 이더리움에서 같이 일했던 제레미 우드가 그를 찾았다. 기업, 정부, 학술기관 등을 위해 암호화폐와 블록체인을 설계해주는 기술회사, IOHK^Input Output Hong Kong 설립을 제안했다. 2010년 3월 수십만 달러를 투자해 암호화 및 분산 시스템 연구 분야의 연구개발회사인 IOHK를 설립했다. IOHK의 첫 번째 블록체인 오픈소스 소프트웨어 프로젝트가 카르다노다. 이 카르다노 플랫폼에서 쓰이는 코인이 에이다다.

3세대 암호화폐의 등장

화폐란 무엇인가. 종이쪽지에 불과한 지폐가, 컴퓨터 코드에 불과한 비트코인이 어떻게 가치를 갖게 됐을까. 사람들 사이에서 가치에 대한 믿음이 생겼기 때문이다. 비트코인과 같은 1세대 블록체인

514

은 이런 개념을 형성해주는 역할을 했다. 호스킨슨은 이를 '집단 환영Collective delusion'으로 분석했다. 하지만 비트코인은 금융거래에만 특화됐다. 그래서 스마트 계약이라는 기능이 포함된 2세대 암호화폐 이더리움이 등장했다. 금융을 넘어 물류, 헬스케어, 상품관리 등 다양한 분야에 블록체인을 이용할 수 있게 됐다. 하지만 확장성과 호환성은 여전히 떨어졌다. 이를 해결하고자 나온 것이 3세대 암호화폐 카르다노다(이외에도 이오스, 아이오타 등이 3세대 암호화폐라고 주장한다). 카르다노의 개발 철학은 '암호화폐 기술은 안전하고 유연해야 하며, 확장성이 높아야 한다'는 것이다. 카르다노는 비트코인의 한계를 극복하려고 시도한다.

먼저, 확장성이다. 비트코인은 작업증명 방식에 의해 네트워크가 운영된다. 처리 속도가 느리고 유지비용이 많이 든다. 반면, 카르다노는 지분증명 방식을 쓴다. 그 가운데서도 우로보로스Ouroboros라는 지분증명 방식을 적용했다. 우로보로스는 그리스 신화에 등장하는 괴수다. 꼬리를 물고 있는 뱀을 뜻한다. 끊임없는 순환과 무한성이라는 의미를 내포한다. 작업증명 방식을 쓰는 비트코인 블록체인에 비해 에너지를 절약할 수 있다(2세대 암호화폐 이더리움도 현재 PoW 방식이지만 PoS 방식으로 전환을 시도하고 있다). 우로보로스는 일반 PoS보다 더 안전하다. PoS는 지분에 비례해 '랜덤'하게 블록 생성자를 선출한다. 그런데 탈중앙화라는데 누가 지분에 비례한 확률로 블록 생성자를 선출하는 걸까. 블록 생성자를 선출하는 가장 간단한 방법은 마지막 블록 생성자가 다음 블록 생성자를 확률적으로 선택하는 것이다.

주사위를 던진다고 생각하면 된다. 문제는 마지막 블록 생성자가 거짓으로 주사위 결과를 보고한다면, 조작이 가능하다. 우로보로스는 이런 조작의 가능성을 수학적으로 없애준다. 또, 안전성이 매우 높은 하스켈 프로그래밍 언어로 구축돼 있다. 이 때문에 앞으로 양자 컴퓨터가 개발되더라도 해킹에 대한 우려가 없다고 한다. 양자 컴퓨터의 출시는 먼 미래가 아닌 수 년 내 이뤄질 것이다. 우리가 아는 코인들은 전통적인 'SHA-알고리즘', '타원곡선암호^{ECC}' 알고리즘을 사용하기 때문에 양자컴퓨터의 강력한 컴퓨팅 파워에 무너질 수 있다. 우로보로스는 아니다.

둘째로, 상호운용성이 뛰어나다. 사이드체인을 활용해 불안정하고 집권화된 거래소를 이용하지 않고 암호화폐 간에 거래하고 교환할 수 있게 만들 예정이다. 다이달로스 지갑이 그 사례다. 여러 가지의 코인을 한 지갑에 보유할 수 있다. 기존의 코인들은 장부에 자신들의 코인만 기록할 수 있다. 하지만 다이달로스 지갑에는 여러 코인을 보관할 수 있다. 실제 이더리움클래식^{ETC}을 카르다노 지갑인 다이달로스와 호환 가능하게 만드는 실험이 진행됐다. 또 현재 은행과 정부 등 전통적 기관들과 암호화폐 간에 사용하는 프로토콜이 전혀 다른데, 카르다노는 은행, 정부에서 사용하는 프로토콜과 암호화폐 프로토콜을 소통 가능하도록 만들 예정이다.

그리고, 무엇보다 민주적이다. 진정한 화폐 민주주의가 가능하다. 비트코인이 화폐로서, 이더리움이 '화폐+스마트 계약'으로 특화됐다면, 카르다노는 한 발 더 나아갔다. 카르다노 소유자들끼리 프로토콜 변경과 같은 이슈를 투표를 통해 결정할 수 있다. 기존 블록체인에서는 커뮤니티의 동의를 얻기 어렵기 때문에 업그레이드가 어렵다. 업그레이드 과정에서 하드포크 등을 통한 커뮤니티 분열이 일어나는 경우가 많다. 카르다노는 투표를 통해 합의를 도출하고, 소프트포크 방식으로 업그레이드를 이행한다.

카르다노의 로드맵은 매우 방대하고 정교하다(이 때문에 실현 가능성이 떨어진다는 비판을 받는다). 역사 속 인물의 이름을 붙여 개발 업데이트를 진행하고 있다. 바이런**Byron** → 셸리**Shelley** → 고갱**Goguen** → 바쇼**Basho** → 볼테르**Voltair** 등의 순서다. 2017년 12월 바이런 개발이 완료됐다. 다음 과정인 셸리에서는 지분증명 방식인 우로보로스, 다중 서명 트랜잭션, 지갑 백엔드**backend** 개선, 양자컴퓨터 저항성, 라이트 클라이언트, 간편 주소, 지분을 사용한 투표 기능, 종이지갑 개발 등이 예정돼 있다. 2018년 1월 셸리의 일부가 완료됐다. 우로보로스는 2018년 2분기 개발 완료된다. 고갱 과정에서는 가상머신과 블록체인 기술 인프라로 사용되는 보편 언어 프레임워크**Universal Language Framework**를 개발할 예정이다. 바쇼 과정의 목표는 성능 개선이며, 볼테르 단계에서 재무 시스템과 관리를 도입할 계획이다. 모든 개발 과정은 홈페이지(http://cardanoroadmap.com)에서 확인할 수 있다.

(참고로 바이런**1788~1824**은 영국의 낭만파 시인이다. 런던 사교계의 총아로 화려한 생활을 했다. 셸리**1792~1822**는 바이런, 키츠와 함께 영국을 대표하는 낭만파 시인으로 꼽는다. 고갱**1941~2006**은 캘리포니아대와 옥스퍼드대 등에서 교수를 지낸 컴퓨터 과학자다. 바쇼**1644~1694**는 일본 하이쿠를 완성시킨 에도 시대 시인이

다. 볼테르^{1694~1778}는 프랑스 계몽주의를 대표하는 지식인이다. 바이런은 딱 한 번 정식 결혼한 적이 있었는데, 이 결혼에서 태어난 딸이 에이다 러브레이스^{Ada Lovelace, 1815~1852}다. 에이다는 아버지 바이런이 직접 지어줬다고 한다. 그녀는 세계 최초의 프로그래머로 평가받는다. 1980년 미국 국방부는 서로 난립하는 컴퓨터 프로그래밍 언어들을 통합하기 위해 작업을 완료한 뒤 이 언어를 '에이다'라고 불렀다. 카르다노에서 쓰이는 코인 에이다는 그녀의 이름에서 유래했다. 비트코인의 최소 단위가 소수점 8번째 자리인 사토시인 것과 비슷하게, 에이다는 소수점 6번째 자리를 러브레이스로 표시한다. 곧, 0.000001에이다=1러브레이스다. 카르다노는 이탈리아의 수학자 지롤라모 카르다노^{Girolamo Cardano, 1501~1576} 이름에서 따왔다. 카르다노는 확률론 체계화를 시작하고 허수 개념을 고안한 수학자로서, 암호학에도 큰 영향을 미쳤다.)

◇ 카르다노가 스캠? … 네 가지 오해와 진실

'스캠' 논란까지 불러일으킨 카르다노를 둘러싼 네 가지 오해와 진실을 알아보자.

■ 일본이 사랑하는 코인? … 사실은 '김치 코인'

일본이 사랑하는 암호화폐라는 소문이다. '일본의 이더리움'이라는 말이 돈다. 카르다노는 2015년 9월부터 ICO를 시작했다. 1·2차는 일본, 3차는 아시아, 4차는 전 세계를 대상으로 2017년 1월까지 진행할 계획이었다. 2016년 12월에는 서강대에서 '블록체인과 금융'이라는 주제로 세미나를 진행했지만, 큰 관심을 끌지는 못했다. 일본에서 먼저 진행된 ICO는 큰 성공을 거뒀다. ICO 참여자의 95%가 일본인이다. 나머지 5%가 한국인, 중국인 등 아시아인이다. 총 발행량 450억 개 중 310억 개를 모두 팔았다(나머지 140억 개는 이자지급용이다). 단숨에 6200만 달러를 모았다. 이 때문에 일본이 사랑하는 코인이라는 소문이 암호화폐 커뮤니티를 중심으로 돌았다(미국인을 대상으로 판매하지 않은 이유는 카르다노 ICO가 미국 증권거래위원회SEC의 규정을 따르지 않았기 때문이다).

　일본에서 ICO가 흥행한 이유는 몇 가지 단서에서 찾아볼 수 있다. 먼저, 초기에는 단순히 카지노 게임에 사용되는 코인으로 출발했다. 이후 호스킨슨이 바라는 이상과 지향점이 녹아들면서 개발 방향이 크게 바뀌었다. 그런데 파칭코 문화가 발달한 일본인들에게는 카지노 코인이라는 점이 오히려 매력이었다. ICO 설명회 장소도 흥행에 도움을 줬다. 일본의 도쿄공업대학에서 열렸다. 이 대학은 노벨상 수상자를 여럿 배출했다. 일본 투자자들 사이에서는 카르다노와 도쿄공대가 협력 관계에 있다는 소문이 돌았다. 한국으로 치면 OO코인이 서울대나 카이스트 등과 합동 연구한다는 소문이다. 도쿄공대의 크레디트를 고스란히 ICO 흥행 성적으로 가져왔다. 실제로 2017년 2월 도쿄공대는 IOHK와 함께 '암호화폐 공동 연구 교수Cryptocurrency Collaborative Research Chair'직을 신설했다. 일본에 설치됐다는 자동입출금기에 대한 과대평가도 한몫했다. 현재 카르다노를 현금(엔화)과 교환할 수 있는 ATM이 도쿄 시내에 다섯 대 설치됐다고 한다. 하지만

2018년 2월 필자가 도쿄를 방문해 한 곳의 ATM을 확인한 결과, 꽤 오랫동안 고장이 난 채로 방치된 느낌이었다. 흔히들 ATM 하면 떠올리는 시중은행의 그것과는 거리가 멀었다.

'스시 코인'이라고 소문은 났지만 실상 카르다노 거래를 가장 활발하게 하는 곳은 한국이다. 지난해 12월 이른바 '동전 코인(가격이 1000원에 못 미치는 암호화폐)'이 급등할 때에는 업비트에서 거래되는 카르다노의 거래량이 전 세계의 90%를 웃돌았다. 2018년 5월 기준으로는 40% 안팎이다. 2018년 5월 현재, 일본 금융청에 등록된 열여섯 개 거래소 가운데 카르다노를 상장한 곳은 전무하다.

■ 전 세계 '먹방' 여행만?…로드맵 충실히 이행

호스킨슨의 '먹튀'설이다. 창시자의 화려한 이력에도 불구하고 카르다노가 초기부터 스캠설에 시달린 건 일본 유통을 맡은 업체인 아테인 코퍼레이션Attain Corporation 때문이다. 이 업체는 ICO 성공을 위해 투자만 하면 수백 배의 수익이 가능하다고 투자자들을 현혹했다. 일본 금융당국은 이를 경고하고 사이트 중단 조치를 내렸다. 2017년 10월 1일, 글로벌 암호화폐 거래소인 비트렉스에 상장되기 전까지 카르다노를 사고팔 수 있는 방법은 개인 간 거래밖에 없었다. 중간에서 유통을 담당해야 할 아테인이 문을 닫으면서 일본 투자자들은 카르다노를 사고팔 길이 막혀버렸다.

당초 2016년 12월에는 메인넷을 런칭하고 거래소에 상장할 예정이었다. 그런데 이후 네 차례나 이를 연기했다. 그렇게 1년이 흘렀다. 메인넷 런칭은 2017년 9월 29일에야 이뤄졌다. 이튿날(2017년 10월 1일) 비트렉스 상장 직후, 암호화폐 급등장이 찾아왔다. 그 바람에 소위 '동전 코인' 가격이 일제히 급등했다. 2017년 12월 초 200원에도 못 미치던 카르다노는 2018년 1월 초 1995원까지 20배 가까이 올랐다. 문제는 이후다. 이유 없이 올랐던 가격이 제자리를 찾으면서(급락하면서) 투자자들의 불만이 쌓였다. 전체 암호화폐시장이 하락세긴 했지만, 기대감에 워낙 많이 오른 카르다노의 낙폭이 컸다. 이 와중에 호스킨슨은 전 세계를 돌아다니면서 찍은 먹방 사진을 자신의 트위터에 수시로 올렸다. 투자자들은 우리 돈(ICO 대금)으로 전 세계 여행 다니면 개발은 언제 하느냐고 비난했다. 호스킨슨에 대한 분노와 카르다노에 대한 비방 글을 인터넷에 쏟아냈다.

비난 여론에 호스킨슨은 2018년 3월 5일, 일본 에이다 카르다노 공식 텔레그램방에 장문의 채팅을 남기며 트위터 절필을 선언했다.

시장이 하락하고 침체한 후 일부 '퍽킹 키즈(투기성향)'들은 돈을 잃어버렸기 때문에 저는 끔찍한 사람이 됐습니다. 그리고 저의 전체 트위터 피드는 제가 먹고 마시는 것에 대해 불평하는 사람들만 가득합니다… 현재 일본에서만 닛케이, 아사히 등 아홉 개 인터뷰를 마쳤고 내일은 인터뷰가 세 건 더 있습니다… 제 여행과 인생을 공유하는 것이 우리의 프로젝트를 망치는 데 악용된다고 생각합니다.

먹방 논란과 관계없이 카르다노 홈페이지에는 현재 개발 상황 및 로드맵 업데이트가 꾸준하게 이뤄진다.

■ 호스킨슨은 사기꾼?… IOHK는 최고 개발자 집단

호스킨슨은 천재 개발자가 아니라 사기꾼에 불과하다는 주장이다. 근거는 그의 경력이다. 호스킨슨은 2013년 7월 '천재 개발자'로 통하는 '이오스^{EOS}의 아버지' 댄 라리머와 함께 '인빅터스 이노베이션즈^{Invictus Innovations Inc.}'를 세웠다. 그해 10월까지 대표를 지냈다. 이곳에서 만든 탈중앙화 거래소 플랫폼이 비트쉐어^{Bitshare}다. 탈중앙화 거래소에 대한 아이디어는 애초 라리머로부터 나왔다. 호스킨슨은 라리머의 아이디어를 발전시켰고, 이런 사업 계획을 중국의 암호화폐 부호 리 샤오라이에게 설명해 투자를 유치했다. 그러나 4개월 만에 호스킨슨은 이곳을 떠났다. 그리고 얼마 지나지 않아 2013년 12월 이더리움재단으로 옮겨갔다. 이곳에서도 대표를 역임하다 6개월 만에 재단을 뛰쳐나왔다. 이더리움 창시자인 비탈릭 부테린과 재단 운영에 관해 서로 의견이 달랐기 때문이라고 한다.

라리머나 부테린과 함께 일했던 경험은 암호화폐 업계에서는 일종의 훈장이다. 그 자체로 투자자들과 신진 개발자들의 관심을 집중시킬 수 있다. 하지만 함께 일했던 기간이 워낙 짧았던 탓에 호스킨슨의 개발 능력에 대해선 되레 의구심을 자아낸다. 비트쉐어 홈페이지에는 호스킨슨이 프로젝트를 떠난 이유를 구체적으로 알지 못한다면서 "그는 최고의 협상가(딜메이커)이며, 그의 비전과 동료를 섭외하는 능력이 그립다"고 표현했다. 개발자가 아닌 경영자로서의 능력을 더 인정한 셈이다. 초기 이더리움 개발팀에 있었지만 호스킨슨의 역할은 마케팅 쪽에 집중됐을 뿐이라는 암호화폐 커뮤니티 평판도 있다. 재단을 영리기업 형태로 하길 원하는, 소위 '돈 밝히는' 호스킨슨이 공익을 추구하는 부테린의 이상에 반발해 이더리움을 떠났다는 해석이다. 실제로 일부에서는 호스킨슨이 라리머와 부테린의 아이디어를 차용해 카르다노를 개발했다고 비판한다. 2018년 초 라리머는 자신이 개발한 블록체인 기반 콘텐츠 플랫폼인 스팀잇에 카르다노의 핵심 기술 중 하나인 우로보로스를 리뷰하는 글을 올렸다. 우로보로스는 이오스나 스팀 등의 위임지분증명DPOS, Delegated Proof of Stake을 차용한 복제품인 데다, 더 느리고 덜 안전한 알고리즘일 뿐이라고 폄하했다.

호스킨슨의 개발 능력 유무와 관계없이, 카르다노 개발을 맡은 IOHK가 최고의 개발자 집단을 보유하고 있다는 건 부정할 수 없는 사실이다. 카르다노의 기본 언어인 하스켈을 설계에서부터 관여한 필립 웨이들 영국 에딘버러대 교수, 게임이론의 대가인 엘리아스 쿠추피아스 옥스포드대 교수 등이 선임 연구원으로 있다. 카르다노 프로젝트에 관여하는 개발자는 박사 다섯 명을 포함해 스물네 명에 이른다. 그런데도 국내 암호화폐 커뮤니티에는 IOHK 홈페이지에 올라온 개발자 사진만 보고 스캠 의혹을 제기하는 글이 종종 눈에 띈다. 특히 개발진 중 대릴 맥아담스에 대해선 성전환자라고 비아냥거린다. IOHK 홈페이지에 나온 설명에 따르면, 맥아담스는 인공지능과 언어이론에도 관심이 있는 유형이론가이자 함수형 프로그래머다. 맥아담스를 지칭하는 대명사는 '그녀She'다. 현재 동성애 등에 개방적인 미국 샌프란시스코에 거주하고 있는 것으로 보아 성전환 수술을 한 것으로 짐작된다.

■ 이자 지급은 사기?… 이자 아니라 보상

카르다노가 약속한 이자가 사기라는 논란이다. 카르다노는 작업증명이 아닌 지분증명 방식을 통해 블록을 생성한다. 앞서 총 발행량 450억 개 중 ICO를 통해 310억 개를 판매했고, 나머지 140억 개는 PoS 기여에 따른 이자지급용(24년간)으로 남겨둔 물량이라고 설명했다. 2018년 3월 현재, 약 260억 개가 시장에 유통되고 있다. 2017년 9월 카르다노 전용 지갑인 '다이달로스Daedalus' 등장 이후, 다이달로스 지갑에 에이다를 보관하면 수량에 따라 이자를 지급한다는 루머가 퍼졌다. 여기에 2018년 2분기부터 연이자 지급 방식으로 진행된다(로드맵 중 DPoS가 이뤄지는 셸리 단계)는 소문이 더해지면서 정말 이자를 주는 것 맞느냐는 논란이 커졌다. 특히 모치즈키Mochizuki라는 일본의 카르다노 스테이킹풀staking pool 업체가 에이다 이자 계산기라는 이름의 웹페이지를 개설, 다이달루스 지갑에 에이다를 보관할 경우 1~2년 차에는 9.13%, 3년 차는 6.28%, 4년 차 4.57% 등을 지급할 계획이라고 밝히면서 소문은 사실이 됐다.

그런데 2018년 4월, 호스킨슨은 한 국내 암호화폐 전문매체와의 인터뷰에서 에이다 이자 지급은 루머라며 에이다 보유 시 이자 지급을 주장하는 곳은 스캠일 가능성이 크다고 주의를 당부했다. 카르다노 투자자들이 발칵 뒤집혔다. 그렇다면 로드맵에 나온 DPoS 보상은 무엇이란 말인가. 이는 이자와 보상을 혼동했기 때문이다. 다이달로스 지갑에 에이다를 단순히 보관한다고 해서 마치 예금처럼 이자가 나오는 것은 아니다. 스테이킹풀에 투자자들이 자신의 에이다를 위임하면 스테이킹풀 운영자는 투자자들로부터 수수료를 받는다. 대신 투자자들은 컴퓨터를 24시간 켜놓지 않아도 보상을 받을 수 있다. 이 보상을 투자자들은 이자로 생각했다(원리상 이자와 다를 바 없기 때문이다). 서로 같은 대상을 놓고 호스킨슨과 투자자들이 표현하는 용어가 달랐을 뿐이다.

다크코인의 제왕, 투명하게 남는 것도 싫다 : 대시

홈페이지 https://www.dash.org
트위터 https://twitter.com/dashpay
페이스북 https://www.facebook.com/DashPay
텔레그램 https://t.me/DashDigitalCash

2018년 1월 31일, 국내 컴퓨터 이용자들 중 일부가 GANDCRAB라 불리는 신종 랜섬웨어에 감염됐다. 다운로드를 요구하는 창을 잘못 클릭하면 자동 감염되는 방식이었다. 해커는 감염을 풀어주는 조건으로 1.85대시(당시 시세로 약 150만 원)를 요구했다. 응하지 않을 경우, PC는 좀비PC가 되거나 중요 데이터가 삭제된다. 비트코인이 아닌 대시를

요구하는 첫 랜섬웨어다.

2018년 2월 1일, 넴**NEM**재단이 일본 암호화폐 거래소 코인체크에서 도난당한 XEM 코인의 추적을 시작했다. 도난당한 코인에 일종의 '꼬리표'를 붙여 코인을 현금화하려는 시도를 즉각적으로 파악할 수 있는 기술**Auto tag system**(자동화 태그 시스템)을 사용했다. 일본 언론 보도에 따르면, 해커는 추적을 피하기 위해 훔친 XEM 코인을 20여 개의 지갑에 분산해둔 상태다. 하지만, 해커가 XEM을 익명성이 강한 대시 등으로 교환한 뒤 현금화를 시도하면 넴재단의 추적이 어려울 것이란 분석이 나왔다. 3월 20일, 넴재단은 홈페이지에 18일부터 추적을 포기한다고 밝혔다.

비트코인의 특징 중 하나는 익명성이다. 그런데 정확히 말하자면, 유사익명성이다. 블록체인에 모든 거래가 기록되기 때문에 누구나 거래 기록을 열람할 수 있다. 다만, 그 거래의 주인이 지갑 주소로 표현될 뿐 실제 누구인지는 알 수 없기 때문에 익명성이 보장된다고 말한다. 뒤집어 생각하면, 지갑의 공개키만 알면 그(공개키 소유자)의 모든 거래 내역과 잔고를 누구나 조회할 수 있다. 개인정보 보호가 전혀 안 된다. '진짜' 익명성을 추구하는 암호화폐가 대시**Dash**다. 비트코인보다 더 완벽한 개인정보 보호를 추구한다. 그래서 해커들이 선호하는 암호화폐이기도 하다.

◇ 시작은 다크코인

2014년 1월, 'X코인^X Coin'이라는 이름으로 출시됐다. 뭔가 성격이 불분명해 보인다고 판단했는지, 한 달여 만에 '다크코인^Darkcoin'으로 이름을 바꿨다. 비트코인과는 다른, 가장 큰 장점인 익명성을 부각하려는 의도였다. 익명성은 부각됐지만, 동시에 뭔가 '어둠의' 세력과 연결된 느낌도 줬다. 이름 때문에 불법 사이트들과 연관 있다는 루머가 돌았다. 결국 그런 연관성을 완전히 없애기 위해 2015년 3월 '대시'로 이름을 다시 한 번 바꿨다. 비트코인보다 더 나은 전자화폐가 되겠다는 비전을 담았다. 암호화폐 업계에서 리브랜딩은 흔한 일이다. '중국판 이더리움'으로 불리는 네오는 2017년 앤트셰어^AntShare에서 이름을 바꾼 코인이다. 리브랜딩 후 네오는 2017년 1000배 이상 올랐다.

익명성은 블록체인에 기록된 거래 정보를 통해 제3자가 수신인, 거래금액, 송금인 등 세 가지 사실을 알 수 없게 하는 것이다. 대시는 여러 건의 거래를 묶어 섞어 버리는 방식으로 익명성을 보장한다. 전문 용어로 표현하자면, 마스터노드^Masternode에 의한 코인조인^Coinjoin 방법을 사용한다. 코인조인은 말 그대로 코인들이 오가는 거래를 묶는 것이다. 이 작업을 수행하는 주체가 마스터노드다. 마스터노드는 최소 세 개 이상의 거래를 묶어 한 번 이상 섞은 후 거래 내용을 내보낸다. 비유하자면, 왼쪽에 있는 점들에서 시작한 선들이 가운데 마스터노드라는 블랙박스 안에 들어갔다가 나와 오른쪽 점들에 연결되는 식이다. 블랙박스를 거치면서 왼쪽의 어떤 점이 오른쪽의 어떤 점과 연결된 건지 제3자는 알 수 없다.

그밖에 익명성을 추구하는 암호화폐로는 모네로와 지캐시가 있다. 2014년 4월 탄생한 모네로는 스텔스 주소[Stealth Address], 링서명[Ring Signature], 링CT[Ring Confidential Transactions] 등을 통해 익명성을 추구한다. 스텔스 주소는 거래할 때마다 새로운 주소가 생성돼 본래의 주소를 블록체인 내에서 찾을 수 없게 하는, 곧 수신인을 감추는 기술이다. 링서명은 송금자의 공개키만을 이용하는 일반적인 디지털 서명과 달리 여러 명의 공개키를 사용해 송금인을 특정하기 어렵게 만드는 기술이다. 예를 들어 A가 B에게 송금하는데, C와 D의 공개키를 섞어 링서명을 했다면(이 경우 링서명에 세 명의 공개키가 들어간 경우 링 사이즈를 3이라 한다), 이때 A, C, D 등 세 명이 각각 3분의 1의 확률로 송금인이라는 걸 알 수 있을 뿐 진짜 송금인이 A라는 사실은 확정할 수 없다. 링CT는 링서명의 업데이트로서 개별 송금액과 수신·발신자의 신원을 숨기는 기술이다.

익명성 추구 과정에서 대시는 마스터노드에 의존한다는, 모네로는 여러 명의 공개키를 사용해 거래 주체가 불분명하다는 단점이 있다. 2016년 탄생한 지캐시는 가장 진화된 방식으로 익명성을 추구한다. 바로, '영지식 증명'의 도입이다. 영지식 증명은 이름 그대로 지식이 0인데 증명은 할 수 있다는 개념이다. 상대에 대해 어떤 것도 알 수 없지만 상대가 가진 정보를 신뢰할 수 있는 방법을 말한다. 다만, 확률의 법칙을 바탕으로 하는 증명 방식이기 때문에 확률을 100%에 가깝게 만들려면 증명 과정의 엄청난 반복이 필요하다. 그만큼의 컴퓨팅 파워가 요구된다.

◈ 마스터노드에 의한 대의민주주의

코인조인을 통해 대시의 익명성을 가능하게 하는 마스터노드는 무엇일까. 문자 그대로 노드 가운데 주인 역할쯤에 해당한다. 주인 역할을 할 수 있는 기준은 대시 코인 1000개 이상이다. 1000개 이상의 대시 코인을 보유한 마스터노드는 코인조인을 해주는 대신, 약 연 8% 정도의 이자수익을 얻는다. 마스터노드 역할을 하려면 대시 코인을 마음대로 팔 수 없고 묶어놓아야 하기 때문에, 이자수익은 기회비용에 대한 보상으로 이해하면 된다(코인마켓캡에 따르면, 대시의 유통량은 2018년 5월 기준으로 약 804만 개다. 최대 가능 공급량은 1890만 개다. 마스터노드가 많아진다는 건 그만큼 시장에 유통되는 물량이 줄어든다는 얘기다. 이 같은 이유로 대시의 장기 가격 상승을 점치기도 한다). '문송'들에게는 돈으로 대시 코인 1000개를 사도 걱정이다. 마스터노드가 되고 싶지만 어떻게 컴퓨터를 관리해야 하는지 알 수 없기 때문이다. 이때는 '노드40'이라는 마스터노드를 대신 운영해주는 회사에 운영권을 맡기면 된다. 마스터노드가 되면 대시 가격이 오르지 않아도 연 8%의 복리 투자 효과를 볼 수 있다.

마스터노드의 혜택은 약 연 8%의 이자뿐만이 아니다. 비트코인이 그렇듯, 대시 역시 탈중앙화의 성격을 띤다. 중앙 통제 기관이 없다.

누구든지 대시의 시스템 개발에 대한 프로젝트를 제안할 수 있다. 마스터노드들은 이때 투표를 통해 제안서를 통과시킬지 여부를 결정한다. 이 투표를 거버넌스 투표라고 한다. 마스터노드들이 통과시킨 제안서는 대시의 개발자들에게 전달된다. 제안서를 구현하는 것은 개발자들의 몫이다. 마스터노드의 역할은 일종의 대의민주주의를 닮았다. 합의에 이르기까지 지난한 시간이 걸리는 민주주의의 비효율성을 극복하기 위해 나온 대안이 대의민주주의다. 다수의 민의를 대표하는 소수 대표자의 합의를 통해 효율성을 높였다. 앞서 2016년 초, 대시의 코어 개발팀이 블록 사이즈를 2MB로 늘려야 하는지 여부를 묻는 제안서를 제출했다. 변경 승인을 위한 합의에 도달하기까지는 만 하루가 채 걸리지 않았다. 블록 사이즈를 놓고 3년간 논쟁을 벌인 비트코인과 비교된다.

기부나 사전 채굴된 기금에 의존하는 다른 프로젝트와 달리 대시는 개발 비용에 대한 부담도 없다. 블록을 생성할 때마다 보상의 45%는 채굴자(마이너)들에게 전달되고, 45%는 마스터노드에게 이동한다. 그리고 나머지 10%는 유보된다. 누군가 개발 제안을 하고, 이 제안서를 마스터노드의 최소 10%가 승인하면, 앞서 유보했던 10%는 개발비로 돌아간다.

'전자화폐'를 표방하는 만큼 대시는 즉시 결제가 가능하다. 인스턴트X(InstantX)라는 기술을 통해 수초 내에 결제할 수 있다. 이름처럼 지불 수단으로 특화돼 있다. 2017년 아일랜드에 기반을 둔 할인 기프트 카드 플랫폼인 비트카트(Bitcart)가 결제 수단으로 비트코인을 버리고 대시를 받은 이유도 이 때문이다. 비트카트의 최고경영자인 그라 햄 드 바라는 성명서를 통해 대시는 전 세계에서 가장 우수한 전자 상거래 토큰이며 현재 비트코인이 직면하고 있는 즉시 거래 문제를 완전히 해결했다고 밝혔다.

사물인터넷을 위한 프로토콜 : 아이오타

홈페이지 https://iota.org
슬랙 https://slack.iota.org
트위터 https://twitter.com/iotatoken
블로그 https://blog.iota.org
레딧 https://www.reddit.com/r/Iota

2018년 4월 23~27일, 독일 하노버에서 '하노버 메쎄 2018^{Hannover Messe 2018}'라는 세계 최대의 4차 산업 기술 박람회가 열렸다. 행사 중 가장 주목을 받았던 기업은 일본 ICT(정보통신기술) 업체 후지쯔^{Fujitsu} 였다. 후지쯔는 이번 박람회에서 '인텔리엣지^{INTELLIEDGE}'라는 소프트 웨어를 선보였다. 인텔리엣지는 아이오타^{IOTA}를 기반으로 개발된 최 초의 비즈니스 솔루션이다. 블록체인의 블록에 해당하는 아이오타의 '탱글^{Tangle}'을 활용해 생산 공정에 참여하는 모든 것들의 정보를 저장하고 활용한다. 예를 들어, 인텔리엣지를 도입한 자동차 스마트 팩토리를 상상해보자. 자동차의 모든 부품, 부품을 조립하는 로봇, 조립이 완료된 완성차, 공장의 스케줄, 비용, 부품의 운송 등 모든 것이 탱글의 위변조가 불가능한 장부에 기록된다. 이를 통해 고객들은 자신이 구매한 자동차의 생산 공정을 100% 믿을 수 있게 된다. 자동차를 구성하는 모든 부품이 탱글에 저장돼 있기 때문에, 해당 부품의 교체 주기와 자동차의 결함을 간편하고 완벽하게 추적할 수 있다. 주요 부품들은 수명 주기에 따라 통신을 주고받기 때문에, 자동으로 정비 스케줄이 잡힌다. 믿지 못해 언제나 속고 사는 느낌의 중고차 거래는 투명해진다. 부품뿐 아니라 자동차 그 자체도 하나의 기계로서 아이오타를 활용해 다른 기계들과 교신할 수 있다. 주유소에서 굳이 신용카드로 주유비를 결제하지 않아도 된다. 운전자의 아이오타 지갑과 자동차, 그리고 주유 기계 간의 즉각적인 통신이 오가며 결제가 바로 완료되기 때문이다. 교통사고가 나면 사고의 정도가 경찰과 병원에 즉각 보고돼, 재빠른 초동 조치로 인명을 구할 수 있는 가능성도 높아질 것이다.

◇ 블록이 아니라 탱글

아이오타는 2015년 노르웨이의 연쇄 창업가 데이비스 손스테보**David Sonstebo**의 프로젝트에서 시작됐다. 그는 현재 아이오타의 대표를 맡고 있다. 덥수룩한 수염을 기르고 있어 한국에서는 '털보'라고도 불린다. 손스테보 외에 세르게이 이반체글로, 도미닉 샤이너, 세르게이 포포프 등이 개발을 주도했다. 아이오타의 이름은 중의적이다. 그리스어의 9번째 알파벳(영어의 i)을 의미하며, 실제 글자의 크기가 가장 작아서 '아주 작은 양an extremely small amount'을 나타내기도 한다. 또한 '사물인터넷Internet of Things'이란 단어가 포함돼 있다. 종합해보면, 사물인터넷을 위한 가장 작은 토큰의 단위 정도로 해석할 수 있겠다(아이오타의 마지막 'A'가 정확히 어떤 의미를 갖는지는 공식적으로 밝혀진 바 없다). 총 공급량은 약 2700조 개다. 코인 개수가 너무 많다는 리플의 1000억 개는 명함도 못 내밀 정도다. 애초에 사물인터넷을 위한 기계 간 거래M2M에 쓰일 것을 염두에 뒀기 때문이다. 60억 명의 인구가 사용하는 디지털 기기의 숫자를 상상해보라. 새로운 토큰은 추가로 생성되지 않는다. 인플레이션이나 채굴보상도 없다. 흔히 거래소에서 구매하는 아이오타는 100만 단위다(2700조 개나 되니 개당 가격이 너무 싸 거래가 어렵다). 이를 MIOTA라고 표현한다. 이더리움재단과 비슷하게 독일 베를린을 거점으로 한 아이오타재단IOTA Foundation에서 다양한 프로젝트를 지원한다.

아이오타가 여타 다른 블록체인과 구분되는 가장 큰 차이는 '탱글'이다. 탱글은 사전적으로는 실이나 머리카락이 꼬인 상태를 말한다. 체인이 분절된 것을 연결한다면, 탱글은 분절이 아니라 꼬였을 뿐이다. 탱글은 '방향성 비사이클 그래프DAG, Directed Acyclic Graph'라는 메커니즘을 사용한다. 그래프는 일정한 규칙성 없이 필요에 따라 연결해 사용하기 위한 비선형 자료구조를 의미한다. 자료구조란 자료를 효

아이오타 탱글 거래 구조

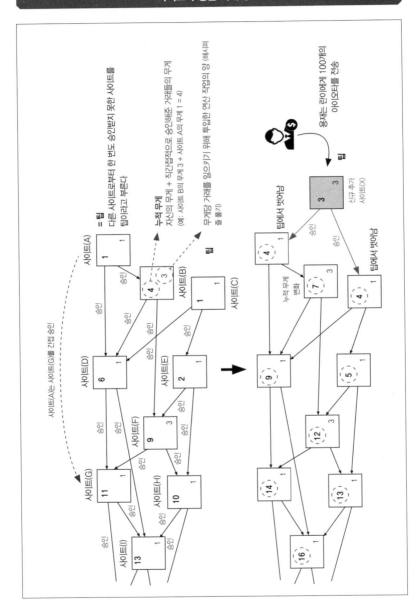

팁
다른 사이트로부터 한 번도 승인받지 못한 사이트를 팁이라고 부른다

누적 무게
자신의 무게 + 직간접적으로 승인해준 거래들의 무게
(예: 사이트 B의 무게 3 + 사이트 A의 무게 1 = 4)

팁

무게란 거래를 일으키기 위해 투입한 연산 작업의 양 (해시파 출몰기)

사이트(A) 1

승인

4 3 사이트(B)

사이트(C) 1

사이트(D) 6 1

사이트(E) 2 1

사이트(F) 9 3

사이트(G) 11 1

사이트(H) 10 1

사이트(I) 13 1

사이트(A)는 사이트(G)를 간접 승인

용재는 린이에게 100개의 아이오타를 전송

신규 추가 사이트(X)

3 3

팁에서 벗어남

4 1

누적 무게 변화

7 3

팁에서 벗어남

4 1

9 1

5 1

12 3

14 1

13 1

16 1

율적으로 표현, 저장 및 처리할 수 있도록 하는 기술로, 앞서 큐를 살펴봤다. 큐는 선입선출이란 규칙을 따르는 자료구조다. 반면, 그래프는 이러한 규칙이 없는 자료구조라고 보면 되겠다. 자동차 네비게이션을 예로 들어보자. 목적지는 비선형(인과관계가 없는) 입력값이며, 이에 따라 목적지까지 가는 최적의 루트를 찾아내는 데 그래프라는 자료구조를 사용한다. 그래프는 자료들의 흐름이며, 탱글이 사용하는 '방향성 비사이클 그래프'라는 것은 방향성은 있지만 사이클이 없는, 즉 연결된 루트를 통해 자기 자신으로 돌아오는 경로가 없는 그래프다. 일방향으로만 진행이 되기 때문에 탱글에 입력된 자료는 원칙적으로 되돌려질 수 없다.

아이오타 생태계에는 채굴자가 없다. 거래 당사자(노드)가 동시에 채굴자 역할을 한다. 거래 당사자가 자신의 거래를 전송하기 위해서는 이전에 전송된 두 개의 거래를 직접적으로 승인해야 한다. 비트코인이나 이더리움에서는 채굴자들이 자신들의 자원을 투입해 블록을 구성하는데, 아이오타 탱글에서는 이와 같은 과정이 빠져 있다.

옆 그림의 네모들은 사이트다. 노드에서 전송한 거래를 의미한다. 사이트는 항상 그전에 전송된 두 개의 사이트를 승인해야만 하며, 승인 대상 사이트는 '마코프 체인 몬테카를로Markov Chain Monte Carlo' 셀렉션 알고리즘을 따른다. 사이트A는 사이트B와 사이트D를 직접적으로 승인한다. 동시에 사이트A는 사이트G를 간접적으로 승인한다(A→D→G). 위의 사이트들이 형성하는 구조가 앞서 언급한 '방향성 비사이클 그래프'다. 화살표들이 전부 왼쪽으로 향하고 있으며(방향성 존재), 자기 자신에게 되돌아오는 루트는 없다(비사이클). 아이오타 탱글 노드는 거래를 전송하기 위해서는 해시 퍼즐을 풀어야 한다. 비트코인처럼 특정 목푯값을 찾는 과정과 동일하나, 필요한 연산 능력은 비교가 안 될 정도로 작다. 따라서 거래 당사자들이 무리 없이 해시퍼즐을 풀고 거래를 전송해 사이트를 형성할 수 있다.

거래를 전송하기 위해 해시퍼즐을 풀어야 하는 간단한 작업증명이 필요한데, 투입한 연산 능력에 비례해 사이트의 무게가 매겨진다. 무게는 3의 n제곱으로 표현된다. 이는 굉장히 찰나의 순간에 특정 무게 이상의 거래를 쏟아내는 것을 불가능하게 만들어줌으로써 스팸 공격을 방지해준다. 또한 누적 무게Cumulative Weight라는 개념을 사용하는데, 해당 사이트의 무게와 그 사이트를 직·간접적으로 승인한 모든 사이트의 무게의 합으로 표현한다. 그림에서 사이트B의 누적 무게는 자신의 무게 3과 자신을 승인한 사이트A의 무게 1을 더해 4로 표현된다. 그리고 그림 상단의 구조에서 사이트A와 사이트C는 팁 Tip이라고 부르는데, 팁은 거래 승인을 받지 못한 신규 거래를 의미한다. 아이오타 탱글에서는 팁의 개수를 통해 네트워크의 안정성을 평가한다. 즉, 시간당 팁의 개수가 늘어날 경우 네트워크를 불안정하다고 본다. 아이오타 사용 인프라가 확장될수록 시간당 팁의 개수는 줄어들 수 있다.

그림에서 하단 부분은 신규 거래가 추가됐을 때, 탱글 구조가 어떻게 변하는지를 나타낸 것이다. 용재가 란이에게 100개의 아이오타를 전송하는 거래를 일으켰다고 가정해보자. 노드는 용재의 거래를 탱글에 전송하기 위해서 이전 거래 2건을 반드시 승인해야만 한다. 신규 추가된 용재와 란이의 거래는 사이트X가 되고, 이는 사이트A와 사이트C를 승인함으로써 탱글에 전송된다. 따라서 팁이었던 사이트 A와 사이트C는 팁에서 벗어나게 되고, 신규 추가된 사이트X가 팁이 된다. 또한 사이트X, 즉 용재와 란이의 거래가 추가로 탱글에 전송됨 으로써 기존 사이트들의 누적 무게는 모두 증가한다. 누적 무게가 늘 어날수록 해당 사이트의 유효성은 증가한다. 이와 같은 구조를 통해 거래 당사자들끼리 거래의 유효성을 검증하기 때문에 채굴자 없이 도 불변의 분산원장을 형성하는 것이 이론적으로 가능해진다.

◇ 사물인터넷의 글로벌 표준을 꿈꾸다

아이오타는 거래 수수료가 없다. 아이오타는 사물인터넷에서 사용되 는 최소 단위의 화폐를 목표로 만들어졌다. 가까운 미래에는 거래의 주체가 사람이 아니라 기계인 경우가 더 많아질 것이다. 이 경우 거 래 수수료의 주체를 정하기가 모호하다. 카메라를 탑재한 에어컨을 생각해보자. 카메라가 실내를 촬영하고 이를 전송받은 에어컨은 필 요한 곳에만 냉·난방을 가동해 에너지 효율을 극대화한다. 이 경우, 거래의 주체는 카메라와 에어컨인데, 이 둘 중 누구에게 거래 수수료 를 부과할 것인가. 굳이 나눌 수는 있겠지만 사물인터넷이 본격화될 경우 굉장한 혼란을 야기할 수 있다. 따라서 아이오타는 탱글 구조를 활용해 거래 수수료를 없앴다. 100개의 아이오타를 전송하면 상대방은 정확히 100개의 아이오타를 수령한다. 거래 수수료가 없어서 노드들의 참여율이 저조해질 수 있다는 우려가 존재하지만, 아이오타재단은 게으른 노드들에게 노드 자격을 박탈하는 방법 등과 같은 해결책을 모색 중이다.

아이오타는 이론적으로 높은 확장성을 갖는다. 수많은 노드들에 의해 병렬적으로 사이트가 전송되고 승인된다. 또한 사용자가 늘어날수록 거래 승인에 걸리는 속도는 기하급수적으로 줄어들며, 네트워크 역시 더욱 안정화된다. 사물인터넷으로 생겨날 무수히 많은 거래들이 아이오타 탱글에 전송될 경우, 그리고 이와 비례해 참여자(노드)가 많아질 경우, 아이오타 탱글은 더욱 활성화된다. 블록이라는 개념이 없기 때문에 블록 사이즈 이슈에 대한 소모적인 논쟁은 필요 없다. 채굴자가 없기 때문에 불필요한 연산 능력 경쟁을 할 필요가 없다. 따라서 승자독식과 같은 대형 마이닝풀의 권력 집중화 현상 역시 없다.

반면, 현재 아이오타가 넘어야 할 과제는 풀노드 부족 현상이다. 거래 수수료가 없다보니 풀노드를 운영할 경제적 요인이 약하다. 아이오타가 사물인터넷의 표준으로 자리잡아 인프라가 방대하게 넓어질 경우에는 풀노드가 늘어날 테지만, 그 전까지는 풀노드의 유의미한 증가는 쉽지 않아 보인다. 일부 투자자들은 거래소에서 아이오타를 구매하고 지갑으로 전송하는 과정에서 짧게는 몇 시간, 길게는 며칠이 걸리는 경험을 해봤을 것이다. 이는 탱글의 풀노드가 부족했기 때문이다. 아이오타재단에서는 이에 대한 임시방편으로 코디네이터

Coordinator라는 자체 노드를 운영 중이다. 아이오타 코디네이터는 풀 노드 역할을 하면서 거래를 전송하고 사이트를 생성하는데, 코디네이터에 대한 소스코드가 공개되지 않아서 질타를 받기도 했다. 코디네이터 작동 메커니즘이 공개되지 않은 상태에서는 아이오타를 탈중앙화된 플랫폼으로 보기 어렵기 때문이다. 또한 기존 블록체인과 다른 메커니즘으로 구현되다 보니 아이오타 지갑의 인터페이스 역시 다르다. 이로 인한 보유자들의 유실된 아이오타 개수가 상당하다.

뿐만 아니라 대부분의 암호화폐가 2진법을 사용하는 것과는 달리 아이오타는 3진법을 사용한다. 이런 특징을 살려 자체적으로 커스터마이징한 암호화 알고리즘인 컬Curl을 사용했다. 2017년 MIT 미디어랩의 디지털커런시이니셔티브에서는 컬에 충돌 위험이 있다고 경고했다. 충돌 위험이란 간단히 말해 암호화 알고리즘을 통해 생성한 개인키가 중복된다는 의미다. 즉, 용재와 란이가 동일한 개인키를 소유하는 상황이 연출될 수도 있다는 이야기다. 암호화폐 개발자들 사이에서는 불문율이 있는데, 절대 암호화 알고리즘을 자체 제작하지 않는다는 것이다. 안전성을 보장할 수 없기 때문이다. 오랜 세월 동안 충돌위험이 없다고 확률적으로 증명된 암호화 알고리즘을 사용하는 것이 정석이다. 아이오타 역시 한바탕 홍역을 앓고 나서 Keccak-384(SHA-3)으로 바꿨다.

한편으로는 과장 광고 논란에도 휩싸였다. 아이오타는 삼성전자, 마이크로소프트, 후지쯔, 시스코 등과 IT 기업들이 자사가 보유한 데이터를 판매하는 공동시장(데이터 마켓플레이스) 관련해 제휴를 체결했다고 2017년 11월 말 발표했다. 글로벌 대기업과의 제휴 소식에 아이오타 가격이 급등했지만, 얼마 지나지 않아 사실이 아닌 것으로 밝혀졌다. 삼성전자와 시스코 등은 아이오타와 공식적인 제휴가 없다고 선을 그었다. 또 마이크로소프트가 아이오타의 공식 파트너라고 알려졌지만, 마이크로소프트는 아이오타는 우리의 클라우드 서비스인 애저^{Azure} 고객일 뿐이라고 파트너 관계를 부인했다.

CHAPTER 13

블록체인 혁명에 대처하는
세계 각국 정부

암호화폐로 경제대국의 영광을 : 일본

2007년 한국은행이 고액권 지폐 발행을 추진하면서 어떤 인물을 도안에 넣으면 좋을지 여론조사와 전문가 의견조사를 실시했다. 십만 원권 후보로는 백범 김구 선생이 일찌감치 낙찰됐다. 각종 여론조사에서 압도적 지지를 받은 데다, 다른 지폐 도안에 들어간 인물이 모두 조선시대 사람이라는 점도 감안됐다. 독립 애국지사의 길을 걸은 그를 본받아 애국심을 고취시키려는 목적도 있었다. 오만 원권은 남녀평등을 추구하는 현대 여성상에 맞지 않는다는 일부 여성단체의 반발에도 신사임당으로 낙점됐다. 논란을 빚었던 오만 원권은 예정대로 2009년 발행됐지만, 십만 원권은 인플레이션을 유발할 수 있다는 우려에 아쉽게도 발행이 잠정 중단됐다. 이로써 우리 지폐에는 조선시대 인물만 남게 됐다.

일본은 다르다. 천 엔, 오천 엔, 만 엔권에 들어간 인물 모두 근대에 활약했던 인물이다. 특히 가장 최근인 2004년 지폐 도안을 바꿀 때에도 만 엔권의 인물은 그대로 살아남았다. 그는 바로 후쿠자와 유키치福澤諭吉, 1835.1.10~1901.2.3다. 일본의 계몽가이자 교육가다. 에도(현 도쿄)에 네덜란드 어학교인 난학숙을 열었고, 메이로쿠사明六社를 창설했다. 실학과 부국강병을 강조하며 일본 자본주의 발달의 사상적 근거를 마련했다. 한국 등 일본의 식민 지배를 받았던 국가 입장에서는 그리 달갑지 않은 인물일지 모르나, 일본에서는 근대화의 토대를 닦은 선구자적 인물이다. 일본의 근대화는 지금의 일본을 가능하게 한 자랑이다. 변방 섬나라에 불과했던 일본은 아시아에서는 유일하게 근대화에 성공, 아시아의 맹주가 됐다. 위로부터의 개혁인 메이지유신을 통해 국가를 개조했다. 한국전쟁을 발판 삼아 산업화에도 성공했다. 1980년대 경제 호황기에는 도쿄의 땅을 팔면 미국 전체를 살 수 있다는 말까지 나올 정도였다. 그러나 일본의 독주를 내버려 둘 미국이 아니다. '합의'를 가장한 '협박'인, 이른바 '플라자 합의'를 얻어냈다. 하루아침에 일본 엔화의 가치가 급등했다. 물건값이 비싸지니 일본 물건이 팔릴 리 만무하다. 수출 기업이 줄줄이 쓰러졌다. 증시는 속절없이 무너졌다. 거함巨艦은 그렇게 가라앉기 시작했다. '잃어버린 10년'인 줄 알았는데 어느새 20년이 지나버렸다.

일본 쇠락의 시작은 기술력의 퇴보나 국민의 나태가 아니었다. 화폐 전쟁에서 밀린 탓이다. 그리고 2018년, 일본은 변화의 한가운데서 있다. 암호화폐를 활용한 경제 활성화를 통해 제2의 메이지유신을 꿈꾸고 있다.

◇ 마운트곡스 사태가 약이 되다

일본이 처음부터 암호화폐에 대해 호의적이었던 건 아니다. 역시 보수적이었다. 역사의 우연인지, 세계 최초이자 한때 전 세계 비트코인 거래의 80% 이상을 담당했던 마운트곡스 본사가 일본 도쿄로 옮겨온다. 창립자 제드 매케일럽에게 회사를 넘겨받은 마크 카펠레스는 일본 만화와 코스프레를 좋아하는 사람이었다. '덕후' 기질을 발휘, 덕후들의 본산으로 회사를 옮겼다. 처음엔 잘 돌아가는가 싶었다. 2014년 2월 마운트곡스는 자신들이 관리하고 있던 85만 비트코인이 분실됐다며 도쿄지방법원에 파산을 신청한다. 마운트곡스가 해킹에 의해 비트코인을 잃어버렸는지, 고객들을 상대로 사기행각을 벌인 것인지 아직까지도 명확하지 않다. 어쨌든 마운트곡스 파산으로 하루아침에 거액을 날린 전 세계인들이 비행기를 타고 도쿄 본사로 날아와 시위를 벌였다. 노숙 시위도 마다하지 않는 파란 눈의 사람들을 보며 일본인들은 충격을 받았다. 그리고 일본 정부는 세계에서 가장 처음으로 비트코인과 암호화폐에 대해 연구하기 시작했다.

일찌감치 비트코인 등 암호화폐의 가능성과 한계에 눈뜬 덕분인지, 현재 일본은 전 세계에서 가장 제도적으로 암호화폐 생태계를 구축하고 있다. 일본 정부가 심도 깊고 다층적인 연구를 진행한 결과, 2016년 3월 자금결제법 개정안이 국회에 제출됐고 두 달 뒤 국회를 통과했다. 2017년 4월 1일부터 본격 시행되면서 비트코인이 새로운 결제 수단으로 자리매김하게 됐다.

자금결제법은 송금 및 결제에 관한 규제다. 2009년 제정됐다. 100만 엔 이하의 상품권, 선불카드 등 선불방식의 대금결제를 규제한다. 송금결제에 관한 규제에는 자금결제법 이외에도 은행법, 할부판매법 등이 있다. 100만 엔을 넘는 송금은 은행법에서 규제한다. 이 법에 비트코인 등 암호화폐에 대한 규제안을 추가해서 개정했다. 자금결제법 개정안의 핵심은 암호화폐를 실제 화폐와 비슷한 기능을 가진 '재산적 가치'로 새롭게 정의했다는 점이다. 암호화폐를 취급하는 모든 거래소에 등록제 도입을 의무화했다. 이용자를 보호하고, 비트코인 등이 테러자금으로 흘러가거나 범죄조직의 자금세탁으로 악용되지 않도록 화폐 기능을 인정하되 관리를 강화하기 위해서다. 주목할 만한 개정안의 주요 내용은 다음과 같다.

- 가상통화의 정의(제2조5): 가상통화는 결제수단의 하나로 '재산적 가치'를 지님. '재산적 가치'란 가상통화가 불특정다수 간의 지불 수단 기능 및 법정통화와의 교환기능, 전자거래기능을 갖지만 법정통화는 아님

- 가상통화 교환업에 대한 등록제(제63조2): 가상통화 교환업을 수행하려면 자본, 순자산 등에 관한 요건이 충족돼야 하며 총리대신에게 등록을 받은 자만이 가상통화교환업을 할 수 있도록 규정함

- 가상통화 교환업자에 대한 업무 규제(제63조11): 가상통화교환업자는 이용자와의 거래내용 및 수수료 등의 정보 시스템의 안전관리 등에 관한 사항을 정기적으로 공인회계사 또는 감사법인에게 감사를 받아야 함

- 가상통화교환업자에 대한 감독(제63조13): 가상통화교환업자는 공인회계사 또는 감사법인의 감사보고서를 첨부한 해당 보고서를 내각총리대신에게 제출해야 하며, 금융청으로부터 업무개선 명령 등의 감독을 받아야 함

개정안에 따라 2017년 4월부터 일본에서는 엔화로 암호화폐를 살 때 냈던 소비세를 없앴다. 암호화폐를 결제 수단으로 인정했기 때문이다. 대신 암호화폐로 실제 상품을 구입할 경우에는 엔화로 살 때와 마찬가지로 소비세를 낸다. 2017년 9월 열한 개의 거래소가 등록했다. 이들은 일본 금융청의 감독 하에 철저하게 거래소를 운영해야 한다. 2017년 말까지 다섯 개의 거래소가 추가됐다. 2018년 1월 사단법인 한국블록체인협회 창립기념식에서 발표를 맡은 일본의 앤더슨 모리 토모츠네 법률사무소의 파트너 변호사 카와이 켄에 따르

면, 2018년 현재 100개 업체 정도가 등록을 위해 금융청과 접촉 시도 중이라고 한다. 주로 중국계 업체들이 일본 진출을 노린다고 한다. 2018년 1월 말 약 580억 엔 규모의 해킹 사건으로 전 세계 암호화폐시장을 공포로 몰아넣었던 코인체크는 아직 정식 등록을 하지 못한 업체다. 2018년 2월 만난 한 금융청 관계자는 법 제정 이전에 영업하던 업체에 법을 소급 적용해 영업을 못하게 할 수는 없었다며 등록 업체였다면 아무래도 사고 발생 가능성이 적지 않았을까 추측했다. 2018년 2월 현재 영업 중인 거래소 가운데 코인체크처럼 등록하지 않은 업체는 없다.

2017년 12월에는 암호화폐를 기업의 보유자산으로 인정하는 회계규칙을 발표했다. 2018년 회계연도부터 기업이 소유한 가상화폐는 기업의 보유자산이 되며, 가격 변동에 따른 가상화폐의 평가손익이 회계보고서에 반영된다.

◇ 규제의 틀 안에서 산업이 큰다

2018년 5월 초, 비트코인의 엔화 거래 비중은 40% 안팎이다. 2017년 12월 미국에서 비트코인 출시 후 달러 거래 비중이 커지면서 엔화가 2위로 내려왔지만, 얼마 지나지 않아 다시 1위 자리로 복귀했다. 엔화 거래 비중이 이렇게 높은 건 일본 정부도 우려하는 부분이다. 2017년 한일 합작 거래소인 비트포인트코리아 오픈에 맞춰 방한한 오다 겐키 비트포인트재팬 대표 역시 일본에서도 99%가 투기

목적으로 비트코인을 산다며 자금결제법 개정 이후 투기 자금이 더 많이 들어 온 게 일본 정부 역시 고민거리라고 말했다.

시장 과열과 투기는 우려되지만 일본 정부의 원칙은 분명하다. 암호화폐를 통한 자금세탁을 막고, 투자자 보호에 최선을 다한다는 것이다. 암호화폐를 '바다이야기'나 '가상증표'로 보지 않는다. 불법 행위를 못하도록 규제의 울타리를 친 후, 그 안에서 산업을 키우는 건 민간의 몫이다. 정부가 산업의 싹을 자르지는 않는다. 특히, 2020년 도쿄 올림픽은 업체들에겐 자신들의 기술력을 세계에 선보일 좋은 기회다. 2017년 4월 자금결제법 개정안 시행 전까지 10만 곳에 이르던 암호화폐 결제가 가능한 상점이 2018년 초에는 20만 곳으로 늘었다. 결제 가능한 물품도 초기 주로 인터넷에서 거래되는 전자기기가 대부분이었지만, 이제는 일반 소매점을 넘어 자동차 등 고가의 물품도 비트코인으로 살 수 있다. 히로시마현에 위치한 중고차 판매 업체 아이즈브레인I's BRAIN은 2017년 4월 비트코인 결제 시스템을 도입한 이후 거래 건수는 한 건도 없다가, 비트코인 가격이 1만 달러를 돌파해 2만 달러까지 질주하던 그해 12월에만 중고차 20대를 팔았다.

심지어 일본의 부동산 스타트업인 이탄지는 2018년 1월부터 부동산 구입에 비트코인 결제 시스템을 도입했다. 서비스 출범 2주 만에 총 16건의 물건을 확보했다. 2550만 엔(약 2억 5500만 원)짜리 30㎡ 소형 오피스텔부터 7억 엔 상당의 상업용 빌딩까지 다양하다. 이탄지의 온라인 중개 사이트에 올라온 부동산을 대상으로 비트코인 거래 의향을 확인하는 식으로 확보한 물건들이다. 이 회사 최고기술 담당자는 니혼게이자이와의 인터뷰에서 사려는 사람은 가상화폐에서 부동산으로 갈아타려는 사람이 많다며 파는 사람의 경우엔 비트코인을 한꺼번에 확보하려는 사람이 대부분이라고 말했다. 국내에선 암호화폐로 떼돈을 번 사람들이 안전자산인 강남 부동산으로 몰린다는데, 일본에서는 비트코인 자체를 가지고 도쿄 부동산을 살 수 있다.

기존의 통신, 금융회사들도 암호화폐 산업에 뛰어들었다. 일본 통신회사 인터넷은 2017년 10월 미쓰비시도쿄HFJ은행, 미쓰이스미토모은행, 전자제품 쇼핑몰 비쿠카메라, 택배업체 야마토홀딩스 등 열아홉 개 회사와 함께 공동 투자회사를 설립했다. 이 회사는 암호화폐 거래소를 2018년 10월부터 운영한다. 또 투자한 회사들의 상품을 암호화폐로 구입할 수 있는 시스템을 구축한다.

규제의 틀에서 습득한 노하우를 활용해 해외로도 진출한다. 일본 최대 암호화폐 거래소인 비트플라이어는 2017년 11월 미국에 진출한 데 이어, 2018년에는 유럽에도 진출했다. 룩셈부르크 금융 당국의 허가를 받았고, 현지 은행과 파트너십도 체결했다. 일본은 세계에서 처음으로 암호화폐 관련 법안을 정비했고, 법의 우산 아래서 암호화폐 산업이 커 가고 있다.

세계 최초로 암호화폐를 테마로 하는 걸그룹이 일본에서 처음 등장한 것도 인상적이다. '가소쓰카쇼조假想通貨少女', 우리말로 옮기면 '가상통화소녀'다. 멤버는 10~20대 여성 여덟 명이다. 각자의 암호화

가상통화소녀 멤버 카르다노(왼쪽)와 비트코인. 엄지와 검지로 만든 동그라미 모양을 서로 맞대 블록체인을 표현했다.

폐를 연상시키는 로고가 박힌 가면을 쓰고 있다. 비트코인, 이더리움, 리플, 비트코인캐시, 카르다노, 뉴이코노믹무브먼트, 네오, 모나코인 등이다. 라이브 입장료와 캐릭터 상품 결제가 암호화폐로만 가능하다. 각 멤버의 월급도 비트코인으로 지급된다. 라이브 공연장 입구에는 그날의 암호화폐 거래 가격이 공지되며, 이에 따라 실제 공연 입장료가 조금씩 달라진다. 시가총액이 50위권 밖(2018년 1월 현재)에 있는 모나코인이 여덟 명의 멤버 코인 중 하나다. 자신을 사토시 나카모토라고 불러달라는 이 그룹의 프로듀서는 2018년 2월 본지와의 인터뷰에서 모나코인은 오타쿠 문화의 본고장인 아키하바라에서 나온 코인이라며 팬들 중에 오타쿠가 많아 그들을 배려하는 차원에서 모나코인을 멤버로 영입했다고 말했다. 모나코인은 2013년 12월 탄생한 결제에 중점을 둔 일본 최초의 암호화폐다.

신기술 규제의 원칙, 해를 끼치지 않는다 : 미국

2018년 2월 6일(현지시간) 미국 워싱턴에서 열렸던 미국 상원 은행·주택·도시문제위원회. 증인으로 나온 크리스토퍼 지안카를로 Christopher Giancarlo CFTC 의장이 모두 발언을 시작했다.

조금 다른 관점에서, 아버지의 입장에서 발언을 시작하겠습니다. 저는 세 명의 대학생 자녀를 둔 아버지입니다. 아이들이 금융에 일찍 눈 뜨길 원해 고등학교 때 용돈을 주고 주식 투자를 해 보라고 권유했죠. 다들 관심이 없었습니다. 그런데 아이들이 먼저 CFTC 의장인 제게 찾아와 비트코인에 대해서 물었습니다. … 아이들의 신기술과 금융에 대한 열정을 확인할 수 있었습니다. 우리(기성세대)는 사려 깊고 균형 잡힌 시각으로 젊은 세대의 이러한 열정에 반응해야 합니다. 그리고 사기나 조작을 통해 아이들의 이러한 열정을 악용하려는 세력에 대항해야 합니다. 기성세대는 신기술을 공부하고 좋은 정책을 세워야 합니다.

2017년 12월 11일, 제이 클레이튼 Jay Clayton SEC 의장은 홈페이지에 암호화폐와 ICO에 대한 입장을 표명했다.

암호화폐와 ICO에 대해 많은 우려가 제기되고 있습니다. 기존 증권시장보다 투자자 보호 장치가 적어 사기와 조작 기회가 커졌기 때문입니다. … 저희 SEC는 자본 형성을 촉진하기 위해 전념하고 있습니다. 암호화폐와 ICO가 기반한 기술은 아마도 (기존 시스템을) 방해할 수 있고, 변화시킬 수 있으며, 효율성을 증진시킬 수 있을 겁니다. 저는 핀테크 발전이 자본 형성을 촉진하고 기관 투자자 및 개인 투자자들 모두에게 유망한 투자 기회를 제공할 것이라고 확신합니다.

미국 정부가 암호화폐를 바라보는 시각이다. 현재 암호화폐를 둘러싸고 사기가 벌어지고 투자가 과열되고는 있지만, 신기술이 열어갈 가능성에 대해서는 개방적 태도를 견지한다. 90년대 말, 신경제를 가능케 한 인터넷 산업 초기의 원칙 '해를 끼치지 않는' 규제를 암호화폐에도 적용한다는 입장이다.

◇ 인터넷 산업 발달의 주역은 포르노

1994년 미국 NBC에서 방영된 〈투데이 쇼〉의 한 장면이다. 진행자들은 최근 인기라는 새로운 물건(?)에 대해 얘기한다. "글쎄, 작은 'a' 문자가 있고 그걸 원으로 둘러싼 이 마크(이메일 주소에 쓰는 @을 가리킨다), 이걸 '앳at'이라고 읽는데. 인터넷에 관한 거래. 그런데 본 적도 없고 들어본 적도 없고…" 결국 대화는 @이 의미하는 것이 무엇인지 결론을 내리지 못한다. 그리고 또 다른 질문이 이어진다. "그런데 인터넷이 뭐야"라고. 프로듀서 짐작되는 남자 목소리가 화면 밖에서 들린다. "대규모 컴퓨터 네트워크야… 여러 대학에 있는데, 서로 연결돼서 소통할 수 있어. 점점 커지고 있고…". 인터넷을 그나마 긍정적으로 평가하는 한 여자 진행자가 설명을 이어간다. "만약 전화선이 끊기면 사랑하는 연인이나 가족과 (인터넷으로) 연락할 수 있지 않을까." 이 동영상 클립의 제목은 '도대체, 인터넷이란 무엇인가What is the Internet, Anyway?'다. 이 동영상 밑에 달린 댓글 중 가장 많은 지지를 받은 건 '비트코인에 대해 설명할 때 제가 느끼는 감정과 비슷하네요'다. 지금이야 이메일이 쓰는 @이라는 기호와 인터넷이 너무나 익숙하지만 1994년 인터넷이 처음 생겨나던 시절만 해도, 지금과 같은 인터넷 환경이나 서비스를 상상한 사람은 개발자들 가운데서도 없었을 것이다.

하지만 인터넷 초기 부작용이 없었던 것은 아니다. 인터넷의 역사에서 인터넷을 상업적으로 성공시킨 주역으로 포르노를 빠트릴 수 없다. 포르노는 학구적 성격의 초기 인터넷에 엔터테인먼트라는 기능을 처음 도입했다. 인터넷에 유료 서비스라는 개념을 도입해 새로운 '비즈니스 모델'을 제시한 것도 포르노다. 만약 그때 인터넷이 문제라고 인터넷을 아예 막아버리는 식의 규제책을 시행했으면 어떻게 됐을까. 제조업 쇠퇴 이후 미국 경제의 호황을 불러온, 인터넷으로 대표되는 IT 산업은 피기도 전에 고사하지 않았을까. 현재 시가총액 상위 5대 기업(애플, 알파벳(구글), 마이크로소프트, 아마존, 페이스북 등)이 존재할 수나 있었을까.

지안카를로 CFTC 의장은 2018년 2월 6일 청문회에서 밝힌 암호화폐 관련 규제의 원칙은 해를 끼치지 않는 규제다. 그는 인터넷 산업 초기 우리(미국 정부)가 취한 규제에 대한 올바른 접근은 '해를 끼치지 않는다'였다며 분산원장(블록체인) 기술도 이런 방향에서 규제하는 게 바람직하다고 생각한다고 말했다. 해를 끼치지 않는다는 원칙은 의사들의 선언문인 「히포크라테스 선서」에 등장하는 말이다. 어떤 치료를 하건 무엇보다, (환자에게) 해를 입히지 말라는 게 기본 전제다. 신기술이 등장했을 때 이에 대한 규제안을 내놓더라도 신기술 발전을 저해해서는 안 된다는 의미다. 지안카를로 의장은 규제, 감독과 민간 영역의 혁신, 신기술이 건전한 균형을 이룬다면 우리(미국) 시장은 더욱 발전하고 경제 성장과 번영을 누릴 수 있을 것이라며 비트코인이 없었다면 블록체인도 없었다는 점을 명심해야 한다고 덧붙였다.

인터넷 산업이 막 싹을 틔우던 1997년 7월, 빌 클린턴 미 대통령은 인터넷을 통한 국내외 거래를 면세화하고 인터넷을 자유교역지대로 선언할 것을 제의한다. 아울러 미 무역대표부USTR에 열두 개월 이내에 인터넷을 통한 거래에 관한 세계적인 협정을 체결토록 추진할 것을 지시했다. 당시만 해도 무역 거래에 통상적으로 부과되는 세금 이외에도 인터넷으로 접속한다거나 온라인으로 서비스한다는 이유로 세금을 따로 부과하는 경우가 있었다. 클린턴 행정부의 이런 발표에 우려가 쇄도했다. 국경 없는 인터넷 교역이 문제를 안고 있다는 지적이었다. 어린이 등 미성년자를 상대로 한 불건전한 상품의 판매를 어떻게 규제할 수 있느냐는 문제가 제기됐다. 섹스 관련뿐만 아니라 정부가 개입하기 어려운 가상공간에 형성되는 시장을 통해 담배, 술을 비롯한 상품들을 미성년자들에게 판매할 경우 사실상 규제 수단이 없다는 이유였다. 하지만 클린턴 행정부의 원칙은 분명했다. 인터넷과 같은 신기술 분야에 정부 규제를 확대하는 것보다는 자율규제 원칙으로 풀어야 된다는 입장이었다. 예를 들어, 1998년 인터넷 침해 문제가 대두되자 업계에 사생활 보호를 위한 자율규제조치를 취할 것을 지시했다. 1999년엔 인터넷을 통한 의약품 판매가 문제되자 온라인 의약품 판매업자들에게 식품의약품(FDA) 인가를 얻도록 하고, 불법 의약품을 판매하다 적발될 경우엔 매번 50만 달러의 벌금을 부과하는 식의 불법적인 의약품 판매만을 규제하는 '원 포인트' 규제법안을 내놨다.

'해를 끼치지 않는다'는 원칙에 따라 미국은 암호화폐시장을 규제한다. 미국이 중점을 두고 있는 건 자금세탁과 탈세, 투자자 보호 문제 등이다. 미국 뉴욕주에서 암호화폐 거래소 영업을 하려면 '비트 라이선스'를 취득해야만 한다. 일본의 거래소 등록제와 비슷한데 특이한 점은 거래소 영업 허가 여부뿐 아니라 거래소에 신규 암호화폐를 상장할 때마다 미 뉴욕 금융당국의 허가를 새로 받아야 한다. 예를 들어, 이미 비트코인을 거래하고 있는 거래소가 비트코인캐시를 상장하고 싶다면 비트코인캐시에 대한 인가를 다시 받아야 한다는 뜻이다. 이에 대해 금융위 관계자는 뉴욕 금융당국의 원칙은 자신들의 기술로 자금 추적이 가능하느냐가 기준이라며 신규 암호화폐에 대한 자금추적 기술을 확보한 경우에만 상장을 허가한다고 말했다.

세금과 관련해서는 철저히 '소득 있는 곳에 세금 있다'는 원칙이다. 암호화폐 거래 차익에 대해 양도소득세를 부과하기로 하고 투자자들의 자진신고를 받는다. 탈세를 적발하기 위해 미 국세청이 나선다. 2016년 미 국세청은 비트코인 관련 탈세 문제를 거론하며 미국 최대 거래소인 코인베이스 측에 고객 개인정보 제출을 요청했다. 코인베이스는 이에 반발했고, 결국 고객 정보 제출 문제는 법원까지 넘어갔다. 2017년 11월, 법원은 국세청의 손을 들어줬다(코인베이스 측은 자신들이 '부분적인 승리'를 거뒀다고 밝혔다. 당초보다 국세청에 제출해야 하는 개인정보의 범위가 줄었기 때문이다).

투자자 보호와 관련해선 CTFC나 SEC가 지속적으로 경고하고 있다. "암호화폐가 큰 수익을 보장한다며 빨리 투자하라고 종용할 경우엔 특히 조심하라. 투자 손실 위험이 너무 크다"(2017년 12월 SEC 의장 성명서)고 주의를 준다. 특히 SEC는 암호화폐를 이용한 자금 모집 행위인 ICO에 대해 비판적이다. 클레이튼 SEC 의장은 2월 6일 청문회에 나와 (ICO에서) 암호화폐는 미국달러와 같고, 기업들이 발행하는 코인(토큰)은 주식과 같다고 전제한 뒤 ICO를 통해서 코인을 구매하는 것은 블록체인 기술과 아무 관련이 없을 수 있는데다 수많은 ICO가 불법적으로 진행되고 있다고 말했다. 건전한 ICO 시장을 만들고 발전시키기 위해 기업공개에 준하는 규제를 하겠다는 게

SEC의 입장이다. 2018년 1월에는 어라이즈뱅크라는 업체가 ICO를 통해 투자자들로부터 모집한 6억 달러를 동결조치하고, 투자금 환수를 위해 재산관리인을 선정했다. 이 업체는 ICO를 진행하면서 SEC 등록을 하지 않고 은행 매입이나 비자카드 제휴 등 허위 사실을 투자자에게 유포하는 등 사기행각을 벌였다.

크립토밸리에서 금융 강국을 꿈꾸다 : 스위스

2009년 2월 19일, 미국 국세청 등은 스위스연방은행을 상대로, 비밀계좌를 둔 '미국인 탈세 혐의자 명단 제출 소송'을 제기했다. 미국은 2008년 글로벌 금융위기를 수습하기 위해 달러를 찍어내면서 막대한 재정적자에 시달렸다. 세수 부족분을 메우기 위해 꺼내든 방법은 탈세 혐의자를 터는 것이다. 미 국세청은 뭔가 '어둠의' 방법으로 돈을 번 이들이 가장 꺼리는 정부기관이다. 법망을 교묘히 피해왔던 '마피아의 대부' 알 카포네[1899~1947]를 1931년 기소한 혐의도 탈세다.

미국뿐만 아니라 전 세계 부자들의 '비밀금고' 역할을 충실히 해온 곳이 스위스연방은행 등 스위스 은행들이다. 제1차 세계대전 때 스위스는 정치적 중립을 지켰다. 전쟁의 소용돌이에서 비켜나 있었다. 연방제 국가의 생존법이기도 했다. 가장 안전한 돈과 은행이 있는 나라로 부각됐다. 나치의 탄압을 피해 안전한 곳에 자산을 보관하려는 유럽 유대인들의 돈이 스위스 은행으로 몰리기 시작했다. 스위스 정부는 1934년 아예 은행법을 전면 개정하면서 '스위스 비밀계좌'를 공식 인정했다. 나치 독일이 유대인 재산 색출을 위해 고객 정보 공개를 요구했지만 이를 거부했다. 대신 유대인으로부터 약탈한 나치 정권의 자금 역시 고객으로 받았다. 그렇게 해서 누구의 돈이든 받아서 충실히 관리해주고 그 대가로 수수료 받겠다는 사업, 업계 용어로는 프라이빗뱅킹의 본고장이 스위스가 됐다.

그런데 미국이 프라이빗뱅킹업의 핵심인 고객의 금융 정보를 내놓으라고 요구했다. 프라이빗뱅킹업의 근간을 뒤흔드는 처사다. 스위스연방은행이 미국의 압력에 떠밀려 공개하려 했지만, 스위스 정부가 반대했다. 스위스연방은행이 미 국세청에 정보를 제공할 경우 이는 국가 주권을 훼손시키고 은행비밀법을 위반하는 것이 될 것이며, 스위스연방은행에게 이에 대해 형사책임을 묻겠다고 압박했다. 정치권도 나섰다. 스위스 최대정당인 국민당도 미국의 강압적 태도에 반발하며 보복을 촉구했다. 미 당국은 마이애미 법원에 스위스연방은행을 제소하고, 스위스연방은행에 미국인 조세회피를 도운 혐의로 7억 8000만 달러의 벌금을 부과했다. 결국, 힘센 쪽이 이겼다. 스위스 법무장관은 은행 비밀주의가 고객의 범죄행위까지 보호해야만 하는 것은 아니라고 물러섰다. 4450명의 명단을 미국에 넘겼다.

고객 정보 유출은 프라이빗뱅킹의 근간을 흔드는 행동이다. 그렇지만, 자금 세탁과 관련된 법 규정이 강화되면서 당국의 정보 제공 협조를 거부하거나 범죄행위로 번 돈인지 알면서 예금을 받아준 경우 등엔 징역까지 살 수 있게 됐다. 비밀 자산을 보호해주지 못하는 프라이빗뱅킹은 의미가 없다. 스위스 내에서의 프라이빗뱅킹업은 쇠락의 길을 걷게 된다. 프라이빗뱅킹업이 저문다면 뜨는 새로운 먹거리를 찾아야 한다. 스위스가 찾은 건 암호화폐와 이를 이용한 크라우드펀딩이다. 대표적인 도시가 스위스 취리히 남쪽으로 32km 거리에 있는 인구 12만 명 정도의 작은 도시 추크다. 이곳에는 비트코인 ATM 기기가 10여 대 설치돼 있다. 이 기계는 스위스 프랑과 유로를 받고 그 대신 그에 상당하는 비트코인을 나타내는 코드가 담긴 종이(프라이빗키)를 준다. 스마트폰으로 코드를 스캔하면 비트코인을 소유할 수 있다.

추크에서는 2016년 7월부터 비트코인으로 세금도 낼 수 있다. 세계 처음이다. 스위스 시민들은 세금 중 200스위스프랑(약 21만 원)까지 비트코인으로 세금 납부가 가능하다. 곳곳 상점마다 '비트코인 받습니다'라는 문구가 붙어 있다. 비트코인만으로도 생활이 가능하다. 추크는 2014년부터 크립토밸리로 알려졌다. 미국에 IT 집약지 '실리콘밸리'를 빗대 암호화폐 관련 금융 도시라고 해서 크립토밸리란 이름이 붙었다.

다른 여러 나라가 암호화폐를 규제할 때 스위스는 역발상으로 나왔다. 오히려 더 장려했다. 암호화폐 산업에 대한 규제를 유연하게 적용했다. 예를 들어 스위스에서는 고객 20명 이상의 돈을 전문적으로 관리하려면 은행 면허가 필요하다. 은행 면허를 받으려면 5억 달러가 든다. 지금 시작한 스타트업이 은행 면허를 받기란 사실상 불가능하다. 그런데 암호화폐의 경우엔 이런 규제를 면제했다. 비트코인을 보관하는 전자 지갑을 만드는 보안 기업 자포^{Xapo}는 이런 규제 완화 덕에 2015년 크립토밸리에 입주했다.

스위스가 주목하는 건 산업 진흥을 통한 일자리 창출이다. 중국과 미국 등이 ICO를 금지하자 ICO를 하려는 암호화폐 업체들은 스위스로 몰렸다. 스위스에서 재단을 설립하고 ICO를 진행하려면 반드시 스위스인을 운영진으로 포함해야 한다. ICO 숫자가 늘수록 '고급' 일자리가 저절로 생기는 셈이다. ICO에 대한 정부의 곱지 않은 시선 탓에 국내 기업도 ICO를 스위스에서 진행했다. 시가총액 20위권 안팎에 오른 아이콘도 스위스에 재단을 세웠다. 2017년 10월부터 한국 정부가 ICO 금지 조치 방침을 발표하자 국내에서 ICO를 진행하려 했던 업체들도 일제히 스위스로 눈을 돌렸다. 전 세계 ICO 업체들이 몰리는 바람에 스위스의 ICO 전문 로펌인 MME 등에는 하루에도 여러 건의 ICO 문의가 온다고 한다. 2017년 스위스에서 진행된 ICO는 약 5억 5000만 달러로, 세계 ICO시장 전체 중 14%를 차지했다.

무분별한 ICO가 불러 올 자금세탁이나 투자자 보호에 대한 우려가 이어지자, 2018년 2월엔 ICO 가이드라인을 발표했다. 가이드라인에 따르면 ICO와 토큰(ICO에 대한 투자의 대가로 지급되는 암호화폐)은 지불형, 기능형, 자산형 등 세 가지로 분류된다. 지불형 토큰은 지불 수단 외에 다른 기능이 없는 토큰을 말한다. 스위스 법에 따라 자금세탁 규정을 준수해야 한다. 증권으로 취급되진 않는다. 기능형 토큰은 애플리케이션과 서비스에 디지털 접근권을 제공하는 목적으로 개발된 토큰이다. 발행 시점에 이미 이런 방식으로 사용 가능해야 하고, 역시 증권으로 취급하지 않는다. 자산형 토큰은 실제 물리적 근거가 있는 회사가 있고 수익 흐름에 참여하거나 배당금, 이자, 수익 등에 대한 권리를 주장하는 경우다. 전통 자산과 비교하자면 주식, 채권, 파생상품에 가까운 형태다. 이런 토큰은 증권으로 간주하고 토큰 거래에 대해 증권법을 적용한다. 혼합된 형태의 ICO도 존재할 수 있다. 기능형 토큰인데 지불 수단으로 사용될 경우다. 이 역시 자금세탁방지 규정을 적용받는다. 다만 가이드라인의 초점은 규제가 아니라 블록체인 산업 진흥이다. 스위스 금융 감독 기구 홈페이지를 통해 ICO 장소로 스위스를 택하는 프로젝트가 계속 증가하는 추세에 있는데 지금까지 이들이 따라야 할 규제가 규제가 명확하지 않았다며 이에 대한 투명성을 확보하는 것이 중요하다고 가이드라인 제정 배경을 설명했다.

스위스 금융 감독 기구는 앞서서 2017년 7월에는 암호화폐 자산 운용을 위한 프라이빗뱅킹 설립을 처음으로 승인했다. 스위스 팔콘 프라이빗뱅크는 고객들의 요청에 따라 비트코인, 이더리움, 라이트코인, 비트코인캐시 등의 암호화폐를 매입, 보관해 운용한다. 비트코인 등 암호화폐에 투자하고 싶지만 거래나 보관 위험 때문에 꺼려하는 중동 부호들의 자금이 이 은행으로 몰린다고 한다. 2017년 한국 정부가 암호화폐시장 안정대책을 발표하면서 금융회사의 암호화폐 관련 업무를 전면 금지한 것과는 대조적이다.

정부가 암호화폐를 발행하다 : 에스토니아

2007년 4월 26일 오전 8시(현지 시간), 북유럽 에스토니아의 수도 탈린 중앙에 있는 한 소련군 동상 주변에 500여 명의 러시아계 주민들이 모였다. 에스토니아인들은 이 동상을 '프롱크 쇠두르(영어명 Bronze Soldier)'라고 부른다. 1944년 당시 소련 영토였던 이곳을 점령한 나치 독일과 싸우다 전사한 소련 군인의 실물 크기로 1947년에 세워졌다. 오른손엔 철모를 들고 어깨인 소총을 거꾸로 멘 183cm 높이의 동상이다. 주변엔 당시 나치 독일을 상대로 전쟁을 벌인 소련군 열세 명의 묘가 자리 잡고 있다. 이날 새벽 4시 30분부터 정부는 동상 철거를 시도했다. 앞서 지난 2월 정부는 동상과 묘역의 이전 계획을 발표했다. 탈린 인구(약 40만 명)의 35%를 차지하는 러시아계 주민들이 반발했다. 이런 반발을 의식한 탓인지 정부가 이날 기습적으로 철거에 나선 것이다. 주민들이 철거 자체를 작업을 막지는 못했다. 하지만 감정은 고조됐다. 이날 밤 시위가 격화됐다. 시위대는 700여 명으로 불어났다. 경찰이 시위를 강력 진압하는 과정에서 한 명이 사망하고, 40여 명이 부상을 당했다. 러시아 정부 측은 27일 이 사태에 대해 '국교 단절'까지 거론하며 심각한 우려를 표했다.

오프라인에서 갈등이 격화된 그 시각, 온라인에서는 이상 징후가 감지됐다. 에스토니아 정부와 의회, 언론사와 금융회사 사이트가 사이버 공격을 받기 시작했다. 처음엔 감당할만한 수준이었지만 강도가 점차 강해졌다. 30일에는 좀비 컴퓨터를 활용한 디도스 공격이 본격 시작됐다. 특히 러시아의 제2차 세계대전 승전 기념일인 5월 9일엔 디도스 공격이 최고조에 이르렀다. 전 세계 100여 개국에서 100만 대 이상의 '좀비 PC'가 동원됐다고 한다. 쉰여덟 개 주요 웹사이트가 아예 서비스를 중단했다. 에스토니아는 해외에서 유입되는 인터넷 접속을 차단했다. 사이버 공격은 5월 19일에야 끝이 났다. 하지만 3주간 이어진 공격에 국가 기간망이 일주일 이상 마비됐다. 피해규모는 수천만 달러에 이르는 것을 추정된다. 외신은 이를 '사이버 진주만 공격'이라고 표현했다. 에스토니아 정부는 사이버 공격의 배후로 러시아를 지목했지만, 러시아는 혐의를 전면 부인했다. 심증은 가지만 물증은 없었다.

사이버 공격에 국가 전체가 흔들린 것은, 아이러니하게도 에스토니아가 IT 강국이기 때문이었다. 인구 130만 명 가운데 3분의 2 이상이 인터넷을 활용한다. 은행 거래의 95%가 인터넷을 통해 이뤄진다. 무선 인터넷은 도시 전체에서 자유로운 수준이다. 에스토니아가 IT 강국이 된 건 살기 위해서다. 1991년 러시아에서 독립할 당시엔 대부분의 집에 전화기조차 없던 가난한 나라였다. 1992년 총선으로 장관 평균 나이 35세의 젊은 정부가 탄생하고, 이른바 '호랑이의 도약' 프로젝트가 시작됐다. 정부의 강력한 주도 아래 IT 인재 육성이 나섰다. 90년대 후반부터 평균 10%대 고도 성장을 유지한 건 IT 산업 때문이다. 1995년 6300달러 수준이던 1인당 국내총생산은 2017년엔 2만 달러 수준으로 증가했다. 전 세계 6억 가입자를 보유한 인터넷 전화 스카이프는 '메이드 인 에스토니아'다.

고도화된 IT 인프라가 사이버 공격을 당하니 속수무책이었다. 이 사태를 계기로 에스토니아 정부는 보안에 극도로 민감해진다. 그러다 보니 눈에 들어온 게 블록체인 기술이다. 2008년부터 블록체인 기술을 연구해 온 에스토니아 토종 기업 가드타임^{Guardtime}과 함께 투표 시스템, 의료정보 관리 시스템, 전자 신분증 관리 시스템 등에 블록체인 기술 도입을 시작했다. 그 결과 회사 설립, 세금 납부, 은행 수속, 병원 처방전 발급 등 행정 업무 2000여 개의 처리가 가능하다. 2014년 말에는 세계 최초로 블록체인 기반의 디지털 시민권인 전자 주민증를 도입했다. 전 세계 어디서나 발급받을 수 있으며, 이 신분증을 받으면 외국인도 내국인과 똑같이 에스토니아에 회사를 설립하고 금융거래를 할 수 있다. 블록체인으로 신분증명을 관리해 인재의 국경 간 이동의 자유를 늘렸다는 평가다. 수도 탈린이 유럽에서 스타트업들이 가장 많이 설립되는, 스타트업의 성지로 등극한 이유다. 2017년 말에는 한국 에스토니아 대사관에서도 전자주민증 수령이 가능하다.

정부가 암호화폐를 이용한 크라우드펀딩, ICO에도 적극적이다. 한국과 중국이 ICO를 아예 금지하는 것과는 대조적이다. 폴리비우스, 마더쉽 등이 에스토니아에서 ICO를 진행했다. 한 발 더 나아가 아예 정부 차원에서 암호화폐 발행을 시도하고 있다. 2017년 8월, 에스토니아는 중앙은행이 지원하는 암호화폐 에스트코인^{Estcoin}을 발행하고 ICO를 진행하겠다고 발표했다. 당장 유로화의 가치를 수호해야할 의무가 있는 유럽중앙은행이 나섰다. 마리오 드라기^{Mario Draghi} 총재는 유로화를 사용하는 어떤 회원국도 자국 통화를 도입할 수 없다고 비판했다.

예상을 뛰어넘는 강한 비난에 에스토니아 정부는 한 발 물러섰다. 시간을 갖고 천천히 ICO를 검토하겠다는 입장이다. 한동안 에스트코인에 대한 언급이 없다 2017년 12월, 전자주민증 프로그램을 담당하고 있는 카스파스 코르유스 국장이 공식 블로그에 글을 올렸다. 그는 어떤 비판에도 에스트코인 발행을 진행하고 있다며 에스트코인은 유로화를 대체하는 통화가 아니라 에스토니아의 전자주민증 보유자가 유로화를 사용할 수 있는 방법이라고 강조했다. 에스트코인은 전자주민증 시스템을 활성화하기 위한 목적일 뿐, 유로를 위협하는 통화가 아니라는 점이다. 그는 2017년 12월 발표된 글로벌 컨설팅업체 딜로이트의 보고서를 인용해 전자주민증 도입으로 지난 3년간 1440만 유로(약 185억 원)의 경제적 가치를 창출했고, 2025년까지는 18억 유로(약 2조 3000억 원)의 경제적 효과가 기대된다며 이는 곧 1유로 투자로 100유로의 수익을 얻는 셈이라고 말했다.

나가는 말

◆

새로운 투자는 항상 투기라는 오명을 쓴다

– 이용재

블록체인과 암호화폐의 시대다. 세계 최대 투자은행인 골드만삭스는 필자가 이 글을 쓰고 있는 2018년 6월, 월가 최초로 암호화폐 전문 트레이딩 데스크를 출범한다. 골드만삭스는 전 세계에서 가장 돈 냄새를 잘 맡는 집단이다. JP모건의 최고경영자 제이미 다이먼이 비트코인을 깎아내릴 때도, 골드만삭스의 수장인 로이드 블랭크페인은 말을 아꼈고, 오히려 비트코인 현상을 화폐의 역사와 연결지어 성공 가능성을 내비치기도 했다. 그들에게 비트코인은 '사기'가 아니라 금과 법정화폐의 뒤를 잇는 새로운 화폐이자 정체된 금융업을 다시 깨

위줄 촉매제였다.

지폐의 탄생과 함께 명목을 이어온 법정화폐는 수백 년간 이렇다 할 진전이 없었다. 변화가 없으니, 무한한 자본 팽창의 욕구를 효과적으로 담아낼 수 없게 되었고, 이로 인한 부작용은 금융위기로 발현되어 우리들의 소중한 자산을 위협했다. 암호화폐는 이러한 구체제에 정면으로 도전한다. 구 제도권 금융에서 당연시되었던 기능, 주체들을 과감하고 멋지게 생략하고도 새로운 경제 체제를 창조해냈다. 사실 돌이켜보면 화폐만큼 변화가 없었던 존재가 또 있을까 하는 생각이 든다. 몇 번의 산업혁명을 거치면서, 우리들을 둘러싸고 있는 모든 것이 송두리째 바뀌었다. 그런데 이러한 산업을 돌아가게끔 만들어주는 화폐가 정작 수백 년간 변하지 않았다는 건 굉장히 흥미로운 사실이다. 오늘날 법정화폐는 블록체인과 암호화폐로 인해 수백 년 만에 비로소 변화의 순간을 맞닥뜨리게 된 것이다.

블록체인과 암호화폐의 역사에서 2018년은 중요한 전환점이 될 것이다. 비트코인의 탄생 이후 작년까지는 몇몇 천재적인 개발자가 시장을 이끌어갔다면, 2018년을 기점으로 다양한 글로벌 기업을 비롯해 더욱 많은 시장 참여자들이 기회를 찾고자 블록체인과 암호화폐 시장으로 몰려들 것이다. 시장 참여자들이 늘어날수록 조악했던 초기 시장 구도는 점차 세련되고 정교해질 것이다. 이와 맞물려 각국 정부도 기업들과의 줄다리기를 통해 점진적으로 제도권에 편입시키려는 움직임을 보일 것이다. 애초에 개인과 정부는 체급이 맞지 않는 대결이었다. 적어도 글로벌 기업 정도는 되어야 정부와 한판 붙어볼 수 있지 않겠는가. 향후 2~3년 안에 이와 같은 구도가 펼쳐질 것으로 예상한다. 기업들은 소위 스펙 좋은 인재들이 아닌 암호경제학에 능통한 인재들이 더 필요하게 될 것이다.

필자가 국내 최대 자산운용사에서 10년간 일하며 얻은 교훈은 바로 '새로운 투자는 항상 투기라는 오명을 쓴다'는 것이다. 주식을 포함한 모든 투자 자산이 처음에는 투기라고 비난받거나 무시당했다. 투기라고 손가락질한 바로 그것이 세상을 바꾸고 나서야 통찰력 있는 투자로 인정받게 된다. 개인용 컴퓨터가 그랬고, 인터넷이 그랬다. 심지어 인터넷은 음란물 유통 외에는 쓸데가 없는 존재로 전락하기도 했었다. 마하트마 간디는 '세상에서 바라보았으면 하는 변화대로 당신이 바뀌어라'라는 말을 했다. 미래를 보는 혜안을 갖고 투자를 했다고 끝이 아니다. 모두에게 인정받기 위해서는 직접 세상을 바꾸려는 노력이 수반되어야 한다. 필자가 공동으로 설립한 블록체인&암호화폐 리서치 센터의 이름은 마스터마인드 **Mastermind**다. '뛰어난 두뇌로 복잡한 일을 계획하고 진두지휘하는 사람'이라는 뜻을 갖고 있다. 복잡한 일이란 때로는 부정한 것으로 간주될 가능성이 있는 일을 지칭하기도 한다. 기득권에게 우리의 노력이 초기에는 성가신 반항으로 비쳤으리라. 때때로 힘든 순간도 많았지만, 블록체인과 암호화폐의 가능성을 알리고자 많은 노력을 했다. 비난을 받아도 개의치 않았다. 지금 받는 비난 역시 세상을 바꾸기 위해 꼭 필요한 자양분이라 생각했기 때문이다. 각자의 위치에서 할 수 있는 노력을 한지 얼마 지나지 않아 지금은 전 세계가 블록체인과 암호화폐에 열광하고 있는 모습을 보니 감회가 새롭다.

앞에서 말한 노력 중 가장 으뜸은 바로 '제대로 아는 것'이다. 일단 내가 먼저 투자와 투기를 구분 지어야만 하기 때문이다. 모든 노력의 시작인 셈이다. 부디 『넥스트 머니』라는 책이 필자의 개인적인 노력을 넘어서, 국내 수백만 암호화폐 투자자들의 노력에 출발점이 되길 간절히 바란다.

'뜬금없는' 선한 의지가 세상을 바꾼다

- 고란

"20억 명의 금융소외 계층에게 금융의 혜택을 주고 싶어."

시가총액 상위 10위권 암호화폐 스텔라를 만든 제드 매케일럽의 말이다.

"탈중앙화된 월드 컴퓨터를 만들고 싶어."

19살 때 이더리움 백서를 쓴 이더리움의 창시자 비탈릭 부테린의 말이다.

한국 사회에서 정상적인(?) 코스를 밟아 지금의 위치에 온, 마흔 줄에 접어든 '꼰대' 마인드로는 이해할 수 없다. 신인류의 탄생인가. "꿈이 뭐니?"라고 물었을 때 "세계 평화"라고 진지하게 답할 인간들이다. '우주 평화'가 아닌 걸 다행으로 생각해야 할 판이다.

21세기 초 대부분을 한국 자본주의의 심장, 여의도에서 보냈다. 이렇게 장기간 여의도(증권사 등)를 출입한 기자는 손에 꼽을 정도다. 2000년대 중반, 주식시장은 불타올랐다. 누구를 만나든 이야기는 하나의 주제로 귀결됐다. 기-승-전-'돈'. 돈은 숫자로 말한다. 어떻게 벌었느냐는 중요하지 않다. 월급을 받기 위해 노동자가 쏟아부은 한 달의 시간은, 돈이라는 숫자 앞에 무력해진다. 우연히 끼게 된 업계 저녁 자리였다. '억 원'을 '개'로 바꿔 주고받는 대화를 듣고 있자니, 뭘 위해 일하나 싶은 자괴감이 들었다.

2013년, IT 업계로 출입처가 바뀌었다. 여의도 출입 땐 어제 배운 것으로 내일 기사도 쓸 수 있었다. 이 업계는 오늘 기사도 못 썼다. 피곤했다. 그렇지만 흥분됐다. 업계의 이상한(?) 인간들을 만날 수 있어서다. 그들에게 '먹고사니즘'은 후순위다. 자본주의 시대, 기업의 목표는 이윤추구다. 하지만, 이들에게 회사의 비전은 거칠게 말해 '인류애'다. 그래서 어떻게 먹고살 수 있겠느냐 물어보면 "기자님이 생각하시는 것보다 잘 먹고 잘 살아요"라는 대책 없는 답이 돌아온다. 이런 인간들 여럿 만났다. 이들 '종특'에 대한 나름의 생각을 정리했다.

'뜬금없는 선한 의지'. 이들 신인류에게는 현재 그들이 처한 사회적 · 경제적 맥락에는 맞지 않는, 그야말로 '뜬금없이' 인류 발전에 기여하겠다는 '선한 의지'가 있다. 그리고 그런 의지가 결국 세상을 바꿀 수 있다는 막연한 믿음이 생겼다. 2017년 초, 비트코인과 블록체인을 알게 됐다. 관심을 가지고 알아가고, 그 분야에서 일하는 사람들을 만났다. 다시, 가슴이 뛰기 시작했다. 이들에게서도, 그 '뜬금없는 선한 의지'가 감지됐다. 그리고 이들의 의지가 블록체인이라는 혁명적 기술과 맞물려 일종의 사회운동으로 진화할 수도 있겠다는 '뜬금없는' 생각이 들었다.

> 블록체인 기술은 주식회사 모델을 뛰어넘어, 협동조합의 현대적 모델을 가능하게 해줄 것이다.

어느 콘퍼런스에서 들었던, 국내 대표 블록체인 투자펀드 해시드 김서준 대표의 말이다. 돈오頓悟(문득 깨달음)의 순간이었다. 생각이 정리됐다. 근대화 초기, 주식회사 모델과 경쟁하던 협동조합 모델이 사라진 건 효율성 때문이다. 참여자 모두가 혜택을 나눠 갖는다는 '선의'는 인정할 수 있다. 하지만, 가장 효율적으로 자본을 창출하는 주식회사 모델과의 경쟁에서 살아남을 수는 없었다. 이제는 블록체인 기술로 협동조합 모델이 경쟁력을 갖추게 됐다. '토큰 이코노미token economics'를 통해 생태계는 성장하고 모든 참여자는 그 과실을 공유할 수 있다. 200여 년 이어온 주식회사 모델에 기반한 자본주의 시스템에 균열이 갔다. 비유하자면, 블록체인이라는 '짱돌'을 던지며 자본주의에 저항하는 격이다.

1990년대 후반 인터넷 혁명의 시대, 필자는 학생이었다. 시골 출신 특유의 농업적 근면성이 몸에 뱄다. 졸업은 제때 해야 하고, 최고는 아니어도 중간은 가야 한다. 공대 누군가는 창업에 성공했다더라, 경영대 누군가는 투자해서 떼돈을 벌었다더라 등의 전설이 캠퍼스를 휘감았다. 필자에게는 그 열기에 동참해 뭘 해보겠다는 용기도, 그럴듯한 아이디어도 없었다. 그렇게 패러다임 전환기가 지나갔다. 생애 다시는 그런 전환기가 오지 않을 것 같았다. 그런데 왔다. 누군가는 블록체인과 암호화폐를 '이 또한 지나갈' 버블이라고 한다. 하지만, 필자는 지금이 패러다임 전환기의 초입이라고 생각한다. 어쩌면 인터넷보다 더 큰 변화를 불러올 수 있는. 지금, 여기, 할 수 있는 일이 무엇일까를 고민했다. 결론은 책이었다. 블록체인과 암호화폐에 대해 알아보고 싶어도 마땅한 책이 없다. 볼만하다 싶으면 그나마 외국 서적이다. 번역체가 심리적 접근 장벽을 쌓는다. 그래서, 대개는 블로그를 전전하며 공부한다. 학생이라는 이유로 첫 번째 패러다임 전환기는 그냥 흘려보냈다. (어쩌면 마지막이 될지도 모르는) 이번에는 뭔가 의미 있는 일을 하고 싶다. 그 결과물이 바로 『넥스트 머니』다.

두고 꺼내 볼 수 있는, 암호화폐 '정석' 수준의 퀄리티를 가능하게 한 공동 저자 이용재님에게 감사 인사를 전한다. 주말에 책을 쓸 수 있도록 본격 육아 전선에서 뛴 남편님에게도 고맙다는 말을 기록으로 남긴다.

주석

1) 연방준비제도이사회 (2000. 1. ~ 2017. 9.)
2) 국제결제은행, 글로벌 OTC 파생상품 시장, 2017년 상반기
3) Satoshi.nakamotoinstitute.org
4) Bitcoincharts.com - 네트워크 해시율
5) Networkworld.com - 2017년 슈퍼컴퓨터 톱 10
6) federal-budget.insidegov.com - 2017년 미국 예산
7) 비트코인, fork.lol, Tx fee/ B(사토시)/ 2018.1.19./ 301.33사토시/ 거래당 평균 250B/ 1BTC = 1480만 원
8) 이더리움, ethgasstation.info/ 2018. 1. 19./ 21000 Gwei/ 0.00008 ETH/ 1ETH = 130만 원
9) 비트코인 캐시, fork.lol, 송금 수수료/ B(사토시)/ 2018. 1. 19./ 18.32 사토시/ 거래당 평균 250B/ 1BCH = 228만 원

도서

- 리처드 웨스트폴, 『아이작 뉴턴』, 알마, 2016.
- 마이클 케이시, 폴 비냐, 『비트코인 현상, 블록체인 2.0』, 미래의창, 2017.
- 알렉스 프록샤트, 요셉 보우스켓, 『비트코인 탄생의 비밀』, 알투스, 2017.
- 이리유카바 최, 『세계 경제를 조종하는 그림자 정부, 경제편』, 해냄, 2008.
- 제이컵 솔, 『회계는 어떻게 역사를 지배해왔는가』, 메멘토, 2016.
- 제임스 리카즈, 『은행이 멈추는 날』, 더난출판사, 2017.
- Antonopoulos, Andreas M., 『Mastering Bitcoin』, OREILLY, 2016.

기사

- "FRB 100년…현존하는 최고 수장은 폴 볼커", 아시아경제, 2013. 12. 17.
- "[Cover Story] IPO와 같은 원리인 ICO…투자의 민주화 이끌 것", 매일경제, 2017. 12. 22.
- "China's Bitmain dominates bitcoin mining. Now it wants to cash in on artificial intelligence" Quartz, 2017. 8. 20.
- "E-Money (That's What I Want)", Wired, 1994. 12. 1.
- "How Emerging Markets And Blockchain Can Bring An End To Poverty", Forbes, 2017. 7. 24.
- "Venture Capital or ICO? Startups Face Cash-Rasing Dilemma", Bloomberg, Technology, 2018. 1. 22.
- "Why Bitcoin Matters", The New York Times, 2014. 1. 21.

인터넷

- Aaron van Wirdum, "The future of Bitcoin Cash: An interview with Bitcoin ABC lead developer Amaury Sechet", BitcoinMagazine, https://bitcoinmagazine.com/articles/future-bitcoin-cash-interview-bitcoin-abc-lead-developer-amaury-s%C3%A9chet/ 2017. 7. 27.

- Aaron van Wirdum, "The long road to Segwit: How Bitcoin's biggest protocol upgrade became reality", BitcoinMagazine, https://bitcoinmagazine.com/articles/long-road-segwit-how-bitcoins-biggest-protocol-upgrade-became-reality/ 2017. 8. 23.

- Aaron van Wirdum, "2X or NO2X: Why some want to hard fork Bitcoin – and why others do not", BitcoinMagazine, https://bitcoinmagazine.com/articles/2x-or-no2x-why-some-want-hard-fork-bitcoin-november-and-why-others-dont/ 2017. 10. 6.

- "Bitcoin Anonymity – is Bitcoin anonymous?" BuyBitcoinWorldwide, https://www.buybitcoinworldwide.com/anonymity/

- Coindesk, "State of Blockchain 2018", https://www.coindesk.com/research/state-blockchain-2018/, 2018. 3.

- Daniel Morgan, "The great bitcoin scaling debate – a timeline", https://hackernoon.com/the-great-bitcoin-scaling-debate-a-timeline-6108081dbada, 2017. 12. 4.

- Hsiao-Wei Wang, "Ethereum Sharding: Overview and Finality" https://medium.com/@icebearhww/ethereum-sharding-and-finality-65248951f649, 2018. 4. 22.

- Jimmy Song, "Understanding Segwit Block Size", https://medium.com/@jimmysong/understanding-segwit-block-size-fd901b87c9d4, 2017. 7. 3.

- Jon Choi, "Ethereum Casper 101", https://medium.com/@jonchoi/ethereum-casper-101-7a851a4f1eb0. 2018. 4. 20.

- Nick Szabo, "Smart Contracts: Building Blocks for Digital Markets", http://www.fon.hum.uva.nl/rob/Courses/InformationInSpeech/CDROM/Literature/LOTwinterschool2006/szabo.best.vwh.net/smart_contracts_2.html, 1996.

- Peter Rizun, Andrew Stone, "1GB Block Tests, Scaling Bitcoin Stanford" https://www.youtube.com/watch?v=5SJm2ep3X_M, 2017.

- Smith+Crown, "2017 Token Sales in Review: Part 1~3" https://www.smithandcrown.com/2017-token-sales-review-part/, 2018. 3. 10.

- Stephen Mckeon, "Traditional Asset Tokenization" https://hackernoon. com/traditional-asset-tokenization-b8a59585a7e0, 2017. 8. 11.
- Taylor Gerring, "History of Ethereum", http://ethdocs.org/en/latest/ introduction/history-of-ethereum.html, 2016.
  George Hallam, "DEVcon-0 Recap", https://blog.ethereum. org/2014/12/05/d%CE%BEvcon-0-recap/
- UASF Working Group, "BIP148 & UASF FAQ", https://www.uasf.co/ 2017.
- Will Warren, "The difference between App Coins and Protocol Tokens", https://medium.com/search?q=the%20difference%20 between%20app%20coins%20and, 2017. 2. 2.

기고문 & 보고서 & 백서

- 주재욱 정보통신정책연구원 연구위원, "구글의 오픈소스 정책, 빅데이터 시장을 키우다", 경제/인문사회연구회 [미래정책FOCUS]겨울호
- Adam Back, "Hashcash - A Denial of Service Counter-Measure", http://www.hashcash.org/papers/hashcash.pdf, 2002.
- Eric Hughes, "Cypherpunk's Manifesto" 1993. 3. 9.
- Joseph poon & Vitalik Buterin "Plasma: Scalable Autonomous Smart Contracts", https://plasma.io/plasma.pdf, 2017. 8. 11.
- Joseph Poon & Thaddeus Dryja, "The Bitcoin Lightning: Scalable Off-Chain Instant Payments", https://lightning.network/lightning-network-paper.pdf, 2016. 1. 14.
- Satoshi Nakamoto, "Bitcoin: A Peer-to-Peer Electronic Cash System", https://bitcoin.org/bitcoin.pdf, 2008.
- Serguei Popov, "The Tangle(IOTA Whitepaper)", https://iotatoken. com/IOTA_Whitepaper.pdf, 2017. 10. 1.
- Vitalik Buterin, "Ethereum Whitepaper", https://github.com/ethereum/ wiki/wiki/%5BKorean%5D-White-Paper, 2013. 11.
- Wei Dai, "B-money", http://www.weidai.com/bmoney.txt, 1998.

부의 미래를 바꾸는 화폐 권력의 대이동

넥스트 머니

초판 1쇄 발행 2018년 6월 22일
초판 4쇄 발행 2021년 12월 22일

지은이 고란, 이용재
펴낸이 김선식

경영총괄 김은영
기획편집 임소연 **크로스교정** 임경진 **디자인** 황정민 **책임마케터** 박태준
콘텐츠사업4팀장 김대한 **콘텐츠사업4팀** 황정민, 임소연, 박혜원, 옥다애
마케팅본부장 권장규 **마케팅4팀** 박태준
미디어홍보본부장 정명찬 **홍보팀** 안지혜, 김재선, 이소영, 김은지, 박재연, 오수미, 이예주
뉴미디어팀 허지호, 박지수, 임유나, 송희진 **리드카펫팀** 김선욱, 염아라, 김혜원, 이수인, 석찬미, 백지은
저작권팀 한승빈, 김재원 **편집관리팀** 조세현, 백설희
경영관리본부 하미선, 박상민, 김민아, 윤이경, 이소희, 김소영, 이우철, 김혜진, 김재경, 오지영, 최완규, 이지우
외주스태프 본문디자인 이인희, 본문도표 이경진

펴낸곳 다산북스 **출판등록** 2005년 12월 23일 제313-2005-00277호
주소 경기도 파주시 회동길 490 다산북스 파주사옥 3층
전화 02-704-1724 **팩스** 02-703-2219 **이메일** dasanbooks@dasanbooks.com
홈페이지 www.dasanbooks.com **블로그** blog.naver.com/dasan_books

종이 (주)한솔피앤에스 **출력·인쇄** 민언프린텍 **후가공** 평창P&G **제본** 정문바인텍

ⓒ 고란, 이용재, 2018

ISBN 979-11-306-1738-1 (03320)

다산북스(DASANBOOKS)는 독자 여러분의 책에 관한 아이디어와 원고 투고를 기쁜 마음으로 기다리고 있습니다. 책 출간을 원하는 아이디어가 있으신 분은 다산북스 홈페이지 '원고투고'란으로 간단한 개요와 취지, 연락처 등을 보내주세요. 머뭇거리지 말고 문을 두드리세요.